James R. Adair (Hrsg.)

durchs Jahr

Andachten von
Warren W. Wiersbe

D1731748

Vorwort

Dieses Buch wurde in Amerika zum ersten Mal 1986 unter dem Titel »A Time to Be Renewed« (Zeit zur Erneuerung) veröffentlicht. Mein Freund Jim Adair hat aus meinen Kommentaren zur Bibel, die sogenannte »Be«-Reihe, Texte ausgewählt und zu diesem Andachtsbuch zusammengestellt. Ich bin Jim sehr dankbar für die exzellente Arbeit, die er als Herausgeber geleistet hat.

Doch ist das Ihnen nun vorliegende Buch Ihr ganz persönliches Buch. Gebrauchen Sie es zu Ihrem Nutzen, auf eine Weise, die Ihnen in Ihrer persönlichen Nachfolge des Herrn hilft. Obwohl es die Bibel auslegt, ist es kein Ersatz für die Bibel; aber wenn es Ihnen dabei hilft, Gottes Wort besser zu verstehen und anzuwenden, dann hat es seinen Zweck erfüllt. Und denken Sie immer daran: Der Segen kommt nicht, wenn wir das Wort Gottes lesen oder studieren, er kommt, wenn wir dem Wort gehorchen und tun, was uns unser Herr befiehlt (Jakobus 1,25).

Warren W. Wiersbe

Adair, James R. (Hrsg.): **Durchs Jahr**
Andachten von Warren W. Wiersbe

ISBN 3-89436-288-X

Originally published in English under the title:
Through the Year with Warren W. Wiersbe
366 Daily Devotionals
Copyright © 1999 by Warren W. Wiersbe
Published by Baker Books, a division of Baker Book House Company, Grand Rapids, MI, USA.
All rights reserved. Translated by permission.

© 2001, Christliche Verlagsgesellschaft, Dillenburg
Übersetzung: Scarlett Luger-Klein
Satz: Enns Schrift & Bild, Bielefeld
Umschlaggestaltung: Werbestudio 71a, Wuppertal
Druck: GGP Media, Pößneck

Printed in Germany

Januar

Werdet erneuert:

*»Und seid nicht gleichförmig dieser Welt,
sondern werdet verwandelt durch die
Erneuerung des Sinnes,
dass ihr prüfen mögt, was der Wille Gottes ist:
das Gute und Wohlgefällige und Vollkommene.«*

Römer 12,2

Veränderungen müssen keine Kompromisse sein

Paulus ermahnt: »*... dass die alten Männer nüchtern seien, ehrbar, besonnen, gesund im Glauben, in der Liebe, im Ausharren ... Ebenso ermahne die jungen Männer, besonnen zu sein, indem du in allem dich selbst als ein Vorbild guter Werke darstellst! In der Lehre beweise Unverdorbenheit, würdigen Ernst, gesunde, unanfechtbare Rede*« (Titus 2,2.6-8).

Es ist schlimm, wenn die Einigkeit unter Gottes Kindern zerbricht, weil die unterschiedlichen Generationen in verschiedene Richtungen blicken. Die älteren Männer in Esra 3 weinten, als sie sehnsuchtsvoll zurückblickten; sie hatten den ursprünglichen Tempel noch gesehen, bevor er zerstört wurde, und das neue Bauwerk war nichts dagegen. Die jüngeren Männer betrachteten den Tempel hingegen voller Freude. Sowohl die Älteren als auch die Jüngeren hätten aufschauen und den Herrn dafür loben sollen, was er vollbracht hat.

Heute erleben wir ähnliche generationsbedingte Meinungsverschiedenheiten in unseren Gemeinden, besonders, wenn es um die Art des Lobpreises geht. Den Älteren bereitet es Freude, die traditionellen Lieder mit ihren Glaubenslehrsätzen zu singen, die jüngeren Gemeindeglieder wünschen sich beim Lobpreis eine etwas mehr zeitgenössische Vorgehensweise. Aber es geht nicht darum, die jeweils andere Form zu akzeptieren oder abzulehnen, es sei denn, man möchte Familien auseinander bringen und die Gemeinde spalten. Es ist vielmehr eine Frage der Ausgewogenheit: Die Alten müssen von den Jungen und die Jungen von den Alten lernen, und zwar im Geist der Liebe und Unterordnung (1. Petrus 5,1-11).

Die Gemeinde ist eine Familie, und als solche wächst und reift sie. Immer wieder müssen Dinge losgelassen werden, um Platz für Neues zu schaffen. Dies geschieht in unserem Zuhause und muss auch im Haus Gottes geschehen. Für viele Menschen ist »Veränderung« gleichbedeutend mit »Kompromiss«, aber wo die Liebe herrscht, wird »Veränderung« zum Synonym für »Miteinander und gegenseitige Rücksichtnahme«.

Lesen Sie: Esra 3.

Praktische Schritte: Beten Sie für Gemeinden – eventuell auch Ihre eigene –, in denen es aufgrund unterschiedlicher Sichtweisen von jüngeren und älteren Menschen Konflikte gibt.

Ein gutes Verhältnis zu anderen haben

Das ist wahr: »*Der Fluch des Herrn fällt auf das Haus des Gottlosen, doch die Wohnung des Gerechten segnet er*« (Sprüche 3,33).

Ein gutes Verhältnis zu anderen (Sprüche 3,27-35) ist ein Segen, an dem sich der Glaubende freuen kann, wenn er in der Weisheit Gottes wandelt. Weise Christen sind großzügig zu ihren Nächsten und leben mit ihnen in Frieden (V. 27-30). Sie versuchen ihr Bestes zu geben, um unnötige Meinungsverschiedenheiten zu vermeiden (Römer 12,18). Wenn wir Gott wirklich lieben, sollten wir unsere Nächsten schließlich so lieben können, wie auch wir von ihnen geliebt werden wollen.

Wenn wir andererseits von Menschen umgeben sind, die sich über unseren Glauben lustig machen (Sprüche 3,31-35), so wird der Herr uns führen, damit wir unser Licht scheinen lassen und seine Liebe sichtbar wird, sodass die anderen uns nicht vom Weg abbringen, sondern vielmehr von uns beeinflusst werden. Mitunter bedarf es vieler Gebetsarbeit und einer gehörigen Portion Geduld und Weisheit, um Zugang zu Menschen zu finden, die mit Christen nichts zu tun haben möchten. Aber vielleicht hat Gott uns genau deswegen an diesen Platz gestellt.

Es ist möglich, inmitten einer von Gott abgewandten Umgebung ein gottgefälliges Zuhause zu haben, denn »die Wohnung der Gerechten segnet er« (V. 33). Wir sind das Salz der Erde und das Licht der Welt, und ein engagierter Christ kann in seiner Umgebung sehr viel bewirken und ein entscheidender Zeuge des Herrn sein.

Lesen Sie: Sprüche 3.

Praktische Schritte: Stehen Sie mit jemandem auf schlechtem Fuß? Dann bitten Sie den Herrn, dass er Ihnen zeigt, wie Sie zu diesem Menschen ein gutes Verhältnis aufbauen können. Haben Sie dieses Problem nicht, so schauen Sie sich die heutige Lesung einfach noch einmal an und beten Sie dafür, dass Sie unter Ihren Nächsten, in Ihrer Familie und Ihrem Freundeskreis Salz und Licht sein können.

Seine Herrlichkeit sehen

Vers des Tages: »*Vater, ich will, dass die, welche du mir gegeben hast, auch bei mir seien, wo ich bin, damit sie meine Herrlichkeit schauen, die du mir gegeben hast, denn du hast mich geliebt vor Grundlegung der Welt*« (Johannes 17,24).

Sie und ich kommen erst dann in den Himmel, wenn wir sterben oder wenn unser Herr wiederkehrt. In der Zwischenzeit ist es uns eine wunderbare Ermutigung, dass wir bereits *heute* als Sieger und mit Autorität ausgestattet unseren Platz bei Christus im Himmel innehaben. Auch wenn wir Gottes Herrlichkeit nicht gesehen haben wie Paulus, so haben wir nun doch Anteil daran; eines Tages werden wir in den Himmel gelangen und die Herrlichkeit Christi schauen (Johannes 17,22.24).

Die Ehre, die Paulus zuteil wurde, hätte viele Menschen sehr stolz werden lassen. Anstatt vierzehn Jahre lang darüber zu schweigen, hätten sie es die Welt sofort wissen lassen und wären sehr berühmt geworden. Aber Paulus wurde nicht stolz. Er erzählte einfach nur die Wahrheit – es war keine leere Prahlerei – und ließ die Fakten für sich selbst sprechen. Seine größte Sorge war, dass niemand Gott seine Herrlichkeit nimmt.

Mehr von Gottes Wort: Jeremia 9,23-24; Johannes 17,4-5; 1. Korinther 1,26-31; Galater 5,26; 6,14; Epheser 2,6-7.

Praktische Schritte: Wie wird es sein, wenn wir im Himmel wahrhaftig Gottes Herrlichkeit schauen? Malen Sie sich diese Situation einige Minuten lang aus. Wenn Christus jetzt körperlich bei Ihnen wäre, wie würden Sie dann reagieren? Danken Sie Gott, dass er auch dann bei Ihnen ist, wenn Sie seine Herrlichkeit nicht erblicken können. Danken Sie ihm für seine Anwesenheit durch den Heiligen Geist, der Sie so zu sensibilisieren vermag, dass Sie Gottes Güte, Gnade und Herrlichkeit zu schätzen wissen.

Wer ist die Nummer 1 in Ihrem Leben?

Merkvers: *»Und **er** [Christus] ist das Haupt des Leibes, der Gemeinde. Er ist der Anfang, der Erstgeborene aus den Toten, damit er in allem den Vorrang habe«* (Kolosser 1,18).

Jesus stellte klar, dass *der Sohn* genauso wie der Vater verehrt werden soll, »damit alle den Sohn ehren, wie sie den Vater ehren. Wer den Sohn nicht ehrt, ehrt den Vater nicht, der ihn gesandt hat« (Johannes 5,23-24).

Der verstorbene Dr. M. R. DeHaan, ein durch das Radio in Amerika bekannter Bibellehrer, berichtete einmal von einem Prediger, der sich mit einem Sektierer auseinander zu setzen hatte, der das Gottsein Jesu verneinte.

»Jesus kann nicht der ewige Sohn Gottes sein, denn ein Vater ist immer älter als sein Sohn«, argumentierte der Mann. »Wenn der Vater nicht ewig ist, dann ist er nicht Gott. Wenn Jesus sein Sohn ist, dann ist er nicht ewig.«

Der Prediger hatte darauf folgende Antwort parat: »Eine Person wird dadurch zum Vater, dass sie einen Sohn hat. Wenn Gott aber ein *ewiger* Vater ist, dann muss er auch einen *ewigen* Sohn haben! Das wiederum heißt, dass Jesus Christus ewig ist – und dass er Gott ist!«

Jesus Christus ist der Erlöser, der Schöpfer, das Haupt der Gemeinde und der geliebte Sohn des Vaters. Er ist ewiger Gott ... und verdient es, den Vorrang in unserem Leben zu haben.

Hat Jesus in Ihrem Leben den Vorrang?

Weitere Bibelstellen: Sprüche 8,22-25; Jesaja 9,6; Micha 5,2; Johannes 1,1; Offenbarung 1,8.

Praktische Schritte: Denken Sie darüber nach, was es wirklich heißt, Jesus den Vorrang in Ihrem Leben zu geben. Wie wird Ihr Leben in den nächsten paar Stunden beeinflusst, wenn Christus den Vorrang hat? Sprechen Sie mit Gott darüber.

Die Wahrheit leben

Vers des Tages: »*Habe Acht auf dich selbst und auf die Lehre; beharre in diesen Dingen! Denn wenn du dies tust, so wirst du sowohl dich selbst erretten als auch die, die dich hören*« (1. Timotheus 4,16).

Wenn Sie das nächste Mal ein Glaubenslied singen, so denken Sie an die folgende Geschichte. Der Komponist des Lieds »Komm', du Quelle allen Segens«, Robert Robinson, bekehrte sich durch die eindrucksvollen Predigten von George Whitefield, entfernte sich dann aber später wieder von Gott. Obwohl der Herr ihn auf großartige Weise als seinen Diener gebrauchte, vernachlässigte Robinson doch die geistlichen Dinge. Im Versuch, Frieden zu finden, begann er zu reisen. Auf einer seiner Reisen begegnete er einer jungen Frau, die ihm ein Liederbuch reichte und ihn fragte: »Was halten Sie von dem Lied, dass ich gerade gelesen habe?«

Es war sein eigenes Lied! Er versuchte, ihrer Frage auszuweichen, wusste aber, dass Gott eben jetzt zu ihm sprach. Schließlich brach er zusammen, gab sich zu erkennen und bekannte, wie er von Gott entfernt gelebt hatte.

»Aber diese ›Ströme der Gnade‹ fließen immer noch«, versicherte ihm die geistlich sensible Frau. Durch sie ermutigt fand Robinson wieder in die Gemeinschaft Gottes zurück.

Müssen auch *Sie* wieder in die Gemeinschaft Gottes zurückfinden?

Zum Nachdenken: Matthäus 21,28-32; 2. Chronik 29,8-11; 1. Korinther 11,29-32.

Praktische Schritte: Schreiben Sie drei Ratschläge auf, die Sie in der letzten Woche jemandem gegeben haben oder geben wollten. Haben Sie selbst Ihre Ratschläge befolgt? Bitten Sie Gott darum, Ihnen zu helfen, entsprechend der Weisheit zu handeln, die er Ihnen bereits gegeben hat.

Die Güte Gottes

Vers des Tages: *»Jede gute Gabe und jedes vollkommene Geschenk kommt von oben herab, von dem Vater der Lichter, bei dem keine Veränderung ist noch eines Wechsels Schatten«* (Jakobus 1,17).

Größe ohne Güte würde Gott zu einem selbstsüchtigen Tyrannen machen; Güte ohne Größe hieße, dass Gott uns zwar helfen wollte, aber handlungsunfähig wäre. Alles, was Gott denkt, sagt, tut, plant und vollbringt, ist gut. Er kann nie etwas Böses für uns wollen, denn von ihm stammt alles Gute. Auch wenn es so viel Böses in der Welt gibt und das Böse zu siegen scheint, so ist die Erde doch »voll der Gnade des HERRN« (Psalm 33,5). Wäre dies nicht wahr, könnten wir niemals Römer 8,28 (»Wir wissen aber, dass denen, die Gott lieben, alle Dinge zum Guten mitwirken«) zitieren und ernsthaft daran glauben!

Gottes Güte ermöglicht es uns, dem Leben ohne Angst ins Auge zu blicken. Wir singen: »Das ist meines Vaters Welt«, und das ist sie auch. Die Welt ist kein Gefängnis, das errichtet wurde, um uns unglücklich zu machen; sie ist eine Schule, in der uns der Vater zur Herrlichkeit erzieht. Weil er gut ist, gestaltet sich für diejenigen alles zum Guten, die Gott lieben und ihm gehorchen. Gott geht vor uns her »mit den Segnungen der Güte«. Wenn wir zurückblicken, sehen wir nur »Güte und Gnade«. Warum sollen wir uns mit Sorgen quälen und Angst haben, wenn Gottes Güte vor uns hergeht und uns nachfolgt?

Lesen Sie auch: 2. Mose 33,19; Psalm 33,5; 23,6; 86,5; 100,5; 106,1; Jeremia 31,14; Johannes 10,11.

Praktische Schritte: Eine gute Methode, die Angst aus unserem Leben zu vertreiben, besteht darin, die Bibel auf Gottes Güte hin zu durchforschen und seinen Versprechen Glauben zu schenken. Erstellen Sie nach dem Lesen der heutigen Verse eine Liste mit allem Guten und sehr Guten in Ihrem Leben. Listen Sie danach auch die schlechten Dinge auf. Bitten Sie Gott um Geduld, Verständnis, Liebe und Gehorsam. Danken Sie ihm dann für Ihre Gewissheit, dass er gut ist und in der Schule des Lebens in jeder Hinsicht nur auf Ihr Bestes hinarbeitet.

Auf der Suche nach Weisheit

Vers des Tages: *»Der Weise höre und mehre die Kenntnis, und der Verständige erwerbe weisen Rat«* (Sprüche 1,5).

Bitten Sie Gott um Weisheit (Jakobus 1,5) und machen Sie auch fleißig Gebrauch von den Mitteln, die Gott uns gibt, um seine Weisheit zu erlangen, vor allem indem Sie das Wort Gottes kennen lernen und danach handeln (Matthäus 7,21-29). Bibellesen allein reicht nicht; wir müssen auch befolgen, was Gott uns sagt (Johannes 7,17). Wenn wir im Glauben wandeln, entdecken wir die Weisheit Gottes in den alltäglichen Dingen des Lebens. Geistliche Weisheit ist nichts Abstraktes: Sie ist sehr persönlich und sehr praktisch.

Durch die Gemeinschaft mit anderen Christen in der Gemeinde und durch gegenseitige Anteilnahme können wir Weisheit lernen. Auch das Lesen geeigneter Bücher kann dazu beitragen, dass wir mehr Weisheit und Verständnis entwickeln. Die Hauptsache ist, dass wir uns an Christus orientieren, denn er ist unsere Weisheit (1. Korinther 1,24) und in ihm verborgen sind »alle Schätze der Weisheit und Erkenntnis« (Kolosser 2,3). Je besser wir Christus kennen und je ähnlicher wir ihm werden, desto mehr werden wir in Weisheit wandeln und den Willen des Herrn verstehen. Wir müssen dem Heiligen Geist gestatten, die Augen unseres Herzens zu öffnen, damit wir Gott in seinem Wort erkennen und den Reichtum besser verstehen, den wir in Christus haben (Epheser 1,15-23).

Lesen Sie: Jakobus 1,2-7; Sprüche 3,13-18; 1. Korinther 1,24; Kolosser 2,3.

Praktische Schritte: Machen Sie sich einige der Möglichkeiten bewusst, wie Sie dem Alltagsgeschehen mit geistlicher Weisheit begegnen können. Denken Sie darüber nach, was mit der oben gemachte Aussage: »Wir müssen dem Heiligen Geist gestatten, die Augen unseres Herzens zu öffnen, damit wir Gott in seinem Wort erkennen und den Reichtum besser verstehen, den wir in Christus haben«, wohl gemeint ist. Teilen Sie Ihre Gedanken einem Familienmitglied oder einem Freund mit. Wunder der Gnade geschehen täglich! Halten Sie beim Lesen, in einem Gespräch oder bei der Arbeit nach einem solchen Wunder Ausschau! Denken Sie immer daran: Gott existiert!

Urteilen nach dem äußeren Schein

Denken Sie daran: *»Meine Brüder, habt den Glauben Jesu Christi, unseres Herrn der Herrlichkeit, ohne Ansehen der Person!«* (Jakobus 2,1).

Die Schriftgelehrten zur Zeit Jesu beurteilten Jesus nach menschlichen Maßstäben – und lehnten ihn ab. Er kam aus der falschen Stadt – Nazareth in Galiläa. Er war kein Absolvent der renommierten Schulen. Er genoss nicht die offizielle Anerkennung der Machtinhaber. Er war nicht begütert. Seine Anhänger bestanden aus einer undefinierbaren Menschenmenge, zu der auch Zöllner und Sünder gehörten. Und dennoch erschien in seiner Person die Herrlichkeit Gottes (Johannes 2,11)! Da wundert es nicht, dass Jesus die religiösen Führer warnte: »Richtet nicht nach dem Schein, sondern richtet das gerechte Gericht« (Johannes 7,24).

Es ist traurig, aber wir machen oft denselben Fehler. Wenn Besucher in unsere Gemeinde kommen, neigen wir dazu, sie nach ihrer Kleidung, Hautfarbe, Aufmachung und anderen oberflächlichen Kriterien zu beurteilen. Wir bemühen uns um die Reichen und machen einen Bogen um die Armen. So hat Jesus weder gehandelt noch kann er es gutheißen.

Wie setzen wir die Tatsache, dass Christus Gott ist, in unseren zwischenmenschlichen Beziehungen um? Es ist eigentlich ganz einfach: Schauen Sie jeden mit den Augen Christi an. Ist der Besucher ein Christ, so nehmen Sie ihn an, weil Christus in ihm lebt. Ist er kein Christ, so nehmen Sie ihn auf, weil Christus für ihn gestorben ist. Christus ist die Brücke zwischen uns und den Anderen, eine Brücke der Liebe.

 **Verwandte Bibelstellen:** Jakobus 2,1-12; 1. Korinther 16,19-20; Epheser 2,21-22.

Praktische Schritte: Denken Sie darüber nach, was es heißen würde, alle mit den Augen Christi zu sehen. Sprechen Sie mit Gott darüber, dass er Ihnen dabei hilft.

Warum sich Sorgen machen?

Vers zum Nachdenken: *»Seid um nichts besorgt, sondern in allem sollen durch Gebet und Flehen mit Danksagung eure Anliegen vor Gott kundwerden; und der Friede Gottes, der allen Verstand übersteigt, wird eure Herzen und eure Gedanken bewahren in Christus Jesus«* (Philipper 4,6-7).

Jesus sagte, dass es eine Sünde ist, sich Sorgen zu machen. Wir können die Sorge zwar aufwerten, indem wir ihr einen anderen Namen geben: Besorgnis, Belastung, das Kreuz, das wir zu tragen haben. Aber das Ergebnis ist das gleiche. Zu viele Gedanken verlängern unser Leben nicht, sondern verkürzen es nur.

»Seid nicht besorgt für euer Leben« (Matthäus 6,25). Wörtlich bedeuten die mit »seid nicht besorgt« übersetzten griechischen Worte: »werdet nicht in verschiedene Richtungen gezogen«. Die Sorge zerreißt uns. Ohne das Eingreifen des Menschen spielt alles in der Natur harmonisch zusammen, denn die gesamte Natur vertraut auf Gott. Der Mensch hingegen ist zerrissen, weil er auf der Grundlage von materiellem Wohlstand versucht, sein eigenes Leben zu leben.

Gott ernährt die Vögel und kleidet die Lilien, und er ernährt und kleidet auch uns. Unser »Kleinglaube« hindert ihn allerdings daran, so zu wirken, wie er gern möchte. Er hält große Segnungen für uns bereit, wenn wir uns nur in seine Hand geben und für die Reichtümer leben, die ewig währen. Sich wegen des morgigen Tages Sorgen zu machen, hilft uns weder morgen noch heute. Es wird uns heute dadurch nur die Kraft geraubt, und morgen sind wir dann noch kraftloser. Jemand hat einmal gesagt, dass sich der Durchschnittsmensch zwischen zwei Dingen aufreibt: dem Bedauern über das Gestern und den Sorgen über das Morgen. Es ist gut und richtig, die Zukunft zu planen, aber es ist Sünde, sich wegen der Zukunft Sorgen zu machen und zuzulassen, dass uns der morgige Tag der Segnungen von heute beraubt.

Wenn wir wirklich an unseren Vater glauben und er für uns an erster Stelle steht, dann gibt er uns, was wir brauchen.

Weitere Bibelstellen: Psalm 37,5; 55,22; Matthäus 6,25-34; 1. Petrus 5,6-7.

Praktische Schritte: Führen Sie mit einem Familienmitglied oder einem Freund ein Gespräch über das Sorgen. Erzählen Sie, was Sie durch diese Andacht gelernt haben. Beenden Sie Ihre Diskussion gegebenenfalls mit einem Gebet, in dem Sie beide Ihre Sorgen vor Gott bringen.

Werte aufbauen

Aus dem Wort Gottes: *»Denn wir haben nichts in die Welt hereingebracht, so dass wir auch nichts hinausbringen können. Wenn wir aber Nahrung und Kleidung haben, so wollen wir uns daran genügen lassen. Die aber reich werden wollen, fallen in Versuchung und Fallstrick und in viele unvernünftige und schädliche Begierden, welche die Menschen in Verderben und Untergang versenken«* (1. Timotheus 6,7-9).

Nahrung, Kleidung und Obdach sind grundlegende Bedürfnisse; verlieren wir sie, verlieren wir die Fähigkeit, andere Dinge zu erwerben. Ein Geizhals ohne Nahrung würde verhungern, während er sein Geld zählt. Ich muss an einen sehr einfach lebenden Quäker denken, der beobachtete, wie sein neuer Nachbar mit all seinen Möbeln und teuren »Spielereien« einzog, die »erfolgreiche« Menschen so zusammentragen. Schließlich ging der Quäker hinüber zu seinem neuen Nachbarn und machte ihm folgendes Angebot: »Herr Nachbar, wenn Sie je etwas brauchen sollten, dann kommen Sie mich doch besuchen, und ich sage Ihnen, wie Sie auch ohne diese Dinge zurechtkommen.« Henry David Thoreau rief uns in Erinnerung, dass ein Mensch umso wohlhabender ist, auf je mehr Dinge er es sich leisten kann zu verzichten.

Die Wirtschafts- und Energiekrisen, mit denen die Welt zu kämpfen hat, werden wahrscheinlich von Gott gebraucht, um die Menschen zu einem einfacheren Leben anzuhalten. Zu viele von uns kennen doch nur noch den Preis der Dinge, aber nicht mehr ihren Wert. Wir sind so mit Luxusgütern übersättigt, dass wir verlernt haben, uns am Notwendigen zu erfreuen.

Wohlstand macht uns weder zufrieden noch ist er von Dauer. Marilyn Monroe erzählte einmal einem Freund, dass sie ein einsames Dasein führe. »Hast du dich allein in einem Zimmer je einsam gefühlt? Ich habe vierzig Zimmer und fühle mich vierzigmal so einsam.«

Nicht eine große Villa, sondern nur ein Leben für Christus kann uns glücklich machen.

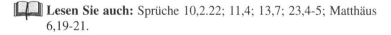 **Lesen Sie auch:** Sprüche 10,2.22; 11,4; 13,7; 23,4-5; Matthäus 6,19-21.

Praktische Schritte: Listen Sie von den Dingen, die Sie haben, diejenigen auf, die Sie für notwendig erachten. Danken Sie Gott dafür.

Unser Hoherpriester

Zum Nachdenken: *»Lasst uns nun mit Freimütigkeit hinzutreten zum Thron der Gnade, damit wir Barmherzigkeit empfangen und Gnade finden zur rechtzeitigen Hilfe!«* (Hebräer 4,16).

Die Bibel berichtet von zwei »lebendigen Opfern«, die uns beide helfen zu verstehen, was ein »lebendiges Opfer« eigentlich ist. Das erste ist Isaak (1. Mose 22), das zweite ist unser Herr Jesus Christus. Isaak legte sich bereitwillig auf den Altar und wäre im Gehorsam gegenüber dem Willen Gottes gestorben, aber der Herr stellte einen Widder bereit, der seinen Platz einnahm. Aber Isaak starb trotzdem: Er starb sich selbst, indem er sich bereitwillig dem Willen Gottes auslieferte. Als er vom Altar aufstand, war Isaak ein lebendiges Opfer zur Ehre Gottes.

Natürlich ist unser Herr Jesus Christus das beste Beispiel eines »lebendigen Opfers«. Er starb tatsächlich den Opfertod und gehorchte damit dem Willen seines Vaters. Aber er erstand wieder auf. Und heute ist er als »lebendiges Opfer« im Himmel und hat an seinem Leib noch immer die Wunden von Golgatha. Er ist unser Hoherpriester und Fürsprecher vor dem Thron Gottes.

Weitere Bibelstellen: Hebräer 4,14-15; 1. Johannes 2,1.

Praktische Schritte: Denken Sie über das Morgenlied von Francois Barthélemon nach, das zwischen 1780 und 1790 entstand:

> Wach' auf, der neue Tag fängt an,
> tu' deine Pflicht wie jedermann,
> und voller Freud', der Trägheit bar,
> bring' erst dein Morgenopfer dar.
>
> Erneut ich mich dir anvertrau',
> tilg' meine Sünd' wie Morgentau.
> Hilf meiner Seel', dass sie dich preist
> und fülle mich mit deinem Geist.
>
> Sei bei mir heut an diesem Tag
> Und lenke, was ich denk', tu', sag'.
> Damit mit meiner ganzen Kraft,
> ich nur tu', was dir Ehre schafft.

Motiviert sein, Gott zu ehren

Merkvers: *»Und du, du trachtest nach großen Dingen für dich? Trachte nicht danach! Denn siehe, ich bringe Unheil über alles Fleisch, spricht der HERR, aber dir gebe ich dein Leben zur Beute an allen Orten, wohin du ziehen wirst«* (Jeremia 45,5).

Als Charles Haddon Spurgeon ein junger Prediger war, schlug ihm sein Vater, Pfarrer John Spurgeon, vor, er solle aufs College gehen, um einen höheren Bekanntheitsgrad zu erlangen. Es wurde für ihn ein Gespräch mit Dr. Joseph Angus, dem Leiter des Londoner Stepney Colleges, vereinbart. Das Treffen sollte in Cambridge im Haus von Mr. Macmillan stattfinden, und Spurgeon fand sich dort zum verabredeten Zeitpunkt ein. Er wartete zwei Stunden, aber Dr. Angus wollte einfach nicht erscheinen. Als Spurgeon schließlich Erkundigungen nach ihm anstellte, erfuhr er, dass Dr. Angus in einem anderen Zimmer auf ihn gewartet hatte und aufgrund anderer Termine bereits wieder gegangen war. Enttäuscht ging er fort, um eine Stelle als Prediger anzutreten. Auf dem Weg vernahm er deutlich eine Stimme, die zu ihm sagte: »Und du, du trachtest nach großen Dingen für dich? Trachte nicht danach!« Von diesem Moment an war Spurgeon entschlossen, Gottes Willen zu tun, um ihn zu ehren; und Gott segnete ihn dafür auf ganz außerordentliche Weise.

Der Mensch wurde geschaffen, um Gott zu ehren (Jesaja 43,7), und er wird gerettet, um Gott zu ehren (1. Korinther 6,19-20). Die Herrlichkeit Gottes war die Motivation für den Apostel Paulus, und sie sollte auch die Motivation in unserem Leben sein.

Weitere Bibelstellen: Jesaja 43,7; 1. Korinther 6,19-20; Römer 11,36.

Praktische Schritte: Sprechen Sie mit Gott darüber, was es heißt, ihn zu ehren. Gewöhnen Sie sich an, immer so zu denken, dass Sie Gott ehren: heute und jeden Tag.

Tun Sie auch, was Sie sagen?

Vers des Tages: *»Der Gott des Friedens aber, der den großen Hirten der Schafe aus den Toten heraufgeführt hat durch das Blut eines ewigen Bundes, unseren Herrn Jesus, vollende euch in allem Guten, damit ihr seinen Willen tut, indem er in uns schafft, was vor ihm wohlgefällig ist, durch Jesus Christus, dem die Herrlichkeit sei von Ewigkeit zu Ewigkeit! Amen«* (Hebräer 13,20-21).

Als abschließendes Lied sang die Gemeinde: »Du bist's, für den ich bete.« Der Prediger drehte sich zu dem Mann hinter ihm um und fragte ihn leise: »Für wen beten Sie eigentlich?«

Verblüfft antwortete der Mann: »Wieso, ich bete für niemanden weiter. Wie kommen Sie denn überhaupt darauf?«

»Nun ja, ich habe eben gehört, wie Sie ›Du bist's, für den ich bete‹ sagten und dachte, Sie meinten es auch so«, antwortete der Prediger.

»Ach, woher denn«, erwiderte der Mann, »ich singe doch bloß.«

Scheinheiliges Gerede! Eine Religion der Worte! Ist es das, was Sie leben? Wenn man Jakobus 1,22 umschreibt, könnte man sagen: »Wir sollen Täter des Wortes sein, genauso, wie wir Redner des Wortes sind.« Wir müssen das, was wir sagen, auch tun. Es reicht nicht, die Worte zu kennen, wir müssen auch unser Leben danach gestalten.

Lesen Sie auch: Jakobus 1,22; 4,17; 1. Johannes 2,17; 3,21-22; Offenbarung 22,14.

Praktische Schritte: Angenommen, Sie würden einen Diamantring gewinnen: Würden Sie sich dann für einen falschen oder einen echten Diamanten entscheiden? Natürlich wären Sie so klug, sich den echten auszusuchen, denn den könnten Sie jederzeit verkaufen und zu Geld machen, stimmt's?

Wie sieht es nun aber im geistlichen Bereich aus? Entscheiden Sie sich da für die echte Erfahrung eines Lebens mit Christus oder begnügen Sie sich damit, durch eine entsprechende Redeweise diese Erfahrungen lediglich vorzutäuschen? Stellen Sie sich vor den Spiegel und sagen Sie laut: »Ich möchte ein echter Täter von Gottes Wort sein, nicht nur ein Hörer oder Redner des Wortes.« Bitten Sie dann Gott, Ihnen dabei zu helfen, dass Sie diesen Wunsch für den Rest Ihres Lebens auch wirklich in die Tat umsetzen können, jeden Tag aufs Neue!

Erwähnt im Testament Christi!

Freut euch! *»Gepriesen sei der Gott und Vater unseres Herrn Jesus Christus! Er hat uns gesegnet mit jeder geistlichen Segnung in der Himmelswelt in Christus, wie er uns in ihm auserwählt hat vor Grundlegung der Welt, dass wir heilig und tadellos vor ihm seien«* (Epheser 1,3-4).

Eine der witzigsten Karikaturen, die ich je gesehen habe, zeigte einen großspurigen Anwalt, der vor einer Gruppe gieriger Verwandter das Testament seines Mandanten verlas. Die Bildunterschrift lautete:»Ich, John Jones, im Vollbesitz meiner geistigen und körperlichen Kräfte, habe alles, was ich besaß, ausgegeben.«

Als Jesus Christus seiner Gemeinde sein Testament hinterließ, richtete er es so ein, dass alle seine wahren Nachfolger an seinen geistlichen Reichtümern Anteil bekommen sollen. Anstatt alles auszugeben, hat Jesus alles bezahlt. Sein Tod am Kreuz und seine Auferstehung ermöglichen unsere Rettung. Er nahm uns in seinem Testament auf und starb dann, damit das Testament in Kraft treten konnte. Anschließend erstand er wieder auf, um als himmlischer (Rechts-)Beistand dafür zu sorgen, dass die Verfügungen in seinem Testament genau befolgt würden.

Im ersten Kapitel des Epheser-Briefes nennt Paulus nur einige der Segnungen, die unseren geistlichen Reichtum ausmachen:

Er hat uns auserwählt.
Er hat uns aufgenommen.
Er hat uns angenommen.
Er hat uns erlöst.
Er hat uns vergeben.
Er hat uns offenbart, was Gottes Wille für uns ist.
Er hat uns ein Erbteil gegeben.
Er hat uns versiegelt.
Er hat uns ein Unterpfand (eine Anzahlung auf unsere Erlösung) gegeben.

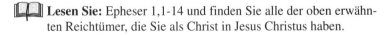 **Lesen Sie:** Epheser 1,1-14 und finden Sie alle der oben erwähnten Reichtümer, die Sie als Christ in Jesus Christus haben.

Praktische Schritte: Ordnen Sie der Liste mit den geistlichen Segnungen aus der heutigen Lesung die entsprechenden Verse aus Epheser 1,1-14 zu. Versuchen Sie dann, die Liste der geistlichen Segnungen aus dem Gedächtnis niederzuschreiben. Danken Sie Gott, dass er Ihnen diese Segnungen zuteil werden ließ.

Besorgt sein um die Verlorenen

Aus dem Wort Gottes: »*Ich aber sage euch: Liebt eure Feinde, und betet für die, die euch verfolgen*« (Matthäus 5,44).

Wenn Gott seinen eigenen Kindern ein »Feuer der Verfolgung zur Prüfung« schickt und schon diese nur »mit Not« gerettet werden, was wird dann erst mit den verlorenen Sündern geschehen, wenn die Zeit für Gottes Gericht gekommen ist?

Wenn einem Gläubigen Leid widerfährt, dann erlebt er die Herrlichkeit Gottes und weiß, dass er in der Zukunft eine noch größere Herrlichkeit sehen wird. Ein Sünder, der dieses Leid herbeiführt, vergrößert jedoch nur zunehmend Gottes Zorn. Anstatt nur auf uns selbst bedacht zu sein, sollte unsere Besorgnis daher den verlorenen Sündern um uns herum gelten. Unser gegenwärtiges »Feuer der Prüfung« ist nichts im Vergleich zu dem »flammenden Feuer«, mit dem die Verlorenen bestraft werden, wenn Jesus das Gericht vollziehen wird. Dieser Gedanke wird in Sprüche 11,31 wiedergegeben: »Wenn dem Gerechten auf Erden vergolten wird, wie viel mehr dem Gottlosen und Sünder!«

Zeiten der Verfolgung sind Zeiten, in denen wir die Chance haben, denen, die uns verfolgen, ein Zeugnis der Liebe zu geben. Nicht das Erdbeben führte den Kerkermeister aus Philippi zu Christus, im Gegenteil: Es erschreckte ihn dermaßen, dass er sich beinahe das Leben genommen hätte! Nein, es waren Paulus' liebevolle Bemühungen, die den Kerkermeister zum Glauben an Christus brachte. Als Christen suchen wir keine Vergeltung an denjenigen, die uns Schaden zugefügt haben. Wir beten vielmehr für sie und setzen alles daran, sie zu Christus zu führen.

Weitere Bibelstellen: 1. Petrus 4,12-18; Matthäus 23,29-33; 2. Thessalonicher 1,7-10; Matthäus 5,10-12.43-48.

Praktische Schritte: Beten Sie für einen noch nicht geretteten Menschen, den Sie kennen, vielleicht für jemanden, der Sie verfolgt, und bitten Sie Gott darum, dass er sie dazu befähigt, diesem Menschen Zeugnis zu geben.

Das Gesetz der Freiheit

Vers des Tages: *»Wer aber in das vollkommene Gesetz der Freiheit hineingeschaut hat und dabei geblieben ist, indem er nicht ein vergesslicher Hörer, sondern ein Täter des Werkes ist, der wird in seinem Tun glückselig sein«* (Jakobus 1,25).

Wir werden nach dem »Gesetz der Freiheit« gerichtet. Warum verwendet Jakobus (1,25) diese Bezeichnung für Gottes Gesetz? Weil es uns von der Sünde befreit, wenn wir es befolgen, und wir dann »im weiten Raum« der Freiheit wandeln können (Psalm 119,45).

Freiheit ist kein Freibrief. Ein Freibrief (alles tun zu können, was man will) ist die schlimmste Art der Knechtschaft. Freiheit bedeutet, all das entfalten zu können, was ich in Jesus Christus sein kann. Ein Freibrief bedeutet Einengung, Freiheit die Erfüllung.

Gottes Wort wird auch »das Gesetz der Freiheit« genannt, weil Gott in unsere Herzen schaut und weiß, was wir getan hätten, wenn es uns freigestanden hätte. Der Schüler einer christlichen Schule, der nur gehorsam ist, um nicht mit den Regeln der Schule in Konflikt zu geraten, kommt in seiner Entwicklung nicht wirklich voran. Wie wird er sich verhalten, wenn er die Schule verlässt? Gottes Wort kann unsere Herzen verändern und in uns den Wunsch entstehen lassen, nach seinem Willen zu handeln, so dass wir Gottes Gesetz nicht aufgrund einer äußeren Verpflichtung, sondern aus innerem Antrieb heraus befolgen.

Eine Botschaft soll hier deutlich vermittelt werden: Unser Verhalten sollte von unserem Glauben bestimmt werden. Wenn wir wirklich daran glauben, dass Jesus Gottes Sohn ist und dass Gott gnädig zu uns ist, dann müssen wir auch damit rechnen, dass wir eines Tages vor seinem Richterstuhl stehen werden (Römer 14,10). Dann wird offenbart, welche Überzeugung wirklich hinter unserem Verhalten stand.

Lesen Sie auch: Jakobus 2,12; Galater 2,4; 6,2; Johannes 8,32; 13,7; Römer 8,2; 1. Petrus 2,16.

Praktische Schritte: Von Patrick Henry stammt der Ausruf: »Gib mit die Freiheit oder gib mir den Tod!« Notieren Sie sich stichpunktartig, was er damit gemeint haben könnte. Schreiben Sie dann Ihre Gedanken dazu nieder, in welcher Beziehung »Freiheit und Tod« zu Ihrem Leben als Christ stehen. Bitten Sie Gott um ein klares Verständnis dafür, was es bedeutet, seine Freiheit in Christus zu besitzen.

Die Ernte des Gebens

Vers des Tages: *»Er, der doch seinen eigenen Sohn nicht verschont, sondern ihn für uns alle hingegeben hat: wie wird er uns mit ihm nicht auch alles schenken?«* (Römer 8,32).

»Gebt, und es wird euch gegeben werden« (Lukas 6,38), lautete das Versprechen unseres Herrn. Und es gilt noch immer. Das »gute Maß«, das er uns zurückgibt, muss nicht aus Geld oder materiellen Gütern bestehen, aber es ist immer mehr wert als das, was *wir* gegeben haben.

Wenn unser Geben für uns zum Segen werden soll, müssen wir die beiden folgenden Prinzipien beachten, die Paulus dargelegt hat.

1. *Das Prinzip der Menge des Saatguts:* Wir ernten in dem Maße, wie wir gesät haben (2. Korinther 9,6). Wer viele Samen ausgesät hat, hat größere Chancen auf eine reiche Ernte. Gott zeigt sich immer großzügig, sowohl in der Natur als auch in seiner Gnade. Wer Gott ähnlicher werden will, sollte auch hier dem Beispiel Gottes folgen.

2. *Das Prinzip der inneren Einstellung:* Wir ernten, wenn wir aus den richtigen Motiven heraus säen (2. Korinther 9,7). Bei einem Bauern kommt es nicht im Geringsten auf das Motiv an. Wenn er gute Saat aussät und das Wetter mitspielt, fährt er eine gute Ernte ein, ganz unabhängig davon, ob er aus Gründen des Lebensunterhalts, des Vergnügens oder der Gewinnsucht arbeitet. Ganz anders sieht es für den Christen aus, bei dem das Motiv des Schenkens (und auch aller weiteren Handlungen) von entscheidender Bedeutung ist. Unsere Gaben müssen von Herzen kommen, und der Beweggrund in unserem Herzen muss Gott gefallen.

Letzten Endes ist Geben nicht etwas, das wir *tun*, sondern etwas, das wir *sind*. Geben ist der Lebensstil des Christen, der die Gnade Gottes verstanden hat.

Lesen Sie auch: Sprüche 22,9; Hesekiel 36,26; Matthäus 13,12; Lukas 6,38; 12,48.

Praktische Schritte: Denken Sie an Zeiten, in denen Sie jemandem Ihre Zeit, geistliche Zuwendung oder materielle Mittel geschenkt haben. Haben Sie danach immer sofort ein Ergebnis gesehen? Hatten Sie schon einmal das Gefühl, Ihre Zeit verschwendet zu haben? Sind Sie schon jemals ganz unerwartet durch Ihr Geben gesegnet worden?

Bitten Sie Gott, Ihnen dabei zu helfen, ein »fröhlicher Geber« zu sein, der »als dem Herrn« gibt. Gott wird Sie nach seinem eigenen Zeitplan und auf seine eigene Art die Ernte einfahren lassen, die Sie mit ihren Gaben ausgesät haben.

Das Wunder der Macht Gottes

Vers des Tages: *»Meine Urform sahen deine Augen. Und in dein Buch waren sie alle eingeschrieben, die Tage, die gebildet wurden, als noch keiner von ihnen da war«* (Psalm 139,16).

Gott ist allmächtig. Der Psalmist hätte Gottes überwältigende Schöpfung als Beispiel für Gottes große Macht verwenden können, stattdessen wählte er das Wunder der Geburt (Psalm 139,13-18). Empfängnis, embryonales Wachstum und Geburt sind ewige Wunder, über die wir trotz eines noch so umfangreichen Wissens auf den Gebieten der Genetik, der Anatomie und der Geburtshilfe immer staunen werden. Es ist traurig, dass der menschliche Fötus viel zu oft nicht als etwas Wunderbares betrachtet wird, das man bestaunen und willkommen heißen sollte, sondern vielmehr als eine Last, derer es sich zu entledigen gilt wie eines geplatzten Blinddarms.

Gott hat die Empfängnis, das Wachstum des Embryos und die Geburt jedes einzelnen Kindes für unser Leben vorgesehen und kümmert sich persönlich darum. Dabei handelt es sich nicht um den Entwurf eines distanzierten Ingenieurs, sondern um den liebevollen Plan eines himmlischen Vaters voller Gnade. Erst gestaltet uns Gott so, wie er uns haben möchte, und dann plant er unser Leben hier auf der Erde so, dass wir am besten entfalten können, was er in uns hineingelegt hat. Im Neuen Testament wird es so ausgedrückt:»Denn wir sind sein Gebilde, in Christus Jesus geschaffen zu guten Werken, die Gott vorher bereitet hat, damit wir in ihnen wandeln sollen« (Epheser 2,10).

Lesen Sie auch: Jeremia 1,5; 29,11; 32,17.27; Jesaja 49,5; Galater 1,15-16.

Praktische Schritte: Danken Sie Gott für das Geschenk des Lebens und dafür, dass er Sie schon kannte und liebte, als Sie noch gar nicht geboren waren. Beten Sie dafür, dass die Welt aufhört, mit dem ungeborenen Leben so leichtfertig umzugehen und dass das Töten von Kindern im Mutterleib ein Ende nimmt.

Ein Tröster sein

Vergessen Sie nicht: *»Wenn du durchs Wasser gehst, ich bin bei dir, und durch Ströme, sie werden dich nicht überfluten. Wenn du durchs Feuer gehst, wirst du nicht versengt werden, und die Flamme wird dich nicht verbrennen«* (Jesaja 43,2).

Das beste Mittel, wie Sie entmutigten und verletzten Menschen helfen können, ist ihnen zuzuhören, und zwar nicht nur mit Ihren Ohren, sondern mit Ihrem Herzen. Nicht *was* sie sagen ist wichtig, sondern *warum* sie es sagen. Geben Sie ihnen zu verstehen, dass Sie ihren Schmerz verstehen, indem Sie mit eigenen Worten genau das wiedergeben, was sie Ihnen gerade anvertraut haben. Diskutieren Sie nicht mit ihnen und versuchen Sie auch nicht, sie mit Hilfe logischer Argumente zu überzeugen. Nehmen Sie ihre Worte geduldig an – auch die bitteren Worte gegen Gott – und bauen Sie Brücken, nicht Wände.

In *Über die Trauer*, dem Buch über den Tod seiner Frau, beschreibt C. S. Lewis seine eigenen schmerzlichen Erfahrungen: »Sprecht mir von der Wahrheit der Religion, und ich will euch gern zuhören. Sprecht mir von der Pflicht der Religion, und ich will euch unterwürfig zuhören. Aber kommt mir nicht und sprecht von den Tröstungen der Religion, oder ich schöpfe gegen euch Verdacht, dass ihr nichts versteht.«

Wir können in unserem Glauben schon wahren Trost finden, aber leider bekommt man ihn nicht so einfach in der gewünschten Menge wie Hustensaft. Man kann nur durch jene daran teilhaben, die genau wissen, was es heißt, so tief unten zu sein, dass man sich von Gott verlassen vorkommt. Wenn man ein wahrer Tröster sein will, muss man einen Preis dafür zahlen; und nicht jeder ist bereit dazu. Paulus schreibt darüber in 2. Korinther 1,3-11.

John Henry Jowett sagte es so: »Gott tröstet uns nicht, damit wir getrost sind, sondern damit wir Tröster werden.«

Lesen Sie: 2. Korinther 1,3-11.

Praktische Schritte: Lesen Sie den Text für heute noch einmal. Erstellen Sie eine Liste mit praktischen Schritten, wie Sie ein besserer Tröster werden können. Wenn Sie jemanden kennen, der gerade Trost nötig hat, so gehen Sie auf diesen Menschen zu.

Werden, was wir sind

Vers des Tages: *»Ihr aber seid ein auserwähltes Geschlecht, ein königliches Priestertum, eine heilige Nation, ein Volk zum Besitztum, damit ihr die Tugenden dessen verkündigt, der euch aus der Finsternis zu seinem wunderbaren Licht berufen hat; [...] als Freie und nicht als solche, die die Freiheit als Deckmantel der Bosheit haben, sondern als Sklaven Gottes«* (1. Petrus 2,9.16).

Seien Sie auf der Hut vor dem »Betrug der Sünde« (Hebräer 3,13)! Sünde verspricht immer Freiheit, aber bringt letzten Endes Knechtschaft. Sie verspricht Leben, bringt stattdessen aber nur den Tod. Die Sünde hat die Eigenart, einen Menschen immer stärker zu fesseln, bis es kein Entrinnen mehr gibt, außer durch das gnädige Einschreiten des Herrn. Selbst die Knechtschaft, die durch die Sünde entsteht, ist trügerisch, denn die Menschen, die darin gefangen sind, glauben, sie seien frei! Zu spät entdecken sie, dass sie Gefangene ihrer eigenen Gelüste und Gewohnheiten sind.

Jesus Christus kam, um uns die Freiheit zu bringen. In seiner ersten Predigt in der Synagoge von Nazareth rief der Herr die Freiheit und das Herannahen des »Gnadenjahrs« (Lukas 4,16-44) aus. Aber Jesus versteht unter Freiheit etwas anderes als die von Gott Abgefallenen, und dementsprechend anders ist auch sein Weg, sie zu erringen.

In der Bibel bedeutet Freiheit nicht »seinen eigenen Weg gehen« oder etwas »eben auf seine eigene Art machen«. Diese Haltung ist vielmehr der Inbegriff der Sünde. Die Freiheit, die uns Jesus Christus anbietet, heißt *Erfüllung im Willen Gottes finden.* Sie bedeutet, sein volles Potenzial zur Ehre Gottes zu entfalten. Jemand sagte einmal frei nach Aristoteles: »Die wahre Natur einer Sache ist das Höchste, das es werden kann.« Jesus Christus befreit uns, damit wir in diesem Leben werden können, was wir sind, und im nächsten Leben dann wie Jesus selbst sein können.

Lesen Sie auch: 1. Korinther 6,11; Galater 1,3-4; 2,20.

Praktische Schritte: Danken Sie Gott für die wundervolle Freiheit, die Sie in Christus haben, und bitten Sie ihn darum, dass er Sie dazu befähigt, Ihre Freiheit von der Sünde hier und heute zu Gottes Ehre einzusetzen.

Unaussprechliche Freude

Vers des Tages: *»Da wurde unser Mund voll Lachen und unsere Zunge voll Jubel. Da sagte man unter den Nationen: ›Der HERR hat Großes an ihnen getan!‹«* (Psalm 126,2).

Weil wir durch unseren Glauben zu Jesus Christus gehören und mit ihm vereint sind, haben wir auch Zugang zu seiner Fülle. Wir haben in uns eine »Quelle lebendigen Wassers«, die unseren Durst auf ewig stillt. Darüber hinaus haben wir auch einen Strom lebendigen Wassers, der von Christus zu uns fließt und dann durch uns hindurch zum Segen anderer.

Wenn das Glück in der Fülle Christi besteht, dann sollten wir diese Fülle Tag für Tag erleben. Wir müssen mit dem Geist und dem Wort Gottes erfüllt sein. Wir müssen voller Glauben sein, damit Gott uns gebrauchen und unsere Gebete erhören kann. Wenn wir Gott ergeben sind, wird unser Leben erfüllt sein mit den Früchten der Gerechtigkeit, und wir werden eine »unaussprechliche und verherrlichte Freude« (1. Petrus 1,8) in uns tragen.

Es ist nicht der Wille Gottes, dass die Menschen ein sinnloses Leben führen oder sich mit dem begnügen, was diese Welt an krankmachendem Ersatz anzubieten hat. In Jesus Christus können wir die geistliche Fülle finden. Gott kann ein leeres Leben füllen, wie der Regen ein ausgetrocknetes Flussbett in der Wüste füllt, allerdings mit einem Unterschied: Während ein solcher Fluss schon bald aufs Neue austrocknet, können wir »von Segnung zu Segnung« schreiten, wenn wir aus der Fülle Jesu Christi schöpfen.

Lesen Sie auch: Kolosser 2,9-10; Johannes 4,10-14; 7,37-39; Epheser 5,18-21; Kolosser 3,16-17; Philipper 1,9-11; 1. Petrus 1,8.

Praktische Schritte: Machen Sie die Aussage »Jesus stillt den Durst« zu Ihrem Motto. Überprüfen Sie aber, ob er Ihr Leben wirklich erfüllt. Ordnen Sie den Stichwörtern »Heiliger Geist«, »Wort Gottes«, »Glaube«, »Früchte der Gerechtigkeit« und »Freude« die entsprechenden Bibelstellen zu, die unter »Lesen Sie auch« angegeben sind. Bitten Sie Gott darum, Ihnen zu zeigen, ob es bei Ihnen irgendeinen Mangel gibt und sagen Sie sich: »Jesus ist die Fülle.« Wenn Sie ganz erfüllt sind von seiner Freude, lassen Sie jemanden daran teilhaben.

Wundervolle Gnade!

Paulus schrieb: »*Aber durch Gottes Gnade bin ich, was ich bin; und seine Gnade mir gegenüber ist nicht vergeblich gewesen, sondern ich habe viel mehr gearbeitet als sie alle; nicht aber ich, sondern die Gnade Gottes, die mit mir ist*« (1. Korinther 15,10).

Gottes Gnade schließt mehr ein als nur unsere Erlösung. Wir sind nicht nur gerettet durch seine Gnade, sondern wir sollen auch aus der Gnade leben. Wir stehen in der Gnade: Sie ist das Fundament des christlichen Lebens. Die Gnade gibt uns die Kraft, die wir benötigen, um siegreiche Kämpfer zu sein. Gnade befähigt uns zu leiden ohne aufzubegehren und sogar dazu, unser Leid zur Ehre Gottes zu gebrauchen. Wenn ein Christ sich vom Leben aus Gottes Gnade abwendet, muss er sich auf seine eigene Kraft verlassen. Dies führt zu Versagen und Enttäuschung.

Genau das meint Paulus mit seinen Worten »aus der Gnade gefallen« (Galater 5,4) zu sein: sich aus dem Reich der Gnade in das Reich des Gesetzes zu begeben; nicht mehr länger abhängig von Gott, sondern auf seine eigenen Mittel angewiesen zu sein.

Kein Wunder, dass Paulus sehr besorgt war, als er seinen Brief an die Galater schrieb. Seine Brüder und Schwestern in Christus waren dabei, sich von Gottes Gnade abzuwenden, seine Gnade zu missbrauchen und zu einem Leben nach dem Fleisch und aus eigener Kraft zurückzukehren. Sie hatten ihr Leben als Christen im Heiligen Geist begonnen, standen aber nun im Begriff, wieder unter der Herrschaft des Fleisches zu leben.

Weitere Bibelstellen: Römer 5,1-2; 2. Korinther 12,1-10; Galater 3,3.

Praktische Schritte: Schreiben Sie auf, was Sie unter *Gnade* verstehen. Suchen Sie ein Lied heraus, das von Gottes Gnade handelt, und singen Sie es. Danken Sie Gott für seine wundervolle Gnade.

Anleitungen zum Gebet

Für heute: »*Ebenso aber nimmt auch der Geist sich unserer Schwachheit an; denn wir wissen nicht, was wir bitten sollen, wie es sich gebührt, aber der Geist selbst verwendet sich für uns in unaussprechlichen Seufzern*« (Römer 8,26).

Jesus gab uns vier Richtlinien, die wir beim Beten berücksichtigen sollen (Matthäus 6,5-15).

Wir sollen in der Stille beten, bevor wir öffentlich beten. Wenn wir in der Öffentlichkeit beten, dann nur, wenn wir auch privat regelmäßig Zeit im Gebet verbringen.

Wir sollen ernsthaft beten. Wenn wir ein Anliegen mehrmals wiederholen, heißt das noch nicht, dass wir »plappern«, denn sowohl Paulus als auch Jesus äußerten mitunter eine Bitte mehrfach. Wir »plappern« allerdings, wenn wir ein Anliegen nur so herunterleiern, ohne wirklich von dem Wunsch erfüllt zu sein, Gottes Willen zu erkennen und danach zu handeln.

Ein Freund von mir hat oft gesagt: »Jeder von uns hat in sich ein Standardgebet abgespeichert; und sobald wir das losgeworden sind, können wir wirklich anfangen zu beten.«

Wir sollen entsprechend dem Willen Gottes beten. Der Sinn des Gebets besteht darin, Gottes Namen zu verherrlichen und um Hilfe dafür zu bitten, dass wir hier auf Erden Gottes Willen umsetzen können. Das Vaterunser beginnt mit den Interessen Gottes, nicht mit unseren: mit Gottes Namen, Gottes Königreich und Gottes Willen.

Wir sollen im Geist der Vergebung gegenüber anderen beten. Der Herr hat uns nicht gelehrt, dass man sich als Christ Gottes Vergebung verdienen kann, indem man anderen vergibt, denn dies stünde im Widerspruch zur freien Gnade und Barmherzigkeit Gottes. Wenn wir Gottes Vergebung allerdings wirklich erfahren haben, dann werden wir auch bereit sein, anderen zu vergeben.

Lesen Sie auch: Matthäus 6,5-15.

Praktische Schritte: Schauen Sie sich die vier oben genannten Anleitungen zum Beten noch einmal an. Notieren Sie sie sich zur Erinnerung in Ihrer Bibel. Bitten Sie Gott um ein tieferes Verständnis des Gebets.

In Liebe handeln

Christus sagte: »*Ein neues Gebot gebe ich euch, dass ihr einander liebt, damit, wie ich euch geliebt habe, auch ihr einander liebt. Daran werden alle erkennen, dass ihr meine Jünger seid, wenn ihr Liebe untereinander habt*« (Johannes 13,34-35).

Christliche Nächstenliebe bedeutet nicht, dass ich einen Menschen unbedingt gern haben und in allem mit ihm einverstanden sein muss. Vielleicht missfällt mir seine Art zu reden oder mich stören seine Gewohnheiten. Vielleicht möchte ich ihn nicht als engen Freund haben. Christliche Nächstenliebe bedeutet, andere so zu behandeln, wie Gott mich behandelt hat. Ich versuche, mich bei meinen Handlungen eher von einer Willensentscheidung als von Gefühlen leiten zu lassen. Das *Motiv* ist, Gott zu verherrlichen. Das *Mittel* ist die Kraft des Heiligen Geistes, denn »die Frucht des Geistes ist Liebe« (Galater 5,22). Wenn ich jemandem mit Liebe begegne, werde ich vielleicht feststellen, dass ich mich immer mehr zu ihm hingezogen fühle und in ihm Eigenschaften entdecke, die bisher vor mir verborgen waren.

Christliche Nächstenliebe lässt einen Menschen nicht unverändert. Liebe hilft dem Armen, dass er besser zurechtkommt. Liebe hilft dem Reichen, seine von Gott geschenkten Mittel besser zu nutzen. Liebe hebt immer empor, Hass zieht immer herab.

Wir glauben nur so viel von der Bibel, wie wir auch praktisch umsetzen. Wenn wir es nicht schaffen, das wichtigste Gebot zu befolgen – »Du sollst deinen Nächsten lieben wie dich selbst« (3. Mose 19,18) –, dann nützt es uns auch nichts, wenn wir die weniger wichtigen Punkte in Gottes Wort erfüllen. Die Pharisäer begingen den schwerwiegenden Fehler, sich bei den Nebensächlichkeiten die allergrößte Mühe zu geben und die entscheidenden Punkte zu vernachlässigen. Sie übertraten genau das Gesetz, das sie zu verteidigen glaubten.

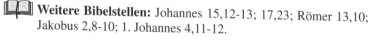 **Weitere Bibelstellen:** Johannes 15,12-13; 17,23; Römer 13,10; Jakobus 2,8-10; 1. Johannes 4,11-12.

Praktische Schritte: Bitten Sie Gott um Gelegenheiten, bei denen Sie zeigen können, was christliche Nächstenliebe wirklich bedeutet, indem Sie andere so behandeln, wie Gott uns behandelt hat.

Not und Wohlstand

Vers des Tages: »*Sowohl erniedrigt zu sein, weiß ich, als auch Überfluss zu haben, weiß ich; in jedes und in alles bin ich eingeweiht, sowohl satt zu sein als auch zu hungern, sowohl Überfluss zu haben als auch Mangel zu leiden*« (Philipper 4,12).

Weisheit verleiht uns einen gewissen Weitblick, so dass wir uns in schwierigen Zeiten nicht entmutigen lassen und nicht übermütig werden, wenn es uns gut geht. Es bedarf einer gehörigen Portion geistlicher Reife, mit Wohlstand genauso gut umgehen zu können wie mit Not, denn oft richtet Wohlstand den größeren Schaden an (Philipper 4,10-13). Hiob erinnerte seine Frau an diese Wahrheit, als sie ihn dazu aufforderte, Gott zu fluchen und zu sterben: »Das Gute nehmen wir von Gott an, da sollten wir das Böse nicht auch annehmen?« (Hiob 2,10). Vorher hatte Hiob gesagt: »Der HERR hat gegeben, und der HERR hat genommen, der Name des HERRN sei gepriesen!« (Hiob 1,21).

Gott sorgt in unserem Leben für das notwendige Gleichgewicht, indem er uns genug segnet, damit wir glücklich sind, und uns genug Lasten aufbürdet, damit wir demütig bleiben. Hielten wir nur Geschenke des Segens in unseren Händen, würden wir schlichtweg ins Wanken geraten. Deswegen legt uns Gott eine Last auf die Schultern, die uns im Gleichgewicht hält. Dadurch stehen wir auf sicheren Füßen, und wenn wir uns ganz in Gottes Hand begeben, kann Gott selbst unsere Last zum Segen werden lassen.

Warum gestaltet Gott unser Leben so? Darauf gibt es eine einfache Antwort: damit wir nicht denken, wir wüssten schon alles und könnten unser Leben sehr gut in die eigene Hand nehmen, »gerade deshalb, weil der Mensch gar nichts herausfinden kann von dem, was nach ihm ist« (Prediger 7,14). Genau dann, wenn wir denken, die Erklärung für etwas gefunden zu haben, verändert Gott alles, und wir sind genauso schlau wie vorher. An diesem Punkt lagen Hiobs Freunde falsch: Sie versuchten anhand einer alten Straßenkarte, Hiob auf einer völlig neuen Reise die Richtung zu weisen, aber die Karte taugte einfach nichts.

Lesen Sie: Prediger 7.

Praktische Schritte: Sprechen Sie mit Gott und bitten Sie ihn darum, dass er Sie dazu befähigt, ein wahrer Tröster zu sein: Verzichten Sie im Gespräch mit Freunden und Ihnen nahe stehenden Menschen, die gerade eine Notsituation durchleiden, auf abgedroschene Phrasen und Standardbibelverse.

Vorsicht vor Reichtum

Traurig, aber wahr: »*Die aber reich werden wollen, fallen in Versuchung und Fallstrick und in viele unvernünftige und schädliche Begierden, welche die Menschen in Verderben und Untergang versenken. Denn eine Wurzel alles Bösen ist die Geldliebe, nach der einige getrachtet haben und von dem Glauben abgeirrt sind und sich selbst mit vielen Schmerzen durchbohrt haben*« (1. Timotheus 6,9-10).

Viele Menschen brauchen immer mehr materielle Dinge, um sich glücklich und erfolgreich zu fühlen. Aber Reichtum kann eine Falle sein und statt in die Freiheit zur Knechtschaft führen. Anstatt uns Befriedigung zu verschaffen, kann Reichtum immer neue Wünsche entstehen lassen, die dann wiederum befriedigt werden müssen. Statt unser Leben zu erleichtern und unser Wohlergehen zu sichern, kann uns ein Überfluss an materiellen Gütern großen Schaden zufügen. Paulus hat das Ergebnis lebhaft beschrieben: »Schädliche Begierden, welche die Menschen in Verderben und Untergang versenken« (1. Timotheus 6,9). Er zeichnet das Bild eines Ertrinkenden, der seinem Reichtum vertraute und »dahinsegelte«, bis der Sturm kam und er unterging!

Es ist gefährlich, den Glauben als Deckmantel zum Erwerb von Reichtum zu benutzen. Ein Arbeiter für Gott hat sicherlich seinen Lohn verdient, aber sein Motiv für die Arbeit darf nicht das Geld sein, sonst wäre er ein »Mietling« und kein wahrer Hirte. Wir sollten nicht fragen: »Wie viel bekomme ich dafür?«, sondern: »Wie viel kann ich geben?«

Lesen Sie auch: Prediger 5,10-20; Markus 4,19.

Praktische Schritte: Sprechen Sie mit Gott über die richtige Haltung in Bezug auf Geld. Sagen Sie ihm, dass Sie gern eine wirklich biblische Einstellung dazu haben wollen (falls dies der Wahrheit entspricht). Überlegen Sie sich, wie Sie ein guter Verwalter des Geldes sein können, das Gott Ihnen gegeben hat.

Leben, das echt ist

Die Bibel sagt uns: »*Ihr seid aus Gott, Kinder, und habt sie überwunden, weil der, welcher in euch ist, größer ist als der, welcher in der Welt ist*« (1. Johannes 4,4).

»Ich würde gern Christ werden«, teilte eine interessierte Frau dem Pastor mit, der bei ihr zu Besuch war, »aber ich bin mir nicht sicher, ob ich das durchhalte. Ich bin mir sicher, ich sündige wieder.«

Der Pastor schlug 1. Johannes 1 auf und antwortete ihr: »Zweifellos werden Sie wieder sündigen, denn in der Bibel heißt es ja: ›Wenn wir sagen, dass wir keine Sünde haben, betrügen wir uns selbst, und die Wahrheit ist nicht in uns‹ (V. 8). Aber wenn Sie tatsächlich wieder sündigen, dann vergibt Ihnen Gott, wenn Sie Ihre Schuld vor ihm bekennen. Außerdem *muss* man als Christ nicht unbedingt sündigen. Wenn wir unseren Weg in der Gemeinschaft mit Gott und im Gehorsam gegenüber seinem Wort gehen, gibt er uns die Fähigkeit zu widerstehen und Situationen der Versuchung zu meistern.«

Dann erinnerte sich der Pastor, dass sich die Frau vor einigen Monaten einer Operation hatte unterziehen müssen.

»Als Sie operiert wurden«, fragte er, »bestand da die Möglichkeit, dass es hinterher zu Komplikationen oder Problemen kommen konnte?«

»Aber ja, sicher«, antwortete die Frau, »doch immer, wenn ich ein Problem hatte, ging ich zum Arzt, und der hat sich darum gekümmert.«

Dann fiel es ihr wie Schuppen von den Augen. »Ich verstehe«, rief sie aus, »Christus ist immer da, um mich von der Sünde fernzuhalten oder mir meine Sünden zu vergeben!«

Leben, das echt ist, ist ein Leben des Sieges.

Machen Sie sich auch Gedanken zu: Sprüche 4,14-15; Jakobus 1,12-16; 4,7-8; 1. Johannes 1,7; 2,3.

Praktische Schritte: Finden Sie einen oder mehrere Bereiche in Ihrem Lebens heraus, in denen Sie immer wieder schuldig werden. Erkennen Sie, dass Gott Ihnen dabei helfen kann, in Versuchungen zu widerstehen, und bitten Sie ihn, dass er Sie in die Lage versetzt, auf diesen Gebieten in Zukunft nicht mehr zu sündigen.

Sitz der Macht

Es ist wahr! *»Er hat uns mitauferweckt und mitsitzen lassen in der Himmelswelt in Christus Jesus«* (Epheser 2,6).

Ein Christ lebt eigentlich in zwei Sphären: in der menschlichen und der göttlichen, der sichtbaren und der unsichtbaren. Körperlich befindet er sich als Mensch auf der Erde, aber geistlich sitzt er bei Christus im Himmel. In der himmlischen Sphäre schöpft der Christ Kraft und findet Orientierung für sein Leben auf der Erde.

Der Präsident der Vereinigten Staaten sitzt nicht ständig an seinem Schreibtisch im Weißen Haus, aber dieser Platz stellt die Sphäre seines Lebens und seiner Macht dar. Ganz egal, wo er sich gerade aufhält, er ist immer noch der Präsident der Vereinigten Staaten, weil nur er das Recht hat, an diesem Schreibtisch zu sitzen. Genauso verhält es sich mit dem Christen: Völlig unabhängig davon, wo er sich auf dieser Erde befindet, sitzt er doch bei Jesus Christus im Himmel, und dieser Platz ist die Basis für sein Leben und seine Macht.

Den Mittelpunkt des christlichen Lebens bildet der Himmel. Ein Christ ist Staatsbürger des Himmels, sein Name ist im Himmel aufgeschrieben, sein Vater ist im Himmel, und seine Aufmerksamkeit und sein Interesse sollten auf die himmlischen Dinge gerichtet sein. Der Evangelist D. L. Moody warnte immer vor Menschen, die »so sehr im Himmel leben, dass sie auf Erden zu nichts zu gebrauchen sind«. Aber das stimmt nicht mit dem überein, was Paulus schreibt. Mit »Himmelswelt« (wörtliche Übersetzung) meint er den Ort, an dem sich Jesus Christus im Augenblick befindet und wo sich der Glaubende geistlich gesehen befindet. Die Kämpfe, die wir auszufechten haben, führen wir nicht gegen Wesen aus Fleisch auf der Erde, sondern gegen satanische Mächte in der »Himmelswelt«.

Lesen Sie diese Verse, welche die Aussagen im dritten Abschnitt belegen: Philipper 3,20; Lukas 10,20; Kolosser 1,3-4; 3,1-4.

Praktische Schritte: Gewinnen Sie Klarheit über die hier erläuterte Wahrheit und lassen Sie ein Familienmitglied oder einen Freund daran teilhaben. Bitten Sie Gott darum, dass er Ihnen dabei hilft, diese Wahrheit jemandem verständlich machen zu können.

Die Sünde besiegen

Bibeltext für diesen Tag: »*Jesus Christus, der der treue Zeuge ist, der Erstgeborene der Toten und der Fürst der Könige der Erde! Dem, der uns liebt und uns von unseren Sünden erlöst hat durch sein Blut und uns gemacht hat zu einem Königtum, zu Priestern seinem Gott und Vater: Ihm sei die Herrlichkeit und die Macht von Ewigkeit zu Ewigkeit! Amen*« (Offenbarung 1,5-6).

Es kann einem Christen leicht passieren, dass er sich an die Sünde gewöhnt. Anstatt radikal gegen sie Position zu beziehen und sie zu hassen, nehmen wir sie mehr und mehr als etwas Vertrautes war, manchmal sogar ohne es zu merken. Das einzige, was »den Rest unserer Tage« zerstören kann, ist die Sünde. Ein Christ, der in Sünde lebt, ist eine fürchterliche Waffe in den Händen Satans. Petrus versuchte uns anhand verschiedener Argumente davon zu überzeugen, dass wir uns der Sünde in unserem Leben konsequent entgegenstellen müssen.

Unser Herr kam auf die Erde, um mit der Sünde fertig zu werden und sie ein für alle Mal zu besiegen. Er beendete die Unwissenheit über die Sünde, indem er uns die Wahrheit lehrte und vorlebte. Er nahm sich der Folgen der Sünden an, indem er heilte und Vergebung schenkte. Und schließlich, am Kreuz, versetzte er der Sünde den letzten Todesstoß. Er war radikal gegen die Sünde, auch wenn er mit den verlorenen Sündern großes Mitleid und Erbarmen hatte.

Unser Ziel im Leben ist es, »aufzuhören zu sündigen«. Wir werden dieses Ziel nicht erreichen, bis wir sterben oder heimgerufen werden, wenn unser Herr zurückkehrt, aber das sollte uns nicht davon abhalten, es trotzdem zu versuchen.

Wenn wir uns Gott ganz anvertrauen und die gleiche Haltung gegen die Sünde einnehmen wie der Herr Jesus, können wir unser altes Leben überwinden und unserem neuen Leben Raum geben.

Weitere Bibelstellen: 1. Johannes 2,28; 3,9.

Praktische Schritte: Denken Sie darüber nach, welchen Preis Jesus bezahlt hat, um uns von der Sünde zu befreien, und auf welche Weise er uns helfen kann, über die Macht der Sünde Herr zu werden. Bekennen Sie die Sünden, die Ihnen bewusst sind, vor Gott und danken Sie ihm für das Blut Christi, das uns von aller Schuld reinwäscht.

Das Beispiel »Sodom und Gomorra«

Aus dem Judasbrief: *»Wie auch Sodom und Gomorra und die umliegenden Städte, die in gleicher Weise wie sie Unzucht trieben und hinter fremdem Fleisch herliefen, als ein Beispiel vorliegen, indem sie die Strafe des ewigen Feuers erleiden«* (Judas 7).

Anhand des Beispiels »Sodom und Gomorra« will Gott die Gottlosen warnen, dass er die Sünde tatsächlich verurteilt. Die Bewohner dieser Städte begingen nicht nur *hin und wieder* widernatürliche sexuelle Sünden, es war vielmehr ihre Art so zu leben – und zu sterben!

Mit ihrem Leben ging es immer weiter bergab, indem sie sich widernatürlichen Handlungen hingaben. Es gibt Anhaltspunkte dafür, dass sich die Sodomiten nicht nur widernatürlicher Sexualpraktiken untereinander, sondern auch mit Tieren schuldig machten. Das könnte in Judas 7 mit »fremdem Fleisch« gemeint sein. Sowohl Homosexualität als auch sexuellen Verkehr mit Tieren verabscheut Gott (3. Mose 18,22-25).

Sodom und Gomorra, die durch einen Feuerregen zerstört wurden, sollen auch heute gottlosen Menschen als Beispiel und Warnung dienen. Niemand kann 1. Mose 18-19 lesen, ohne klar Gottes Hass auf die Sünde zu erkennen und gleichzeitig seine Geduld und Bereitschaft, den Tag des Gerichts noch hinauszuschieben. Das stimmt sicherlich auch überein mit Petrus' Erklärung für die scheinbare Verzögerung in Bezug auf die Erfüllung der Verheißung von der Wiederkunft Christi (2. Petrus 3,8-18).

Lesen Sie auch: 1. Mose 18-19; 2. Petrus 3,8-18.

Praktische Schritte: Erkundigen Sie sich doch einmal nach Initiativen von Christen, die gegen typische unmoralische Verhaltensweisen unserer Zeit ankämpfen. Lassen Sie sich Informationsmaterial zuschicken und fragen Sie an, in welcher Form Sie mitarbeiten könnten. Beten Sie für Menschen, die im Kampf gegen die Sünde stehen.

Januar

Sich dankbar erweisen

Vers des Tages: »*Jeder gebe, wie er sich in seinem Herzen vorgenommen hat: nicht mit Verdruss oder aus Zwang, denn einen fröhlichen Geber liebt Gott*« (2. Korinther 9,7).

In meinem Dienst für Gott wurde ich oftmals mit Spendengesuchen nur so überschüttet. Ich musste mir mitleiderregende Geschichten über unglaubliche Nöte anhören. Ich zwang mich, über alte Witze zu lachen, die nur darauf abzielen sollten, dass ich mich leichter von meinem Geld trenne. Ich wurde beschimpft, beschämt und sogar bedroht.

Wenn unser Geben durch Dankbarkeit motiviert ist, dann geben wir bereitwillig und nicht, weil wir dazu gezwungen werden.

Ein Freund von mir wollte einmal sofort nach dem Gottesdienst auf eine Geschäftsreise gehen. Unmittelbar vor dem Gottesdienst erinnerte ihn seine Frau daran, dass er ihr noch das Haushaltsgeld für die kommende Woche geben müsse. Kurz bevor die Kollekte herumging, drückte mein Freund seiner Frau das Geld in die Hand. Sie aber dachte, es sei das Geld für die Kollekte und legte alles hinein. Das Haushaltsgeld für eine ganze Woche!

»Na ja«, meinte mein Freund, »wir haben es ja dem Herrn gegeben und der hat es sich vermerkt.«

»Wie viel hattest du denn zu geben *beabsichtigt*?«, fragte ihn der Pastor, und mein Freund nannte den entsprechenden Betrag. »Dann hat sich Gott genau diese Summe vermerkt«, erwiderte der Pastor, »denn er hat auf die Absicht in deinem Herzen gesehen!«

Gott sieht nicht den absoluten, sondern den relativen Wert. Wenn wir ruhig hätten mehr geben können und es nicht getan haben, so bemerkt Gott das. Wenn wir gern mehr gegeben hätten, aber leider nicht konnten, so bemerkt Gott auch das. Wenn wir unseren Mitteln entsprechend bereitwillig geben, dann erweisen wir uns Gott gegenüber dankbar.

Lesen Sie auch: Matthäus 6,1-4; 1. Korinther 16,2; 2. Korinther 8,1-15; 9,6.

Praktische Schritte: Eröffnen Sie ein separates Bankkonto, auf das Sie am Zahltag immer einen Teil Ihres Gehalts überweisen, den Sie für Gott verwenden wollen, oder überlegen Sie sich eine andere Methode, wie Sie sichergehen können, dass Sie immer einen Teil Ihres Einkommens für den Herrn beiseite legen. Geben Sie regelmäßig, wie der Herr es uns sagt. Sprechen Sie mit Gott darüber, wie viel Sie geben sollten und bitten Sie ihn um mehr Weisheit, wie Sie Ihr Geld für den Herrn einsetzen können.

Februar

Werdet erneuert:

*»Deshalb ermatten wir nicht,
sondern wenn auch unser äußerer Mensch
aufgerieben wird, so wird doch der innere
Tag für Tag erneuert.«*

2. Korinther 4,16

Eine Sache auf Leben und Tod

Vers des Tages: »*Mag auch mein Leib und mein Herz vergehen – meines Herzens Fels und mein Teil ist Gott auf ewig*« (Psalm 73,26).

Asaf, der Verfasser von Psalm 73, war in der Lage, die Zeit im Hinblick auf die Ewigkeit und die Erde im Hinblick auf den Himmel zu sehen. Er schaute auf die gottlosen Menschen und sagte: »Siehe, dies sind Gottlose, und immer sorglos, erwerben sie sich Vermögen« (V. 12). Später ändert er aber seine Sichtweise und erkennt, dass er den größten Reichtum besitzt, weil er Gott hat.

Die letzte Prüfung des Lebens ist der Tod. Wir werden sterben, aber wir werden für immer Gott »als unser Teil« haben! Der Bibelvers des Tages (siehe unten) ist die Version des Alten Testaments von Philipper 1,21: »Denn das Leben ist für mich Christus und das Sterben Gewinn.« Er erinnert uns auch an die Worte des als Märtyrer gestorbenen Missionars Jim Elliot: »Der ist kein Tor, der hingibt, was er nicht behalten kann, um zu gewinnen, was er nicht verlieren kann.« Die richtigen Werte zu haben, ist eine Sache auf Leben und Tod.

In Psalm 73 lehrt uns Asaf einige wichtige Lektionen. Zunächst einmal ermutigt er uns dazu, nicht nach dem zu leben, was wir sehen, sondern im Glauben. Gottes Wort ist immer wahr, ganz egal, wie unsere Lage aussehen mag. Er ermutigt uns außerdem, auf »lange Sicht« zu denken und das Ewige nicht für das Zeitliche aufs Spiel zu setzen.

Vor allem aber erinnert uns Asaf daran, dass wir in Andacht und geistlicher Betrachtung Zeit mit Gott verbringen müssen. Wir müssen »mit dem Blick auf die Werte der Ewigkeit« leben und das erreichen wir nur durch Gemeinschaft mit dem Herrn. Gottes Verheißungen werden in dem Maße für uns wahr, wie wir in unserer Beziehung zu ihm wachsen.

Lesen Sie auch: Psalm 37; 73,24-28; Sprüche 24,1-2; Matthäus 16,26; 21,41.

Praktische Schritte: Wenn gottlose Menschen Glück haben (beispielsweise reich oder berühmt werden), beneiden Sie sie dann? Kritisieren Sie Gott, dass er anderen Menschen einen Segen schenkt, den er Ihnen vorenthält? Wenn dem so sein sollte, bitten Sie Gott darum, dass er Ihnen vergibt und Sie die Dinge wie Asaf aus einem neuen Blickwinkel sehen lässt. Asafs Glaube wurde gestärkt und am Ende seines Psalms erzählt er von Gottes wundervollen Werken. Schreiben Sie Ihren eigenen Psalm, in dem Sie zunächst Ihren Neid und Ihre Kritik zum Ausdruck bringen und danach Gott dafür loben, dass alles, was er tut, richtig ist.

Eine Warnung an die Jugend

Vers des Tages: *»Und denke an deinen Schöpfer in den Tagen deiner Jugendzeit, bevor die Tage des Übels kommen und die Jahre herannahen, von denen du sagen wirst: Ich habe kein Gefallen an ihnen!«* (Prediger 12,1).

Junge Menschen müssen ihre Herzen und Augen behüten, denn es kann leicht passieren, dass sie entweder von einem oder von beidem in Versuchung geführt werden (3. Mose 15,39; Sprüche 4,23; Matthäus 5,27-30). »Lebe nach dem, was dein Herz wünscht« (Prediger 11,9), ist keine Aufforderung dazu, seinen jugendlichen Übermut auszuleben und Wünsche zu befriedigen, die vor Gott Sünde sind (Jeremia 17,9; Markus 7,20-23). Der Vers soll junge Menschen vielmehr daran erinnern, die besonderen Freuden der Jugend auch zu genießen, die sie später nie wieder in der gleichen Weise erleben werden. Ältere Menschen sollten immer daran denken, dass Gott möchte, dass sich junge Leute auch wie junge Leute verhalten. Das Schlimme ist nur, dass zu viele ältere Menschen versuchen, es den jungen Menschen gleichzutun!

Salomos anschließende Warnung beweist, dass ihm der Sinn nicht nach sündhaften Freuden steht: »Doch wisse, dass um all dieser Dinge willen Gott dich zur Rechenschaft ziehen wird!« (Prediger 11,9).

Es trifft zu, dass Gott »uns alles reichlich darreicht zum Genuss« (1. Timotheus 6,17), aber es ist immer falsch, sich den Freuden der Sünde hinzugeben. Wenn ein junger Mensch das Leben in Übereinstimmung mit dem Willen Gottes genießt, hat er nichts zu befürchten, wenn der Herr zurückkehrt.

Ja, das Leben ist eine Schule; und wir müssen uns demütigen und so viel lernen wie möglich. Unser Lehrbuch ist die Bibel, unser Lehrer ist der Heilige Geist (Johannes 14,26; 15,26; 16,12-15). Der Heilige Geist kann auch begabte Menschen als Lehrer für uns gebrauchen, aber er sehnt sich danach, uns persönlich in seinem Wort zu unterrichten (Psalm 119,97-104). Es gilt immer wieder neue Lektionen zu lernen und neue Prüfungen zu bestehen, während wir uns bemühen, in der Gnade und Erkenntnis unseres Herrn zu wachsen (2. Petrus 3,18).

Lesen Sie: Prediger 11-12.

Praktische Schritte: Erstellen Sie – ob jung oder alt – eine Liste mit Dingen, die Gott Ihnen gegeben hat, damit Sie sich daran erfreuen. Danken Sie Gott dafür. Bekennen Sie alle Freuden und Genüsse, von denen Sie denken, dass sie Gott nicht gefallen, und entschließen Sie sich, in Zukunft darauf zu verzichten.

Nicht mehr schuldig

Vers des Tages: »*Jetzt aber, von der Sünde frei gemacht und Gottes Sklaven geworden, habt ihr eure Frucht zur Heiligkeit, als das Ende aber ewiges Leben*« (Römer 6,22).

Wenn Gott einen glaubenden Sünder rechtfertigt, dann *macht* er ihn nicht gerecht, sondern *erklärt* ihn für gerecht. Der Sünder ist vor Gott solange schuldig, bis er sich Christus anvertraut. In dem Moment aber, wo er sich in die Hand Christi begibt, wird er für unschuldig erklärt und kann nie wieder schuldig gesprochen werden!

Rechtfertigung bedeutet nicht einfach »Vergebung«, denn ein Mensch, dem vergeben wurde, wird wieder schuldig, sobald er wieder sündigt. Wenn aber jemand »durch den Glauben gerechtfertigt« ist, so kann er niemals wieder vor Gott für schuldig befunden werden.

Rechtfertigung ist auch nicht dasselbe wie »Begnadigung«, denn von einem begnadigten Straftäter existiert immer noch eine Akte. Wenn der Sünder durch den Glauben gerechtfertigt ist, dann wird *seiner vergangenen Sünden nicht mehr gedacht* und seine zukünftigen Sünden werden von Gott nicht mehr vermerkt.

Und schließlich muss noch erwähnt werden, dass Gott *Sünder* rechtfertigt, nicht »gute Menschen«. Paulus erklärt, dass Gott die »Gottlosen« rechtfertigt. Der Grund dafür, dass die meisten Sünder nicht gerechtfertigt werden, liegt darin, dass sie ihre Schuld nicht eingestehen wollen! Und nur Sünder können von Jesus Christus gerettet werden.

Als Petrus sich von den Heiden absonderte, leugnete er die Rechtfertigung durch den Glauben, denn damit brachte er zum Ausdruck: »Wir Juden sind anders – und besser – als die Heiden.« Doch sowohl Juden als auch Heiden sind Sünder und können nur durch den Glauben an Christus gerettet werden.

Weitere Bibelstellen: Psalm 32,1-2; Römer 3,22-23; 4,1-8; 8,1.30-34; Matthäus 9,9-13; Lukas 18,9-14. Rechtfertigung führt zu einem veränderten Leben (lesen Sie Jakobus 2).

Praktische Schritte: Erklären Sie jemandem die Auswirkungen der Rechtfertigung. Bitten Sie Gott, dass er Ihnen dabei hilft, die Bedeutung dieser Wahrheit für Ihr eigenes Leben zu erkennen.

Wachsen und reifen

Vers des Tages: »*Geliebte, lasst euch durch das Feuer der Verfolgung unter euch, das euch zur Prüfung geschieht, nicht befremden, als begegne euch etwas Fremdes*« (1. Petrus 4,12).

Niemand lernt Geduld und Ausdauer, indem er ein Buch liest (auch nicht dieses) oder einen Vortrag hört. *Dafür ist es notwendig zu leiden.*

Schauen wir uns einmal an, was die Christen in Thessalonich zu erleiden hatten. Paulus verwendete in 2. Thessalonicher 1 zur Beschreibung der dortigen Situation die Worte *Verfolgung* und *Bedrängnis*. *Verfolgung* bedeutet »Anfechtung« oder »Prüfung«, *Bedrängnis* hieße wörtlich übersetzt: »in einen engen Raum gepresst sein«, und ist das Resultat von Anfechtung und Prüfung. Ganz gleich, aus welcher Perspektive man die Situation der Christen in Thessalonich betrachtet, sie durchlebten zweifellos eine sehr schwierige Zeit.

Bei Gott ist Leiden niemals sinnlos. Prüfungen gereichen uns nicht zum Nachteil, sondern dienen uns zum Guten. Wenn wir Gott vertrauen und uns wirklich in seine Hand begeben, dann reifen wir durch Prüfungen und lernen Geduld. Wenn wir uns allerdings gegen unsere Situation auflehnen und dagegen ankämpfen, bleiben wir immer unreif und ungeduldig.

Gott lässt Prüfungen zu, damit unser Leben den richtigen Schliff erhält. Einen Pilz kann er über Nacht aus der Erde sprießen lassen, aber es braucht viele Jahre – und viele Stürme –, bis eine mächtige Eiche herangewachsen ist.

Lesen Sie auch: 2. Korinther 4,15-18; Jakobus 1,1-5; 5,10-11; 1. Petrus 4,13-19.

Praktische Schritte: Denken Sie an schwere Zeiten, die Sie durchgemacht haben oder gerade durchmachen. Was haben Sie daraus gelernt? Sind Sie Gott dafür dankbar, dass er immer bei Ihnen ist, auch wenn Sie seine Anwesenheit vielleicht nicht immer gespürt haben? Bringen Sie alle schwierigen Zeiten der Vergangenheit, Gegenwart und Zukunft vor Gott in der Gewissheit, dass er tatsächlich immer bei Ihnen ist.

Wichtiger als jeder Pokal

Vers des Tages: *»Die unheiligen und altweiberhaften Fabeln aber weise ab, übe dich aber zur Gottseligkeit; denn die leibliche Übung ist zu wenigem nütze, die Gottseligkeit aber ist zu allen Dingen nütze, weil sie die Verheißung des Lebens hat, des jetzigen und des zukünftigen«* (1. Timotheus 4,7-8).

Phillips Brooks, ein amerikanischer Pastor und Prediger in der Trinity Church in Harvard, nach dem in den USA Schulen benannt sind, deren Konzept in der geistigen, körperlichen und geistlichen Förderung der Kinder besteht, sagte einmal: »Der höchste Sinn des Lebens besteht in der Formung des Charakters durch die Wahrheit.« Ein gottgefälliger Charakter und ein ebensolches Verhalten sind weitaus wichtiger als ein Golfpokal oder ein neuer Rekord beim Toreschießen.

Wie ein Sportler muss auch der Christ seinen Körper beherrschen. Wenn ich an einer Schule oder einem Sportplatz vorbeigehe und die Fußballmannschaften oder Baseball-Teams in der heißen Sommersonne bei ihren Aufwärm- und Dehnungsübungen sehe, werde ich jedes Mal daran erinnert, dass auch ich meine Übungen auszuführen habe: Gebet, Andacht, Selbstprüfung, Gemeinschaft, Gottesdienst, Opfer bringen, Unterordnung unter den Willen anderer, Zeugnis geben – all diese geistlichen Übungen können mir durch den Heiligen Geist helfen, Gott noch ähnlicher zu werden.

Geistliche Übungen sind nicht leicht, sondern bedeuten, dass wir »arbeiten und kämpfen« müssen (1. Timotheus 4,10). Das griechische Wort, das hier mit »kämpfen« übersetzt wurde, stammt aus der Sprache des Sports und bezeichnet das Ringen eines Athleten, der sich anstrengt und sein Bestes gibt, um zu gewinnen. Ein Christ, der wirklich vorankommen will, muss hart dafür arbeiten – in der Gnade Gottes und zu seiner Ehre.

Lesen Sie auch: 1. Korinther 9,24-27; Hebräer 5,14; 1. Timotheus 4,12.

Praktische Schritte: Schreiben Sie die geistlichen Ziele auf, die Sie sich für Ihr Leben gesetzt haben. Notieren Sie jeweils dahinter die Übungen, die ihnen helfen können, diese Ziele zu erreichen. Bitten Sie Gott um das richtige Gleichgewicht zwischen körperlicher und geistlicher Übung.

Heuchelei überwinden

Traurig, aber auf viele zutreffend: *»Und der Herr hat gesprochen: [...] dieses Volk [naht] sich mit seinem Mund [...] und [ehrt mich] mit seinen Lippen [...], aber [hält] sein Herz fern von mir und ihre Furcht vor mir [ist] nur angelerntes Menschengebot [...]«* (Jesaja 29,13).

Denken Sie immer daran, dass Heuchelei uns der Echtheit unseres christlichen Lebens beraubt. Wir ersetzen damit unser Wesen durch unseren Ruf, wahres Gebet durch bloße Worte, Anteilnahme durch Geld. Da wundert es nicht, dass Jesus die Pharisäer mit übertünchten Gräbern verglich, die zwar außen schön anzusehen, innen aber voller Unreinheit sind!

Heuchelei beraubt uns aber nicht nur unseres Wesens, sondern auch unserer geistlichen Belohnung. Statt der ewig währenden Anerkennung Gottes ernten wir lediglich den Beifall der Menschen. Wir beten, erhalten aber keine Antwort. Wir fasten, aber der Mensch in uns zeigt keine Fortschritte. Unser geistliches Leben erstarrt und vertrocknet. Uns entgeht nicht nur Gottes Segen hier und jetzt, sondern auch Gottes Belohnung bei der Wiederkunft Christi.

Heuchelei beraubt uns auch eines gottgewollten geistlichen Einflusses. Die Pharisäer übten einen negativen Einfluss aus. Alles, was sie anfassten, beschmutzten und zerstörten sie. Die Menschen, welche die Pharisäer bewunderten und ihren Anweisungen gehorchten, glaubten, dass ihnen geholfen würde, obwohl sie in Wirklichkeit nur Schaden litten.

Der erste Schritt hin zur Überwindung der Heuchelei ist die völlige Ehrlichkeit und Aufrichtigkeit Gott gegenüber. Wir dürfen niemals etwas beten, das wir nicht auch von ganzem Herzen so meinen, denn sonst sind unsere Gebete nur leere Worte. Unser Anliegen muss es immer sein, Gott allein zu gefallen, ungeachtet dessen, was die Menschen wohl sagen oder wie sie reagieren werden. Jemand sagte einmal sehr treffend: »Das Wichtigste im Leben eines Christen ist das, was nur Gott sieht.« Auch die hintersten Winkel unseres Herzens müssen wir zum Blühen bringen. Wenn uns unser Ruf wichtiger ist als unser Wesen, dann sind wir zu Heuchlern geworden.

Weitere Bibelstellen: Matthäus 6,1-5.16; Markus 7,7-8; Lukas 6,46.

Praktische Schritte: Formulieren Sie eine Definition für das Wort *Heuchler*. Vergleichen Sie Ihre Version dann mit dem entsprechenden Eintrag in einem guten Wörterbuch. Bitten Sie Gott darum, dass er Sie jeden Tag und in jeder Situation davor bewahrt, ein Heuchler zu sein.

Die Notwendigkeit der Absonderung

Merkvers: »*Ein reiner und unbefleckter Gottesdienst vor Gott und dem Vater ist dieser: Waisen und Witwen in ihrer Bedrängnis zu besuchen, sich selbst von der Welt unbefleckt zu erhalten*« (Jakobus 1,27).

In gewisser Hinsicht muss sich der Christ tatsächlich von »der Welt« – und damit meine ich die »gottferne Gesellschaft« – absondern. Als Kinder Gottes leben wir zwar körperlich *in* dieser Welt, sind aber geistlich gesehen nicht *von* dieser Welt. Wir sind *in* die Welt gesandt worden, um unser Licht scheinen zu lassen und andere für Christus zu gewinnen. Aber wir können nur dann erfolgreiche Diener Gottes sein, wenn wir von der Welt abgesondert bleiben, d.h. nicht von ihr verunreinigt werden.

Die Welt will die Christen »beflecken«, um sie anschließend ins Verderben zu stürzen. Zunächst entsteht »Freundschaft der Welt«, die zu einer Liebe für die Welt führen kann. Wenn wir nicht auf der Hut sind, passen wir uns dieser Welt an. Das Ergebnis davon ist, dass wir mit der Welt zusammen verurteilt werden (vgl. 1. Korinther 11,32). Das soll nicht heißen, dass uns unsere Erlösung abgesprochen wird, aber wir verlieren alles, wofür wir bisher gelebt haben.

Lot ist ein hervorragendes Beispiel dafür. Erst schlug er seine Zelte bis nach Sodom auf, dann zog er in die Stadt Sodom selbst ein, und schließlich dauerte es nicht mehr lange, bis die Stadt Sodom ihn zu vereinnahmen suchte und sein Zeugnis nicht einmal mehr von seiner eigenen Familie ernst genommen wurde. Als Sodom gerichtet wurde, verlor Lot alles, was er besaß. Abraham, der Freund Gottes, der sich von der Welt abseits hielt, war hingegen ein viel besserer Zeuge von Gott gegenüber den Menschen als Lot, der Freund der Welt. Ein Christ braucht sich innerlich nicht auf die Welt einzulassen, um in ihr die Botschaft Gottes zu verkünden. Jesus war »unbefleckt«, wenngleich er der Freund von Zöllnern und Sündern war. Der beste Weg, sich der Not der Welt anzunehmen, besteht darin, sich von ihren Sünden rein zu halten.

 **Verwandte Bibelstellen:** Johannes 14,30; 17,11-18; Lukas 16,8; Jakobus 4,4; 1. Johannes 2,15-17; Römer 12,1-2; 1. Korinther 11,32.

Praktische Schritte: Beten Sie dafür, dass Gott Sie von der Welt unbefleckt hält und Sie in Ihrer Umgebung zu einem erfolgreichen Zeugen für Christus macht.

Auf der Suche nach Zufriedenheit

Vers des Tages: *»Nicht, dass ich es des Mangels wegen sage, denn ich habe gelernt, mich darin zu begnügen, worin ich bin«* (Philipper 4,11).

Zu Salomos Zeiten gaben die Juden einem totgeborenen Kind nicht immer einen Namen. Auf diese Weise würde man nicht weiter an dieses Kind denken müssen. Man war davon überzeugt, dass dies den Eltern helfen würde, schneller über ihren Verlust hinwegzukommen. »Denn in Nichtigkeit kommt sie [die Fehlgeburt], und in Finsternis geht sie dahin, und mit Finsternis wird ihr Name bedeckt« (Prediger 6,4). In meiner Zeit als Pastor haben mich untröstliche Eltern und Großeltern manchmal gefragt: »Warum hat Gott überhaupt zugelassen, dass dieses Kind gezeugt wurde, wenn es dann doch nicht leben sollte?« Salomo fragte: »Warum hat Gott zugelassen, dass dieser Mann Reichtum und eine große Familie hat, wenn er dann nichts davon genießen darf?«

Einige würden sicher einwenden, dass Existenz besser ist als Nichtexistenz und ein schwieriges Leben besser, als überhaupt nicht zu leben. Salomo würde ihnen vielleicht sogar zustimmen, immerhin stammen von ihm die Worte: »Ein lebendiger Hund ist besser als ein toter Löwe« (Prediger 9,4). Aber das Problem, mit dem sich Salomo konfrontiert sah, bestand nicht in der Frage, ob Existenz besser ist als Nichtexistenz, sondern darin, ob die scheinbare Willkür der Gegebenheiten einen Sinn hat. Als er das Leben »unter der Sonne« betrachtete, konnte er keinen Grund dafür erkennen, warum ein Mensch mit Reichtümern beschenkt werden sollte, nur um dann der Möglichkeit beraubt zu werden, sie zu genießen.

Die Fähigkeit, das Leben zu genießen, kommt von innen. Es ist eine Frage des Wesens, nicht der äußeren Umstände. »Ich habe gelernt, mich darin zu begnügen, worin ich bin«, schrieb Paulus an die Philipper (4,11). Das griechische Wort *autarkes*, das hier mit »sich begnügen« übersetzt wurde, bedeutet so viel wie »sich selbst genügen, nichts von außerhalb benötigen«. Paulus trug alle Ressourcen *in sich*, die er benötigte, um dem Leben mutig die Stirn bieten und Schwierigkeiten meistern zu können. »Alles vermag ich in dem, der mich kräftigt« (Philipper 4,13).

📖 **Lesen Sie:** Prediger 6.

Praktische Schritte: Schöpfen Sie Mut aus Philipper 4,13, wenn Sie an die Verpflichtungen des bevorstehenden Tages denken. Beten Sie dafür, dass Sie es lernen zufrieden zu sein, dort, wohin Gott Sie gestellt hat.

Bereit sein für jenen Tag

Bibelstelle des Tages: »*Da dies alles so aufgelöst wird, was für Leute müsst ihr dann sein in heiligem Wandel und Gottseligkeit, indem ihr die Ankunft des Tages Gottes erwartet und beschleunigt, um dessentwillen die Himmel in Feuer geraten und aufgelöst und die Elemente im Brand zerschmelzen werden!*« (2. Petrus 3,11).

Wir wissen zwar nicht, *wann* der Tag des Herrn sein wird, wohl aber, *was* dann sein wird. Von Kenneth Wuest stammt die folgende sehr treffsichere und bildhafte Übersetzung von 2. Petrus 3,10: »Die Himmel werden mit einem gewaltigen Getöse aufgelöst, und die Elemente werden in Flammen aufgehen, und ebenso werden die Erde und die Werke auf ihr verbrennen.«

Aus diesem Grund glaube ich persönlich nicht, dass Gott zulassen wird, dass der Mensch die Erde in einem Atomkrieg zerstören wird. Er wird zu verhindern wissen, dass die Ignoranz und Dummheit der Menschen und die Diplomaten und Politiker, die es zwar gut meinen, aber nicht an Gott glauben, das letzte Wort sprechen werden, sondern sich vielmehr das Recht vorbehalten, selbst »auf den Knopf zu drücken« und die Elemente aufzulösen, um Platz zu schaffen für einen neuen Himmel und eine neue Erde.

Natürlich wird sich diese große Explosion und Feuersbrunst nicht auf den »Himmel der Himmel« erstrecken, wo Gott zu Hause ist. Sie wird die Erde und die atmosphärischen Himmel um die Erde, das Universum, wie wir es kennen, zerstören, wodurch Platz gemacht wird für neue Himmel und eine neue Erde (2. Petrus 3,13; Offenbarung 21,1).

Die großen Werke der Menschen werden ebenfalls in Flammen aufgehen! Alles, worauf der Mensch so stolz ist – die großen Städte, Gebäude, Erfindungen, Errungenschaften –, wird zerstört werden. Wenn die Sünder vor dem Thron Gottes stehen, haben sie nichts mehr vorzuweisen, was ihre Größe beweisen könnte. Es wird nichts mehr davon übrig sein.

Halten wir hier einen Augenblick inne und denken nach: Wo werde ich sein, wenn Gott die Welt zerstört? Ist das, wofür ich lebe, dazu verurteilt, für immer zu verschwinden? Oder lebe ich nach dem Willen Gottes, so dass meine Werke ihn auf ewig verherrlichen?

Lesen Sie auch: 2. Petrus 3; Offenbarung 21,1; Matthäus 24,43; 1. Thessalonicher 5,3.

Praktische Schritte: Worüber wir heute gesprochen haben, ist ein Thema, über das man sich nicht früh genug Gedanken machen kann. Denken Sie gründlich darüber nach, damit Sie sattelfest genug sind, um anschließend mit einem Freund darüber zu diskutieren. Betrachten Sie Ihr Leben einmal im Hinblick auf dieses kommende Ereignis.

Ein Haschen nach Wind

Vers des Tages: *»Und ich wandte mich hin zu all meinen Werken, die meine Hände gemacht, und zu der Mühe, mit der ich mich abgemüht hatte. Und siehe, das alles war Nichtigkeit und ein Haschen nach Wind. Also gibt es keinen Gewinn unter der Sonne«* (Prediger 2,11).

Die Welt von heute ist vergnügungssüchtig. Millionen von Menschen zahlen nahezu jeden Preis, um »Erfahrungen zu sammeln« und der Last des Alltags vorübergehend einmal zu entfliehen. Natürlich ist gegen ein paar harmlose Vergnügungen nichts einzuwenden, wer aber sein ganzes Leben darauf ausrichtet, so viel Spaß wie möglich zu haben, wird am Ende nur enttäuscht dastehen.

Warum? Weil Vergnügungssucht in der Regel leicht zu einem sehr selbstsüchtigen Unterfangen wird und Selbstsucht keine wahre Freude zulässt. Menschen, die nur fürs Vergnügen leben, nutzen andere oft aus, um zu bekommen, was sie wollen. Sie haben am Ende nichts gewonnen außer einer Reihe kaputter Beziehungen und einer großen inneren Leere. *Menschen sind wichtiger als Geld und große Abenteuer.* Wir sollen nicht wie ein Staubecken, sondern wie ein Kanal sein. Die größte Freude erleben wir, wenn wir mit anderen teilen, was Gott für uns an Vergnügen bereithält.

Wenn man dem Drang nach Lustgewinn immerzu nachgibt, ist man immer weniger in der Lage zu genießen, es sei denn, man erhöht die Intensität. Doch irgendwann ist dann der Punkt erreicht, an dem man nur noch wenig oder gar keinen Genuss mehr empfindet. An seine Stelle rückt die Abhängigkeit. Je mehr ein Mensch beispielsweise trinkt, desto weniger Genuss kann er aus einer bestimmten Menge Alkohol ziehen. Das heißt, er braucht immer mehr und immer stärkere alkoholische Getränke, um die gleiche Wirkung zu erzielen. Das traurige Ergebnis ist Verlangen ohne Befriedigung. Nach dem gleichen Prinzip wie beim Alkohol verhält es sich mit Drogen, Glücksspiel, Sex, Geld, Ruhm und anderen Dingen, denen wir nachjagen: Wenn im Mittelpunkt des Lebens der Lustgewinn steht, ist das Endergebnis Enttäuschung und innere Leere.

Lesen Sie: Prediger 2.

Praktische Schritte: Denken Sie an drei Dinge, die Ihnen am meisten Vergnügen bereiten. Was meint der Autor des heutigen Kapitels wohl, wenn er schreibt: »Die größte Freude erleben wir, wenn wir mit anderen teilen, was Gott für uns an Vergnügen bereithält«?

Leben als tägliches Abenteuer

Vers des Tages: »*Trachtet aber zuerst nach dem Reich Gottes und nach seiner Gerechtigkeit! Und dies alles wird euch hinzugefügt werden*« (Matthäus 6,33).

Salomo probierte im Leben so einiges aus und entdeckte, dass durch Besitz, Vergnügungen, Macht oder Prestige keine dauerhafte Befriedigung zu finden ist. Er hatte alles, und dennoch war sein Leben leer! Es besteht also kein Grund dafür, dass Sie und ich diese Erfahrungen selbst noch einmal machen. Wir sollten Salomos Schlussfolgerungen vielmehr akzeptieren und die Wunden und Verletzungen zu vermeiden suchen, die man sich im Dschungel des Lebens einhandelt, wenn man seine Hand nach allem ausstreckt, was man sieht. Ein solches Verhalten kann einem teuer zu stehen kommen, unter Umständen bezahlt man dafür sogar mit dem Leben.

Wenn Sie durch den Glauben an Gottes Sohn zur Familie Gottes gehören, ist das Leben alles andere als eintönig: Es ist ein tägliches Abenteuer, das Ihren Charakter formt und Sie dazu befähigt, anderen zur Ehre Gottes zu dienen. Statt Entscheidungen auf der Grundlage der nichtigen Weisheit der Welt treffen zu müssen, steht Ihnen die Weisheit Gottes zur Verfügung (Jakobus 1,5).

Was Wohlstand und Vergnügen betrifft, so haben Sie die Gewissheit, dass Gott Ihnen »alles reichlich darreicht zum Genuss« (1. Timotheus 6,17). Ja, »der Segen des HERRN, der macht reich, und eigenes Abmühen fügt neben ihm nichts hinzu« (Sprüche 10,22). Der Wohlstand und die Vergnügungen der Welt führen ins Leere. In Jesus Christus haben wir alles, was wir für das Leben und für die Zeit nach unserem Tod, in der Zeit und in der Ewigkeit benötigen.

Lesen Sie: Prediger 1.

Praktische Schritte: Fassen Sie den Entschluss, Ihre Entscheidungen künftig im Wissen um den heutigen Vers aus Gottes Wort zu treffen. Seien Sie aber ohne Eigennutz und verfallen Sie nicht in einen solchen Feuereifer, der genauso schnell wieder erlischt wie ein Strohfeuer. Streben Sie vielmehr nach Selbstbeherrschung, Ausdauer und Rücksichtnahme auf die Gefühle anderer. Bitten Sie Gott um seine Hilfe.

Gott ist souverän

Bibelstelle des Tages: »*Ich aber, ich will nach dem HERRN ausschauen, will warten auf den Gott meines Heils; mein Gott wird mich erhören. Freue dich nicht über mich, meine Feindin! Denn bin ich gefallen, stehe ich wieder auf; wenn ich auch in Finsternis sitze, ist der HERR doch mein Licht*« (Micha 7,7-9).

John Wesley soll einmal gesagt haben, dass er die Zeitung liest, »um zu sehen, wie Gott seine Welt regiert«, und das ist sicherlich eine sehr biblische Vorgehensweise. Gott ist Herrscher über alle Königreiche und Nationen (2. Chronik 20,6; Daniel 5,21), genau wie A. T. Pierson immer zu sagen pflegte: »Die Geschichte ist seine Geschichte.« Das soll nicht heißen, dass Gott die Schuld an törichten und falschen Entscheidungen menschlicher Regierungen zu geben ist, sondern dass er auf dem Thron sitzt und dafür sorgt, dass letztendlich sein Wille geschieht.

Der bedeutende britische Historiker Herbert Butterfield sagte einmal: »Vielleicht würde die Geschichte nicht mehr weiterlaufen, wenn Gott den Atem anhielte oder sich abwenden würde, um sich um etwas anderes zu kümmern.« Der Gott, der die Zahl und die Namen aller Sterne kennt (Psalm 147,4) und dem es nicht entgeht, wenn auch der kleinste Vogel tot auf die Erde fällt (Matthäus 10,29), weiß um die Pläne und Absichten der einzelnen Völker und setzt seinen göttlichen Plan in der Geschichte der Menschen um.

Zu wissen, dass Gott Herrscher über alle Dinge ist, sollte allen Christen Mut machen, wenn sie das Weltgeschehen verfolgen und tief betroffen sind vom Schicksal einzelner Menschen und ganzer Völker. Gottes Wege sind unergründlich und liegen im Verborgenen, und mitunter fragen wir uns, wie Gott bestimmte Geschehnisse zulassen kann, aber wir müssen dennoch beten: »Dein Wille geschehe« (Matthäus 6,10), und dann bereit sein zu tun, wozu immer er uns auffordern mag.

📖 **Lesen Sie:** Psalm 50.

Praktische Schritte: Dehnen Sie Ihre Stille Zeit heute über den ganzen Tag aus, indem Sie verschiedene Psalmen durchlesen und sich einige Verse aufschreiben, aus denen Sie Mut und Zuversicht schöpfen können, wenn Ihnen die Ereignisse auf der Welt zusetzen. Einige geeignete Stellen sind Psalm 9,9; 27,5; 32,7 und 138,7.

Reiche arme Leute

Denken Sie daran! »*Ihnen wollte Gott zu erkennen geben, was der Reichtum der Herrlichkeit dieses Geheimnisses unter den Nationen sei, und das ist: Christus in euch, die Hoffnung der Herrlichkeit*« (Kolosser 1,27).

Sie ging in die Geschichte ein als »Amerikas größter Geizhals«. Als Hetty Green 1916 starb, hinterließ sie einen Nachlass im Wert von über 100 Millionen Dollar. Sie aß Haferbrei kalt, weil das Aufwärmen Geld kostete. Ihrem Sohn musste ein Bein amputiert werden, weil sie so lange nach einer Klinik mit kostenloser Behandlung gesucht hatte, bis die Ärzte das Bein nicht mehr retten konnten. Sie war wohlhabend, und trotzdem wählte sie ein Leben in Armut.

Exzentrisch? Mit Sicherheit! Verrückt? Vielleicht, aber niemand konnte es beweisen. Sie war töricht genug, ihren eigenen Tod vorzeitig herbeizuführen, indem Sie durch eine übertrieben engagierte Diskussion über den Wert fettarmer Milch einen Schlaganfall bei sich selbst heraufbeschwor! Zu viele Christen sind heutzutage wie Hetty Green. Sie haben einen unbegrenzten Reichtum zu ihrer Verfügung und leben dennoch wie arme Leute.

Gott, der Vater, hat uns reich gemacht in Jesus Christus! Bei Ihrer Wiedergeburt hinein in die Familie Gottes, wurden Sie als eine reiche Person neu geboren. Durch Christus haben Sie Anteil am Reichtum der Gnade Gottes, der Herrlichkeit Gottes, der Barmherzigkeit Gottes und dem »unausforschlichen Reichtum des Christus«. Unser himmlischer Vater ist nicht arm, sondern reich – und er hat uns reich gemacht in seinem Sohn.

Lesen Sie die folgenden Passagen aus dem Brief an die Epheser und ordnen Sie diese jeweils den letzten Zeilen des heutigen Kapitels zu: 1,7.18; 2,4.7; 3,8-16.

Praktische Schritte: Bitten Sie Gott, dass er Ihnen zeigt, wie Sie seinen Reichtum ausschöpfen können, und wie Sie es schaffen, dass seine geistlichen Segnungen für Sie Realität werden.

Keine Babys mehr

Vers des Tages: *»Und seid wie neugeborene Kinder begierig nach der vernünftigen, unverfälschten Milch – damit ihr durch sie wachset zur Rettung«* (2. Petrus 2,2).

Niemand kommt darum herum, als Baby auf die Welt zu kommen. Eine andere Möglichkeit gibt es einfach nicht! Es wäre nun schlimm, wenn sich das Baby nicht weiterentwickeln würde, denn so sehr es Eltern und Großeltern auch lieben, ein Baby im Arm zu halten, es zu streicheln und zu liebkosen, so ist es doch ihr größter Wunsch, dass das Baby wächst und gedeiht und zu einer reifen Persönlichkeit heranwächst. Gott wünscht sich für seine Kinder genau das Gleiche. Deshalb fordert er uns auf, dass wir uns der »vollen Reife zuwenden«.

Als ich in die Schule kam, brachte uns der Lehrer als Erstes das ABC bei. (Damals konnte man so etwas noch nicht übers Fernsehen lernen.) Man lernt das ABC, damit man Wörter, Sätze, Bücher, einfach alles lesen kann. Aber irgendwann hat man die Grundlagen gelernt, und dann baut man darauf auf, um weiter voranzukommen.

Wenn wir Fortschritte machen wollen, müssen wir die Kindheit hinter uns lassen und in unserem geistlichen Wachstum voranschreiten.

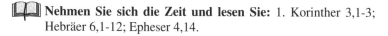 **Nehmen Sie sich die Zeit und lesen Sie:** 1. Korinther 3,1-3; Hebräer 6,1-12; Epheser 4,14.

Praktische Schritte: Woraus besteht eigentlich das geistliche ABC? Schreiben Sie auf, was Sie darunter verstehen. In welchen »Grundlagen« des christlichen Glaubens haben Sie Lernerfolge zu verbuchen? Oder besser ausgedrückt: Welche haben bei Ihnen zu Lernerfolgen geführt? Beten Sie dafür, dass Gott Sie – in Übereinstimmung mit seinem Zeitplan – reifer werden lässt.

Eine Zeit für Krieg

Denken Sie daran: »*Die ihr den HERRN liebt, hasst das Böse!*«
(Psalm 97,10). »*Die Liebe sei ungeheuchelt! Verabscheut das Böse,
haltet fest am Guten!*« (Römer 12,9).

»Make love, not war – mach' Liebe statt Krieg«, ist sicherlich ein sehr
beliebter Slogan, aber durchführbar ist er keineswegs immer. Ärzte
müssen Krieg gegen Krankheit und Tod führen, Arbeiter im sanitären
Bereich gegen Verschmutzung und Verseuchung, Gesetzgeber gegen
Ungerechtigkeit und Verbrechen. Und sie alle kämpfen, weil ihnen
etwas Bestimmtes sehr am Herzen liegt.

Der Apostel Paulus führte Krieg gegen die falschen Propheten, weil er
die Wahrheit liebte und die Menschen, die er zu Christus geführt hatte.

Wie gut jemand sein geistliches Amt ausführt, lässt sich weder an
seiner Beliebtheit (Matthäus 24,9-11) noch an großen Zeichen und
Wundern (Matthäus 24,23-24), sondern allein an seiner Treue zum
Wort Gottes erkennen (Jesaja 8,20; 1. Timotheus 4; 1. Johannes 4,1-6
und 2. Johannes 7-11 warnen uns, dass wir diejenigen, die falsche Lehren verbreiten, nicht auch noch ermutigen sollen). Judaisten kamen
damals und ersetzten das wahre Evangelium durch ihre falschen Lehren. Wegen dieser Sünde bezeichnete Paulus sie als verflucht. Er verwendet das Wort *anathema*, das wörtlich übersetzt so viel bedeutet wie
»nur für die Zerstörung leben«. Egal, um wen es sich bei einem Prediger auch handeln sollte, um einen Engel vom Himmel oder gar um Paulus höchstpersönlich, wenn er nicht das wahre Evangelium verkündigt,
ist er verflucht.

Lesen Sie auch: die Bibelstellen, die im heutigen Andachtstext
genannt werden.

Praktische Schritte: Bitten Sie Gott darum, Sie sensibler für
das Böse zu machen und Ihnen im Kampf dagegen zu helfen.
Überlegen Sie, wie Sie in Ihrer Umgebung dazu beitragen könnten, beispielsweise den Vertrieb pornografischer Literatur zu unterbin-
den. Schauen Sie bei Ihrem christlichen Buchhändler vor Ort vorbei
und fragen Sie nach einem Buch, das Ihnen dabei helfen könnte, andere im Kampf gegen Pornografie oder andere Übel zu unterstützen.

Den Blick auf die Ewigkeit gerichtet

Vers des Tages: »*Und nun, Kinder, bleibt in ihm, damit wir, wenn er geoffenbart werden wird, Freimütigkeit haben und nicht vor ihm beschämt werden bei seiner Ankunft!*« (1. Johannes 2,28).

Leben Sie hier und heute in Erwartung! Das heißt nicht, dass Sie sich ein langes Gewand anlegen und auf den Gipfel eines Berges zurückziehen sollen. Es bedeutet vielmehr, im Bewusstsein von Christi Rückkehr zu leben und zu begreifen, dass unsere Werke gerichtet werden und wir die Chance, hier auf der Erde anderen zu dienen, nur für eine begrenzte Zeit haben werden. Es heißt, »mit dem Blick auf die Ewigkeit gerichtet« zu leben.

Sich darauf zu freuen, in den Himmel zu kommen, muss nicht zwangsläufig bedeuten, dass man sich darauf freut, dem Herrn zu begegnen. Jeder, der sich Christus ernsthaft anvertraut hat, um gerettet zu werden, kann sich darauf freuen, in den Himmel zu kommen. Das garantiert ihm der Opfertod Jesu am Kreuz. Aber mit Freude dem Tag entgegenzusehen, an dem man vor dem Richterstuhl Christi stehen wird, ist ein Kapitel für sich. Die Schrift weist darauf hin, dass einige Christen ganz und gar nicht glücklich sein werden, wenn sie Jesus Christus begegnen werden!

In meinem langjährigen Gemeindedienst habe ich die traurige Erfahrung machen müssen, dass einige Christen dem Wort Gottes ganz bewusst nicht gehorchen wollten. Ich erinnere mich insbesondere an eine junge Frau, die sich in den Kopf gesetzt hatte, einen ungläubigen Mann zu heiraten. Als ich versuchte, ihr von der Bibel her zu helfen, antwortete sie mir: »Es ist mir ganz egal, was Sie sagen. Es interessiert mich nicht, was die Bibel sagt. Ich werde heiraten und damit basta!« Wird sie wohl glücklich sein, wenn Sie vor dem Richterstuhl Christi steht?

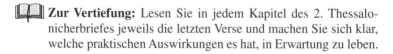 **Zur Vertiefung:** Lesen Sie in jedem Kapitel des 2. Thessalonicherbriefes jeweils die letzten Verse und machen Sie sich klar, welche praktischen Auswirkungen es hat, in Erwartung zu leben.

Praktische Schritte: Bitten Sie den Herrn, Ihnen dabei zu helfen, Ihre Herzenshaltung im Blick auf die Verse hin zu überprüfen, die im Abschnitt »Zur Vertiefung« genannt werden.

Geben wie Jesus gab

Denken Sie an das Beispiel der Mazedonier: *»Denn nach Vermögen, ich bezeuge es, und über Vermögen waren sie aus eigenem Antrieb willig und baten uns mit vielem Zureden um die Gnade und die Beteiligung am Dienst für die Heiligen. Und nicht nur so, wie wir hofften, sondern sie gaben sich selbst zuerst dem Herrn und dann uns durch Gottes Willen«* (2. Korinther 8,3-5).

Jesus Christus ist immer das allerbeste Beispiel, dem ein Christ nur folgen kann, sei es nun im Dienst an anderen, im Leiden oder im Bringen von Opfern. Wie Jesus Christus gaben die Christen aus Mazedonien *sich selbst für Gott und andere.* Wenn wir uns selbst Gott hingeben, wird es uns nicht schwer fallen, Gott alles zu geben, was wir sind und haben. Wenn wir uns selbst Gott hingeben, dann geben wir uns gleichzeitig auch anderen. Es ist unmöglich, Gott zu lieben und die Bedürfnisse unserer Nächsten zu ignorieren. Jesus Christus gab sich selbst für uns. Sollten wir uns da nicht auch für ihn hingeben? Er ist nicht gestorben, damit wir für uns selbst leben, sondern für Gott und für andere.

Lesen Sie: Galater 1,4; 2,20; 2. Korinther 5,15; 9,6-7.

Praktische Schritte: Wenn Sie sich selbst in Gottes Hand gegeben haben, schreiben Sie auf, wie sich Ihr Leben dadurch verändert hat. Wenn Sie dies bisher nicht getan haben, schreiben Sie auf, wie sich Ihr Leben nach einem solchen Schritt wohl ändern würde. Sprechen Sie mit Gott über Ihre Beziehung zu ihm.

1._____

2._____

3._____

4._____

5._____

Die Probleme des Lebens lösen

Zum Nachdenken: *»Als es aber Abend geworden war, traten seine Jünger zu ihm und sprachen: Der Ort ist öde, und die Zeit ist schon vergangen. Entlass die Volksmengen, dass sie hingehen in die Dörfer und sich Speise kaufen! Jesus aber sprach zu ihnen: Sie haben nicht nötig wegzugehen. Gebt ihr ihnen zu essen!«* (Matthäus 14,15-16).

Als Jesus seine überforderten Jünger beobachtete, wie sie versuchten, das Problem mit der Speisung der 5000 zu lösen (Johannes 6), erteilte er ihnen eine Lektion in Sachen Glaube und Vertrauen. Hier sind nun die Schritte, nach denen wir beim Lösen unserer Probleme vorzugehen haben:

Beginnen Sie mit dem, was Sie haben. Andreas machte einen Jungen ausfindig, der ein kleines Proviantpaket bei sich hatte, und brachte den Jungen zu Jesus.

Geben Sie das, was Sie haben, dem Herrn Jesus. War der Junge bereit, seinen Proviant herzugeben? Ja! Gott beginnt dort, wo wir gerade stehen und benutzt das, was wir haben. Jesus brach das Brot und gab die Brocken seinen Jüngern.

Gehorchen Sie dem, was Jesus Ihnen sagt. Die Jünger ließen die Leute niedersitzen, wie Jesus es angeordnet hatte, und verteilten das Brot. Wenn wir, was wir haben, Jesus geben, segnet er es und gibt es uns zurück, damit wir es an andere weitergeben.

Verschwenden Sie nichts von dem, was Sie erhalten haben. Zwölf Körbe voller Reste wurden sorgsam eingesammelt, damit nichts vergeudet wurde.

Der Apostel Johannes schrieb eine Predigt über das »Brot des Lebens« nieder, die Jesus am darauf folgenden Tag in der Synagoge von Kapernaum hielt (Johannes 6,22-59). Brot für den Hunger entgegen zu nehmen, waren die Menschen gern bereit, aber vom lebendigen Brot, dem zur Erde herabgekommenen Sohn Gottes, wollten sie nichts wissen. Wir sollten darauf achten, dass wir nicht auch so sind wie diese Menschen.

Lesen Sie: Matthäus 14,13-21.

Praktische Schritte: Wenden Sie die vier oben genannten Schritte auf Ihr eigenes Leben an. Welche Parallelen können Sie ziehen? Gibt es in diesem Zusammenhang etwas, worüber Sie mit dem Herrn sprechen sollten?

Ein Ruf zu den Waffen

Die Bibel sagt uns: »*Aus deinen Vorschriften empfange ich Einsicht. Darum hasse ich jeden Lügenpfad*« (Psalm 119,104).

Wie können wir uns eigentlich dem Feind entgegenstellen und die Reinheit und Einheit der Gemeinde bewahren?

Erstens müssen wir das Wort Gottes kennen und den Mut haben, es zu verteidigen. Jede Gemeinde sollte eine Bibelschule sein, jeder Christ ein regelmäßiger Bibelleser. Von der Kanzel sollte sowohl die Wahrheit verkündet als auch deutlich auf Irrtümer hingewiesen werden.

Zweitens müssen wir »wachen und beten«. Der Feind ist bereits da, und wir können es uns nicht leisten einzuschlafen! Die Ältesten und Führer der Gemeinde müssen sehr wachsam sein, wenn sie Taufgespräche führen oder mit Personen sprechen, die in die Gemeinde aufgenommen werden wollen. Sie müssen nach dem Willen Jesu fragen, wenn sie nach Mitarbeitern für den Kindergottesdienst oder die Jugendgruppe suchen oder andere Aufgaben und Dienste zuweisen wollen. Die Gemeinden müssen sehr sorgfältig sein, wem sie Vertrauen schenken in Bezug auf Leitung und Führung.

Drittens müssen sich die Gemeinden bzw. ihre Mitglieder sehr gründlich überlegen, wohin sie ihr Geld geben wollen. »Sollst du so dem Gottlosen helfen und die lieben, die den HERRN hassen?« (2. Chronik 19,2)

Und schließlich müssen wir uns in Übereinstimmung mit der Bibel gegen diejenigen abgrenzen, die Christus und die grundlegenden Lehren der Schrift leugnen. Das soll aber keinesfalls bedeuten, dass wir uns von anderen Christen wegen geringfügiger Unterschiede in den Glaubensauffassungen abspalten oder ihnen ihre abweichenden Überzeugungen zum Vorwurf machen. Die wahren Gläubigen müssen im Kampf für die Wahrheit zusammenstehen.

Haben Sie den Ruf zu den Waffen schon vernommen?

Machen Sie sich auch Gedanken zu: Psalm 5,4; 84,10; 101,3; Sprüche 8,13; Römer 16,17-20; 2. Johannes 6-11.

Praktische Schritte: Bitten Sie Gott um Weisheit, wenn Sie darüber nachdenken, wie Sie gegen den Feind vorgehen können, und rüsten Sie sich, indem Sie mehr in der Bibel lesen. Notieren Sie sich mindestens einen Punkt, den Sie umsetzen wollen.

Gott, der Rächer

Vers des Tages: *»In Hoffnung freut euch; in Bedrängnis harrt aus; im Gebet haltet an«* (Römer 12,12).

Jeder Christ, der Gott wirklich gehorchen will, wird sich zwangsläufig Feinde machen. Unser Herr hatte Feinde, als er auf der Erde predigte, und überall, wo Paulus und die anderen Apostel auch hinkamen, versuchten Feinde, ihre Arbeit zunichte zu machen. Jesus warnte seine Jünger, dass ihre schlimmsten Feinde womöglich in den eigenen Reihen zu finden sein werden. Allerdings haben einige Christen auch Feinde, weil es ihnen an Liebe und Geduld mangelt, und nicht, weil sie Christus bezeugen.

Ein Christ darf nicht Gott spielen und versuchen, sich für etwas zu rächen. Die meisten Menschen vergelten Böses mit Bösem und Gutes mit Gutem. Ein Christ aber muss sein Leben auf einer höheren Ebene führen und auch Böses mit Gutem vergelten. Das erfordert *Liebe*, denn unsere erste Reaktion ist immer, dass wir zurückschlagen wollen. Es erfordert auch Glauben – die Gewissheit, dass Gott seinen Willen wahr werden lassen kann in unserem Leben und im Leben derer, die uns zusetzen.

Lesen Sie auch: Römer 12,17-21; Matthäus 10,36; Galater 5,11; 6,12-16; 5. Mose 32,35.

Praktische Schritte: Denken Sie über Ihren schlimmsten Feind nach. Möchten Sie ihn lieben oder gegen ihn kämpfen? Bitten Sie Gott darum, dass er Ihnen zeigt, wie Sie diesem Feind heute in Liebe begegnen können. Erbitten Sie unmittelbar vor dieser Begegnung Gottes Beistand. Dann wird es Ihnen gelingen, das Böse durch das Gute zu überwinden.

»Allen gegenüber das Gute wirken«

Vers des Tages: »*Lasst uns also nun, wie wir Gelegenheit haben, allen gegenüber das Gute wirken, am meisten aber gegenüber den Hausgenossen des Glaubens!*« (Galater 6,10).

Wir sollen »allen gegenüber das Gute wirken«. Dadurch lassen wir unser Licht scheinen und verherrlichen unseren Vater im Himmel. Wir geben den Verlorenen nicht allein durch unsere *Worte* Zeugnis, sondern auch durch unsere *Werke*. Genauer gesagt, ebnen unsere Werke den Weg für unser Zeugnis in Worten. Sie verschaffen uns das Recht, überhaupt gehört zu werden. Die Frage, die wir uns stellen sollten, lautet nicht: »Hat dieser Mensch meine guten Werke überhaupt verdient?« Haben *wir* etwa verdient, was Gott in Christus für *uns* getan hat? Wir sollten auch nicht wie der Gesetzesgelehrte in die Defensive gehen und fragen: »Wer ist denn mein Nächster?« (Lukas 10,25-37). Jesus hat klar gemacht, dass die Frage nicht lauten soll: »Wer ist mein Nächster?«, sondern: »Wem kann ich der Nächste sein?«.

Wenn wir »allen gegenüber Gutes wirken«, soll unser Hauptaugenmerk auf die »Hausgenossen des Glaubens«, d.h. auf unsere Mitchristen gerichtet sein. Das soll nicht heißen, dass unsere Gemeinde zum exklusiven Club avancieren soll, dessen Mitglieder sich von der Welt um sie herum abkapseln und keinen Finger rühren, um den Verlorenen zu helfen. Es geht hier vielmehr um das richtige Gleichgewicht. Jeder Mensch sorgt zunächst einmal für seine eigene Familie, bevor er sich um andere kümmert (1. Timotheus 5,8).

Wir dürfen nicht vergessen, dass wir andere Christen an dem, was uns Gott gegeben hat, teilhaben lassen. Dann können wir alle gemeinsam eine bedürftige Welt daran Anteil geben. Nur was der »Hausgenosse des Glaubens« empfangen hat, kann er auch weitergeben. Wenn wir zueinander überreich an Liebe sind, haben wir auch reichlich Liebe für alle Menschen (1. Thessalonicher 3,12). So soll jeder von uns sein.

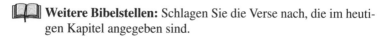 **Weitere Bibelstellen:** Schlagen Sie die Verse nach, die im heutigen Kapitel angegeben sind.

Praktische Schritte: Überlegen Sie, wie Sie jemandem etwas Gutes tun können – und tun Sie es!

Wahres Zeugnis

Bibelstelle des Tages: »*Sondern haltet den Herrn, den Christus, in euren Herzen heilig! Seid aber jederzeit bereit zur Verantwortung jedem gegenüber, der Rechenschaft von euch über die Hoffnung in euch fordert, aber mit Sanftmut und Ehrerbietung! Und habt ein gutes Gewissen, damit die, welche euren guten Wandel in Christus verleumden, darin zuschanden werden, worin euch Übles nachgeredet wird*« (1. Petrus 3,15-16).

Ein Pastor erhielt einmal einen Anruf von einer sehr aufgebrachten Frau. »Mir wurde von Ihrer Gemeinde eine religiöse Broschüre zugeschickt«, schrie sie, »und ich finde es schlimm, dass man noch nicht mal mehr vor Ihnen sicher ist, wenn man seinen Briefkasten öffnet!«

»Was ist denn so schlimm daran, wenn man von der Gemeinde eine Broschüre bekommt?«, fragte der Pastor ruhig.

»Sie haben kein Recht dazu, meinen Glauben ändern zu wollen!«, wetterte die Frau. »Sie haben Ihren Glauben und ich habe meinen. Ich versuche ja schließlich auch nicht Ihren Glauben zu ändern!«

»Wir wollen weder Ihren Glauben, noch den Glauben von irgendjemand sonst ändern«, erklärte der Pastor. »Aber wir erfahren durch unseren Glauben an Jesus Christus ein wunderbares neues Leben und wollen alles tun, was in unserer Macht steht, um andere daran teilhaben zu lassen.«

Viele Leute, darunter auch Christen, haben die Vorstellung, dass »Zeugnis geben« bedeutet, über Glaubensfragen zu streiten oder die verschiedenen Gemeinden miteinander zu vergleichen. Zeugnis abzulegen heißt, dass wir andere an unseren geistlichen Erfahrungen teilhaben lassen – sowohl durch die Art, wie wir leben, als auch durch unsere Worte.

Lesen Sie auch: Matthäus 5,13-16; Markus 5,19-20; Jakobus 3,13.

Praktische Schritte: Legen Sie heute sowohl durch Ihr Verhalten als auch durch Ihre Worte Zeugnis von Christus ab. Seien Sie bereit, anderen zu erzählen, warum Ihr Leben anders ist.

Ein Gebot für die Reichen

Paulus gab folgende Anweisung: *»Den Reichen in dem gegenwärtigen Zeitlauf gebiete, nicht hochmütig zu sein, noch auf die Ungewissheit des Reichtums Hoffnung zu setzen – sondern auf Gott, der uns alles reichlich darreicht zum Genuss – Gutes zu tun, reich zu sein in guten Werken, freigebig zu sein, mitteilsam, indem sie sich selbst eine gute Grundlage auf die Zukunft sammeln, um das wirkliche Leben zu ergreifen«* (1. Timotheus 6,17-19).

Paulus schrieb in seinem Brief an Timotheus über die Gefahren der Liebe zum Geld und fügte eine besonderes »Gebot« hinzu, das Timotheus an die Reichen weitergeben sollte (siehe oben). Wir mögen vielleicht denken, dass dieses Gebot auf uns nicht zutrifft, aber da irren wir uns. Schließlich würden wir bei unserem heutigen Lebensstandard in den Augen der Gläubigen in Timotheus' Gemeinde mit Sicherheit zu den Reichen gehören!

Wenn Reichtum einen Menschen stolz macht, hat er sowohl von sich selbst als auch von seinem Reichtum ein falsches Bild. »Sondern du sollst an den HERRN, deinen Gott, denken, dass er es ist, der dir Kraft gibt, Vermögen zu schaffen« (5. Mose 8,18). Wir sind keine Eigentümer, wir sind Verwalter. Wenn wir reich sind, dann sind wir es durch die Güte Gottes, nicht durch unseren eigenen Verdienst. Materieller Wohlstand sollte einen Menschen demütig werden lassen und ihn veranlassen, dass er nicht sich selbst, sondern Gott rühmt.

Es ist möglich, in dieser Welt reich zu sein, in der nächsten Welt aber arm. Es ist ebenso möglich auf der Erde arm zu sein und im Himmel reich. Jesus hatte beides im Blick und sprach darüber. Wenn ein Christ reich ist, kann er es aber durchaus auch in der nächsten Welt sein, wenn er das, was er hat, zur Ehre Gottes einsetzt. Ebenso kann ein Mensch, der in dieser Welt arm ist, seine begrenzten Mittel zur Verherrlichung Gottes verwenden, wodurch er sich für die nächste Welt einen reichen Lohn sichert.

 **Lesen Sie auch:** Lukas 16,19-31 und Matthäus 6,19-34.

Praktische Schritte: Prüfen Sie Ihr Herz und stellen Sie fest, wie gut Sie dem Gebot Folge leisten, das Timotheus an die Reichen weitersagen sollte. Listen Sie Möglichkeiten auf, wie Sie Ihr Geld zur Ehre Gottes einsetzen können.

Im Verborgenen fasten

Die Schrift sagt uns: *»Wenn ihr aber fastet, so seht nicht düster aus wie die Heuchler! Denn sie verstellen ihre Gesichter, damit sie den Menschen als Fastende erscheinen. Wahrlich, ich sage euch, sie haben ihren Lohn dahin. Wenn du aber fastest, so salbe dein Haupt und wasche dein Gesicht, damit du nicht den Menschen als ein Fastender erscheinst, sondern deinem Vater, der im Verborgenen ist! Und dein Vater, der im Verborgenen sieht, wird dir vergelten«* (Matthäus 6,16-18).

Es ist nicht verkehrt zu fasten, wenn wir es auf die richtige Art und aus den richtigen Motiven heraus tun. Auch Jesus und die Mitglieder der Urgemeinde fasteten. Fasten hilft uns, die Bedürfnisse des Körpers zu disziplinieren und unsere geistlichen Prioritäten zu bewahren. Es darf aber nie zu einer Gefahr für Versuchungen werden. *Allein* dadurch, dass wir unserem Körper seine natürlichen Bedürfnisse (wie Schlaf oder Nahrung) vorenthalten, fasten wir noch nicht. Dazu gehört auch, dass wir uns Gott hingeben und ihn loben. Ohne eine tiefe innere Hingabe ziehen wir daraus keinen dauerhaften geistlichen Nutzen.

Wie das Geben oder Beten muss auch das Fasten im Verborgenen erfolgen: Es geht nur den Glaubenden selbst und Gott an. Wenn wir unsere »Gesichter verstellen« (indem wir missmutig, mitleid- und lobheischend dreinblicken), untergraben wir den ganzen Sinn und Zweck des Fastens. Unser Herr hat ein Grundprinzip für das geistliche Leben festgelegt: Was geistlich gut und förderlich ist, schadet der menschlichen Natur nicht. Gott schafft eine gute Sache in der Regel nicht auf Kosten einer anderen guten Sache. Wenn wir unglücklich dreinschauen müssen, um für geistlich gereift erachtet zu werden, dann haben wir ein falsches Bild von geistlicher Reife.

📖 **Machen Sie sich auch Gedanken zu:** Matthäus 4,1-4; Esra 8,21-23; Joel 2,12-13.

👣 **Praktische Schritte:** Haben Sie jemals gefastet? Denken Sie im Gebet über diese Möglichkeit nach. Wenn Gott möchte, dass Sie fasten, so halten Sie sich dabei an die Richtlinien in der Bibel.

Frühaufsteher

Eine Herausforderung: *»Deshalb umgürtet die Lenden eurer Gesinnung, seid nüchtern und hofft völlig auf die Gnade, die euch gebracht wird in der Offenbarung Jesu Christi!«* (1. Petrus 1,13).

Aus der medizinischen Forschung weiß man längst, dass einige Menschen Frühaufsteher sind, während die anderen typische Nachtmenschen sind. Manche Menschen sind schon vor dem Weckerklingeln hellwach, springen mit beiden Beinen aus dem Bett und müssen nie gähnen oder sich kaltes Wasser ins Gesicht spritzen, um munter zu werden. Andere hingegen, einschließlich mir selbst, wachen nur sehr langsam auf – erst das eine Auge, dann das andere – und kommen nur so nach und nach in die Gänge.

Wenn es um die Rückkehr unseres Herrn geht, müssen wir jedoch alle Frühaufsteher sein: wach, wachsam, nüchtern und bereit für den Anbruch dieses wundervollen Tages.

Für die große Menge der Ungeretteten, die verblendet sind, wird die Ankunft Christi allerdings das Ende des Lichts und den Beginn ewiger Dunkelheit bedeuten.

Weitere Verse: Apostelgeschichte 1,11; 1. Korinther 1,7-8; 1. Johannes 2,28

Praktische Schritte: Suchen Sie aus Ihrem Gemeindeliederbuch ein Lied heraus, das die Wiederkunft des Herrn zum Thema hat. Machen Sie es zu Ihrem Lied des Tages. Danken Sie Gott dafür, dass Christus wiederkehren wird – vielleicht sogar schon heute.

Im Heute leben

Unser Vater sorgt für uns: *»Lasst uns nun mit Freimütigkeit hinzutreten zum Thron der Gnade, damit wir Barmherzigkeit empfangen und Gnade finden zur rechtzeitigen Hilfe«* (Hebräer 4,16).

Als Christen sollten wir immer nur einen Tag auf einmal leben. Kein Mensch, so viel Geld er auch hat, über so viele Talente er auch verfügt, kann zwei Tage gleichzeitig leben. Gott sorgt für uns »auf Tagesbasis«, wie wir es uns von ihm ja auch erbitten (Lukas 11,3). Er gibt uns die Kraft, die wir benötigen, um die Anforderungen des Tages zu erfüllen. Wir dürfen nicht den Fehler begehen und versuchen, für zukünftige Notfälle »Gnade aufzusparen«, denn Gott schenkt uns seine Gnade dann, *wenn* wir sie brauchen. Wenn wir es lernen, immer nur einen Tag auf einmal zu leben und darauf zu vertrauen, dass Gott für uns sorgt, wird unser Leben wesentlich leichter.

Meile für Meile ist das Leben zu viel,
Zoll für Zoll ist's ein Kinderspiel.

Weitere Belege für die Fürsorge des Vaters: Psalm 68,20; 107,8-9; Lukas 12,6-7; Johannes 14,13; 1. Korinther 10,13; Philipper 4,19.

Praktische Schritte: Listen Sie unten die Dinge auf, die bei Ihnen heute anstehen und bitten Sie Gott um Kraft und Weisheit, sie auch erledigen zu können. Glauben Sie fest daran, dass Gott Ihnen Augenblick für Augenblick durch den Tag hilft.

1. _____

2. _____

3. _____

4. _____

5. _____

Nachträgliche Freude

Aus dem Wort Gottes: *»Denn ich denke, dass die Leiden der jetzigen Zeit nicht ins Gewicht fallen gegenüber der zukünftigen Herrlichkeit, die an uns geoffenbart werden soll«* (Römer 8,18).

Gott wird unser Leid nicht durch Herrlichkeit *ersetzen*, sondern vielmehr in Herrlichkeit *umwandeln*. Jesus erklärte das anhand des Beispiels einer Frau, die ein Kind zur Welt bringt. Das Kind, das ihr Schmerzen bereitete, schenkt ihr später auch Freude. Die Schmerzen werden durch die Geburt des Kindes in Freude *umgewandelt*. Der Dorn im Fleisch bereitete dem Paulus Schmerzen, gereichte ihm aber auch zu Kraft und Herrlichkeit. Das Kreuz brachte Jesus Schande und Schmerz, verhalf ihm aber auch zu Herrlichkeit und Macht.

Reife Menschen wissen, dass das Leben »nachträgliche Freude« bereithält. Wir zahlen *heute* den Preis für Freude und Genuss in der *Zukunft*. Dem Klavierschüler bereitet es vielleicht keine Freude, stundenlang seine Tonleitern zu üben, aber er freut sich darauf, dass er eines Tages exzellent spielen wird. Dem Sportler mag es keinen großen Spaß machen zu trainieren und seine Leistungen durch harte Arbeit zu verbessern, aber er schaut mit Freude dem Tag entgegen, an dem er zeigen kann, was in ihm steckt, und an dem er den Wettkampf gewinnt. Und die Christen dürfen sich auf etwas noch viel Besseres freuen: Unsere Leiden werden eines Tages in Herrlichkeit umgewandelt und wir werden »überreich an Freude« sein.

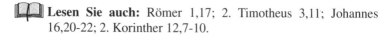 **Lesen Sie auch:** Römer 1,17; 2. Timotheus 3,11; Johannes 16,20-22; 2. Korinther 12,7-10.

Praktische Schritte: Finden Sie in Ihrem Leben ein Beispiel für Leid, das Gott in Herrlichkeit umgewandelt hat. Bitten Sie Gott um ein tieferes Verständnis dieser Wahrheit.

Herzprobleme

Vers des Tages: *»Und ich werde euch ein neues Herz geben und einen neuen Geist in euer Inneres geben; und ich werde das steinerne Herz aus eurem Fleisch wegnehmen und euch ein fleischernes Herz geben«* (Hesekiel 36,26).

Der Kern eines jeden Problems ist ein Problem des Herzens. Die Menschen des Volkes Israel (mit Ausnahmen wie Mose, Josua und Kaleb) irrten in ihrem Herzen, d.h. sie entfremdeten sich in ihrem Herzen von Gott und seinem Wort. Sie hatten ein böses Herz des Unglaubens und bezweifelten, dass Gott ihnen in Kanaan zum Sieg verhelfen würde. Zwar hatten sie gesehen, wie Gott in Ägypten große Zeichen und Wunder wirkte, sie bezweifelten aber, dass Gott auch der Herausforderung von Kanaan gewachsen war.

Wenn ein Mensch ein *irrendes und ungläubiges* Herz hat, dauert es nicht mehr lange, bis er ein *hartes* Herz hat. Ein solches Herz ist für die Worte und Werke Gottes völlig unempfänglich. Das Herz des Volkes Israel war so verhärtet, dass die Menschen sogar nach Ägypten zurückkehren wollten! Sie wollten allen Ernstes die Freiheit bei Gott gegen die Sklaverei in Ägypten eintauschen!

Wünschen Sie sich manchmal, nicht gerettet zu sein und nach »Ägypten« zurückkehren zu können?

Zum Nachdenken: Sprüche 4,23-27; Jeremia 17,7-10; Matthäus 5,8.

Praktische Schritte: Denken Sie an eine gute Tat, die heute eigentlich bei Ihnen auf dem Programm steht, zu der Sie aber keine richtige Lust haben, wie z.B. vor einem Nachbarn oder einem Kollegen Zeugnis abzulegen, die Toilette zu reinigen oder einen kranken Freund zu besuchen. Bitten Sie den Herrn Jesus, bei dieser Aufgabe mit Ihnen zu sein, und erledigen Sie sie mit Freude!

Ein ausgeglichenes Leben durch ausgewogene Ernährung

Vers des Tages: »*Wachset aber in der Gnade und Erkenntnis unseres Herrn und Heilandes Jesus Christus! Ihm sei die Herrlichkeit, sowohl jetzt als auch bis zum Tag der Ewigkeit!*« (2. Petrus 3,18).

Es ist sehr wichtig, dass wir in einem ausgewogenen Verhältnis wachsen. Der menschliche Körper wächst in den richtigen Größenverhältnissen, sodass das korrekte Zusammenspiel der verschiedenen Körperteile und Organe gewährleistet wird. Genauso müssen wir auch geistlich in den richtigen Proportionen wachsen. Beispielsweise müssen wir sowohl in der Gnade als auch in der Erkenntnis unseres Herrn wachsen. Wir müssen für das richtige Gleichgewicht zwischen dem Lobpreis Gottes und dem Dienst für Gott, zwischen Glaube und Werken sorgen.

Eine ausgewogene Ernährung, die sich aus der gesamten Bandbreite von Gottes Wort zusammensetzt, hilft uns, ein ausgeglichenes Leben zu führen. Der Heilige Geist ermächtigt und befähigt uns, in allem das richtige Gleichgewicht zu bewahren. Bevor Petrus mit dem Heiligen Geist erfüllt wurde, verfiel er immer wieder in Extreme. In einem Moment bezeugte er Christus, im nächsten versuchte er dem Herrn zu widersprechen (Matthäus 16,13-23)! Erst wollte er nicht zulassen, dass Jesus ihm die Füße wäscht, dann wollte er überall gewaschen werden (Johannes 13,6-10)! Erst versprach er, den Herrn zu verteidigen und sogar mit ihm zu sterben, dann hatte er noch nicht einmal den Mut, sich vor einer Magd zu Jesus zu bekennen! Als Petrus aber mit dem Geist erfüllt war, begann er, ein ausgeglichenes Leben zu führen, und impulsive Ausrutscher ins Extreme passierten ihm nicht mehr.

Was ist das Ergebnis von geistlichem Wachstum? Gott wird geehrt! »Ihm sei die Herrlichkeit, sowohl jetzt als auch bis zum Tag der Ewigkeit!« Wir verherrlichen Jesus Christus, indem wir uns von Sünde und Irrtum fernhalten. Wir verherrlichen ihn, wenn wir in seiner Gnade und seiner Erkenntnis wachsen, denn dadurch werden wir ihm ähnlicher.

 **Lesen Sie auch:** Epheser 2,19-22; 4-15.

Praktische Schritte: Wie würden Sie Ihre geistliche Ernährung beurteilen? Fördert diese Ihr Wachstum, oder sollte sie in einigen Punkten umgestellt werden? Sprechen Sie mit dem Herrn darüber.

März

Werdet erneuert:

*»Er gibt dem Müden Kraft
und dem Ohnmächtigen mehrt er
die Stärke.«*

Jesaja 40,29

Die beste Investition

Vers des Tages: *»Wer im Geringsten treu ist, ist auch in vielem treu, und wer im Geringsten ungerecht ist, ist auch in vielem ungerecht«* (Lukas 16,10).

Was treibt die Menschen eigentlich zu Untreue und Unehrlichkeit? Die Erklärung des Herrn dafür war, dass ihnen die Anerkennung durch die Menschen wichtiger ist als das Wohlwollen Gottes. Jesus warnt uns aber sehr deutlich: »Was unter den Menschen hoch ist, ist ein Gräuel vor Gott« (Lukas 16,15). Heißt das, dass Reichtum für den Christen eine Sünde ist? Natürlich nicht! Sowohl Abraham als auch Hiob waren sehr wohlhabend und fanden dennoch das Gefallen Gottes. Es ist jedoch eine Sünde, wenn ein Christ *seinen Wert als Person über sein Geld definiert.* Genau aus dem Grunde lachten die Pharisäer Jesus aus: Sie waren hinter dem Reichtum her und missbrauchten sogar ihre Religion, um auf Kosten anderer Menschen noch mehr Geld anzuhäufen.

Ich frage mich, was der Herr wohl zu der heute so verbreiteten Denkweise sagen würde, die da lautet: »Wenn man ein wahrer Christ ist, gibt Gott einem von allem nur das Beste! Es spricht nichts dagegen, dass man in dem schönsten Haus wohnen, das beste Auto fahren und das meiste Geld verdienen sollte.« Solche Segnungen sind nicht zwangsläufig ein Beweis für Treue und Hingabe zu Gott. Sowohl in der Bibel als auch in der Kirchengeschichte finden sich zahlreiche Menschen, die Außergewöhnliches für Gott geleistet haben und dennoch arm waren.

Geld ist ein großartiger Diener, aber ein schrecklicher Herr. Ein Mensch sollte das, was er hat, zum Dienst für Christus einsetzen.

Lesen Sie auch: Matthäus 23, 13-22; 1. Petrus 4,10; Titus 1,7; 1. Korinther 4,1-2.7.

Praktische Schritte: Lesen Sie in Lukas 16,1-15 das Gleichnis vom ungerechten Verwalter. Was tun Sie, wenn der Herr Ihnen eine zusätzliche Summe Geld zukommen lässt? Beinhaltet ein treuer Verwalter zu sein noch mehr, als verantwortungsbewusst mit seinem Geld umzugehen? Wie sieht es mit unserer Zeit und unseren Begabungen aus? Besorgen Sie sich zu diesem Thema ein gutes christliches Buch und lassen Sie Gott durch dieses Buch zu Ihnen sprechen.

Was ist so toll daran?

Vers des Tages: *»Durch diesen [Jesus] [wird] jeder Glaubende gerechtfertigt«* (Apostelgeschichte 13,39).

Was ist so faszinierend an der Gesetzlichkeit, dass sich Christen von einem Leben aus Gnade wieder dem Leben nach dem Gesetz zuwenden? Ein Grund ist sicherlich, dass die Gesetzlichkeit das Fleisch anspricht. Das Fleisch liebt es, »religiös« zu sein, Gesetzen zu gehorchen, religiöse Anlässe zu begehen, ja sogar zu fasten. Natürlich ist nichts verkehrt an Gehorsam, Fasten oder Zeiten geistlicher Andacht, *vorausgesetzt allerdings, dass der Heilige Geist uns dazu motiviert bzw. befähigt.* Das Fleisch liebt es, sich seiner religiösen Leistungen zu rühmen – der Anzahl der gesprochenen Gebete oder der geistlichen Gaben, die man von Gott bekommen hat.

Wer auf der Grundlage religiöser Leistungen lebt, kann sich selbst messen und mit anderen vergleichen. Das ist ein weiterer Aspekt der Gesetzlichkeit, der so fasziniert. Der wahre Christ jedoch misst sich nicht an anderen Christen, sondern an Jesus. Auf dem geistlichen Weg eines Christen, der aus der Gnade lebt, gibt es keinen Platz für Stolz. Der Gesetzliche aber rühmt sich fortwährend seiner Leistungen und der Menschen, die er bekehrt hat (Galater 6,13-14).

Ja, es geht tatsächlich eine gewisse Faszination vom Gesetz aus, aber es ist nur ein Köder, der uns in die Falle lockt: Sobald der Glaubende nämlich danach greift, ist er gefangen. Daher fahren wir wesentlich besser, wenn wir Gott bei seinem Wort nehmen und auf seine Gnade bauen. Wir wurden »aus Gnade, durch Glauben« gerettet und sollten auch »aus Gnade, durch Glauben« leben. Dies ist der Weg, der zum Segen führt. Alle anderen Wege führen in die Gefangenschaft.

Lesen Sie auch: Römer 3,20-31; Galater 4,9-11; 6,13-14; Epheser 2,8-9; Kolosser 2,20-23.

Praktische Schritte: Zeichnen Sie eine Tabelle mit zwei Spalten. Schreiben Sie über die erste Spalte »Werke, auf die ich stolz sein kann« und über die andere »Werke, die Jesus für mich getan hat«. Wie viele Stichworte können Sie in jede der beiden Spalten schreiben? Danken Sie Gott dafür, dass Sie sich nicht selbst rechtfertigen müssen, sondern durch Christus gerechtfertigt wurden.

März

Gott sieht auf das Herz

Die Bibel sagt uns: »*Aber der HERR sprach zu Samuel: Sieh nicht auf sein Aussehen und auf seinen hohen Wuchs! Denn ich habe ihn verworfen. Denn der HERR sieht nicht auf das, worauf der Mensch sieht. Denn der Mensch sieht auf das, was vor Augen ist, aber der HERR sieht auf das Herz*« (1. Samuel 16,7).

Für die Juden waren die Heiden nichts als »unbeschnittene Hunde«. Das Schlimme ist, dass die Juden dem äußerlich sichtbaren Merkmal der Beschneidung mehr Bedeutung beimaßen als der geistlichen Realität, die dadurch kenntlich gemacht werden sollte (5. Mose 10,16; Jeremia 9,26; Hesekiel 44,9). Ein wirklicher Jude ist man aber nicht wegen einer bloßen äußeren, körperlichen Operation, sondern weil man *innerlich* eine bestimmte geistliche Erfahrung gemacht hat. Die Menschen von heute begehen den gleichen Fehler in Bezug auf Taufe, Abendmahl oder gar Kirchenmitgliedschaft.

Gott richtet uns nach den »Geheimnissen des Herzens«, bloße Äußerlichkeiten interessieren ihn nicht. Ein unbeschnittener gehorsamer Heide ist ihm lieber als ein beschnittener ungehorsamer Jude. Es ist sogar so, dass die Beschnittenheit eines ungehorsamen Juden in den Augen Gottes zur *Un*beschnittenheit wird, weil Gott auf das Herz sieht. Die Juden lobten einander für ihren Gehorsam gegenüber dem Gesetz, aber das Wichtigste ist das »Lob Gottes«, nicht das Lob der Menschen. Wenn man bedenkt, dass »Jude« von dem Wort »Juda« kommt, was so viel heißt wie »Lob«, gewinnt diese Aussage eine ganz neue Bedeutung.

 **Machen Sie sich auch Gedanken zu:** 5. Mose 10,16; Jeremia 9,26; Römer 2,16; 2. Korinther 10,7; 1. Mose 29,35; 49,8; Johannes 12,43.

Praktische Schritte: Nehmen Sie sich einige Minuten Zeit und überlegen Sie, was Gott heute wohl in Ihrem Herzen erkennen kann. Äußern Sie ihm gegenüber das ehrliche Verlangen nach *seinem* Lob, anstatt dem Lob der Menschen nachzujagen.

Gott gibt uns die Kraft

Verinnerlichen Sie folgenden Vers: *»Denn Gott hat uns nicht einen Geist der Furchtsamkeit gegeben, sondern der Kraft und der Liebe und der Zucht«* (2. Timotheus 1,7).

Es liegt in unserer Natur, dass wir Leiden nach Möglichkeit vermeiden wollen. Selbst unser Herr betete: »Vater, wenn du willst, nimm diesen Kelch von mir weg« (Lukas 22,42). Paulus betete dreimal dafür, dass Gott den schmerzhaften Dorn in seinem Fleisch entfernen möge (2. Korinther 12,7-8). Aber Leiden ist Bestandteil eines in Treue gegenüber Gott geführten christlichen Lebens. Christen leiden in der Regel weniger, weil sie etwas falsch gemacht haben (Petrus 2,20; 3,17), sondern müssen vielmehr mitunter leiden, weil sie richtig gehandelt und Gott gedient haben. Wenn wir leiden, weil wir Gutes tun, dann haben wir Teil an den Leiden Christi (Philipper 3,10).

Vor Jahren las ich einmal die Geschichte über einen Christen, der wegen seines Glaubens in Gefangenschaft geraten war. Er sollte auf dem Scheiterhaufen verbrannt werden und war sich sicher, dass er diese Qualen niemals würde aushalten können. Eines Abends hielt er seinen kleinen Finger in die Flamme einer Kerze, um zu sehen, wie weh es tun würde. Es war ziemlich schmerzhaft, und er zog den Finger sofort wieder zurück. »Ich werde dem Herrn Schande bereiten«, sagte er sich, »aber ich kann diese Schmerzen einfach nicht ertragen.« Als aber die Stunde seines Todes herangekommen war, lobte er Gott und legte ein ehrenvolles Zeugnis von Jesus Christus ab. Gott gab ihm die Kraft, als er sie brauchte, nicht schon vorher.

Lesen Sie auch: alle Bibelverse, die im heutigen Kapitel genannt werden.

Praktische Schritte: Die Kraft, die Gott uns gegeben hat, ist der Heilige Geist. Fangen Sie an, sich ganz auf diese Kraft Gottes zu verlassen und immer weniger aus Ihrer eigenen Kraft heraus handeln zu wollen. Bitten Sie Gott um ein tieferes Verständnis dieser Wahrheit.

Die richtigen Proportionen des Leibes

Vers des Tages: *»Jedem aber wird die Offenbarung des Geistes zum Nutzen gegeben«* (1. Korinther 12,7).

Jeder Glaubende hat eine oder mehrere ganz bestimmte Gaben. Diese Gaben hat ihm der Herr anvertraut, damit er sie in seiner Gemeinde einsetzen und dazu beitragen kann, dass der Leib Christi in den richtigen Proportionen wächst. Aber Christen müssen ihre Gaben im Glauben betätigen. Wir sehen die Ergebnisse unseres Einsatzes vielleicht nicht, aber der Herr sieht sie und segnet uns dafür. Ermahnen ist eine genauso wichtige geistliche Aufgabe wie Predigen oder Lehren. Barmherzig zu sein ist eine weitere wichtige Gabe. Einigen Menschen hat Gott die Fähigkeit geschenkt, zu dienen oder die Gemeinde zu leiten. Aber ganz gleich, welche Gaben wir auch haben, wir müssen sie in die Hand Gottes legen und zum Wohl der ganzen Gemeinde nutzen.

Es ist schlimm, wenn in einer Gemeinde auf eine bestimmte Gabe mehr Wert gelegt wird als auf alle anderen. »Sind etwa alle Apostel? Alle Propheten? Alle Lehrer? Haben alle Wunderkräfte? Haben alle Gnadengaben der Heilungen? Reden alle in Sprachen? Legen alle aus?« (1. Korinther 12,29-30). Die Antwort auf alle diese Fragen lautet: Nein! Wenn ein Christ die Bedeutung seiner eigenen Gaben betont und die der Gaben anderer herunterspielt, vergisst er dabei, welchen Zweck diese Gaben erfüllen sollen: dem Wohl des gesamten Leibes Christi zu dienen.

Lesen Sie auch: 1. Korinther 12,4-11.29-30; Galater 5,22-23; Philipper 2,1-4.

Praktische Schritte: Tragen Sie in Ihrer Gemeinde zum Wachstum des Leibes Christi bei? Seien Sie bei Ihrer Einschätzung ehrlich zu sich selbst. Beten Sie dann dafür, dass der Geist Gottes Sie mit dem Glauben und der Erkenntnis erfüllt, die Sie brauchen, um Ihre Gabe(n) erkennen zu können. Treffen Sie eine feste Entscheidung, wie Sie Ihre Gabe(n) zu Gottes Ehre und zum Wohl des Leibes Christi einsetzen können. Damit verhindern Sie, dass Ihre Gaben womöglich verkümmern.

Wo ist die Besorgnis geblieben?

Vers des Tages: »*Weil du sagst: Ich bin reich und bin reich geworden und brauche nichts, und nicht weißt, dass du der Elende und bemitleidenswert und arm und blind und bloß bist*« (Offenbarung 3,17).

Es ist schwierig heutzutage noch jemanden zu finden, der sich ernsthaft Sorgen macht um die Sünden der Völker oder auch um Sünde in der Gemeinde. Zu viele sind wie die Fürsten Samarias im Alten Testament (vgl. Amos 6) oder die Mitglieder der Gemeinde in Laodizea. Sie verschließen ihre Augen vor der Wirklichkeit und leben in einer Fantasiewelt, die auf einer falschen Theologie aufgebaut ist. Wie viele Christen können schon ernsthaft von sich behaupten: »Zornglut hat mich ergriffen wegen der Gottlosen, die dein Gesetz verlassen« (Psalm 119,53), oder: »Wasserbäche fließen herab aus meinen Augen, weil man dein Gesetz nicht hält« (V. 136). Zu viele Christen lachen, wenn sie eigentlich weinen sollten (Jakobus 4,8-10), und tolerieren Sünde, wenn sie sich ihr eigentlich entgegenstellen sollten (1. Korinther 5,2).

Ein Christ erzählte mir einmal von einem Abendessen mit Freunden in einem teuren Restaurant. Da der Speisesaal nur sehr spärlich beleuchtet war, konnte er anfangs kaum die Speisekarte lesen, stellte aber nach kurzer Zeit fest, dass er allmählich besser sehen konnte, weil sich seine Augen an die Lichtverhältnisse gewöhnten. Erstaunt sagte er zu seinen Freunden: »Ist es nicht seltsam, wie schnell man sich an die Dunkelheit gewöhnen kann?« Und das ist genau eines der Probleme mit den Christen heute: Wir haben uns an die Dunkelheit gewöhnt und unser Licht scheint nicht hell genug.

 **Lesen Sie:** Amos 6.

Praktische Schritte: Beginnen Sie den heutigen Tag, indem Sie Jesus darum bitten, dass er Ihnen hilft, in Ihrer Umgebung ein Licht zu sein. Singen Sie ein Lied, das diesen Gedanken betont, und seien Sie mit dem Herzen dabei!

Er fühlt mit uns

Vers des Tages: *»Denn wir haben nicht einen Hohenpriester, der nicht Mitleid haben könnte mit unseren Schwachheiten, sondern der in allem in gleicher Weise wie wir versucht worden ist, doch ohne Sünde«* (Hebräer 4,15).

Als Charles Haddon Spurgeon als junger Prediger nach London kam, erweckte sein Erfolg bald den Neid einiger Geistlicher, die ihm durch Verleumdung und Klatsch heftig zusetzten. Seine Predigten wurden als »Schund« betitelt, er selbst als »Schauspieler« oder »Kanzelhanswurst« verspottet. Selbst nachdem er sich als Prediger etabliert hatte, wurden in der Presse (einschließlich der *christlichen* Presse) weiterhin Lügen über ihn verbreitet.

Nach einem besonders gehässigen Artikel warf sich Spurgeon vor dem Herrn nieder und betete:»O Herr Jesus, du hast dich für mich in Verruf gebracht. Bereitwillig bringe ich meinen Namen um deinetwillen in Verruf.« Von diesem Augenblick an hatte Spurgeon Friede in seinem Herzen. Er wusste, dass sein Hoherpriester seine Not kannte und ihm Stunde für Stunde die Gnade schenkte, die er brauchte.

Ganz gleich, durch welche Prüfungen wir gerade gehen, Jesus Christus weiß um unsere Not und hilft uns. Wir können sicher sein, dass Gott Verständnis für uns hat und uns stärkt. Manchmal konfrontiert Gott *uns* mit Schwierigkeiten, damit wir die Not anderer besser verstehen und diese Menschen ermutigen können.

Zur Vertiefung: Hiob 22,29; Römer 12,15; 2. Korinther 1,4.8.

Praktische Schritte: Denken Sie an zwei oder drei Menschen aus Ihrem Bekanntenkreis, die gerade krank sind oder eine schwierige Zeit durchmachen. Wie können Sie diesen Menschen Ihre liebevolle Anteilnahme zeigen? Rufen Sie doch einmal an, senden Sie eine kurze Nachricht oder schauen Sie mit einer kleinen Leckerei oder einer spannenden Lektüre bei ihnen vorbei. Lassen Sie Ihrer Anteilnahme entsprechende Taten folgen und beten Sie um Gottes Führung, wenn Sie sich im Namen Jesu um sie kümmern.

Wie sucht man den Herrn?

Jakobus schreibt: *»Naht euch Gott! Und er wird sich euch nahen. Säubert die Hände, ihr Sünder, und reinigt die Herzen, ihr Wankelmütigen!«* (Jakobus 4,8).

Was bedeutet es eigentlich, »den Herrn zu suchen«? Diese Frage beantwortet uns der Prophet Jesaja: »Sucht den HERRN, während er sich finden lässt! Ruft ihn an, während er nahe ist. Der Gottlose verlasse seinen Weg und der Mann der Bosheit seine Gedanken! Und er kehre um zu dem HERRN, so wird er sich über ihn erbarmen, und zu unserem Gott, denn er ist reich an Vergebung!« (Jesaja 55,6-7).

Den Herrn zu suchen, heißt zunächst erst einmal, unsere Denkweise zu ändern und die eitlen Gedanken hinter uns zu lassen, die unser Leben im Alleingang bestimmen. Ungehorsame Kinder Gottes haben eine falsche Vorstellung von Gott, der Sünde und dem Leben. Sie denken, Gott sei immer für sie da, um sich ihrer anzunehmen, aber es kann durchaus passieren, dass Gott sie ihren Sünden überlässt. Sie denken, sie könnten sündigen und kämen davon, aber sie vergessen dabei, dass die Sünder ernten, was sie säen. Im »Rat der Gottlosen« (Psalm 1,1) zu wandeln, ist ausgesprochen töricht, denn es führt zu einem öden, freudlosen Leben.

Wenn wir zum Herrn zurückkehren, nehmen wir gleichzeitig auch eine Richtungsänderung vor: Wir »kehren um« und laufen nun in die richtige Richtung. Umkehren bedeutet, dass wir unsere Sünden sein lassen und uns um Erbarmen und Vergebung an den Herrn wenden. Erst wenn wir begreifen, welch eine Schande unsere Sünden in den Augen Gottes sind, können wir sie wirklich bereuen und den Herrn um Erbarmen anflehen. Den Herrn zu suchen heißt nicht, einfach zu Gott zu laufen und ihn um Hilfe zu bitten, wenn wir durch unsere Sünden in Schwierigkeiten geraten sind – obwohl uns Gott aufnimmt, wenn wir es ernst meinen. Den Herrn zu suchen heißt vielmehr, die Sünde in unserem Leben zu hassen und zu verachten, uns von ihr abzuwenden und die Gemeinschaft mit Gott zu suchen, die uns reinigt. »Ein zerbrochenes und zerschlagenes Herz wirst du, Gott, nicht verachten« (Psalm 51,19).

Lesen Sie: Jakobus 4,8-10; Esra 9,4-14.

Praktische Schritte: Sprechen Sie mit Gott und sagen Sie ihm ihren ehrlichen Wunsch, dass er die absolute Kontrolle über Ihr Leben haben soll. Bitten Sie ihn, dass er Ihnen alle Sünden in Ihrem Leben zeigt, die Sie bekennen und lassen sollten.

Die Zeit gut nutzen

Vers des Tages: »*Also lasst uns nun nicht schlafen wie die übrigen, sondern wachen und nüchtern sein!*« (1. Thessalonicher 5,6).

Wenn Sie den »Rest Ihrer Zeit« so gut wie möglich nutzen wollen, dann leben Sie am besten im Bewusstsein der Wiederkunft Jesu. Über die Einzelheiten dieses Ereignisses sind die Christen zwar geteilter Meinung, aber über die Tatsache und die Bedeutung seiner Wiederkehr sind sich wohl alle einig. Eines Tages werden wir tatsächlich vor dem Herrn stehen!

Wenn wir vernünftig sind, so »wachen und beten« wir. Das Wort »wachen« trägt die Bedeutung von Wachsamkeit und Selbstkontrolle in sich. Es ist das Gegenteil von trunken sein oder schlafen. Für Petrus hatte die Ermahnung zu wachen und zu beten eine ganz besondere Bedeutung, denn anstatt sie zu befolgen, war er in einem entscheidenden Moment eingeschlafen (vgl. Matthäus 26,40-41).

Mit der Ermahnung *wacht und betet* ist gemeint, dass wir beim Beten aufmerksam sein und unsere Gebete bewusst formulieren sollen. Im Leben eines Christen ist kein Platz für nachlässige, lustlose Routinegebete. Wir müssen wachsam und auf der Hut sein, so wie die Arbeiter zu Nehemias Zeiten.

In Erwartung der Wiederkunft Christi zu leben, beinhaltet, eine ernsthafte und vernünftige Lebenseinstellung zu haben und ein konzentriertes, lebendiges Gebetsleben zu führen. Wie gut wir die Tatsache von Jesu Wiederkehr begriffen haben, zeigt sich nicht daran, ob wir zu diesem Thema irgendwelche Diagramme zeichnen oder Zeichen deuten können, sondern an unserer Denkweise und unserer Art zu beten. Wenn unsere Art zu denken und zu beten die richtige ist, dann dürfte auch unsere Art zu leben richtig sein.

 **Weitere Bibelstellen:** 1. Thessalonicher 5,1-24; Markus 14,37-40; Epheser 6,18.

Praktische Schritte: Schreiben Sie sich einen Merkzettel, auf dem steht: »Vielleicht heute« und bringen Sie ihn an einem Platz an, wo Sie ihn häufig sehen. Danken Sie dem Herrn dafür, dass er eines Tages zurückkehren wird.

Reichtum in Hülle und Fülle!

Vers des Tages: *»Der Geist selbst bezeugt zusammen mit unserem Geist, dass wir Kinder Gottes sind. Wenn aber Kinder, so auch Erben, Erben Gottes und Miterben Christi, wenn wir wirklich mitleiden, damit wir auch mitverherrlicht werden«* (Römer 8,16-17).

Aus dem Wort Gottes wissen wir, dass wir vor unserer Erlösung bei Gott Schulden hatten, die wir nicht zurückzahlen konnten. Jesus macht uns dies anhand des Gleichnisses von den zwei Schuldnern im Lukasevangelium deutlich. Zwei Männer schuldeten einem Dritten Geld, wobei der eine zehnmal so viel schuldig war wie der andere. Keiner von beiden war in der Lage, seine Schulden zu bezahlen, und so entschied sich der Gläubiger, sie »beiden gnädig zu vergeben« (wörtliche Übersetzung). Ganz gleich, nach welchen hohen moralischen Werten ein Mensch auch lebt, gegenüber der Herrlichkeit Gottes schneidet er dennoch schlecht ab. Selbst wenn seine Sündenschuld nur ein Zehntel derer von anderen beträgt, so sitzt er trotzdem zahlungsunfähig vor Gott auf der Anklagebank. Gott ist in seiner Gnade, durch den Kreuzestod Jesu, in der Lage, den Sündern unabhängig von der Höhe ihrer Schuld zu vergeben.

Wenn wir uns Christus anvertrauen, werden wir *geistlich reich.* Wir haben dadurch Anteil am Reichtum der Gnade Gottes (Epheser 1,7), am Reichtum seiner Herrlichkeit (Epheser 1,18; Philipper 4,19), am Reichtum seiner Weisheit (Römer 11,33) und am »unausforschlichen Reichtum des Christus« (Epheser 3,8). In Christus haben wir »alle Schätze der Weisheit und Erkenntnis« (Kolosser 2,3) und sind »in ihm zur Fülle gebracht« (Kolosser 2,10). Sobald jemand »in Christus« ist, hat er alles, was er braucht, um ein gottgefälliges christliches Leben zu führen.

Lesen Sie auch: die Verse, die im zweiten Absatz des heutigen Andachtstextes angeführt werden.

Praktische Schritte: Schreiben Sie aus dem Gedächtnis die oben genannten Reichtümer und alle weiteren, die Ihnen einfallen, auf ein Blatt Papier. Bewahren Sie diese Liste an einem Ort auf, wo sie immer greifbar ist, und lesen Sie sie von Zeit zu Zeit, bis Sie sich alles eingeprägt haben. Danken Sie Gott dafür, dass Sie ein Miterbe Christi sind.

Wie wird es Ihnen wohl ergehen?

Aus Gottes Wort: »*Jeder aber wird seinen eigenen Lohn empfangen nach seiner eigenen Arbeit. [...] Das Werk eines jeden [wird] offenbar werden, denn der Tag wird es klarmachen, weil er in Feuer geoffenbart wird. Und wie das Werk eines jeden beschaffen ist, das wird das Feuer erweisen*« (1. Korinther 3,8.13).

Solange wir hier auf der Erde leben, ist es relativ einfach für uns, bestimmte Dinge zu verbergen oder vorzutäuschen. Aber vor dem Richterstuhl Christi wird der wahre Charakter unserer Werke offenbar werden. Christus wird aufdecken, ob unsere Werke gut oder schlecht waren. Er wird sowohl aufdecken, wie wir Gott gedient haben, als auch, welche Motive uns dazu bewogen haben.

Für diejenigen von uns, die Gott treu waren, wird es eine Zeit der Freude sein, wenn wir den Herrn verherrlichen, indem wir ihm in Form von Anbetung und Lobpreis zurückgeben, was wir an Lohn von ihm empfangen haben.

Ein Christ tut gut daran, sein Leben regelmäßig zu überprüfen, um zu sehen, ob er für den Richterstuhl Christi bereit ist. Sie wollen sicherlich vor Christus gut dastehen, leben Sie also immer mit diesem Gedanken im Hinterkopf.

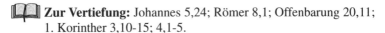 **Zur Vertiefung:** Johannes 5,24; Römer 8,1; Offenbarung 20,11; 1. Korinther 3,10-15; 4,1-5.

Praktische Schritte: Denken Sie darüber nach, welch großer Segen es ist, dass Sie für Ihre Sünden nicht verurteilt werden. Sprechen Sie mit Gott darüber und danken Sie ihm dafür. Für welche Dinge in Ihrem Leben wird Christus Sie wohl belohnen? Welche Dinge könnten Sie heute tun, die Christus Ihnen als »gute Werke« anrechnen kann?

Nicht mehr scheinheilig

Die Schrift sagt uns: *»Gnade und Treue sollen dich nicht verlassen. Binde sie um deinen Hals, schreibe sie auf deines Herzens Tafel! Und finde Gunst und feine Klugheit in den Augen Gottes und der Menschen!«* (Sprüche 3,3-4).

In einer amerikanischen Großstadtgemeinde unterhielten sich zwei Gemeindeglieder über den neuen Pastor.

»Aus irgendeinem Grund«, meinte der eine, »fühle ich mich in seiner Gegenwart nicht ganz wohl. Ich denke, dass er ein guter Mann ist, das schon, aber irgendetwas scheint zwischen uns zu stehen.«

Der andere antwortete darauf: »Ja, ich weiß genau, was du meinst. Ich hatte das gleiche Problem, aber jetzt nicht mehr. Der Pastor und ich haben jetzt eine großartige Gemeinschaft.«

»Was hat er denn getan, um die Lage zu verbessern?«

»*Er* hat überhaupt nichts getan«, antwortete ihm sein Freund, »ich habe etwas geändert. Ich habe mich einfach dazu entschlossen, offen und ehrlich zu sein, so wie er selbst eben auch ist. Es gibt nicht ein Fünkchen Heuchelei in seinem Leben, während ich mich ständig nur verstellt habe, so dass wir einfach nicht auf einer Wellenlänge lagen. Er und ich wussten beide, dass ich scheinheilig war. Seit ich angefangen habe, ein ehrliches Leben als Christ zu führen, ist einfach alles *rundherum* besser geworden.«

Das Problem mit unserer Unehrlichkeit ist, dass es eine Vollzeitbeschäftigung ist, den Überblick über unsere ganzen Lügen und Halbwahrheiten zu behalten. Abraham Lincoln sagte einmal, dass wer ein Lügner sein will, ein sehr gutes Gedächtnis haben sollte. Wenn ein Mensch seine Energie verbraucht, um anderen etwas *vorzuspielen*, dann hat er nichts mehr übrig, um zu *leben*. Sein Leben wird öde und fad. Wer heuchelt, beraubt sich nicht nur der Wirklichkeit, sondern verhindert auch, dass er geistlich wächst; sein wahres Ich wird von seinem falschen Ich erstickt.

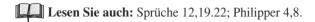 **Lesen Sie auch:** Sprüche 12,19.22; Philipper 4,8.

Praktische Schritte: Gibt es in Ihrem Leben Scheinheiligkeit? Bekennen Sie sie vor dem Herrn und reißen Sie sie mit der Wurzel aus. Arbeiten Sie kontinuierlich daran, ehrlicher und Christus ähnlicher zu werden.

Nicht vergessen, was uns versprochen wurde

Vers des Tages: *»An dem letzten, dem großen Tag des Festes aber stand Jesus und rief und sprach: Wenn jemand dürstet, so komme er zu mir und trinke!«* (Johannes 7,37).

So oft übersehen wir in den Prüfungen des Lebens, wie Gott vorausschauend für uns gesorgt hat. Wir vergessen die Versprechen, die er uns gegeben hat. Wir öffnen unsere Hände, um zu empfangen, was wir meinen nötig zu haben, anstatt Gott darum zu bitten, unsere Augen zu öffnen, damit wir sehen können, was wir bereits besitzen. Die Antwort auf unsere Probleme liegt meist in greifbarer Nähe, wenn wir nur die Augen haben, um zu sehen (Johannes 6,1-13; 21,1-6).

Die Welt ist voll von Menschen, die umherirren, müde sind, dürsten, blind sind und verzweifelt resignieren. Wie wichtig ist es da doch, dass wir ihnen die gute Nachricht überbringen vom Wasser des Lebens, das für alle erhältlich und dessen Quelle greifbar nahe ist (Johannes 4,10-14; 7,37-39)! Gott ist zu allen, die ihn anrufen, gütig und gnädig um seines geliebten Sohnes Jesus Christus willen.

Horatius Bonar schrieb die folgenden Worte:

> Ich hörte die Stimme Jesu sagen,
> »Siehe, ich will dir gerne geben
> lebendiges Wasser gegen den Durst,
> nimm es und trink es, und du wirst leben.«
> Ich kam zu Jesus und ich trank
> von diesem Lebenselixier;
> mein Durst war gelöscht, meine Seele erquickt,
> nun leb' ich in Jesus und Jesus in mir.

»Wenn jemand dürstet, so komme er zu mir und trinke!« (Johannes 7,37).
»Wer da will, nehme das Wasser des Lebens umsonst!« (Offenbarung 22,17).

📖 **Lesen Sie:** Johannes 6,1-13; 21,1-6.

Praktische Schritte: Schenken Sie den Versprechen Gottes in seinem Wort wirklich Glauben? Bitten Sie Gott darum, dass er Ihnen dabei hilft, der umfassenden Bedeutung eines bestimmten Versprechens, das Sie in der Bibel gelesen haben, bewusst zu werden. Bitten Sie ihn darum, dass Sie die Not anderer sehen, und treffen Sie eine Entscheidung, wie Sie einen Freund in Not heute an dem Herrn Jesus teilhaben lassen können.

Verlobt!

Bibelstelle des Tages: *»Der uns aber eben hierzu bereitet hat, ist Gott, der uns das Unterpfand des Geistes gegeben hat«* (2. Korinther 5,5).

Unterpfand ist ein faszinierendes Wort. Zu Paulus' Zeiten bedeutete es: »eine Anzahlung, die den endgültigen Kauf einer Ware oder eines Grundstücks garantiert«. Paulus verwendete dieses Wort, als er an die Christen in Ephesus schrieb: »In ihm seid auch ihr, nachdem ihr das Wort der Wahrheit, das Evangelium eures Heils, gehört habt und gläubig geworden seid, versiegelt worden mit dem Heiligen Geist der Verheißung. Der ist das Unterpfand unseres Erbes auf die Erlösung seines Eigentums zum Preise seiner Herrlichkeit« (Epheser 1,13-14). Der Heilige Geist ist Gottes Anzahlung, die seinen Kindern garantiert, dass er seine Arbeit an ihnen vollenden und sie letztendlich zur Herrlichkeit führen wird. Mit »Erlösung seines Eigentums zum Preise seiner Herrlichkeit« ist die Erlösung des Leibes bei der Wiederkehr Christi gemeint (Römer 8,18-23; 1. Johannes 3,1-3).

Das Wort, das hier mit »Unterpfand« übersetzt wurde, kann auch »Verlobungsring« heißen. Heute wird es im Griechischen in dieser zweiten Bedeutung verwendet. Ist ein Verlobungsring nicht auch eine Zusicherung, eine Garantie, dass das gegebene Versprechen eingehalten wird? Unsere Beziehung zu Gott durch Jesus Christus ist nicht einfach eine Handelsbeziehung, sondern eine persönliche Liebeserfahrung. Christus ist der Bräutigam, seine Gemeinde ist die Braut. Wir wissen, dass er kommen und seine Braut zu sich nehmen wird, denn er hat es uns versprochen und uns seinen Geist als »Verlobungsring« gegeben.

 **Weitere Bibelstellen:** Römer 8,18-23; 1. Johannes 3,1-3; Epheser 1,7.

Praktische Schritte: Unterhalten Sie sich heute mit jemandem über die Wahrheit dieser Andacht. Scheuen Sie sich nicht, das oben beschriebene Bild zu gebrauchen, dass Sie einen »Verlobungsring« von Gott haben.

Der Schmelzofen der Prüfung

Vers des Tages: »*Darin jubelt ihr, die ihr [...] in mancherlei Versuchungen betrübt worden seid, damit die Bewährung eures Glaubens viel kostbarer befunden wird als die des vergänglichen Goldes, das durch Feuer erprobt wird, zu Lob und Herrlichkeit und Ehre in der Offenbarung Jesu Christi*« (1. Petrus 1,6-7).

Einer unserer größten Feinde im Glaubenslebens ist der Stolz. Wenn man einen Sieg erringt, passiert es leicht, dass man übermütig wird und sich einredet, man werde zu *jeder* Zeit mit *jedem* Feind fertig. Man fängt an, sich mehr auf die Erfahrungen der Vergangenheit und seine wachsende Bibelkenntnis zu verlassen, anstatt völlig dem Herrn zu vertrauen. Dies erklärt, warum der Zusicherung in 1. Korinther 10,13 die Warnung in Vers 12 vorausgeht: »Daher, wer zu stehen meint, sehe zu, dass er nicht falle.«

Rechnen Sie nach einem großen Sieg des Glaubens immer damit, dass der Feind Sie angreift oder der Herr Sie prüft oder beides. *Nur so können Sie in Ihrem Glauben wachsen.* Gott verwendet widrige Lebensumstände, um unsere Muskeln des Glaubens zu stärken und uns davor zu bewahren, unser Vertrauen auf irgendetwas anderes als auf sein Wort zu setzen. *Versuchen Sie nicht, vor den Problemen davonzulaufen.* Es funktioniert sowieso nicht.

Wenn die Lage brenzlig wird und Sie sich im Schmelzofen der Prüfung befinden, *dann rühren Sie sich so lange nicht von der Stelle, bis Gott es Ihnen sagt.* Glauben führt in die Richtung von Frieden und Hoffnung, Unglauben aber zu Unruhe und Angst. »Wer glaubt, wird nicht ängstlich eilen« (Jesaja 28,16). In Zeiten der Prüfung lautet die wichtigste Frage nicht: »Wie kann ich herauskommen?«, sondern: »Was kann ich hieraus lernen?« (siehe Jakobus 1,1-12). Gott ist ständig dabei, Ihren Glauben voranzubringen. Er allein hat die Situation unter Kontrolle.

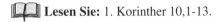 **Lesen Sie:** 1. Korinther 10,1-13.

Praktische Schritte: Werden Sie auf irgendeine Art und Weise geprüft? Geben Sie nicht auf. Bitten Sie Gott darum, dass er Ihnen hilft, geduldig zu sein und als Sieger aus der Situation hervorzugehen. Wenn der Druck dann nachlässt, geben Sie Gott die Ehre.

Ein Unterschied für alle Ewigkeit!

Bibelstelle des Tages: *»Dieser aber [Jesus], weil er in Ewigkeit bleibt, hat ein unveränderliches Priestertum. Daher kann er die auch völlig erretten, die sich durch ihn Gott nahen, weil er immer lebt, um sich für sie zu verwenden«* (Hebräer 7,24-25).

Der große amerikanische Staatsmann Daniel Webster hatte in Boston einmal ein Abendessen mit einer Gruppe namhafter Persönlichkeiten, die zum Unitarismus tendierten (die Unitarier leugnen die Dreieinigkeit und die Tatsache, dass Jesus und der Heilige Geist Gott sind). Als an der Tafel das Thema Religion aufkam, erklärte Webster mutig, dass er fest daran glaube, dass Jesus Christus Gott ist, und dass er von Jesu Versöhnungstat überzeugt sei.

»Aber Mr. Webster«, warf einer der Herren ein, »verstehen Sie denn, wie Jesus sowohl Gott als auch Mensch sein kann?«

»Nein, Sir, das verstehe ich nicht«, antwortete Webster. »Wenn ich Gott verstehen könnte, wäre er nicht größer, als ich es bin. Und ich bin mir sicher, dass ich einen übermenschlichen Retter brauche!«

Viele, die Irrlehren verbreiten, argumentieren wie folgt: »Jesus ist der Sohn Gottes, so wie wir alle Kinder Gottes sind, geschaffen nach Gottes Ebenbild! Als Jesus von sich sagte, er sei der Sohn Gottes, behauptete er nicht, er sei Gott selbst.« Aber als Jesus den Juden sagte: »Ich und der Vater sind eins«, drohten sie, ihn zu steinigen! Warum wohl? Weil er Gott gelästert hatte! »Weil du, der du ein Mensch bist, dich selbst zu Gott machst« (Johannes 10,30-33). Sie verstanden sehr wohl, was Jesus meinte, als er sich »Sohn Gottes« nannte und behauptete, mit Gott eins zu sein.

Der christliche Glaube steht und fällt mit der Frage, ob Jesus Christus Gott ist oder nicht. Ist er nur ein Mensch, kann er uns nicht retten, ganz gleich, welche Fähigkeiten er auch besitzen oder wie außergewöhnlich er sein mag. Wenn er nicht Gott in Menschengeschalt ist, dann hat der christliche Glaube keine wirkliche Berechtigung. Aber Jesus Christus ist wahrhaft der Sohn Gottes und unser Glaube an ihn hat wunderbare Auswirkungen für alle Ewigkeit!

Weitere Bibelstellen: Kolosser 1,17; 2. Timotheus 1,9; Hebräer 13,8; 1. Johannes 1,1-2.

Praktische Schritte: Beenden Sie den folgenden Satz auf so viele verschiedene Arten wie möglich: »Weil Jesus Christus von Ewigkeit zu Ewigkeit Gottes Sohn ist, ...« Danken Sie Gott dafür, dass sich im Leben derer, die an seinen Sohn glauben, für alle Ewigkeit etwas Entscheidendes verändert hat.

Stürme überstehen

Denken Sie daran: *»Wenn du durchs Wasser gehst, ich bin bei dir, und durch Ströme, sie werden dich nicht überfluten. Wenn du durchs Feuer gehst, wirst du nicht versengt werden, und die Flamme wird dich nicht verbrennen«* (Jesaja 43,2).

Viele Christen unterliegen der falschen Vorstellung, dass ihnen Gehorsam gegen Gott ein Leben bei »ruhigem Wellengang« garantiert. Aber das stimmt leider nicht. Als Gottes Kinder befinden wir uns auf hoher See mitten in einem Sturm. Aber Jesus Christus bittet im Himmel für uns. Er sah seine Jünger, als sie in einen Sturm geraten waren, und wusste um ihre verzweifelte Lage (Markus 6,48). Genauso sieht er auch uns und kennt unsere Nöte.

Wenn Ihnen jemand sagen würde, dass Jesus im Nebenzimmer sitzt und für Sie betet, würde Ihnen dass neuen Mut machen, um den Sturm durchzustehen und nach Gottes Willen zu handeln. Zwar ist Jesus nicht leibhaftig im Nebenzimmer anwesend, aber er bittet im Himmel für Sie. Er sieht Ihre Not, kennt Ihre Ängste und hat die Situation unter Kontrolle.

Oft haben wir in schwierigen Zeiten das Gefühl, dass Jesus uns verlassen hat. In den Psalmen beschwerte David sich darüber, dass Gott weit entfernt zu sein schien und den Eindruck erweckte, völlig gleichgültig zu sein. Und dennoch wusste David, dass Gott ihn letztendlich retten würde. Selbst der große Apostel Paulus geriet einmal in eine Situation, die ihm extrem zu schaffen machte. Er fühlte sich »übermäßig beschwert [...], über Vermögen, so dass wir sogar am Leben verzweifelten« (2. Korinther 1,8).

In den großen Stürmen des Lebens kommt uns Jesus immer zu Hilfe. Vielleicht kommt er nicht dann, wenn wir es für angebracht halten, aber er weiß ganz genau, wann wir ihn am meisten brauchen.

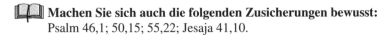 **Machen Sie sich auch die folgenden Zusicherungen bewusst:** Psalm 46,1; 50,15; 55,22; Jesaja 41,10.

Praktische Schritte: Lernen Sie einen der oben genannten Verse auswendig. Rufen Sie sich ihn in Erinnerung, wenn ein »Sturm« auf Sie niedergeht. Danken Sie dem Herrn, dass er Ihnen durch die Stürme der Vergangenheit hindurch geholfen hat.

Die vier Arten des Gebets

Ein guter Rat: *»Ich ermahne nun vor allen Dingen, dass Flehen, Gebete, Fürbitten, Danksagungen getan werden für alle Menschen«* (1. Timotheus 2,1).

In 1. Timotheus 2,1 werden die vier Arten genannt, auf die wir mit unserem Vater im Himmel sprechen sollen:

Flehen enthält die Bedeutung von »für etwas bitten, bei dem man einen Mangel empfindet«.

Beten ist die üblichste Bezeichnung für unser Gespräch mit Gott und betont die Heiligkeit Gottes. Wir beten *zu Gott!* Beten bedeutet nicht einfach, unsere Wünsche und Bedürfnisse zum Ausdruck zu bringen, sondern ist vielmehr ein Akt der Andacht. Unser Herz sollte von Ehrfurcht erfüllt sein, wenn wir zu Gott beten.

Fürbitten könnte man auch mit *Bitten* wiedergeben. Dasselbe Wort wurde in 1. Timotheus 4,5 im Zusammenhang mit der Segnung unserer Speisen mit »Gebet« übersetzt. (Es ist offensichtlich, dass wir für unsere Speisen nicht im eigentlichen Sinn des Wortes *Fürbitte* tun.) Die Grundbedeutung dieses Wortes ist »zu jemandem zu kommen und vertraulich mit ihm zu reden«. Es beinhaltet, dass wir uns in unserer Gemeinschaft mit Gott wohl fühlen und daher beim Beten Vertrauen zu ihm haben.

Danksagungen sind definitiv Bestandteil von Lobpreis und Gebet. Wir danken Gott nicht nur für Gebetserhörungen, sondern auch für sein Wesen und dafür, was er in seiner Gnade für uns tut. Dabei sollte es nicht so sein, dass wir an ein selbstsüchtiges Gebet einfach ein paar Worte des Dankes anhängen! Danksagungen sollten vielmehr ein ganz wesentlicher Bestandteil all unserer Gebete sein. Hin und wieder tut es uns sogar ganz gut, wenn wir es David gleichtun und *nur* Danksagungen an Gott richten, ohne überhaupt irgendwelche Bitten vorzubringen (siehe Psalm 103)!

Lesen Sie auch: Psalm 103.

Praktische Schritte: Wenn Sie Frieden in Ihrem Herzen haben möchten, so richten Sie sich heute und an allen anderen Tagen stets nach Philipper 4,6: »Seid um nichts besorgt, sondern in allem sollen durch Gebet und Flehen mit Danksagung eure Anliegen vor Gott kund werden.«

Gottes Lohn empfangen

Vers des Tages: *»Irrt euch nicht, Gott lässt sich nicht verspotten! Denn was ein Mensch sät, das wird er auch ernten«* (Galater 6,7).

Ganz gleich, welchem Herrn Sie dienen, Ihren Lohn erhalten Sie auf jeden Fall. Der Lohn der Sünde ist der Tod! Gottes Lohn sind Heiligung und das ewige Leben. In unserem alten Leben haben wir Früchte hervorgebracht, wegen derer wir uns schämen mussten. In unserem neuen Leben in Christus sind wir in der Lage, Früchte hervorzubringen, die Gott ehren und unser Leben mit Freude füllen.

Wenn ein Glaubender es ablehnt, seinen Leib dem Herrn zu übergeben, und dessen Glieder für sündige Zwecke missbraucht, dann läuft er Gefahr, vom Vater gezüchtigt zu werden. Unter Umständen könnte dies auch den Tod bedeuten.

Die folgenden drei Anweisungen sollten wir täglich beherzigen:

- *Erkennen* Sie, dass Sie mit Christus gekreuzigt worden und der Sünde gestorben sind;
- *Halten* Sie diese Tatsache in Ihrem eigenen Leben *für wahr*;
- *Geben* Sie Ihren Leib dem Herrn *hin*, damit er zur Ehre Gottes dient.

Nun, da Sie diese Wahrheiten *erkannt* haben, *halten* Sie sie *für wahr* in Ihrem eigenen Leben und *geben* Sie sich selbst Gott *hin*.

Machen Sie sich auch Gedanken zu: Römer 6,1-10; Galater 6,8-10; 1. Johannes 5,17; 1. Korinther 11,30.

Praktische Schritte: Nehmen Sie ein Blatt Papier zur Hand und schreiben Sie die Worte *erkennen, für wahr halten* und *hingeben* jeweils in eine Zeile. Schreiben Sie dahinter je eine Aussage, die auf Sie zutrifft. Bitten Sie Gott um ein tieferes Verständnis für diese Begriffe und welche Bedeutung sie für Ihr eigenes Leben haben.

Die niedergerissene Mauer

Denken Sie daran: *»Wenn ihr wirklich das königliche Gesetz ›Du sollst deinen Nächsten lieben wie dich selbst‹ nach der Schrift erfüllt, so tut ihr recht. Wenn ihr aber die Person anseht, so begeht ihr Sünde und werdet vom Gesetz als Übertreter überführt«* (Jakobus 2,8-9).

Die Mauer, die uns von der Errettung und von Gottes Gnade trennte, ist niedergerissen worden.

Würden wir auf der Grundlage unserer Verdienste errettet, dann wäre es keine Errettung aus Gnade mehr. Gnade bedeutet, dass Gott aus freien Stücken diejenigen auserwählt und rettet, die seine Errettung weder verdient haben, noch im Stande sind, sie sich zu verdienen (Epheser 1,4-7 und 2,8-10). Gott errettet uns allein auf der Grundlage der Versöhnungstat Christi, nicht wegen irgendetwas, das wir sind oder haben.

Wenn wir wirklich an die Lehre von der Gnade Gottes glauben, so begegnen wir den Menschen automatisch auf der Grundlage von Gottes Plan, nicht auf der Basis ihrer menschlichen Verdienste oder ihres sozialen Status! Eine »Klassengemeinschaft« ist keine Gemeinschaft, durch die Gottes Gnade verherrlicht wird. Durch seinen Tod riss Jesus die Mauer zwischen Juden und Heiden nieder, durch seine Geburt und sein Leben die Mauer zwischen Armen und Reichen, Jungen und Alten, Gebildeten und Ungebildeten. Es wäre falsch von uns, diese Mauern wieder aufzubauen. Aber wenn wir wirklich an Gottes Gnade glauben, ist uns dies auch gar nicht möglich.

Weitere Bibelstellen: Römer 3,23-24; Epheser 1,7; 2,11-22; Titus 3,7.

Praktische Schritte: Gibt es irgendwelche Mauern zwischen Ihnen und anderen? Sollte dies der Fall sein, machen Sie sich bewusst, dass Jesus Christus sie niederreißen will. Danken Sie Gott für seine Errettung aus Gnade, durch Glauben, und dafür, dass er die Macht hat Mauern niederzureißen.

Was heißt es eigentlich zu bekennen?

Die Bibel gebietet uns: *»Naht euch Gott! Und er wird sich euch nahen. Säubert die Hände, ihr Sünder, und reinigt die Herzen, ihr Wankelmütigen! Fühlt euer Elend und trauert und weint; euer Lachen verwandle sich in Traurigkeit und eure Freude in Niedergeschlagenheit! Demütigt euch vor dem Herrn! Und er wird euch erhöhen«* (Jakobus 4,8-10).

Ein Seelsorger versuchte einem Mann zu helfen, der während einer Evangelisationsveranstaltung nach vorn gekommen war. »Ich bin Christ«, erklärte der Mann, »aber es gibt so viel Sünde in meinem Leben. Ich brauche Hilfe.« Der Seelsorger zeigte ihm 1. Johannes 1,9 und schlug vor, dass der Mann seine Sünde vor Gott bekennt.

»O Vater«, fing der Mann an, »falls wir irgendetwas falsch gemacht haben ...«

»Moment mal!«, unterbrach ihn der Seelsorger. »Ziehen Sie *mich* nicht mit in Ihre Sünden hinein! Reden Sie hier nicht von ›falls‹ oder ›wir‹, sondern regeln Sie mit Gott, was *Sie* mit ihm zu regeln haben!«

Der Seelsorger hatte Recht.

Bekennen heißt nicht, schönklingende Gebete zu formulieren, fromme Ausreden vorzubringen oder zu versuchen, vor Gott oder anderen Christen einen guten Eindruck zu machen. Wahres Bekennen heißt, die Sünde zu benennen, sie bei dem Namen zu nennen, bei dem Gott sie nennt: Neid, Hass, Begierde, oder was auch immer es sein mag. Bekennen heißt nichts weiter, als ehrlich vor sich selbst und vor Gott zu sein, bzw. auch vor anderen Christen, falls welche dabei sind. Bekennen ist mehr, als die Sünde *zuzugeben*. Es bedeutet, die Sünde zu verurteilen und ihr ins Auge zu blicken.

Gott verspricht uns, dass er uns unsere Sünden vergibt, wenn wir sie bekennen. Dieses Versprechen ist aber kein Freibrief für uns, dass wir Gott gegenüber immer wieder ungehorsam sein können.

Lesen Sie auch: Hiob 33,27-28; Jesaja 55,6-7; Offenbarung 3,19.

Praktische Schritte: Denken Sie an drei bestimmte Sünden, die Gott verurteilt, die die Welt aber nicht unbedingt als falsch empfindet (zum Beispiel Klatsch). Versuchen Sie, diese Sünden mit Gottes Augen zu sehen, und bemühen Sie sich, sie ganz bewusst zu vermeiden.

Das Königreich Gottes

Vers des Tages: *»Sie werden sprechen von der Herrlichkeit deines Reiches, sie werden reden von deiner Kraft, um den Menschenkindern kundzutun deine Machttaten und die prachtvolle Herrlichkeit deines Reiches. Dein Reich ist ein Reich aller künftigen Zeiten, deine Herrschaft dauert durch alle Geschlechter hindurch«* (Psalm 145,11-13).

Viele Menschen glauben, dass Gott heutzutage nicht mehr regiert, sondern dass Satan die Welt unter Kontrolle hat und Gottes Herrschaft erst dann wieder beginnt, wenn Jesus wiederkehrt. Ich habe christliche Lehrer im Ernst sagen hören: »In der Vergangenheit war Jesus der Prophet. Heute ist er Priester im Himmel. Wenn er wiederkehrt, wird er der König sein.« Mit der Bibel stimmt diese Lehre allerdings nicht überein.

In der Welt gibt es einen Konflikt zwischen dem Königreich Gottes und dem Königreich Satans. Wenn sich ein Sünder Jesus anvertraut, ist er »von der Macht der Finsternis« errettet und »versetzt« in das Königreich von Gottes geliebtem Sohn. Das Königreich der Finsternis versucht verzweifelt, das Königreich des Lichts zu überwinden, aber Gott ist der Sieger. Christus hat Satan und sein Gefolge durch seinen Tod am Kreuz und seine Auferstehung ein für allemal bezwungen. Als Kinder der Familie Gottes und Bewohner von Gottes Königreich haben wir an diesem Sieg Anteil!

Es lohnt sich darauf hinzuweisen, wie entscheidend der Gedanke von Gottes Königreich ist. Als Christen neigen wir dazu, die Königsherrschaft unseres Gottes zu vergessen, weil wir unser Hauptaugenmerk auf die Vaterschaft Gottes und auf Jesus als unseren Erlöser richten. Aber er ist auch König! Unser Gott ist auch König!

Lesen Sie auch: Kolosser 1,13; 2,14-15; Matthäus 5,3-10; 6,10; 13,11-53; Lukas 8,1; 23,50-51; Apostelgeschichte 1,3; 1. Korinther 4,20; Epheser 5,5; Offenbarung 11,15; 12,10.

Praktische Schritte: Ist Ihnen in Ihrer Beziehung zu Gott immer bewusst, dass Gott der König ist? Welche Beziehung pflegt man zu einem König? In Deutschland weiß man, wie man mit einem Bundeskanzler umgeht, aber viel Erfahrung im Umgang mit Königen hat man nicht mehr. Bitten Sie Gott, Ihnen zu zeigen, wie es Ihre Beziehung zu ihm bereichern würde, wenn Sie ihn auch als Ihren König sehen. Listen Sie die Eigenschaften auf, die ein treuer Untertan stets haben sollte, und ordnen Sie sich dem König der Könige in einer Art und Weise unter, die Sie bisher noch nicht in Erwägung gezogen haben.

Rettender Glaube

Vers des Tages: *»Durch Glauben war Abraham, als er gerufen wurde, gehorsam, auszuziehen an den Ort, den er zum Erbteil empfangen sollte; und er zog aus, ohne zu wissen, wohin er komme«* (2. Timotheus 1,12).

Wenn Sie auf der Pilgerfahrt des Lebens »von Kraft zu Kraft« gehen wollen (Psalm 84,8), so sollten Sie »aus Glauben zu Glauben« wandeln (Römer 1,17). G. A. Studdert sagte einmal:»Glauben heißt nicht, etwas für wahr zu halten, egal, wie die Beweise aussehen; es heißt zu gehorchen, egal, wie die Konsequenzen aussehen.« »Durch Glauben war Abraham ... gehorsam« (Hebräer 11,8). Glaube ohne Gehorsam ist tot (Jakobus 2,14-26), und alles Handeln ohne Glaube ist Sünde (Römer 14,23). Gott hat Glaube und Gehorsam miteinander verschweißt, sie sind wie zwei Seiten ein und derselben Medaille.

Das soll aber nicht heißen, dass Sünder durch Glauben *und* Werke gerettet werden. Die Schrift sagt ganz deutlich, dass die Sünder allein durch den Glauben errettet werden (Johannes 3,16-18; Epheser 2,8-9). Dr. H. A. Ironside, langjähriger Pastor der Moody Church in Chicago, führte einmal ein Gespräch mit einer Frau, die sich sicher war, sowohl wegen ihres Glaubens als auch wegen ihrer guten Werke in den Himmel zu kommen. »Es ist wie beim Rudern«, erklärte sie. »Man braucht zwei Ruder, sonst dreht man sich immer nur im Kreis.« »Das ist ein gutes Beispiel«, antwortete Ironside, »mit Ausnahme einer Sache: Ich rudere nicht in den Himmel!«

Der Glaube, der errettet, ist der Glaube, der sich in guten Werken niederschlägt (Epheser 2,8-10; Titus 2,14; 3,8.14). Abraham wurde zwar durch den Glauben gerettet (1. Mose 15,6; Römer 4,1-5; Hebräer 11,8), aber sein Glaube wurde durch seinen Gehorsam deutlich (Jakobus 2,21-24).

📖 **Lesen Sie:** Hebräer 11.

Praktische Schritte: Danken Sie dem Herrn dafür, dass er Sie aus Gnade gerettet hat und Ihre Erlösung somit nicht von Ihren guten Werken abhängt. Sagen Sie ihm aber auch, dass Sie an die Wichtigkeit guter Werke glauben, und bitten Sie ihn, dass er Sie so lenkt, dass Sie heute durch ein gutes Werk zum Segen für jemanden werden.

Der gerechte Richter

Vers des Tages: *»Der Fels: vollkommen ist sein Tun; denn alle seine Wege sind recht. Ein Gott der Treue und ohne Trug, gerecht und gerade ist er!«* (5. Mose 32,4).

Würde Gott die Menschen auf der Grundlage ihrer Gerechtigkeit erretten, dann würde überhaupt niemand je gerettet werden. Gottes Erbarmen und Mitgefühl äußert sich in dem Maß, wie Gott es will, nicht wie die Menschen es wollen. Keiner von uns hat die Barmherzigkeit Gottes verdient, sondern vielmehr die Verurteilung.

Um dies deutlich zu machen, zitiert Paulus in Römer 9,15 aus 2. Mose 33,19, wo die Götzenverehrung des Volkes Israel beschrieben wird, während Mose auf dem Berg war, um das Gesetz zu empfangen. Das ganze Volk hätte es eigentlich verdient gehabt, vernichtet zu werden, und dennoch tötete Gott lediglich 3000 Menschen – nicht weil die anderen weniger schlecht oder gotteslästerlich gewesen wären, sondern weil sich Gott ihrer erbarmte und gnädig zu ihnen war.

Und dennoch fragte Paulus: »Ist etwa Ungerechtigkeit bei Gott?« Seine Antwort darauf war: »Das sei ferne!« (Römer 9,14). Es ist undenkbar, dass ein heiliger Gott je ungerecht verfährt. Gott handelt aus freien Stücken und entsprechend seinem eigenen Willen und seiner eigenen Ziele. Der gerechte Richter dieser Welt entscheidet immer gerecht.

Zur Vertiefung: Römer 9,14-18; 2. Mose 9,16; 33; Hiob 37,23-24; Matthäus 20,1-16; Jesaja 45,9-13.

Praktische Schritte: Sowohl Gottes Liebe als auch seine Gerechtigkeit gehen über unser Verständnis hinaus. Trotzdem müssen wir mit unserer Einstellung und unseren Gefühlen ehrlich sein. Denken Sie an eine Situation, wo Gottes Handeln Ihnen ungerecht erschien. Nehmen Sie sich dann einige Minuten Zeit und beten Sie ernsthaft um Verständnis dafür. Auch wenn Sie Gottes Wege nur sehr oberflächlich verstehen, bringen Sie vor Gott dennoch Ihr Vertrauen in seine Weisheit zum Ausdruck, indem Sie etwa wie folgt beten: »Ich vertraue auf deine Gerechtigkeit, o Gott, die über meine eigene beschränkte Weisheit und Erkenntnis hinausgeht. Amen.«

Trost für die Verwundeten

Merkvers: *»Gepriesen sei der Gott und Vater unseres Herrn Jesus Christus, der Vater der Erbarmungen und Gott allen Trostes, der uns tröstet in all unserer Bedrängnis, damit wir die trösten können, die in allerlei Bedrängnis sind, durch den Trost, mit dem wir selbst von Gott getröstet werden«* (2. Korinther 1,3-4).

Dr. George W. Truett, der seit nunmehr fast fünfzig Jahren Pastor einer Gemeinde in Dallas, Texas, ist, berichtete einmal von einem ungläubigen Paar, dessen Baby plötzlich starb. Dr. Truett leitete die Beerdigung und durfte später mit großer Freude erleben, dass sich beide Jesus Christus anvertrauten.

Etliche Monate später verlor eine junge Mutter ebenfalls ihr Baby, und wieder wurde Dr. Truett gerufen, um sie zu trösten. Aber was er auch unternahm, nichts schien ihr helfen zu können. Dann, beim Begräbnisgottesdienst, ging die vor kurzem bekehrte Mutter auf das Mädchen zu und sagte ihr: »Ich habe durchgemacht, was Sie gerade durchmachen, und weiß genau, wie es Ihnen jetzt geht. Gott hat mich gerufen, und ich habe durch die Dunkelheit zu ihm gefunden. Er hat mich getröstet, und er wird auch Sie trösten!«

Dr. Truett meinte dazu: »Die erste Mutter hat für die zweite Mutter mehr getan, als ich in Tagen, ja Wochen hätte erreichen können, denn die erste Mutter war die Straße dieses Leids selbst gegangen.« Der Kummer, den wir erfahren haben, kann uns helfen, uns in andere Menschen, die ebenfalls leiden, besser hineinzuversetzen und zu verstehen, wie sie sich fühlen. Es ist nicht notwendig, dass wir *genau* die gleichen Prüfungen durchgestanden haben, um in der Lage zu sein, ihnen Gottes Ermutigung zu schenken. Vielmehr können wir, wenn wir Gottes Trost erlebt haben, »die trösten [...], die in allerlei Bedrängnis sind« (2. Korinther 1,4).

Weitere Verse: Psalm 140,12; 2. Korinther 7,6; Galater 6,2.

Praktische Schritte: Rufen Sie sich zwei oder drei schwierige Erfahrungen ins Gedächtnis, die Sie in der Vergangenheit machen mussten. Überlegen Sie, inwieweit Sie durch diese Erlebnisse darauf vorbereitet sind, andere zu trösten. Bitten Sie Gott, dass er Sie dazu in die Lage versetzt, anderen in ähnlichen Situationen zu helfen.

Im Licht wandeln

Vers des Tages: *»Wer die Gerechtigkeit tut, ist gerecht, wie er gerecht ist«* (1. Johannes 3,7).

Im Licht zu wandeln, setzt Ehrlichkeit, Gehorsam und Liebe voraus. Es bedeutet, dem Beispiel Christi zu folgen und so zu wandeln, wie Jesus hier auf der Erde gewandelt ist.

Dies beinhaltet eine sehr praktische Anwendung auf unser tägliches Leben. Was sollte ein Christ beispielsweise tun, wenn ein anderer Christ gegen ihn sündigt? Er sollte ihm verzeihen, genauso wie Gott im Namen Christi beiden vergeben hat.

Im Licht zu wandeln, d.h. dem Beispiel Christi zu folgen, wirkt sich auch auf unser Familienleben aus. Ehemänner sollen ihre Frauen lieben und für sie sorgen, während die Frauen ihre Männer ehren und ihnen gehorchen sollen.

Auf jedem Gebiet unseres Lebens sind wir dazu aufgefordert, so zu handeln, wie Jesus handeln würde. Er dient uns als großartiges Beispiel. An ihm können wir sehen, wie wir unser Leben gestalten sollen.

Lesen Sie auch: 1. Johannes 1,5-8; 2,6; 3,3; 4,11; Epheser 4,32; 5,1-2; 21-30; Kolosser 3,11.

Praktische Schritte: Bewerten Sie auf einer Skala von 1 bis 10 mit 10 als Bestnote, wie intakt die einzelnen Bereiche Ihres Lebens sind:
- Arbeit
- Gemeinde
- Persönliche Beziehungen
- Ehe
- Familienleben

Haben Sie in den schwächeren Bereichen (weniger als 5 Punkte) deshalb schlechter abgeschnitten, weil Sie nicht im Licht wandeln, d.h. in Sachen Ehrlichkeit, Gehorsam und Liebe nicht dem Beispiel Jesu folgen? Unternehmen Sie heute in jedem schwachen Bereich etwas, um das Licht Christi leuchten zu lassen. Bitten Sie Gott darum, dass er Ihnen hilft, stets in einer Weise zu wandeln, die »des Evangeliums würdig« ist.

Das Leben im Glauben

Vers des Tages: *»Ich bin mit Christus gekreuzigt, und nicht mehr lebe ich, sondern Christus lebt in mir; was ich aber jetzt im Fleisch lebe, lebe ich im Glauben, und zwar im Glauben an den Sohn Gottes, der mich geliebt und sich selbst für mich hingegeben hat«* (Galater 2,19-20).

Die ersten Schritte im Glauben sind nicht immer große Schritte, was erklärt, warum Abraham Gott nicht völlig gehorchte. Anstatt seine Familie zu verlassen, wie ihm geboten worden war, nahm Abraham seinen Vater und seinen Neffen Lot mit sich, als er Ur verließ, und blieb dann in Haran, bis sein Vater gestorben war.

Was immer Sie aus Ihrem alten Leben in Ihr neues Leben mitnehmen, es verursacht mit größter Wahrscheinlichkeit Probleme. Terach, Abrahams Vater, hielt Abraham davon ab, dem Herrn völligen Gehorsam zu leisten, und Lot bescherte Abraham ernsthafte Probleme, bis sie sich letzten Endes darauf einigten, sich zu trennen. Abraham und Sara brachten aus Ur eine sündige Abmachung mit (1. Mose 20,13), durch die sie zweimal in ziemliche Schwierigkeiten gerieten (1. Mose 12,1-20; 20,1-18).

Ein Leben im Glauben verlangt von uns die völlige Trennung *von* dem, was böse ist, und eine völlige Hingabe *zu* dem hin, was heilig ist (2. Korinther 6,14-7,1). Wenn Sie sich das Leben von Abraham ansehen, werden Sie entdecken, dass er oft versucht wurde, Kompromisse einzugehen, und gelegentlich nachgab. Gott prüft uns, um unseren Glauben zu festigen und das Beste in uns zum Vorschein zu bringen. Der Teufel aber führt uns in Versuchung, um unseren Glauben zu zerstören und das Schlechte in uns hervorzulocken.

Wenn Sie im Glauben wandeln, werden Sie auf Gott allein bauen: auf sein Wort, seine Person, seinen Willen und seine Macht. Sie schneiden sich zwar nicht von Ihrer Familie und Ihren Freunden ab, aber Sie betrachten sie nicht mehr als diejenigen, denen Ihre größte Liebe gilt, oder für die Sie sich am meisten verantwortlich fühlen (Lukas 14,25-27). Ihre Liebe zu Gott ist so stark, dass sich die Liebe Ihrer Familie gegenüber wie Hass ausnimmt! Gott ruft uns als »einzelne« (Jesaja 51,1-2), und wir dürfen keine Kompromisse eingehen.

Lesen Sie: Lukas 14,25-27; 2. Korinther 6,14 – 7,1.

Praktische Schritte: Vielleicht ruft Gott Sie auf, ihm in einer bestimmten Art und Weise zu dienen, für die Sie sich nicht geeignet fühlen. Wenden Sie sich im Glauben an Gott und bitten Sie um seine Führung. Oder wagen Sie einfach den Sprung ins kalte Wasser und tun Sie es – im Glauben!

Wie sieht es aus mit Wettbewerb?

Merkvers: *»Ein jeder aber prüfe sein eigenes Werk, und dann wird er nur im Blick auf sich selbst Ruhm haben und nicht im Blick auf den anderen; denn jeder wird seine eigene Bürde tragen«* (Galater 6,4-5).

Jeder »prüfe sein eigenes Werk«, schrieb Paulus in Galater 6,4, und zwar im Hinblick auf den Willen Gottes und nicht im Hinblick auf die Leistungen und Errungenschaften von anderen. Im Kampf um Gottes Sache gibt es keinen Platz für Konkurrenzdenken. Wir kämpfen nicht gegeneinander, sondern gegen die Sünde und Satan. Wenn wir sehen, dass im Zusammenhang mit christlichen Gemeinden und ihrer Arbeit die Superlative »am besten«, »am schnellstwachsenden«, »am größten« oder »am schönsten« verwendet werden, dann muss man sich fragen, wem hier die Ehre gegeben wird.

Das soll nicht heißen, dass es falsch ist, unsere Leistungen festzuhalten. Charles Haddon Spurgeon pflegte zu sagen: »Diejenigen, welche die Statistik kritisieren, haben meist nichts vorzuweisen.« Aber wir müssen aufpassen, dass wir andere nicht in schlechtem Licht erscheinen lassen, damit wir selbst besser aussehen. Und wir sollten in der Lage sein, uns über die Leistungen und Segnungen anderer genauso zu freuen, als wären es unsere eigenen. Schließlich sind die Segnungen eines Glieds am Leib auch ein Segen für den gesamten Körper.

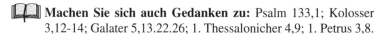 **Machen Sie sich auch Gedanken zu:** Psalm 133,1; Kolosser 3,12-14; Galater 5,13.22.26; 1. Thessalonicher 4,9; 1. Petrus 3,8.

Praktische Schritte: Denken Sie über Wettbewerb in seinen verschiedenen Formen nach – wie Sie ihn bei anderen beobachten, wie Sie ihn an sich selbst feststellen. Überprüfen Sie, ob Konkurrenzdenken Sie zu einem lieblosen Menschen macht. Bitten Sie Gott, dass er Ihnen dabei hilft, stets so zu handeln, wie es ihm gefällt.

Unseren Glauben zum Ausdruck bringen

Vers des Tages: »*Seid aber Täter des Wortes und nicht allein Hörer, die sich selbst betrügen!*« (Jakobus 1,22).

Als meine Frau und ich den Tower von London besichtigten und wir uns die königlichen Juwelen anschauten, fiel uns auf, dass sich die Menschenmenge ständig weiterschob, während sich die Wächter nicht von der Stelle rührten. Sie beobachteten unablässig die Besucher, nichts konnte sie von den ihnen zugewiesenen Plätzen fortbewegen. Eine ähnliche Aufgabe haben Sie und ich, wenn es darum geht, den »kostbaren Glauben« zu bewahren. Wir dürfen uns weder von der List des Satans noch von den schönen Reden anderer Menschen von unseren Plätzen weglocken lassen.

Zu viele Christen legen heutzutage ihr Hauptaugenmerk darauf, die Wahrheit zu *bewachen*, und vernachlässigen es dabei, die Wahrheit zu *leben*. Der beste Weg, die Wahrheit zu bewachen, besteht darin, sie in die in Praxis umzusetzen. Es ist gut und richtig, den Glauben zu verteidigen, aber wir dürfen dabei nicht vergessen, ihn auch zu demonstrieren. Lazarus hatte es nicht nötig, Vorträge über die Auferstehung zu halten. Die Menschen brauchten ihn nur anzuschauen, und schon glaubten sie. Es reicht nicht aus, die Wahrheit zu glauben und zu bewachen, wir müssen sie auch praktisch umsetzen. Wenn wir das Wort hören, aber nicht danach handeln, dann machen wir uns nur etwas vor.

Lesen Sie auch: Jakobus 1,23-27; 1. Johannes 3,21-22.24; 5,2-4.

Praktische Schritte: Bitten Sie Gott darum, dass er Ihnen dabei hilft, fünf Möglichkeiten aufzuschreiben, wie Sie Ihren Glauben durch Gehorsam gegenüber seinem Wort zum Ausdruck bringen können. Listen Sie diese Möglichkeiten hier auf:

1.＿＿＿＿＿＿＿＿＿＿＿＿＿＿＿＿＿＿＿＿＿＿＿＿

2.＿＿＿＿＿＿＿＿＿＿＿＿＿＿＿＿＿＿＿＿＿＿＿＿

3.＿＿＿＿＿＿＿＿＿＿＿＿＿＿＿＿＿＿＿＿＿＿＿＿

4.＿＿＿＿＿＿＿＿＿＿＿＿＿＿＿＿＿＿＿＿＿＿＿＿

5.＿＿＿＿＿＿＿＿＿＿＿＿＿＿＿＿＿＿＿＿＿＿＿＿

Reue: mehr als nur Bedauern

Vers des Tages: *»Denn die Betrübnis nach Gottes Sinn bewirkt eine nie zu bereuende Buße zum Heil; die Betrübnis der Welt aber bewirkt den Tod«* (2. Korinther 7,10).

Paulus hatte an die Korinther ein paar sehr ernste Worte gerichtet (1. Korinther 7,8-9). Der Brief erfüllte seinen Zweck, die Korinther bereuten ihr Verhalten und Paulus freute sich sehr darüber. Ihre Reue war nicht nur ein oberflächliches Bedauern, sondern eine tiefe, echte Betrübnis wegen ihrer Sünden. Der Unterschied zwischen Bedauern und Bereuen wird anhand des Beispiels von Judas und Petrus deutlich. Judas »reute es« (war voller Bedauern), ging hinaus und nahm sich das Leben. Petrus weinte und bereute seine Tat.

Müssen Christen bereuen und Buße tun? Jesus beantwortete diese Frage mit Ja, und auch Paulus pflichtete ihm bei. Vier der sieben Gemeinden in Kleinasien, die in Offenbarung 2 und 3 genannt werden, wurden dazu aufgefordert zu bereuen und Buße zu tun. Zu bereuen heißt nichts anderes, als »seinen Sinn zu ändern«. Ungehorsame Christen müssen bereuen, nicht um gerettet zu werden, sondern um ihre enge Gemeinschaft mit Gott wiederherzustellen.

Lesen Sie auch: Matthäus 26,75; 27,5; Lukas 17,3-4; 2. Korinther 12,21.

Praktische Schritte: Nehmen Sie sich eine oder zwei Minuten Zeit, um über den Unterschied zwischen bloßem Bedauern und echter Reue nachzudenken. Sprechen Sie mit Gott und bitten Sie ihn darum, dass er Ihnen hilft zu erkennen, wann Sie bereuen und Buße tun müssen, um Ihre enge Gemeinschaft mit ihm wiederherzustellen.

Zwei Grundeinstellungen zum Leben

Eine Herausforderung: »*Er sprach aber zu allen: Wenn jemand mir nachkommen will, verleugne er sich selbst und nehme sein Kreuz auf täglich und folge mir nach!*« (Lukas 9,23).

Heute ist das Kreuz ein allgemeines Symbol für Liebe und Opferbereitschaft. Zu Jesu Zeiten aber war es ein grausames Instrument zur Bestrafung von Schwerverbrechern. Die Höflichkeit verbot es, einem Bürger Roms gegenüber das Kreuz auch nur zu erwähnen. Laut Gesetz durfte kein Bürger von Rom gekreuzigt werden, dieser fürchterliche Tod war für die Feinde Roms vorbehalten.

Jesus kündigte an, dass er gekreuzigt werden würde (Matthäus 20,17-19). In vielen seiner Lehren stellte er das Kreuz in den Mittelpunkt. Seine Jünger stellte Jesus vor die folgende Alternative:

- sich selbst zu verleugnen oder für sich selbst zu leben;
- sein Kreuz auf sich zu nehmen oder das Kreuz zu ignorieren;
- Christus zu folgen oder der Welt zu folgen;
- unser Leben um seinetwillen zu verlieren oder unser Leben um unsertwillen zu bewahren;
- die Welt zu verlieren oder die Welt zu gewinnen;
- unsere Seele zu bewahren oder unsere Seele zu verlieren;
- an seinem Lohn und seiner Herrlichkeit teilzuhaben oder seinen Lohn und seine Herrlichkeit zu verlieren.

Sich selbst zu verleugnen heißt nicht, die *Dinge* zu verleugnen. Es bedeutet, sich völlig in die Hand Christi zu begeben und an seiner Schande und seinem Tod teilzuhaben. Sein Kreuz auf sich zu nehmen, heißt nicht, eine Last mit sich herumzutragen oder mit Problemen beladen zu sein. Eine Frau erzählte mir einmal, ihr Asthma sei ihr Kreuz, das sie zu tragen habe! Sein Kreuz auf sich zu nehmen heißt, sich mit Christus in seiner Zurückgewiesenheit und Schande, sich mit seinen Leiden und seinem Tod zu identifizieren.

 **Machen Sie sich auch Gedanken zu:** Römer 12,2; Philipper 3,7-10; Galater 2,20.

Praktische Schritte: Wenn Sie die in Römer 12,1-2 dargelegten Punkte bisher noch nicht umgesetzt haben, dann ist jetzt vielleicht der Zeitpunkt dafür gekommen.

April

Werdet erneuert:

*»Zieht die ganze Waffenrüstung Gottes an,
damit ihr gegen die Listen des Teufels
bestehen könnt!«*

Epheser 6,11

Gottes Ruf

Christus verspricht uns: *»Aber ihr werdet Kraft empfangen, wenn der Heilige Geist auf euch gekommen ist; und ihr werdet meine Zeugen sein, sowohl in Jerusalem als auch in ganz Judäa und Samaria und bis an das Ende der Erde«* (Apostelgeschichte 1,8).

»Der Gott der Herrlichkeit erschien unserem Vater Abraham« (Apostelgeschichte 7,2). Wie Gott Abraham erschien, wird nicht erwähnt, aber es war die erste von sieben der in 1. Mose erwähnten Begebenheiten, in denen Gott vor Abraham in Erscheinung trat. Es wird wohl diese Offenbarung von Gottes Herrlichkeit gewesen sein, die Abraham die Sinnlosigkeit und Torheit des Götzendienstes in Ur erkennen ließ. Wer will schon einem toten Götzen dienen, wenn er dem lebendigen Gott begegnet ist! In 1. Thessalonicher 1,9-10 und 2. Korinther 4,6 wird diese Heilserfahrung beschrieben.

Aber Gott erschien Abraham nicht nur, er *sprach* auch zu ihm (1. Mose 12,1-3), und das Wort Gottes bewirkte das Wunder des Glaubens. »Also ist der Glaube aus der Verkündigung, die Verkündigung aber durch das Wort Christi« (Römer 10,17). Abraham erhielt den Ruf, sich der Verdorbenheit seiner Umgebung zu entziehen und gehorchte durch Glauben (Hebräer 11,8). Wahrer Glaube beruht auf dem Wort Gottes und führt zum Gehorsam. Gott konnte Abraham und Sara nur an dem Platz segnen und gebrauchen, den er für sie bestimmt hatte.

Es ist relativ unwahrscheinlich, dass einem verlorenen Sünder die Herrlichkeit Gottes heute auf eine besondere Weise offenbart wird so wie damals Abraham und Sara. Aber er kann die Herrlichkeit Gottes im Leben von Gottes Kindern sehen (Matthäus 5,16) und Gottes Wort des Glaubens in den Bezeugungen seiner Kinder hören. Zu Abraham hat Gott direkt gesprochen, aber heute empfangen wir die Heilsbotschaft durch Gottes Zeugen (Apostelgeschichte 1,8).

Lesen Sie: 1. Mose 12,1-5; 1. Thessalonicher 1,9-10.

Praktische Schritte: Vielleicht ruft Gott Sie genauso wie Abraham und fordert Sie dazu auf, sich schädlichen Dingen oder Einflüssen zu entziehen. Treten Sie durch Glauben diese Reise mit Gott an und lassen Sie all dies hinter sich. Sprechen Sie auf jeden Fall mit Gott und sagen Sie ihm, dass Sie ihm jeden Tag bei allem, was Sie tun, gehorchen möchten.

Gott schreibt das letzte Kapitel

Vers des Tages: *»Deshalb lasst nun auch uns, da wir eine so große Wolke von Zeugen um uns haben, jede Bürde und die uns so leicht umstrickende Sünde ablegen und mit Ausdauer laufen den vor uns liegenden Wettlauf«* (Hebräer 12,1).

Wir dürfen nicht davon ausgehen, dass jede Prüfung damit endet, dass alle Probleme gelöst und alle bitteren Gefühle vergangen sind und von nun an alle »glücklich bis ans Ende ihrer Tage« leben. So ist es leider nicht immer!

Aber ganz gleich, was uns auch geschieht, *Gott schreibt immer das letzte Kapitel.* Daher brauchen wir keine Angst zu haben. Wir können darauf vertrauen, dass Gott das Richtige tut, wie schmerzlich die Situation für uns auch sein mag.

Hiobs größter Segen war nicht, dass er seine Gesundheit und seinen Reichtum wiedererlangte oder dass er eine neue Familie gründen und einen neuen Freundeskreis aufbauen konnte. Sein größter Segen war, *dass er Gott nun besser kannte und ein tieferes Verständnis für sein Wirken hatte.* Jakobus schrieb darüber: »Vom Ausharren Hiobs habt ihr gehört, und das Ende des Herrn habt ihr gesehen, dass der Herr voll innigen Mitgefühls und barmherzig ist« (Jakobus 5,11). Und Hebräer 12,11 erinnert uns an Folgendes: »Alle Züchtigung scheint uns zwar für die Gegenwart nicht Freude, sondern Traurigkeit zu sein; nachher aber gibt sie denen, die durch sie geübt sind, die friedvolle Frucht der Gerechtigkeit«.

»In der ganzen Geschichte Hiobs«, schrieb G. Campbell Morgan, »erfahren wir etwas über die Geduld Gottes und die Ausdauer des Menschen. Wenn beides eine Einheit bildet, dann ist das Ergebnis sicher: das geläuterte Hervorgehen des Goldes aus dem Feuer, das Erringen des Siegeskranzes des Lebens.«

Ganz gleich, was Gott in unserem Leben geschehen lässt, er spricht immer das »Nachwort«. Er schreibt das letzte Kapitel – und dadurch ist es die ganze Sache wert.

Seien Sie daher GEDULDIG!

 **Lesen Sie:** Hiob 42; Petrus 2,19-23.

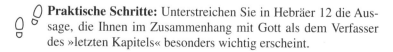 **Praktische Schritte:** Unterstreichen Sie in Hebräer 12 die Aussage, die Ihnen im Zusammenhang mit Gott als dem Verfasser des »letzten Kapitels« besonders wichtig erscheint.

Erstellen einer Gebetsliste

Merkvers: »*Ich ermahne nun vor allen Dingen, dass Flehen, Gebete, Fürbitten, Danksagungen getan werden für alle Menschen, für Könige und alle, die in Hoheit sind, damit wir ein ruhiges und stilles Leben führen mögen in aller Gottseligkeit und Ehrbarkeit. Dies ist gut und angenehm vor unserem Heiland-Gott, welcher will, dass alle Menschen errettet werden und zur Erkenntnis der Wahrheit kommen*« (1. Timotheus 2,1-4).

Paulus gibt die Anweisung, dass Christen für »alle Menschen« beten sollen (1. Timotheus 2,1), und macht damit klar, dass es niemanden auf der Welt gibt, der durch ein glaubensvolles Gebet nicht erreicht werden könnte. Paulus' Worte bedeuten für uns, dass wir sowohl für die Geretteten als auch für die Verlorenen, für die Menschen in unserer Umgebung als auch für die weit entfernten, sowohl für unsere Freunde als auch für unsere Feinde beten sollten. Paulus legte es der Gemeinde besonders nahe, auch für die Menschen in Machtpositionen zu beten. Zu jener Zeit saß der gottlose Kaiser Nero auf dem Thron, und dennoch ermahnte Paulus die Glaubenden, für ihn zu beten! Auch wenn wir die Männer und Frauen an der Macht nicht respektieren können, so müssen wir dennoch die Ämter respektieren, die sie innehaben, und für sie beten. Damit können wir zu Frieden, Gottseligkeit und Ehrbarkeit beitragen (1. Timotheus 2,2).

Um sicher zu gehen, niemanden zu vergessen, verzichtete Paulus darauf, alle Menschen, für die er beten könnte oder sollte, beim Namen zu nennen, sondern bezog mit »alle Menschen« jeden ein. Wir können nicht jeden einzelnen auf der Welt in unseren Gebeten namentlich erwähnen, aber wir sollten mit Sicherheit für diejenigen beten, die wir kennen oder denen wir nahe stehen. Und warum? Weil es eine gute Sache ist und weil es Gott gefällt.

Weitere Bibelstellen: Daniel 9,3-19; Epheser 1,15-19; 1. Thessalonicher 3,10.12-13.

Praktische Schritte: Überlegen Sie, für welche Menschen Sie beten sollten – für welche davon täglich, für welche etwas weniger oft. Eine Gebetsliste kann Ihnen dabei helfen, den Überblick zu behalten. Machen Sie es sich zur Gewohnheit, Ihre Gebetsliste(n) immer parat zu haben, damit Sie jederzeit neue Namen hinzufügen können, wenn Gott Sie dazu auffordert.

Die Quelle unserer Kraft

Vers des Tages: »*Wenn aber der Geist dessen, der Jesus aus den Toten auferweckt hat, in euch wohnt, so wird er, der Christus Jesus aus den Toten auferweckt hat, auch eure sterblichen Leiber lebendig machen wegen seines in euch wohnenden Geistes*« (Römer 8,11).

Salböl spricht für die Gegenwart und das Wirken des Heiligen Geistes in unserem Leben. Alle Glaubenden haben die Salbung durch den Heiligen Geist empfangen (1. Johannes 2,20.27), und daher sollten wir alle »ein Wohlgeruch Christi« für unseren Himmlischen Vater sein (2. Korinther 2,15). Je ähnlicher wir Jesus Christus in unserem Wesen und Verhalten werden, desto mehr gefallen wir unserem Vater, und je mehr wir ihm gefallen, desto mehr kann er uns segnen und zu seiner Ehre gebrauchen.

Einmal hörte ich, wie Dr. A. W. Tozer meinte: »Wenn Gott seinen Heiligen Geist aus dieser Welt abziehen würde, dann würde vieles in der Kirche so weiterlaufen wie bisher und niemand würde einen Unterschied bemerken«. In einigen Gemeinden stehen uns heute so viele Mitarbeiter zur Verfügung, dass wir es schaffen »dem Herrn zu dienen«, ohne dass sich die Ölung des Heiligen Geistes in unserem Leben auswirkt. Aber ob Gott das so will?

Als Jesus hier auf Erden war, lebte er sein Leben und verrichtete seine Arbeit durch die Salbung des Heiligen Geistes (Lukas 4,16-19). Wenn der unbefleckte Sohn Gottes die Kraft des Heiligen Geistes brauchte, wie sehr sind wir dann erst darauf angewiesen! Wagen wir es, aus der Kraft des Fleisches heraus zu beten, obgleich der Heilige Geist für uns da ist, um uns zu helfen (Römer 8,26; Epheser 2,18)? Versuchen wir, Zeugnis von Christus abzulegen, ohne den Heiligen Geist um seine Hilfe zu bitten (Apostelgeschichte 1,8)? Können wir in Christus Gemeinschaft mit dem Herrn haben, ohne vom Geist Gottes gestärkt zu werden (Epheser 1,15-23; 3,14-21)?

Lesen Sie: 1. Johannes 2,20-29; Apostelgeschichte 1,1-8.

Praktische Schritte: Was sind Ihre Antworten auf die Fragen im letzten Absatz der heutigen Andacht? Schlagen Sie die Bibelstellen nach, die zu jeder Frage angegeben sind.

Trainingszeit

Vers des Tages: *»Haltet es für lauter Freude, meine Brüder, wenn ihr in mancherlei Versuchungen geratet, indem ihr erkennt, dass die Bewährung eures Glaubens Ausharren bewirkt«* (Jakobus 1,2-3).

Auf einen Glauben, der keiner Prüfung standhält, kann man sich nicht verlassen. Neu bekehrte Christen müssen damit rechnen, dass ihr Glaube geprüft wird, denn auf diese Weise stellt Gott fest, ob es ihnen mit ihrer Entscheidung ernst war. Glaube muss wie ein Muskel trainiert werden, um stärker zu werden. Bedrängnis und Verfolgung sind Gottes Mittel, um unseren Glauben zu stärken.

Zu meinen Lieblingsbüchern gehört *Hudson Taylor: Ein Mann, der Gott vertraute* von Dr. Howard und Geraldine Taylor. Darin wird beschrieben, wie Hudson Taylors Glaube vom ersten Tag an wuchs, als er beschlossen hatte, sich in seinem Leben allein von seinem Glauben an Gott leiten zu lassen. Er lernte es, darauf zu vertrauen, dass Gott für sein Gehalt sorgen und ihm alles geben würde, was er täglich zum Leben brauchte. Als sein Glaube geprüft wurde, vertraute er fest darauf, dass Gott eine ganze Missionsgesellschaft ins Leben rufen könne. Manchmal schien es, als hätte Gott dies alles vergessen, aber Taylor betete weiter und hatte Vertrauen – und Gott antwortete.

Ein leichtes Leben kann zu einem oberflächlichen Glauben führen. Die großen Männer und Frauen des Glaubens aus Hebräer 11 hatten alle auf die eine oder andere Weise zu leiden oder wurden mit enormen Hindernissen konfrontiert, sodass ihr Glaube wachsen konnte.

Lesen Sie auch: 1. Thessalonicher 3,10; Philipper 4,19; 1. Petrus 1,7.

Praktische Schritte: Sprechen Sie mit dem Herrn darüber, wie Sie Ihren Glauben durch die Herausforderungen des heutigen Tages trainieren können. Danken Sie Gott schon jetzt für die Erhörung Ihres Gebets.

Gottes letztes Wort

Jesaja fordert uns auf: *»Sucht den HERRN, während er sich finden lässt! Ruft ihn an, während er nahe ist. Der Gottlose verlasse seinen Weg und der Mann der Bosheit seine Gedanken! Und er kehre um zu dem HERRN, so wird er sich über ihn erbarmen, und zu unserem Gott, denn er ist reich an Vergebung!«* (Jesaja 55,6-7).

Wenn die größte Sünde im Missbrauch des höchsten Gutes besteht, dann waren die Menschen des Volkes Israel dieser Sünde schuldig. Ihr höchstes Gut war es, den wahren Gott zu kennen und ihm dienen zu dürfen, aber sie missbrauchten diesen Segen und verehrten stattdessen Götzen. Sie verwandelten Gottes Tempel in eine Diebeshöhle, verfolgten seine Propheten, wiesen seinen Bund zurück und entweihten seinen Namen. »Der Name Gottes wird euretwegen unter den Nationen gelästert« (Römer 2,24; vgl. Hesekiel 36,22). Gott nahm sich seines Volkes geduldig an und versuchte, es zurückzugewinnen, aber es verhärtete nur sein Herz und stellte sich seinen Warnungen gegenüber taub.

Ehe wir nun aber das Volk Israel verurteilen, sollten wir lieber unsere eigenen Herzen und Gemeinden überprüfen. Gibt es irgendwelche Götzen in unseren Herzen? Gilt unsere ganze Hingabe dem Herrn allein, oder versuchen wir sowohl Christus als auch noch einem anderen zu dienen? Sind noch nicht gerettete Menschen beeindruckt von der Herrlichkeit und Größe Gottes, wenn sie unsere Gottesdienste besuchen (1. Korinther 14,23-25)? Bringen das weltliche Leben und die fragwürdigen Aktivitäten bekennender Christen den Namen Gottes in Verruf? Wir dürfen nicht vergessen, dass das »letzte Wort« Gottes an die Kirche nicht der Missionsauftrag ist, sondern »Tue Buße, denn sonst ...!« (Offenbarung 2-3).

Lesen Sie: Jeremia 11.

Praktische Schritte: Denken Sie darüber nach: Gibt es irgendetwas in Ihrem Leben, das Gott missfällt? Treffen Sie jetzt die Entscheidung, einen Schlussstrich darunter zu ziehen, und bitten Sie Gott um Verzeihung.

Offene Herzen und offene Türen

Die Bibel fordert uns auf: »*An den Bedürfnissen der Heiligen nehmt teil; nach Gastfreundschaft trachtet!*« (Römer 12,13).

Das tiefste Zusammengehörigkeitsgefühl beruht nicht auf Blutsverwandtschaft oder der Zugehörigkeit zu einer bestimmten Bevölkerungsgruppe, sondern auf dem geistlichen Leben, das wir in Jesus Christus haben. Wird eine Gemeinde durch etwas anderes als die Liebe zu Christus und die Liebe füreinander zusammengeschweißt, so wird sie nicht lange Bestand haben. Wo wahre christliche Nächstenliebe ist, da ist auch *Gastfreundschaft*. Das war in den frühen Jahren der Gemeinde ein ganz entscheidender Dienst, da durch die Verfolgungen zahlreiche Christen gezwungen waren, ihre Häuser zu verlassen. Viele konnten es sich nicht leisten, im Gasthof zu übernachten, und da sich die Gemeinden sowieso bei den Gemeindemitgliedern zu Hause trafen, war es das Naheliegendste, dass ein Besucher einfach beim jeweiligen Gastgeber übernachtete.

Mose erzählt die Geschichte von Abraham und dessen großer Gastfreundschaft gegenüber dem Herrn und zwei seiner Engel. Zu dem Zeitpunkt, als Abraham sie willkommen hieß, wusste er nicht, wer sie waren. Erst später fand er heraus, um wen es sich bei seinen illustren Gästen handelte. Vielleicht bewirten Sie und ich keine Engel im eigentlichen Sinn des Wortes, aber *jeder* Fremde kann sich als Überbringer einer Segensbotschaft entpuppen. Wir hatten jedenfalls schon öfters Gäste bei uns zu Hause, von denen sich später herausstellte, dass sie als Botschafter des Segens Gottes gekommen waren.

Zur Vertiefung: 1. Thessalonicher 4,9-10; 1. Petrus 1,22; 2. Petrus 1,7

Praktische Schritte: Danken Sie Gott für jemanden, der Ihnen kürzlich in christlicher Nächstenliebe und Gastfreundschaft begegnet ist. Zeigen Sie sich im Laufe der Woche besonders einer Ihnen bekannten Familie gegenüber gastfreundlich und liebevoll.

Verwandelt in sein Bild

Vers des Tages: *Lesen Sie 2. Korinther 3,18 in einer anderen als der unten zitierten Elberfelder Übersetzung und machen Sie sich ausführlich Gedanken dazu.*

»Wir alle aber schauen mit aufgedecktem Angesicht die Herrlichkeit des Herrn an und werden so verwandelt in dasselbe Bild von Herrlichkeit zu Herrlichkeit, wie es vom Herrn, dem Geist, geschieht« (2. Korinther 3,18). Aus diesem Vers erfahren wir, dass Sie und ich dem Bild von Jesus Christus ähneln und durch den Dienst des Heiligen Geistes »von Herrlichkeit zu Herrlichkeit« wandeln werden!

Zu Zeiten des Alten Bundes stieg nur Mose auf den Berg, und er allein hatte Gemeinschaft mit Gott. Unter dem Neuen Bund aber hat jeder Glaubende das Vorrecht auf Gemeinschaft mit ihm. Durch Jesus Christus dürfen wir das heiligste aller Heiligtümer betreten, und auf einen Berg steigen müssen wir auch nicht!

Das Wort Gottes ist mit einem Spiegel zu vergleichen. Wenn wir in das Wort Gottes hineinschauen und Gottes Sohn darin erblicken, verwandelt uns der Heilige Geist, sodass wir dem Bild Gottes gleichen. Es ist jedoch wichtig, dass wir Gott gegenüber offen und ehrlich sind und keinen »Schleier tragen«.

Das Wort, das hier mit *verwandeln* übersetzt wurde, ist das gleiche Wort, das in Zusammenhang mit der Verklärung des Herrn (Matthäus 17; Markus 9) mit *verklären* wiedergegeben wurde. Es bezeichnet eine äußere Veränderung, die durch einen inneren Wandel bedingt ist.

Mose *spiegelte* die Herrlichkeit Gottes *wider*, Sie und ich aber dürfen Gottes Herrlichkeit *ausstrahlen*. Wenn wir in das Wort Gottes vertieft sind und darin Gottes Sohn erkennen, werden wir vom Heiligen Geist verwandelt! Wir werden dem Herrn Jesus Christus ähnlicher, indem wir immer weiter wachsen »von Herrlichkeit zu Herrlichkeit«. *Dieser wunderbare Umwandlungsprozess kann nicht durch die Erfüllung des Gesetzes bewirkt werden.* Die Herrlichkeit des Gesetzes ist verblasst, aber die Herrlichkeit der Gnade Gottes wird in unserem Leben immer mehr erstrahlen.

 Lesen Sie auch: Hebräer 10,19-20; Jakobus 1,22-25; Markus 9,1-8.

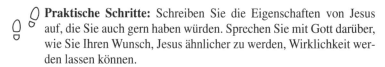 **Praktische Schritte:** Schreiben Sie die Eigenschaften von Jesus auf, die Sie auch gern haben würden. Sprechen Sie mit Gott darüber, wie Sie Ihren Wunsch, Jesus ähnlicher zu werden, Wirklichkeit werden lassen können.

Unser Leib – Tempel Gottes

Vers des Tages: »*Stellt auch nicht eure Glieder der Sünde zur Verfü-gung als Werkzeuge der Ungerechtigkeit, sondern stellt euch selbst Gott zur Verfügung als Lebende aus den Toten und eure Glieder Gott zu Werkzeugen der Gerechtigkeit!*« (Römer 6,13).

Warum erhebt der Herr Anspruch auf unseren Leib? Zunächst einmal ist der Leib eines jeden Christen der Tempel Gottes. Gott möchte ihn zu seiner Ehre gebrauchen. Paulus schrieb aber auch, dass der Körper zudem Gottes Werkzeug und Waffe ist. Gott möchte die einzelnen Glie-der des Leibes als Werkzeuge zum Aufbau seines Reichs und als Waf-fen im Kampf gegen seine Feinde einsetzen.

Die Bibel berichtet von Menschen, die zuließen, dass Gott ihren Körper uneingeschränkt für seine Zwecke verwenden konnte. Gott gebrauchte den Stab in Moses Hand und eroberte Ägypten. Er benutzte die Schlinge in Davids Hand, um die Philister zu schlagen. Er ge-brauchte den Mund und die Zunge der Propheten. Paulus' unermüdliche Füße trugen ihn von Stadt zu Stadt, als er das Evangelium verkündigte. Die Augen des Apostel Johannes sahen Bilder von der Zukunft, seine Ohren vernahmen die Botschaft Gottes, und seine Finger schrieben alles in einem Buch nieder, sodass wir es heute lesen können.

Haben Sie Gott Ihren Körper bereits zur Verfügung gestellt?

Weitere Bibelstellen: 1. Korinther 6,19-20; Philipper 1,20-21.

Praktische Schritte: Überlegen Sie sich, auf welche Art und Weise Ihr Gehirn, Ihre Augen, Ihr Mund, Ihre Hände und Ihre Füße von Gott gebraucht werden können. Wie kann Gott sie speziell heute benutzen? Geben Sie sich ganz und gar in die Hand Gottes.

Gnade und Herrlichkeit

Bibelstelle des Tages: *»Denn Gott, der HERR, ist Sonne und Schild. Gnade und Herrlichkeit wird der HERR geben, kein Gutes vorenthalten denen, die in Lauterkeit wandeln«* (Psalm 84,11).

Ganz gleich, wie schwer die Prüfungen auch sein mögen, die wir durchzustehen haben, ein Christ gibt die Hoffnung nie auf. In seinem ersten Brief nannte Petrus die Gründe für diese hoffnungsvolle Haltung.

Wir haben Anteil an der Gnade Gottes. Wir haben geschmeckt, dass der Herr gütig ist (1. Petrus 2,3) und haben deshalb keine Angst vor dem, was Gott mit uns vorhat. Seine Gnade ist »verschiedenartig«, sodass wir in jeder Situation darauf bauen können. Wenn wir unser Leben in seine Hand legen, schenkt er uns die Gnade, die wir benötigen. Gott ist der »Gott aller Gnade«. Er ist gütig und hilft uns in allen Zeiten der Not. Seine Gnade wird uns »immer reichlicher zuteil«, und wir dürfen in dieser Gnade stehen.

Wir wissen, dass wir zur Herrlichkeit gelangen. Gott hat uns »berufen [...] zu seiner ewigen Herrlichkeit in Christus« (1. Petrus 5,10). Dies ist das wunderbare Erbe, an dem wir durch unsere Geburt in die Familie Gottes teilhaben. Was mit Gottes Gnade beginnt, führt immer zu Gottes Herrlichkeit. Der Weg mag steinig sein, aber er führt zur Herrlichkeit, und das ist es, was letzten Endes zählt.

 Lesen Sie auch: Epheser 2,8-9; 1. Petrus 1,10; 4,10; 5,12.

Praktische Schritte: Schreiben Sie dem Herrn Ihren eigenen Psalm, in dem Sie ihm für seine Gnade danken sowie für die Herrlichkeit, an der Sie durch Ihren Glauben an ihn Anteil haben werden.

Das beste Mittel gegen Götzendienst

Vers des Tages: *»Züchtige mich, HERR, doch mit rechtem Maß, nicht in deinem Zorn, damit du mich nicht aufreibst!«* (Jeremia 10,24).

Anstatt sich vor den gottlosen Praktiken der Nationen zu hüten, wie Mose es ihnen geboten hatte (5. Mose 7,1-11), übernahm das Volk Israel diese Praktiken nach und nach und fing an, heidnische Götter zu verehren. Diese Götter waren jedoch wertlos, das Werk von Menschen, und glichen einer »Vogelscheuche im Gurkenfeld« (Jeremia 10,5). Sie können weder reden noch gehen und müssen getragen werden (siehe Psalm 115). Wenn sich die Menschen doch nur einmal die Herrlichkeit und Größe des wahren und lebendigen Gottes – des ewigen Gottes, der durch das Wort seiner Macht Himmel und Erde geschaffen hat – vor Augen führen würden!

In seinem Buch *Das Wesen Gottes* erinnert uns A.W. Tozer daran, dass »das Wesen des Götzendienstes darin besteht, Gedanken über Gott zu hegen, die seiner unwürdig sind«. Götzendienst heißt, dem Geschöpf Verehrung und Dienst darzubringen, statt dem Schöpfer (Römer 1,25), die Gaben zu ehren, statt den Geber. Genau wie ihre Götzen, waren die Götzenanbeter dumm und töricht (Jeremia 10,8), denn wir werden wie die Götter, die wir verehren (Psalm 115,8).

Unsere heutigen Götzen sehen zwar viel harmloser aus als die Götzen der Heiden zu Jeremias Zeiten, aber sie nehmen unsere Herzen genauso ein und richten genauso viel Schaden an. Sobald meine Verehrung und mein Dienst etwas anderem gilt als dem wahren und lebendigen Gott, handelt es sich um einen Götzen, sei es eine große Villa, ein kostspieliges Auto, die neueste Stereoanlage, eine Yacht, meine Privatbibliothek, die Freundin oder der Freund, die eigenen Kinder, meine Karriere oder mein Bankkonto. Das, worum ich mich am meisten kümmere, woran mein Herz am meisten hängt und wofür ich bereit bin, Opfer zu bringen, ist mein Gott. Und wenn dieser Gott nicht Jesus Christus ist, ist es ein Götze. »Kinder, hütet euch vor den Götzen!« (1. Johannes 5,21).

Das beste Mittel gegen Götzendienst besteht darin, sich überwältigen zu lassen von der Herrlichkeit und Größe des wahren und lebendigen Gottes und ewigen Königs und völlig darin aufzugehen.

Lesen Sie: Jeremia 10.

Praktische Schritte: Bitten Sie Gott im Gebet darum, dass er Sie auf Götzen in Ihrem Leben hinweist. Denken Sie über Ihre Beziehung zu Gott nach: Steht er in Ihrem Leben wirklich an erster Stelle?

Wahre Reichtümer

Vers des Tages: »*Gepriesen sei der Gott und Vater unseres Herrn Jesus Christus! Er hat uns gesegnet mit jeder geistlichen Segnung in der Himmelswelt in Christus*« (Epheser 1,3).

Eine fassungslose Frau suchte einmal eine christliche Eheberaterin auf und erzählte ihr die traurige Geschichte ihrer Ehe, die drauf und dran war, in die Brüche zu gehen. »Dabei haben wir doch alles, was man sich nur wünschen kann!« beteuerte sie immer wieder. »Sehen Sie sich diesen Diamantring an meinem Finger an! Der ist ein halbes Vermögen wert! Wir leben in einer großen Villa in einer vornehmen Gegend. Wir haben drei Autos und sogar ein Häuschen in den Bergen. Wir haben einfach alles, was man sich für Geld nur kaufen kann!«

Die Beraterin antwortete ihr darauf: »Es ist schön und gut, all die Sachen zu haben, die man sich für Geld kaufen kann, solange man dabei nicht verliert, was man für Geld *nicht* haben kann. Was nützt ein großes Haus, wenn man kein Zuhause hat? Oder ein teurer Ring, wenn man nicht geliebt wird?«

In Christus haben Sie und ich alles, was man »nicht für Geld kaufen kann«, und diese geistlichen Reichtümer erschließen uns den ganzen Reichtum seiner weiteren Schöpfung. Wir erfreuen uns an diesen Gaben, weil wir den Geber kennen und lieben. Es ist sehr ermutigend zu wissen, dass Vater, Sohn und Heiliger Geist gemeinsam daran arbeiten, mich reich zu machen. Es ist nicht nur so, dass Gott uns »alles reichlich darreicht zum Genuss« (1. Timotheus 6,17), er beschenkt uns auch mit ewigen Reichtümern, ohne die alle anderen Güter wertlos sind.

Lesen Sie auch: das gesamte erste Kapitel des Epheserbriefs und notieren Sie sich die Reichtümer, die darin erwähnt werden.

Praktische Schritte: Nehmen Sie sich Zeit und loben Sie Gott für die geistlichen Segnungen, mit denen er Sie und andere Christen überschüttet hat.

Die Bedeutung der Auferstehung

Vers des Tages: *»Jesus sprach zu ihr: Ich bin die Auferstehung und das Leben; wer an mich glaubt, wird leben, auch wenn er gestorben ist«* (Johannes 11,25).

Wir dürfen niemals unterschätzen, welche Bedeutung die Auferstehung Jesu Christi wirklich hat. Die Welt glaubt, dass Jesus gestorben ist, nicht jedoch, dass er von den Toten wieder auferstanden ist. Welche Bedeutung hat nun die Auferstehung des Herrn?

Sie beweist, dass Jesus Gottes Sohn ist. Jesus erklärte, dass er die Vollmacht hat, sein Leben zu lassen und es wiederzunehmen (Johannes 10,17-18).

Sie beweist, dass die Schrift wahr ist. Sowohl im Alten Testament als auch in den Lehren Jesu wird seine Auferstehung klar vermittelt (Psalm 16,10).

Sie versichert uns unserer eigenen künftigen Auferstehung. Weil Jesus auferstanden ist, werden auch wir eines Tages auferstehen (1. Thessalonicher 4,13-18).

Sie ist der Beweis für das künftige Gericht. »Weil er einen Tag festgesetzt hat, an dem er den Erdkreis richten wird in Gerechtigkeit durch einen Mann, den er dazu bestimmt hat, und er hat allen dadurch den Beweis gegeben, dass er ihn auferweckt hat aus den Toten« (Apostelgeschichte 17,31).

Sie ist die Grundlage für Jesu Priestertum im Himmel. Weil Jesus in Ewigkeit lebt, ist er in der Lage, sich für uns zu verwenden (Hebräer 7,23-28).

Sie schenkt uns die Kraft für ein Leben als Christ. Wir können nicht aus eigener Kraft ein Leben für Gott leben. Nur durch die Kraft seiner Auferstehung, die in uns und durch uns wirkt, können wir seinen Willen tun und seinen Namen verherrlichen.

Sie versichert uns unseres künftigen Erbes. Weil unsere Hoffnung lebendig ist, ist unser Leben voller Hoffnung.

Praktische Schritte: Schauen Sie sich die heutige Andacht noch einmal an und schlagen Sie die angegebenen Bibelstellen nach. Danken Sie Gott für die Bedeutung, die Jesu Auferstehung für Sie hat.

Vermeiden von Gesetzlichkeit

Aus dem Wort: »*Ihr seid von Christus abgetrennt, die ihr im Gesetz gerechtfertigt werden wollt; ihr seid aus der Gnade gefallen*« (Galater 5,4).

Was ist »Gesetzlichkeit« eigentlich? Es ist der Glaube, dass ich heilig werden und den Gefallen Gottes finden kann, indem ich bestimmte Gesetze einhalte. Gesetzlichkeit heißt, geistliche Reife anhand einer Liste von Geboten und Verboten zu messen. Die Schwäche der Gesetzlichkeit besteht darin, dass sie zwar *Sünden* (in der Mehrzahl), nicht aber *Sünde* (die Wurzel allen Übels) sieht. Gesetzlichkeit urteilt nach dem Äußeren, nicht nach dem Inneren. Hinzu kommt, dass, wer gesetzlich ist, den eigentlichen Zweck von Gottes Gesetz und den Zusammenhang zwischen Gesetz und Gnade nicht zu verstehen vermag.

Glaubende, die versuchen, nach Regeln und Verordnungen zu leben, entdecken nur, dass ihr gesetzliches System noch mehr Sünde entstehen lässt und noch mehr Probleme verursacht. Die Gemeinden in Galatien waren sehr von Gesetzlichkeit geprägt und erfuhren alle Arten von Schwierigkeiten. »Wenn ihr aber einander beißt und fresst, so seht zu, dass ihr nicht voneinander verzehrt werdet!« (Galater 5,15). Ihre Gesetzlichkeit hat sie nicht geistlich reifer gemacht, sondern sie stattdessen nur noch mehr in die Sünde getrieben. Und warum? Weil das Gesetz in unserem Wesen Sünde hervorruft.

 Machen Sie sich auch Gedanken zu: Römer 4,4-5.16; Epheser 2,8.

Praktische Schritte: Schreiben Sie auf, warum Sie glauben, dass Sie zur Familie Gottes gehören. Danken Sie Gott dafür, dass Ihre Erlösung auf seiner Gnade beruht und nicht auf Ihren Werken.

Nichts als Lobpreis

Vers des Tages: *»Den HERRN will ich preisen allezeit, beständig soll sein Lob in meinem Munde sein«* (Psalm 34,2).

Psalm 145 wurde nur mit einem Ziel geschrieben: den Herrn zu loben. Sie werden feststellen, dass in diesem Psalm weder Bitten noch Sündenbekenntnisse enthalten sind, sondern nichts als Lobpreis!

Hören wir dem Psalmisten zu, wie er zum Herrn spricht! »Ich will dich erheben, mein Gott, du König, und deinen Namen preisen immer und ewig. Täglich will ich dich preisen, deinen Namen will ich loben immer und ewig« (V. 1-2). Es reicht ihm nicht, darauf zu warten, bis er in den Himmel kommt, wo er Gott für ewig preisen wird. Er beginnt schon jetzt auf Erden damit, Gott täglich zu loben. Lobpreis ist eine irdische Tätigkeit, die wir im Himmel fortsetzen werden. Deshalb sollten wir alle bereits jetzt damit beginnen, denn ein bisschen Üben kann gewiss nicht schaden.

Einige Christen loben den Herrn, andere nicht. Was den Unterschied ausmacht, ist vielleicht, dass die Christen, die den Herrn preisen, ihre Augen glaubensvoll auf ihn gerichtet halten, während die eher Schweigsamen nur auf sich selbst schauen. Wenn Gott der Mittelpunkt unseres Lebens ist, haben wir jeden Tag Grund, ihn zu loben, denn wir sehen immer wieder, auf welche Weise er uns segnet, ganz gleich, wie schwierig unsere Lage momentan auch sein mag. Für einen lobpreisenden Christen sind die Lebensumstände ein Fenster, durch das er Gott sieht. Für einen klagenden Christen sind die gleichen Umstände lediglich ein Spiegel, in dem er sich selbst sieht. Und genau das ist auch der Grund, warum er sich beklagt.

Lesen Sie auch: Psalm 145,1-10; 146,1-2; Matthäus 11,25; 21,16; Lukas 19,37-38; Apostelgeschichte 16,25; Hebräer 13,15; Offenbarung 19,5.

Praktische Schritte: Sind Sie in den Augen Ihrer Mitmenschen eine eher positiv oder eine eher negativ eingestellte Person? Wenn Sie eine positive Einstellung zum Leben haben, wird es Ihnen leicht fallen, sich den Lobpreis des Herrn zur Gewohnheit zu machen. Sind Sie eher negativ eingestellt, könnte dies etwas schwieriger werden. Geben Sie dem Lobpreis in Ihrer Gebetszeit heute Priorität. Tragen Sie diese Haltung des Lobes und der Dankbarkeit dann in alle anderen Bereiche Ihres Lebens hinein – heute und an allen Tagen. Damit lernen Sie hier auf Erden ein Verhaltensmuster, das Sie im Himmel beibehalten werden.

Der Liebesbeweis

Jesus sagte: »*Wenn ihr mich liebt, so werdet ihr meine Gebote halten*« (Johannes 14,15).

Durch Gehorsam gegen das Wort Gottes beweisen wir unsere Liebe zu ihm. Es gibt drei Motive für Gehorsam. Wir gehorchen entweder, weil wir *müssen*, weil es *ratsam* ist oder weil wir es *wollen*.

Ein Sklave gehorcht, weil er *muss*. Verweigert er den Gehorsam, wird er bestraft. Ein Angestellter gehorcht, weil es *ratsam* ist. Vielleicht macht ihm seine Arbeit keinen Spaß, aber seinen Gehaltsscheck nimmt er dennoch gern entgegen. Es ist ratsam, dass er gehorcht, denn er hat seine Familie zu ernähren. Ein Christ aber sollte seinem Himmlischen Vater gehorchen, weil er es *will*, weil seine Beziehung zu Gott von Liebe geprägt ist.

Als Kinder haben wir in unserem Entwicklungsprozess diese drei Stufen des Gehorsams durchgemacht. Erst gehorchten wir, weil wir *mussten*. Leisteten wir keinen Gehorsam, wurden wir bestraft. Als wir etwas älter waren, erkannten wir, dass sich die anderen über uns freuen und uns loben, wenn wir Gehorsam zeigen. Da Lob und Anerkennung aber zu unseren wichtigsten Grundbedürfnissen gehören, fingen wir an gehorsam zu sein, weil es vorteilhaft und somit *ratsam* für uns war. Als wir dann schließlich die nötige innere Reife erlangt hatten, gehorchten wir aus Liebe.

»Neulinge« im christlichen Glauben müssen immer wieder gewarnt oder gelobt werden. Im Glauben gereifte Christen hören das Wort Gottes und gehorchen einfach deshalb, weil sie Gott lieben.

Lesen Sie auch: 1. Johannes 2,4-5; 5,2-3; Psalm 119,10.

Praktische Schritte: Nehmen Sie sich einige Minuten Zeit, um Gott zu sagen, dass Sie ihn lieben. Danken Sie ihm für die Liebe, die er Ihnen entgegenbringt. Vielleicht gibt es in Ihrem Leben ja einen Bereich, in dem Sie Gott bisher nicht gehorcht haben. Bitten Sie Gott, dass er Ihnen hilft, gehorsam zu sein.

Erlöst aus Gnade!

Bibelstelle des Tages: *»Er hat uns mitauferweckt und mitsitzen lassen in der Himmelswelt in Christus Jesus, damit er in den kommenden Zeitaltern den überragenden Reichtum seiner Gnade in Güte an uns erweise in Christus Jesus«* (Epheser 2,6-7).

Gott hat uns nicht nur erlöst, um uns vor der Hölle zu bewahren, wie wunderbar dies allein schon sein mag. Das letztendliche Ziel unserer Errettung besteht darin, dass die Gemeinde Gott in Ewigkeit für seine Gnade lobpreisen möge (Epheser 1,6.12.14). Da Gott für uns eine Aufgabe vorgesehen hat, die wir für alle Ewigkeit erfüllen sollen, wird er uns auch in alle Ewigkeit bewahren. Da wir nicht wegen unserer guten Werke errettet worden sind, können wir auch nicht wegen unserer schlechten Werke verloren gehen. Gnade bedeutet Erlösung, die völlig unabhängig von jeglichen Verdiensten oder guten Werken unsererseits ist. Gnade heißt, dass Gott uns im Namen Jesu errettet! Unsere Erlösung ist ein Geschenk Gottes, keine Belohnung.

Unsere Erlösung kann nicht »durch Werke« geschehen, weil das Werk der Erlösung am Kreuz bereits vollendet worden ist. Gott hat dieses Werk für uns getan und ein für alle Mal abgeschlossen. Wir können dem nichts hinzufügen und wagen nicht, etwas davon wegzunehmen. Als Jesus starb, riss der Vorhang im Tempel entzwei, von oben nach unten. Dies war das Zeichen dafür, dass der Weg zu Gott nun frei war. Das Darbringen von Opfern ist nun nicht mehr nötig. Das *eine* Opfer – das Lamm Gottes – hat das große Werk der Erlösung vollbracht. Gott hat dies alles für uns getan, und zwar aus Gnade.

Lesen Sie auch: Epheser 1,6.12.14; Johannes 17,1-4; 19,30; Hebräer 11,1-14.

Praktische Schritte: Nehmen Sie ein Blatt Papier zur Hand und listen Sie auf der linken Seite alle Werke auf, die manche Menschen glauben, tun zu müssen, um errettet zu werden, bzw. alle falschen Götter, die sie eventuell verehren. Schreiben Sie auf die rechte Seite, was Sie tun, um errettet zu werden. Streichen Sie nun alles, was auf der linken Seite des Blattes steht, durch. Danken Sie Gott für sein Erlösungswerk.

Nutzen Sie Ihre Gaben?

Merkvers: *»In der Bruderliebe seid herzlich zueinander, in Ehrerbietung einer dem anderen vorangehend; im Fleiß nicht säumig, brennend im Geist; dem Herrn dienend«* (Römer 12,10-11).

Jeder Christ hat wenigstens eine geistliche Gabe, die er zur Ehre Gottes und zum Aufbau der Gemeinde einsetzen sollte. Wir sind Verwalter; Gott hat uns diese Gaben anvertraut, damit wir sie zum Wohl der gesamten Gemeinde verwenden. Er schenkt uns auch die geistliche Fähigkeit, unsere Gaben zu entwickeln und treue Diener der Gemeinde zu sein.

Es gibt die Gabe des Redens und die Gabe des Dienens, und beide sind für die Gemeinde von großer Wichtigkeit. Nicht jeder ist Prediger oder Bibelkursleiter, aber alle können Zeugen Christi sein. Diejenigen, die »hinter den Kulissen« arbeiten, machen die öffentliche Gemeindearbeit erst möglich. Gott schenkt uns allen unsere ganz besonderen Gaben und Fähigkeiten und die entsprechenden Gelegenheiten, diese Gaben zu nutzen – und ihm allein gebührt die Ehre.

Weitere Bibelstellen: Römer 12,1-13; 1. Korinther 12.

Praktische Schritte: Singen Sie ein Lied, in dem es darum geht, anderen im Namen Christi zu dienen. Sprechen Sie mit Gott darüber, wie Sie Ihre Gaben einsetzen können, um anderen in seinem Namen zu dienen.

Leben in Wahrhaftigkeit

Vers des Tages: *»[Kämpfe] den guten Kampf [...], indem du den Glauben bewahrst und ein gutes Gewissen, das einige von sich gestoßen und so im Hinblick auf den Glauben Schiffbruch erlitten haben«* (1. Timotheus 1,19-20).

Eines der Kennzeichen eines wahren Dieners Gottes ist seine Ehrlichkeit und Wahrhaftigkeit: Er handelt entsprechend dem, was er predigt. Das soll nicht heißen, dass er vollkommen und ohne jede Sünde ist, es bedeutet aber, dass er aufrichtig darum bemüht ist, dem Wort Gottes Gehorsam zu leisten, und dass er versucht, ein reines Gewissen zu bewahren.

Unser Gewissen kann allzu leicht »abstumpfen«. Wie unser Fleisch »brandig« werden kann, so dass es hart und gefühllos wird, kann auch unser Gewissen absterben. Jedes Mal, wenn Worte über unsere Lippen kommen, die wir mit unserem Leben Lügen strafen (egal, ob den anderen dies bewusst ist oder nicht), töten wir unser Gewissen ein klein wenig mehr. Jesus hat klar und deutlich darauf hingewiesen, dass weder fromme Reden noch das Vollbringen von Wundern ein Garant dafür sind, dass ein Mensch in den Himmel kommt. Dies erreicht er allein dadurch, dass er Tag für Tag den Willen Gottes tut (Matthäus 7,21-29). *Glauben* und *Leben* müssen immer eine Einheit bilden.

Lesen Sie: 1. Timotheus 1,3-7; 4,1-5; Matthäus 7,21-29.

Praktische Schritte: Überlegen Sie, welche Situationen sich Ihnen heute unter Umständen stellen könnten, in denen Sie sich zwischen Richtig und Falsch entscheiden müssen. Fassen Sie jetzt den Entschluss, auf jeden Fall die Wahl zu treffen, die Gott gefällt. Bitten Sie den Heiligen Geist darum, dass er Ihnen die Kraft gibt, Ihren Plan »durchzuziehen«, damit Sie in Ihrem Leben hinterher nichts zu bereuen haben.

Die Verheißung von Gottes Segen

Denken Sie daran: »*Wer meine Gebote hat und sie hält, der ist es, der mich liebt; wer aber mich liebt, wird von meinem Vater geliebt werden; und ich werde ihn lieben und mich selbst ihm offenbaren*« (Johannes 14,21).

Wenn wir uns Jesus Christus als unserem Erlöser anvertrauen, wird Gott zu unserem Vater. Aber er kann uns nur dann ein *Vater sein*, wenn wir ihm gehorchen und ihm wirklich nahe kommen. Er sehnt sich danach, uns in Liebe anzunehmen und uns als seine geliebten Söhne und Töchter zu betrachten. *Erlöst* zu sein heißt, dass wir am Leben des Vaters Anteil haben. Wenn wir aber völlig in die Liebe des Vaters eintreten möchten, müssen wir uns *absondern*.

Gott segnet diejenigen, die sich für den Herrn von der Sünde absondern. Abraham sonderte sich beispielsweise von Ur und den Chaldäern ab, und Gott segnete ihn. Als Abraham als Kompromiss nach Ägypten zog, musste Gott ihn züchtigen. Solange sich die Menschen des Volkes Israel von den in Sünde lebenden Nationen in Kanaan absonderten, segnete Gott sie. Als sie aber anfingen, sich mit den Heiden einzulassen, musste Gott sie zur Ordnung rufen.

Wegen Gottes Verheißungen der Gnade haben wir eine geistliche Verantwortung. Wir müssen uns ein für alle Mal von all dem reinigen, was uns befleckt. Es reicht nicht, Gott darum zu bitten, dass er uns reinigt. Jeder von uns muss sein eigenes Leben in Ordnung bringen und sich von allem trennen, was ihn leicht dazu bringen kann zu sündigen.

Uns zu reinigen, ist aber nur ein Teil unserer Verantwortung. Darüber hinaus müssen wir unsere »Heiligkeit vollenden in der Furcht Gottes« (2. Korinther 7,1). Dies ist ein Prozess, der kontinuierlich vonstatten geht, wenn wir an Gnade und Erkenntnis wachsen wollen. Es ist sehr wichtig, dass unser geistliches Wachstum in einem ausgewogenen Verhältnis erfolgt. Die Pharisäer waren bestrebt die Sünde zu beseitigen, vernachlässigten dabei aber, ihre Heiligkeit zu vollenden. Anders herum wäre es auch töricht, unsere Heiligkeit vollenden zu wollen, wenn in unserem Leben noch ganz deutlich Sünde zu erkennen ist.

Weitere Verse: Esra 9,10-15; Nehemia 9,2; 2. Korinther 7,1.

Praktische Schritte: Sprechen Sie mit Gott und bitten Sie ihn darum, Ihr Herz zu erforschen und Ihnen dabei zu helfen, sich von allem abzusondern, was Sie daran hindert, Gott näher zu kommen.

Die fünfte Freiheit

Merkvers: »*Wir aber haben nicht den Geist der Welt empfangen, sondern den Geist, der aus Gott ist, damit wir die Dinge kennen, die uns von Gott geschenkt sind*« (1. Korinther 2,12).

Zum Abschluss einer wichtigen Rede vor dem Kongress am 6. Januar 1941 brachte der amerikanische Präsident Franklin D. Roosevelt seine Vision von der Welt nach dem Ende des Krieges zum Ausdruck. Er hatte vier Grundfreiheiten im Blick, die alle Menschen genießen sollten: die Redefreiheit, die Freiheit zur Ausübung ihres Glaubens, die Freiheit von Not und die Freiheit von Angst. In gewisser Hinsicht sind diese Freiheiten im Vergleich zur Situation von 1941 heute auch in weitaus größerem Maße umgesetzt, aber die Welt bedarf außerdem einer fünften Freiheit: der Freiheit von sich selbst und der Tyrannei der eigenen sündigen Natur.

Die Gesetzlichen glaubten, sie könnten dem Problem anhand von Gesetzen und Drohungen zu Leibe rücken, aber Paulus stellte klar, dass die grundlegend sündige Natur des Menschen auch durch die umfassendste Gesetzgebung nicht geändert werden kann. Nicht durch *äußere* Gesetze, sondern nur durch Liebe *in unserem Herzen*, sind wir in der Lage uns zu ändern. Wir benötigen eine innere Kraft dazu, und diese Kraft kommt vom Heiligen Geist Gottes.

Der Heilige Geist gibt uns die Gewissheit ins Herz, dass wir errettet sind, er befähigt uns dazu, für Christus zu leben und ihn zu verherrlichen. Der Heilige Geist ist nicht einfach nur ein »göttlicher Einfluss«, er ist vielmehr eine göttliche Person, genau wie Vater und Sohn auch. Was Gott, der Vater, für uns *geplant* hat und Gott, der Sohn, für uns am Kreuz *erkauft* hat, bringt uns Gott, der Heilige Geist, *persönlich nahe* und wendet es auf unser Leben an, wenn wir uns in seine Hand begeben.

Lesen Sie auch: Johannes 14,16-17.26; 16,7-14; Galater 5,5.16-18.22-25.

Praktische Schritte: Halten Sie inne und machen Sie sich bewusst, wie wunderbar es ist, ein Christ zu sein und den Heiligen Geist zu haben, der uns lenkt und leitet. Danken Sie Gott für den Dienst des Heiligen Geistes und bringen Sie Ihren Wunsch zum Ausdruck, ganz vom Heiligen Geist geführt zu sein.

Dein Wille geschehe

Vers des Tages: *»Und seid nicht gleichförmig dieser Welt, sondern werdet verwandelt durch die Erneuerung des Sinnes, dass ihr prüfen mögt, was der Wille Gottes ist: das Gute und Wohlgefällige und Vollkommene«* (Römer 12,2).

Unser Körper wird von unseren Gedanken beherrscht, wobei unsere Gedanken wiederum von unserem Willen geleitet werden. Viele Menschen glauben, sie könnten ihren Willen durch »Willenskraft« steuern, haben damit aber meist keinen Erfolg. Diese Erfahrung machte auch Paulus, wie wir in Römer 7,15-21 erfahren. Nur wenn wir unseren Willen dem Willen Gottes unterordnen, kann Gott das Ruder übernehmen und uns die Willenskraft (oder die Kraft, etwas *nicht* zu wollen) schenken, die wir brauchen um ein siegreiches Leben als Christ zu führen.

Durch ein diszipliniertes Gebetsleben sorgen wir dafür, dass Gott unseren Willen richtig steuern kann. Ein aufrichtiges »Nicht mein Wille, sondern der deine geschehe« gibt ihm die Möglichkeit, seinen Willen gegen uns und unseren eigenen Willen durchzusetzen.

Lesen Sie auch: Psalm 40,8; Jesaja 1,18-20; 43,26; Matthäus 26,39; Johannes 5,30.

Praktische Schritte: Jesus ist unser Vorbild, und er betete: »Nicht mein Wille, sondern der deine geschehe«. Schreiben Sie alle Dinge in Ihrem Leben auf, die einen Widerstand gegen den Willen Gottes darstellen. Bitten Sie Gott darum, dass er Ihnen dabei hilft, eines nach dem anderen loszulassen und sich völlig seinem Willen unterzuordnen.

Ist Zorn in jeder Hinsicht falsch?

Denken Sie daran: *»Der Langmütige ist reich an Verständnis, aber der Jähzornige trägt Narrheit davon«* (Sprüche 14,29).

Als der Prophet Nathan zu König David kam und ihm die »Geschichte vom gestohlenen Lamm« erzählte (2. Samuel 12), wurde der König sehr zornig – allerdings auf die falsche Person. »Du bist der Mann!«, antwortete ihm Nathan (V. 7), woraufhin David bekannte: »Ich habe gegen den HERRN gesündigt« (V. 13). Im Garten Gethsemane wollte Petrus nur sehr zögerlich auf seinen Herrn hören, seine Worte und sein Zorn stiegen dagegen sehr rasch in ihm empor, und beinahe hätte er einen Mann mit dem Schwert getötet (Matthäus 26,51). Viele Kämpfe in der Gemeinde sind das Resultat von mangelnder Geduld, schnellem Aufbrausen und rasch dahingeworfenen Worten. Zwar gibt es den gottgerechten Zorn auf die Sünde; und wenn wir den Herrn lieben, müssen wir die Sünde hassen. Aber der Zorn der Menschen hat mit der Gerechtigkeit Gottes nichts zu tun. Zorn ist vielmehr genau das Gegenteil der Geduld, die Gott in unserem Leben in zunehmendem Maße entwickeln möchte, wenn wir in Christus wachsen und reifen.

Einmal las ich auf einem Poster die Worte: »Geduld ist etwas sehr Kostbares, es wäre schade, sie zu verlieren«. Wer angesichts von Sünde nicht auch einmal die Geduld verliert und in Zorn gerät, hat wohl auch kaum die Kraft dagegen anzukämpfen. Jakobus warnt uns allerdings davor, zornig auf Gottes Wort zu sein, weil wir dadurch nur unsere eigene Sünde vor uns aufdecken. Ähnlich dem Mann, der den Spiegel zerschlug, weil ihm das Antlitz darin nicht gefiel, rebellieren die Menschen gegen das Wort Gottes, weil es ihnen die Wahrheit über sie selbst und ihre Sündhaftigkeit erzählt.

Lesen Sie auch: 2. Samuel 12; Sprüche 14,17; 15,1.16-32; Epheser 4,26-27; Jakobus 1,3-4.19.

Praktische Schritte: Schreiben Sie auf, wie Sünde Menschen Schaden zufügt. Was steht ganz oben auf Ihrer Liste? Wie ärgerlich oder zornig werden Sie angesichts von Sünde? In welchem Maße betrachten Sie Sünde aus dem Blickwinkel Gottes? Sprechen Sie mit Gott über das Thema der heutigen Andacht.

April

Totaloperation

Vers des Tages: »*So tat ich dir kund meine Sünde und deckte meine Schuld nicht zu. Ich sagte: Ich will dem HERRN meine Übertretungen bekennen; und du, du hast vergeben die Schuld meiner Sünde*« (Psalm 32,5).

Ein christlicher Arzt hatte einmal eine Patientin mit sehr hohen Moralvorstellungen, die einer Gemeinde angehörte, welche die Notwendigkeit der Erlösung und das zukünftige Gericht leugnete. Er versuchte beständig, mit ihr über Gott als Richter ins Gespräch zu kommen, aber ihre Antwort lautete stets: »Gott liebt mich viel zu sehr, als dass er mich verdammen würde. Ich kann mir nicht vorstellen, dass Gott so etwas wie einen Feuersee schaffen könnte«.

Dann wurde die Frau schwer krank, und der Arzt fand heraus, dass ihr Körper von Krebs befallen war. Eine Operation war dringend erforderlich. »Ich frage mich, ob ich wirklich operieren soll«, meinte der Arzt, als er an ihrem Bett im Krankenhaus stand. »Ich habe Sie eigentlich viel zu gern, als dass ich in Sie hineinschneiden und Ihnen Schmerzen zufügen möchte«.

»Doktor«, antwortete ihm die Patientin, »wenn Sie mich wirklich gern hätten, würden Sie alles tun, was in Ihrer Macht steht, um mich zu retten. Wie können Sie nur zulassen, dass dieser grauenvolle Tumor in meinem Körper bleibt?«

Daraufhin war es natürlich leicht für ihn, ihr zu erklären, dass der Krebs für den Körper ist, was die Sünde für die Welt ist, und dass beides radikal und vollständig entfernt werden muss. Genauso, wie ein Arzt nicht die Gesundheit lieben kann, ohne die Krankheit zu hassen und gegen sie anzugehen, kann Gott nicht die Gerechtigkeit lieben, ohne die Sünde zu hassen und sie zu richten. Vielmehr ordnet Gott eine Totaloperation an, wenn ein Christ sündigt. Seine Anweisung lautet in einem solchen Fall: »Herausschneiden!«.

 Weitere Verse: Psalm 41,4; 51,2-5; 69,5; Lukas 15,17-21; 1. Johannes 1,8-10.

Praktische Schritte: Sprechen Sie mit Gott und bitten Sie ihn darum, dass er Sie dazu in die Lage versetzt, die Sünde in Ihrem Leben zunächst einmal zu erkennen und sie dann »herauszuschneiden«.

Beizeiten anfangen

Vers des Tages: *»Und auch bis zum Alter und bis zum Greisentum verlass mich nicht, o Gott, bis ich verkündige deinen Arm dem künftigen Geschlecht, allen, die da kommen werden, deine Macht«* (Psalm 71,18).

Es empfiehlt sich, den Grundstein für den Glauben in der Kindheit und Jugend zu legen. Für einige Christen sind die »goldenen Jugendjahre« in Wirklichkeit »bleierne Jahre«, weil sie ihre Jugendzeit vergeudet und kein solides Glaubensfundament gelegt haben. Das soll nicht heißen, dass ein älterer Mensch, der die Gelegenheit für Christus zu leben früher nicht genutzt hat, später automatisch keinen Erfolg im Glauben hat. Es ist niemals zu spät Gott zu dienen. Allerdings sind unsere Kinder- und Jugendjahre die beste Zeit, um den Samen für die spätere Segensernte zu säen. Dem Verfasser von Psalm 71 lag es sehr am Herzen, diese Erkenntnis an die nächste Generation weiterzugeben. Seine größte Sorge war es, im Alter nicht beschämt zu werden. Er wollte dem Herrn auch in seinen letzten Lebensjahren Ehre machen. Ich habe von einem Prediger gehört, der zu beten pflegte: »Herr, errette mich davor, ein griesgrämiger alter Mann zu werden!« Und ein Freund hat einmal zu mir gesagt: »Wenn ich alt werde, möchte ich reif werden, nicht verrotten«.

Wenn wir in den Herbst unseres Lebens eintreten, haben wir nichts zu fürchten, denn Gott wird uns beschützen. Er ist unsere Zuflucht, wenn es stürmt, und unsere Burg in der Schlacht. Wenn wir ihm treu sind, wird er uns stärken und uns die Kraft geben, ihn zu preisen. Dieser Lobpreis wird uns davor bewahren uns zu beschweren und zu beklagen. Mag Satan uns auch anklagen, drohen und angreifen, Gott wird immer mit uns sein und uns tragen. Er wird Schwierigkeiten nicht immer verhindern, aber er wird uns in jeder schwierigen Situation beschützen und uns gestärkt und gereift daraus hervorgehen lassen.

Lesen Sie auch: 5. Mose 32,20; Psalm 71; 2. Timotheus 1,5-7; 4,7-8.

Praktische Schritte: Wir leben in einer sehr jugendorientierten Kultur. In der Werbung und den Medien wird die Jugend verherrlicht, während die Älteren oft auf den Arm genommen werden. Bitten Sie Gott, dass er Sie in zunehmendem Maß erkennen lässt, wenn ein älterer Mensch in Ihrer Umgebung Ihrer Aufmerksamkeit bedarf. Bemühen Sie sich dann darum diesem Menschen das zu geben, woran es ihm fehlt. Wenn er jemanden zum Zuhören braucht, so bitten Sie ihn doch darum, Ihnen von seinen geistlichen Erfahrungen zu berichten, die Ihnen wiederum dabei helfen können ein besseres Fundament für Ihren eigenen Glauben zu legen.

Gott allein ist Richter

Die Bibel gebietet uns: »*So verurteilt nichts vor der Zeit, bis der Herr kommt, der auch das Verborgene der Finsternis ans Licht bringen und die Absichten der Herzen offenbaren wird! Und dann wird jedem sein Lob werden von Gott*« (1. Korinther 4,5).

In Matthäus 7,3-5 erklärt uns Jesus anhand des Beispiels vom Auge, mit welcher inneren Haltung wir als Christen ans Leben herangehen sollten. Eine der Wahrheiten, die in diesem Abschnitt zum Ausdruck kommt, lautet: *Wir dürfen nicht über die Beweggründe anderer richten.* Zwar sollten wir ihre Verhaltensweise und ihre Haltung überprüfen, aber über ihre Motive richten können wir nicht, denn nur Gott allein kann ihnen ins Herz schauen. Ein Mensch kann ein gutes Werk vollbringen und dabei eine schlechte Absicht haben. Andersherum ist es genauso möglich, dass er in einer Sache scheitert, obwohl er sich ernsthaft bemüht hat. Wenn wir vor dem Richterstuhl Christi stehen werden, wird er die Geheimnisse unseres Herzens erkennen und uns den entsprechenden Lohn geben.

Dass Jesus gerade das so empfindliche Auge für seine Erklärung heranzieht, lehrt uns noch eine weitere Wahrheit: *Wir müssen Liebe und Behutsamkeit walten lassen, wenn wir anderen helfen wollen.* Ich habe mich umfassenden Augenuntersuchungen unterziehen müssen und hatte einmal eine Operation, in der mir ein Eisensplitter aus dem Auge entfernt wurde. Ich war den Ärzten sehr dankbar für ihre Behutsamkeit. Wie Augenärzte sollten auch wir mit liebevoller Fürsorge und Behutsamkeit vorgehen, wenn wir anderen Menschen helfen möchten. Wir können gewiss mehr Schaden anrichten als ein ins Auge geratenes Staubkorn, wenn wir uns im Umgang mit anderen ungeduldig und gefühllos zeigen.

Lesen Sie auch: Matthäus 6,22-23; 7,1-5; Jakobus 4,11-12.

Praktische Schritte: Ergründen Sie heute anstatt der Beweggründe anderer einmal die eigenen Absichten in Ihrem Herz. Seien Sie immer bestrebt nicht sich selbst, sondern allein Gott zu verherrlichen und zu ehren.

Schicksalsschläge

Vers des Tages: *»[Ich will] die Kraft seiner Auferstehung und die Gemeinschaft seiner Leiden [...] erkennen, indem ich seinem Tod gleichgestaltet werde«* (Philipper 3,10).

Das Mysterium des menschlichen Leidens werden wir in diesem Leben wohl nicht ergründen können. Manchmal leiden wir einfach deshalb, weil wir Menschen sind. Auf der einen Seite verändert sich unser Körper, wenn wir älter werden, auf der anderen Seite sind wir ganz allgemein empfänglich für die üblichen Probleme des Lebens. Derselbe Körper, der uns Freude und Vergnügen schaffen kann, kann uns auch Schmerzen bereiten. Dieselben Freunde und Familienmitglieder, die uns so glücklich machen, können auch unser Herz brechen. All das ist Teil der »menschlichen Komödie«.

Manchmal leiden wir, weil wir töricht und ungehorsam gegen den Herrn waren, der es in seiner Liebe für angebracht hält uns zu züchtigen. König David musste viel leiden wegen der Sünde, die er mit Batseba begangen hatte. In seiner Gnade vergibt uns Gott unsere Sünden, aber seine Gesetze verlangen es, dass wir ernten, was wir säen.

Leiden ist außerdem ein Werkzeug, das Gott benutzt, um uns ihm ähnlicher zu machen. Paulus war mit Sicherheit deswegen ein Mann mit gottgefälligem Charakter, weil er Gott gestattete, ihn durch die schmerzhaften Erfahrungen seines Lebens zu formen.

Wenn man am Meer entlangspaziert, kann man beobachten, dass die Felsen in den stillen Buchten sehr scharfkantig aussehen, wohingegen sie dort, wo die Wellen dagegen peitschen, glatt und abgeschliffen sind. Wenn wir es zulassen, kann Gott die Stürme des Lebens benutzen um unsere Ecken und Kanten abzuschleifen.

Machen Sie sich Gedanken zu: Psalm 51; Römer 5,1-5; 2. Korinther 12,9; Hebräer 12,3.

Praktische Schritte: Denken Sie über die vier oben genannten Arten von Leiden nach und ordnen Sie Ihre Leiden den entsprechenden Kategorien zu. Welches Leid war für Sie am leichtesten zu tragen? Warum? Welche Leiden waren für Sie am schwersten und warum? Geben Sie Ihre Leiden an den Herrn ab, der zu uns sagt: »Werft eure Sorge auf mich, denn ich bin besorgt für euch.«

Den Schöpfergott preisen

Merkvers: *»Lobsingt dem HERRN, denn Herrliches hat er getan! Das soll auf der ganzen Erde bekannt werden. Jauchze und juble, Bewohnerin von Zion! Denn groß ist in deiner Mitte der Heilige Israels«* (Jesaja 12,5-6).

Wenn die vierundzwanzig Gott lobsingenden Ältesten, die in der Offenbarung erwähnt werden, Gottes Volk im Himmel darstellen, müssen wir uns fragen, warum Gottes Volk Gott, den Schöpfer, eigentlich loben sollte. Die Himmel erzählen von Gottes Herrlichkeit (Psalm 19). Warum sollte Gottes Volk also nicht in den Lobgesang einstimmen? Die Schöpfung bezeugt unaufhörlich die Macht, Weisheit und Herrlichkeit Gottes. Den Schöpfer anzuerkennen ist der erste Schritt zum Vertrauen in den Erlöser (siehe Apostelgeschichte 14,8-18; 17,22-23).

Aber die sündhafte Menschheit bringt dem Geschöpf statt dem Schöpfer Verehrung und Dienst dar und betreibt damit Götzendienst (Römer 1,25). Hinzu kommt, dass der Mensch Gottes Schöpfung verschmutzt und zerstört hat und eines Tages den Preis dafür zahlen muss (siehe Offenbarung 11,18). Die Schöpfung ist zum Lob und zur Freude Gottes bestimmt, und der Mensch hat kein Recht sich das anzueignen, was rechtmäßig Gott gehört. Der Mensch hat die Schöpfung in den Sog der Sünde getrieben, sodass die *gute* Schöpfung Gottes nun eine *seufzende* Schöpfung ist (Römer 8,22). Durch das Werk Christi am Kreuz wird sie jedoch eines Tages erlöst werden und dann eine Schöpfung *der Herrlichkeit* sein (Römer 8,18-24).

Es ist sehr zu bedauern, dass es in den Gemeinden heute oft vernachlässigt wird, Gott in seiner Eigenschaft als Schöpfer zu verehren. Die wahre Antwort auf unsere Umweltprobleme besteht weder in finanziellen Mitteln noch in rechtlichen Schritten, sondern in geistlicher Erkenntnis. Erst wenn der Mensch Gott, den Schöpfer, anerkennt und die Schöpfung zur Ehre Gottes nutzt, können diese Probleme gelöst werden.

Weitere Bibelstellen: Schlagen Sie die Bibelstellen nach, die in der heutigen Andacht aufgeführt werden.

Praktische Schritte: Nehmen Sie sich Zeit, um über das Wunder von Gottes Schöpfung nachzudenken. Schreiben Sie auf, was *für Sie* die »Sieben Weltwunder« sind, die Gott geschaffen hat. Gestalten Sie Ihr Gebet heute als Lobgesang auf den Schöpfer.

In Versuchung

Denken Sie daran: *»Wenn nun ihr, die ihr böse seid, euren Kindern gute Gaben zu geben wisst, wie viel mehr wird euer Vater, der in den Himmeln ist, Gutes geben denen, die ihn bitten!«* (Matthäus 7,11).

Satan versucht uns davon zu überzeugen, dass unser Vater uns etwas vorenthält, uns nicht wirklich liebt und nicht für uns sorgt. Als Satan sich Eva näherte, flüsterte er ihr ein, dass Gott ihr gestatten würde von dem verbotenen Baum zu essen, wenn er sie wirklich lieben würde. Als Satan Jesus versuchte, warf er mit seinen Worten die Frage auf: »Wenn dein Vater dich liebt, warum musst du dann solchen Hunger leiden?«

Die Güte Gottes ist eine große Schranke, die uns davor bewahrt der Versuchung nachzugeben. Da Gott gütig ist, brauchen wir niemand anderes (auch nicht Satan), der sich unserer annimmt. Es ist besser, nach dem Willen Gottes zu hungern, als satt zu sein, wenn es nicht Gottes Wille ist. Sobald wir anfangen an Gottes Güte zu zweifeln, werden wir von den Angeboten Satans angelockt und strecken wegen der in unserer Natur liegenden Begierden die Hand nach seinem Köder aus. Mose warnte das Volk Israel davor, Gottes Güte zu vergessen, als sie begannen sich an den Segnungen des Gelobten Landes zu erfreuen. Auch wir sollten uns diese Warnung zu Herzen nehmen.

Führen Sie sich das nächste Mal, wenn Sie versucht werden, Gottes Güte vor Augen. Wenn Sie der Meinung sind, dass Sie etwas Bestimmtes benötigen, so warten Sie, bis Gott es Ihnen gibt. Schielen Sie niemals nach dem Köder des Teufels. Denken Sie daran, dass Versuchungen unter anderem den Zweck haben, Sie Geduld zu lehren. David wurde zweimal versucht König Saul zu töten, um seine eigene Krönung zu beschleunigen. Aber er widerstand der Versuchung und wartete darauf, bis Gott den Zeitpunkt für gekommen hielt.

Lesen Sie auch: 5. Mose 6,10-15; Jeremia 9,24; Jakobus 1,5.17.

Praktische Schritte: Schreiben Sie verschiedene Situationen auf, die Satan ausnutzen könnte, um Sie zu verführen. Überlegen Sie, was Sie in den jeweiligen Situationen am besten tun könnten. Denken Sie dabei immer an Gottes Güte. Inwiefern könnte Geduld Ihnen in bestimmten Momenten der Versuchung helfen?

Ich weiß, woran ich glaube!

Die Bibel sagt uns: *»Viele werden an jenem Tage zu mir sagen: Herr, Herr! Haben wir nicht durch deinen Namen geweissagt und durch deinen Namen Dämonen ausgetrieben und durch deinen Namen viele Wunderwerke getan? Und dann werde ich ihnen bekennen: Ich habe euch niemals gekannt. Weicht von mir, ihr Übeltäter!«* (Matthäus 7,22-23).

Warum ist es so wichtig für uns zu *wissen*, dass wir aus Gott geboren sind?

Es gibt zwei Arten von Kindern auf dieser Welt: die Kinder Gottes und die Kinder des Teufels. Oft stellt man sich ein »Kind des Teufels« als einen Menschen vor, der in großer Sünde lebt, aber dass muss keineswegs immer der Fall sein. Jeder, der nicht an Christus glaubt, ist ein »Kind des Teufels«. Vielleicht führt er ein moralisch vorbildliches Leben oder ist sogar religiös, vielleicht ist er dem Schein nach auch ein Christ. Aber weil er nie »aus Gott geboren« wurde und nie eine persönliche Beziehung zu ihm hatte, ist er immer noch Satans »Kind«.

Mit einem »falschen« Christen – und davon gibt es viele – ist es wie mit einer falschen Banknote. Stellen Sie sich vor, Sie besitzen einen gefälschten Zwanzigmarkschein und halten ihn für echt. Sie kaufen dafür ein schönes Geschenk für einen Freund und bringen den Schein damit wieder in Umlauf. Schließlich gelangt der Schein zur Bank, wo der Kassierer feststellt: »Es tut mir leid, aber dieser Schein ist gefälscht.« Der Zwanzigmarkschein mag sehr viel Gutes bewirkt haben, solange er in Umlauf war, aber sobald er bei der Bank anlangte, kam ans Licht, was er wirklich war – und wurde aus dem Verkehr gezogen.

Genauso verhält es sich mit einem Christen, der im Grunde seines Herzens keiner ist. Er mag in seinem Leben viel Gutes bewirken, aber wenn er am Jüngsten Tag vor dem Gericht Gottes steht, wird er zurückgewiesen werden. Jeder von uns sollte sich daher ernsthaft die Frage stellen: »Bin ich wirklich ein Kind Gottes oder nur zum Schein ein Christ? Bin ich wahrhaft aus Gott geboren?«

Machen Sie sich auch Gedanken zu: 1. Johannes.

Praktische Schritte: Prüfen Sie Ihr Herz und stellen Sie fest, ob Sie ein wahrer Christ sind. Können Sie wirklich von sich sagen, dass Sie »aus Gott geboren« sind? Wenn Sie sich dessen gewiss sein können, dann machen Sie »Ich weiß, woran ich glaube« zu Ihrem Lied des Tages.

Mai

Werdet erneuert:

*»Wir haben aber diesen Schatz
in irdenen Gefäßen,
damit das Übermaß der Kraft
von Gott sei und nicht aus uns.«*

2. Korinther 4,7

Ruf zum Gehorsam

Vers des Tages: »*Doch du bist heilig, der du wohnst unter den Lobgesängen Israels. Du thronst als Heiliger, du Lobgesang Israels. Auf dich vertrauten unsere Väter; sie vertrauten, und du rettetest sie*« (Psalm 22,4-5).

Da Jesus in Ewigkeit der Sohn Gottes und ohne jede Sünde ist und weil er das vollkommene oder »vollendete« Opfer dargebracht hat, ist er der »Urheber ewigen Heils« (Hebräer 5,9). Kein Priester des Alten Testaments hätte irgendwem ewiges Heil bieten können, aber uns wird es in Jesus Christus zuteil. Durch seine Leiden auf der Erde wurde Christus im Himmel unser Hohepriester. Er ist in der Lage uns zu retten, zu bewahren und zu stärken.

Worin besteht nun aber unsere Aufgabe? In Hebräer 5,9 heißt es: »[...] ist er allen, die ihm gehorchen, der Urheber ewigen Heils«. Sobald wir zum Glauben an Jesus Christus gefunden haben und somit seinem Ruf Folge geleistet haben, erfahren wir ewiges Heil. Es hört sich einfach an, ist aber von tiefgreifender Bedeutung.

Lesen Sie auch: Römer 6,17; Galater 5,7; 1. Thessalonicher 5,23-24; 1. Petrus 1,22.

Praktische Schritte: Bewerten Sie sich selbst in den folgenden Punkten. Verwenden Sie dabei einen Maßstab von 1 bis 10, wobei 10 die Bestnote ist.

So sehr vertraue ich Gott	___	So sehr lobe ich Gott	___
So sehr gehorche ich Gott	___	So sehr diene ich Gott	___
So sehr liebe ich Gott	___	So sehr liebe ich die anderen	___
So sehr danke ich Gott	___	So sehr diene ich anderen	___

Beten Sie um die Weisheit und den Willen, Ihre »Gesamtpunktzahl« zu erhöhen.

Glauben heißt siegen

Denken Sie daran: »*Kämpfe den guten Kampf des Glaubens; ergreife das ewige Leben, zu dem du berufen worden bist und bekannt hast das gute Bekenntnis vor vielen Zeugen!*« (1. Timotheus 6,12).

Ich erinnere mich nicht gerade an viele Predigten, die ich als Theologiestudent in den Studentengottesdiensten gehört habe, aber Vance Havner verkündete einmal eine Botschaft, die sich mir eingeprägt und mir oft Mut gemacht hat. Er sprach über Hebräer 11 und erklärte, dass Mose in der Lage war, »das Unsichtbare zu sehen, sich für das Unvergängliche zu entscheiden und das Unmögliche zu erreichen«, und zwar deshalb, weil er ein Mann des Glaubens war. Diese Worte habe ich damals benötigt und brauche sie noch immer.

Was vor Jahrhunderten für Mose galt, könnte auch heute für das Volk Gottes Gültigkeit haben, aber die Männer und Frauen des Glaubens scheinen nicht gerade reichlich gesät zu sein. Wofür auch immer die Gemeinden von heute bekannt sein mögen, für die Verherrlichung Gottes durch große Glaubenstaten dürften sie es wohl kaum sein. »Früher war die Kirche bekannt für ihre guten Gaben«, hörte ich einmal jemanden spötteln, »heute ist sie bekannt für ihre schlechten Einnahmen«.

»Denn alles, was aus Gott geboren ist, überwindet die Welt; und dies ist der Sieg, der die Welt überwunden hat: unser Glaube« (1. Johannes 5,4). Christen werden entweder wegen ihres Unglaubens von der Welt überwunden oder aber überwinden die Welt durch ihren Glauben. Und vergessen Sie dabei nicht, dass der Glaube unabhängig von dem ist, was wir fühlen, was wir sehen oder was geschehen mag. Der Quäker und amerikanische Dichter John Greenleaf Whittier brachte es in einem Lied folgendermaßen zum Ausdruck:

> Nichts zu sehen vorn, nichts zu sehen hinten;
> die Schritte auf den Stufen des Glaubens
> führen scheinbar ins Nichts und finden
> letztlich immer den Fels unter sich.

Lesen Sie: Hebräer 11.

Praktische Schritte: Schreiben Sie Ihre Definition von Glauben nieder und beginnen Sie Ihren Satz mit den Worten: »Mein Glaube an Gott heißt, ...«. Nehmen Sie sich Zeit, um mit Gott über Ihren Glauben an ihn zu sprechen. Bitten Sie ihn, dass er Ihnen hilft in Ihrem Glauben zu wachsen. Bringen Sie Ihre Sorgen vor den Herrn und vertrauen Sie darauf, dass er sich als Antwort auf Ihren Glauben darum kümmert.

Wahrhaftig in Wort und Wesen

Die Bibel gebietet uns: »*Vor allem aber, meine Brüder, schwört nicht, weder bei dem Himmel noch bei der Erde noch mit irgendeinem anderen Eid! Es sei aber euer Ja ein Ja und euer Nein ein Nein, damit ihr nicht unter ein Gericht fallt*« (Jakobus 5,12).

Schwören heißt anhand von Eiden zu versichern, dass das Gesagte wahr ist. Die Pharisäer wandten alle Arten von Tricks an um die Wahrheit etwas »zu dehnen«, und das Schwören war unter ihnen eine verbreitete Sitte. Zwar vermieden sie Schwüre beim heiligen Namen Gottes, kamen diesen aber sehr nahe, indem sie bei der Stadt Jerusalem, dem Himmel, der Erde oder einem Körperteil schworen, um dabei die Wahrheit zu verbiegen.

Jesus lehrte uns, dass unsere Worte so ehrlich und unser Wesen so aufrichtig sein sollte, dass wir es gar nicht nötig haben, auf solche »Hilfsmittel« zurückzugreifen, damit uns Glauben geschenkt wird. Vertrauenswürdigkeit ist eine Frage des Charakters, und auch Schwüre können mangelnden Charakter nicht wettmachen. »Bei vielen Worten bleibt Treubruch nicht aus, wer aber seine Lippen zügelt, handelt klug« (Sprüche 10,19). Je mehr Worte ein Mensch macht, um uns zu überzeugen, desto misstrauischer sollten wir sein.

Machen Sie sich auch Gedanken zu: Matthäus 5,33-37; 5. Mose 23,21-23.

Praktische Schritte: Achten Sie heute ganz bewusst darauf, dass Sie stets mit einfachen Worten die Wahrheit sagen. Seien Sie darauf bedacht, ein ehrlicher und aufrichtiger Mensch zu sein, dessen Worten man Glauben schenken darf. Befehlen Sie Ihren Tag und Ihre Worte Gott an.

Irdene Gefäße

Denken Sie daran: »*Wir haben aber diesen Schatz in irdenen Gefäßen, damit das Übermaß der Kraft von Gott sei und nicht aus uns*« (2. Korinther 4,7).

Jeder Christ ist nichts weiter als ein »irdenes Gefäß«. Der Schatz *im Gefäß* macht den Wert des Gefäßes aus. Gott hat uns so geschaffen, wie wir sind, damit wir das Werk verrichten können, das er für uns bestimmt hat. Paulus schrieb an die Gemeinde in Rom (Römer 9,21): »Oder hat der Töpfer nicht Macht über den Ton, aus derselben Masse das eine Gefäß zur Ehre und das andere zur Unehre zu machen?« Kein Christ sollte sich je bei Gott beklagen, weil er vermeintlich nicht genügend Gaben oder Fähigkeiten besitzt oder weil er für bestimmte Sachen nicht geeignet ist oder Schwierigkeiten damit hat. Selbst unsere genetische Struktur liegt in der Hand Gottes. Jeder von uns muss sich so akzeptieren, wie er ist, und er selbst sein.

Das Wichtigste an einem Gefäß ist, dass es gereinigt und leer ist und für den Dienst bereitsteht. Wir alle müssen danach streben, ein Gefäß zu werden, das Gott gebrauchen kann. Wir sind nichts weiter als irdene Gefäße und dürfen uns deshalb nicht auf uns selbst verlassen, sondern müssen auf die Macht Gottes vertrauen.

Wir müssen uns auf den Schatz im Gefäß, nicht auf das Gefäß selbst konzentrieren. Paulus hatte keine Angst vor Leid oder Prüfungen, weil er wusste, dass Gott das Gefäß behüten würde, solange er selbst den Schatz darin behütete. Manchmal lässt Gott zu, dass unsere Gefäße erschüttert werden, damit etwas von dem Schatz darin überläuft und andere bereichert.

Lesen Sie: Psalm 139,13-16; 2. Timotheus 2,20-21.

Praktische Schritte: Beschreiben Sie mit eigenen Worten:
den Schatz _____

_____

das irdene Gefäß _____

_____

wie etwas von dem Schatz in Ihnen überfließen könnte, wenn Sie »erschüttert« werden _____

_____

Sprechen Sie anschließend mit Gott darüber.

Biblische Hoffnung

Vers des Tages: *»Ich aber will beständig harren und all dein Lob ver-mehren«* (Psalm 71,14).

Der Begriff der *Hoffnung*, wie er in der Bibel verwendet wird, hat nichts zu tun mit einem »Sich-Mutmachen« anhand von vagen, aus der Luft gegriffenen Argumenten, noch mit »Wunschdenken« oder dem Verständnis von Hoffnung, wie es in Sätzen wie »Das will ich hoffen« zum Ausdruck kommt. Die Hoffnung der Christen baut auf dem festen Fundament von Gottes Wesen und seinem Wort. Es ist der Begriff, den Hiob verwendet, als er sagt: »Siehe, er wird mich töten, ich will auf ihn warten [hoffen]« (Hiob 13,15).

Im heutigen Vers des Tages (siehe unten) wird das hebräische Wort für *hoffen* mit »harren« wiedergegeben, denn es bezeichnet ein langes und geduldiges Warten, obwohl man immer wieder enttäuscht wird, weil sich an der Situation einfach nichts ändern will. Es handelt sich um eine Hoffnung, die von großen Erwartungen genährt wird: Wir wissen, dass Gott uns gibt, was wir benötigen, und dass er seine Pläne stets verwirklicht. Das Gegenteil dieser Hoffnung ist ein Gefühl von Angst und Beklemmung.

Aus welcher Quelle schöpft der Christ Hoffnung? Aus Gott! Wir haben Hoffnung, weil Gott uns errettet hat und uns mit Sicherheit nicht verlassen wird. Wir haben Hoffnung wegen des Heiligen Geistes, der in uns lebt, und wegen des Wortes, das Gott uns gegeben hat. Jesus Christus ist unsere Hoffnung.

Das Ergebnis davon lautet: »Ich will [...] all dein Lob vermehren.« Welch eine optimistische Lebenseinstellung! Anstatt immer mehr Gründe für Klagen zu finden, entdeckte der Psalmist immer mehr Segnungen, für die es Gott zu loben galt!

Lesen Sie auch: Römer 5,1-2; 8,31-32; 15,4.13; 1. Timotheus 1,1; Psalm 42,11; 119,49.81.114; Philipper 1,20.

Praktische Schritte: Verfassen Sie ein Dankgebet über die Quelle Ihrer Hoffnung. Beginnen Sie damit, Gott dafür zu danken, dass es ihn gibt. Danken Sie Gott dann dafür, dass er Ihnen durch Jesus Christus die Erlösung geschenkt hat und dass er Ihnen den Heiligen Geist und die Bibel gegeben hat. Bringen Sie anschließend Ihren Glauben zum Ausdruck, dass Gott Ihnen stets gibt, was Sie benötigen, und dass er seine Pläne für Ihr Leben realisieren wird.

Gnadengaben

Vers des Tages: *»So sind wir, die vielen, ein Leib in Christus, einzeln aber Glieder voneinander. Da wir aber verschiedene Gnadengaben haben nach der uns gegebenen Gnade, so lasst sie uns gebrauchen: es sei Weissagung, in der Entsprechung zum Glauben«* (Römer 12,5-6).

Es ist wichtig, dass jeder Christ seine geistlichen Gaben kennt und weiß, welche Aufgabe (oder Aufgaben) er in seiner Gemeinde zu erfüllen hat. Es ist durchaus legitim, wenn ein Christ besondere Gaben an sich oder anderen feststellt. Gefährlich wird es jedoch dann, wenn wir uns falsch einschätzen. Nichts fügt einer Gemeinde mehr Schaden zu als Gemeindeglieder, die sich selbst überschätzen und eine Aufgabe zu bewältigen suchen, für die sie nicht geeignet sind. Manchmal ist allerdings auch das Gegenteil der Fall und wir unterschätzen, wozu wir fähig sind. Beides ist nicht richtig.

Gott hat uns unsere Gaben aus Gnade geschenkt. Wir müssen sie annehmen und durch Glauben nutzen. Wir wurden »aus Gnade, durch Glauben« gerettet und müssen auch »aus Gnade, durch Glauben« leben und anderen dienen. Da die Gaben von Gott kommen, haben wir keinen Grund stolz darauf zu sein. Unsere Aufgabe ist es lediglich, diese Gaben anzunehmen und dem Namen Gottes damit Ehre zu machen.

Lesen Sie auch: 1. Korinther 12; 15,10; Epheser 2,8-9; 4,7-16.

Praktische Schritte: Schreiben Sie alle Pflichten und Aufgaben auf, die Sie in Ihrer Gemeinde erfüllen. Kommen Sie mit der Erledigung der verschiedenen Aufgaben gut zurecht? Wenn dies nicht der Fall sein sollte, so bitten Sie Gott, dass er Ihnen dabei hilft die Situation zu überdenken und Ihnen eventuell den Weg zu neuen, anderen Aufgaben weist. In seiner Gnade wird Gott dafür sorgen, dass Sie Ihre Gaben zum Wohl Ihrer Gemeinde entfalten können.

Gereifte Liebe für Gott

Vers des Tages: »*Halte fest das Vorbild der gesunden Worte, die du von mir gehört hast, in Glauben und Liebe, die in Christus Jesus sind!*« (2. Timotheus 1,13).

Warum können wir auch dann unsere freudige Gelassenheit bewahren, wenn wir mit Prüfungen konfrontiert werden? Weil wir Gott lieben und er uns liebt und uns keinen Schaden zufügen wird. Warum haben wir ein verständiges Herz? Weil Gott uns liebt und uns seine Wahrheit offenbart hat und wir ihn dafür lieben. Warum ordnen wir uns in unserem Willen Gott unter? Weil wir ihn lieben. Und wo Liebe ist, da ist auch Hingabe und Gehorsam. Warum ist unser Herz von Glauben erfüllt? Weil Liebe und Glaube zusammengehören. Wenn wir jemanden lieben, haben wir auch Vertrauen zu ihm und zögern nicht ihn um Hilfe zu bitten.

Aber noch ein anderer Faktor spielt eine Rolle: Die Liebe sorgt auch dafür, dass wir dem Herrn treu bleiben. Ein wankelmütiger Mensch ist wie ein untreuer Ehemann oder eine untreue Ehefrau: Er will sowohl Gott als auch die Welt lieben. Jakobus ermahnt uns: »Reinigt die Herzen, ihr Wankelmütigen!« (4,8). Das griechische Wort, das hier mit *reinigen* übersetzt wurde, bedeutet wörtlich »keusch sein«. Jakobus warnt davor, sich zu verhalten wie ein untreuer Geliebter.

Durch Prüfungen möchte Gott uns reifer machen. »Das Ausharren aber soll ein vollkommenes Werk haben, damit ihr vollkommen und vollendet seid und in nichts Mangel habt« (Jakobus 1,4). In der Übersetzung *Hoffnung für alle* wird dieser Vers anschaulich wie folgt wiedergegeben: »Bis zuletzt sollt ihr so unerschütterlich festbleiben, damit ihr in jeder Beziehung zur vollen geistlichen Reife gelangt und niemand euch etwas vorwerfen kann oder etwas an euch zu bemängeln hat«.

Lesen Sie auch: Jakobus 1,5-8; 4,8; 2. Timotheus 3,16-17.

Praktische Schritte: Eine feste Hoffnung im Sinne der Bibel wird durch regelmäßiges Bibelstudium entwickelt. Schauen Sie in einem christlichen Buchladen vorbei und werfen Sie einen Blick auf die verschiedenen Bücher, die für das Bibelstudium angeboten werden. Vielleicht ist ja das Richtige für Sie dabei. Wenn Sie dem Bibelstudium einen Platz weit oben auf der Prioritätenliste einräumen und um Weisheit beim Lesen der Bibel bitten, werden Sie auf allen Etappen Ihres Weges mit Gott an Weisheit zunehmen.

Es zahlt sich aus!

Gott verspricht uns: »*Sei treu bis zum Tod! Und ich werde dir den Siegeskranz des Lebens geben*« (Offenbarung 2,10).

Als Christen sollten wir für die Ewigkeit, nicht nur für die Gegenwart leben. Im Grunde ist es ja genau dieses Leben aus Glauben, nicht das, was wir momentan sehen können, was unserem Leben als Christen täglich seinen Sinn gibt.

Das erinnert an die Geschichte von den zwei Bauern, der eine ein Christ, der andere ein Atheist. Als die Erntezeit herannahte, spottete der Atheist über seinen gläubigen Nachbarn, weil es so aussah, als hätte Gott diesen nicht gerade übermäßig gesegnet. Dem Atheisten hingegen ging es glänzend. Seine Familie war kerngesund, seine Felder trugen reiche Ernte und er konnte sicher sein, eine Menge Geld zu machen.

»Mir war so, als hättest du gesagt, es würde sich auszahlen an Gott zu glauben und ein Christ zu sein«, stichelte der Atheist.

»Es *zahlt* sich aus«, antwortete der Christ. »Aber Gott bezahlt seine Leute nicht immer im September.«

Was steht dem Atheisten in seiner Zukunft bevor? Paulus wählte ziemlich harte Worte um dies zu beschreiben: Bedrängnis, Vergeltung, flammendes Feuer, Strafe und ewiges Verderben. Die Welt, die Christus ablehnt, wird von Gott genau das erhalten, was sie Gottes Volk zugefügt hat! Wenn Gott uns entlohnt, dann in gleicher Münze, denn es existiert ein Gesetz, nach dem jedem Menschen so vergolten wird, wie er es verdient hat.

Machen Sie sich Gedanken zu: Lukas 6,22-23.35; 16,10-12; Römer 2,6-11; 2. Thessalonicher 1,3-12; Hebräer 11,26; Offenbarung 22,12.

Praktische Schritte: Schlagen Sie in einem guten Wörterbuch das Wort *treu* nach. Überlegen Sie, wie Sie Gott eine größere Treue erweisen können. Besprechen Sie mit Ihm alle Probleme, die Sie eventuell mit dem Treusein und einem Leben mit »dem Blick auf die Ewigkeit« haben.

Nein sagen zur Sinneslust

Die Bibel gebietet uns: »*Stellt auch nicht eure Glieder der Sünde zur Verfügung als Werkzeuge der Ungerechtigkeit, sondern stellt euch selbst Gott zur Verfügung als Lebende aus den Toten und eure Glieder Gott zu Werkzeugen der Gerechtigkeit!*« (Römer 6,13).

Sexuelle Unreinheit beginnt mit der Begierde des Herzens. Jesus sagte nicht, dass sinnliche Begierden in unserem Herzen identisch sind mit ausgelebter Sinneslust, sodass ein Mensch, der diese Begierde in seinem Herzen trägt, genauso gut auch gleich Ehebruch begehen könnte. Das Verlangen an sich und die Tat sind keineswegs identisch, geistlich gesehen aber gleichwertig. Mit »ansehen« meint Jesus keinen beiläufigen Blick, sondern ein *unentwegtes Hinstarren mit dem Ziel, sich zu erregen*. Es ist einem Mann sehr wohl möglich eine schöne Frau anzublicken und ihre Schönheit zu erkennen, ohne dass er die Frau dadurch begehrt. Der Mann, von dem Jesus sagt, er solle sein Auge herausreißen, schaut Frauen *mit dem Ziel an, seine inneren sinnlichen Triebe anzustacheln* als Ersatz für die eigentliche Handlung. Es ist kein zufälliger Blick, sondern ein absichtliches Hinschauen.

Wie können wir die Sinneslust besiegen? Indem wir unser Herz von unserem Verlangen reinigen (denn die Triebe drängen uns zum Handeln) und unseren Körper züchtigen. Natürlich spricht Jesus nicht von einer Operation im wörtlichen Sinne, damit wäre das Problem in unserem Herzen nicht gelöst. Auge und Hand sind normalerweise die beiden »Übeltäter«, wenn es um sexuelle Sünden geht, sodass vor allem sie unter Kontrolle gehalten werden müssen. Jesus fordert uns dazu auf, unverzüglich und entschlossen gegen die Sünde vorzugehen! Es geht nicht um Mäßigung, sondern um den radikalen Verzicht! Eine geistliche »Operation« ist wichtiger als ein körperlicher Eingriff, denn die Sünden des Körpers können zu einer ewigen Verurteilung führen.

Lesen Sie auch: Kolosser 3,5; Römer 13,13-14; Matthäus 5,27-30.

Praktische Schritte: Wenn Sie auf dem Gebiet der Sinneslust einer »geistlichen Operation« bedürfen, so kümmern Sie sich heute darum. Bitten Sie Gott, dass er Ihnen hilft diese Sünde mit seinen Augen zu sehen und sie in jedem Fall zu vermeiden.

Der Gewinn der Weisheit

Vergessen Sie nicht: »*Denn der HERR gibt Weisheit. Aus seinem Mund kommen Erkenntnis und Verständnis*« (Sprüche 2,6).

Eine Zeitungskarikatur zeigt ein Auto, das mit zwei Rädern über dem Abgrund hängt. Am Steuer sitzt ein verlegener Ehemann, neben ihm seine entrüstete Ehefrau. Kleinlaut sagt der Mann zu seiner Frau: »Schatz, ich glaube diese Situation will uns irgendetwas sagen.«

Und das will sie tatsächlich, nämlich Folgendes: *Um ans rechte Ziel zu gelangen, muss man den richtigen Weg nehmen.* Wenn Sie jemals in einer fremden Gegend den falschen Abzweig genommen und sich verfahren haben, werden Sie wissen, wie entscheidend dieser Punkt ist.

Die Bibel ermahnt uns wiederholt, uns für den richtigen Weg zu entscheiden, aber die Welt von heute denkt, dass »viele Wege zu Gott führen« und dass uns jeder Weg schließlich zu Gott bringt, solange wir ihn wirklich ernsthaft gehen.

Jesus stellte klar, dass wir in unserem Leben nur einen von zwei Wegen einschlagen können, wobei diese zu völlig verschiedenen Zielen führen. Jeder muss sich entscheiden zwischen dem breiten Weg, den viele gehen und der ins Verderben führt, und dem schmalen Weg, der zum Leben führt (Matthäus 7,13-14). Einen Mittelweg gibt es nicht.

Im Buch der Sprüche kommen die Wörter »Weg« und »Pfad« fast einhundertmal vor (Elberfelder Übersetzung). Die Weisheit ist nicht nur eine Gabe Gottes, die wir lieben, sondern auch ein Pfad, den wir gehen sollen. In den Kapiteln 2, 3 und 4 ist vor allem die Rede von den Segnungen Gottes, an denen sich sein Volk erfreuen darf, wenn es auf dem Weg der Weisheit wandelt. Der Pfad der Weisheit führt zum Leben, der Weg der Torheit hingegen führt in den Tod. Wenn Sie auf dem Weg der Weisheit wandeln, können Sie dreier Zusagen gewiss sein: Die Weisheit behütet Ihre Pfade, lenkt Ihre Pfade und sorgt für die Vollkommenheit Ihrer Pfade.

 **Lesen Sie:** Sprüche 2.

Praktische Schritte: Was sollen Sie nach den Worten des Verfassers von Sprüche 2 bewahren? Was geschieht, wenn Sie nach Weisheit und Verständnis suchen, was, wenn Weisheit in Ihr Herz einzieht?

Auf die Sieger schauen

Vers des Tages: *»Denn alles, was früher geschrieben ist, ist zu unserer Belehrung geschrieben, damit wir durch das Ausharren und durch die Ermunterung der Schriften die Hoffnung haben«* (Römer 15,4).

Die großen Männer und Frauen des Glaubens, die in Hebräer 11 genannt sind, werden im nachfolgenden Kapitel als »große Wolke von Zeugen« bezeichnet. Diese großen Männer und Frauen, die sich nun im Himmel befinden, schauen uns nicht wie die Menschen auf den Zuschauerbänken eines Stadions bei unserem Wettlauf zu; mit »Zeugen« ist nicht »Zuschauer« gemeint. Das deutsche Fremdwort »Märtyrer« ist von dem griechischen Wort abgeleitet, das hier mit »Zeugen« übersetzt wurde. Diese Menschen sind also nicht Zeugen dessen, was wir tun, sondern legen vielmehr *uns gegenüber* Zeugnis davon ab, dass Gott uns ans Ziel führen wird. Gott hat ihnen Zeugnis gegeben, und sie geben uns Zeugnis durch das Alte Testament. Der Christ, der von sich sagen muss: »Ich lese das Alte Testament eigentlich sehr selten, mit Ausnahme der Psalmen und Sprüche«, lässt sich sehr viel entgehen, was ihm geistlich helfen könnte (siehe Vers des Tages).

Eine der besten Möglichkeiten, um zu Ausharren und Ermunterung zu finden, besteht darin, die Männer und Frauen des Alten Testaments kennen zu lernen, die am großen Wettlauf teilnahmen – und siegten!

Lesen Sie auch: Hebräer 11,1-2.4-5.39; 12,1; 2. Timotheus 3,16-17.

Praktische Schritte: Wenn Sie Probleme mit Ihrer Familie haben, so lesen Sie die Geschichte von Josef. Wenn Sie glauben bei der Arbeit überfordert zu sein, so befassen Sie sich einmal genauer mit dem Leben von Mose. Wenn Sie versucht sind sich an jemandem zu rächen, schauen Sie, wie David dieses Problem gehandhabt hat.

Zeit unser Herz zu überprüfen

Vers des Tages: *»Jesus sprach nun wieder zu ihnen: Friede euch! Wie der Vater mich ausgesandt hat, sende ich auch euch«* (Johannes 20,21).

Haman brachte es fertig, den Exekutionsbefehl für Tausende von unschuldigen Menschen auszusenden und sich dann in aller Ruhe zu einem Bankett mit dem König niederzusetzen. Wie herzlos er doch gewesen sein muss! Er war wie die Menschen, die der Prophet Amos wie folgt beschreibt: »Sie trinken Wein aus Schalen und salben sich mit den besten Ölen, aber über den Zusammenbruch Josefs sind sie nicht bekümmert« (Amos 6,6). Letzten Endes aber unterschrieb er damit sein eigenes Todesurteil, denn innerhalb von weniger als drei Monaten war Haman ein toter Mann (Ester 7,10).

In ihrem Buch *Licht in meinem Dunkel* schreibt Helen Keller: »Die Wissenschaft mag ein Mittel gegen die meisten Übel gefunden haben, aber ein Heilmittel gegen das größte von ihnen hat sie noch nicht gefunden – gegen die Gleichgültigkeit des Menschen.« Jesus hat diese Gleichgültigkeit im Gleichnis vom barmherzigen Samariter lebhaft geschildert (Lukas 10,25-37). Er beschrieb, wie zwei religiöse Männer, ein Priester und ein Levit, die Bedürfnisse eines sterbenden Mannes ignorierten, während der Samariter, ein verhasster Außenseiter, sich aufopferte und um ihn kümmerte. Jesus machte es klar, dass den Herrn zu lieben dazu führen sollte, unseren Nächsten zu lieben. Und unser Nächster ist jeder, der unsere Hilfe braucht.

Darum sollten wir, bevor wir den grausamen Haman verurteilen, einmal unsere eigenen Herzen überprüfen. Milliarden von verlorenen Sündern stehen in der Welt von heute unter dem Schuldspruch des *ewigen* Todes, und die meisten Christen tun sehr wenig dagegen. Wir bringen es fertig, bei Gemeindefeiern und festlichen Sonntagsessen zu sitzen ohne überhaupt daran zu denken, wie wir dazu beitragen können die Botschaft, »dass der Vater den Sohn gesandt hat als Heiland der Welt« (1. Johannes 4,14), zu verkündigen.

Lesen Sie: Ester 3.

Praktische Schritte: Überlegen Sie, ob Sie heute oder im Laufe dieser Woche nicht etwas dazu beitragen können, dass die Verlorenen von der Frohen Botschaft erfahren. Können Sie Ihre Zunge einsetzen, Ihren Kugelschreiber, Ihren Computer oder vielleicht Ihr Geld? Beten Sie für alle, die gesandt worden sind um anderen die Frohe Botschaft zu verkünden.

»Herr, mach' uns bereit für deinen Segen«

Vers des Tages: *»Seit den Tagen eurer Väter seid ihr von meinen Ordnungen abgewichen und habt sie nicht beachtet. Kehrt um zu mir! Und ich kehre um zu euch, spricht der HERR der Heerscharen. Ihr aber sagt: ›Worin sollen wir umkehren?‹«* (Maleachi 3,7).

Vor vielen Jahren nahm ich an einem Gebetstreffen teil, zu dem sich verschiedene Leiter der Organisation »Jugend für Christus« zusammengefunden hatten. Unter den Teilnehmern befand sich auch Jacob Stam, der Bruder von John Stam, welcher 1934 zusammen mit seiner Frau Betty in China als Märtyrer umgekommen war. Wir baten Gott immer wieder diese oder jene Aufgaben und Projekte zu segnen und ich vermute, dass das Wort »segnen« in unseren Gebeten unzählige Male vorkam. Dann betete Jacob Stam: »Herr, wir haben dich gebeten all diese Dinge zu segnen, aber bitte, Herr, *mach' uns bereit für deinen Segen.*« Hätte Noomi (Ruth 1) an diesem Treffen teilgenommen, so hätte sie bekennen müssen: »Herr, ich bin nicht bereit für deinen Segen.«

Jedes Mal, wenn wir ungehorsam gegen den Herrn gewesen sind und uns von seinem Willen abgewandt haben, müssen wir unsere Sünde bekennen und an den Ort des Segens zurückkehren. Abraham musste Ägypten verlassen und zu dem Altar zurückkehren, den er verlassen hatte (1. Mose 13,1-4). Jakob musste zurück nach Bethel ziehen (35,1). Immer wieder riefen die Propheten das Volk Gottes dazu auf, sich von ihren Sünden *abzukehren* und zum Herrn *zurückzukehren*. »Der Gottlose verlasse seinen Weg und der Mann der Bosheit seine Gedanken! Und er kehre um zu dem HERRN, so wird er sich über ihn erbarmen, und zu unserem Gott, denn er ist reich an Vergebung!« (Jesaja 55,7).

»Wer seine Verbrechen zudeckt, wird keinen Erfolg haben; wer sie aber bekennt und lässt, wird Erbarmen finden« (Sprüche 28,13). Wenn wir versuchen unsere Sünden zu verbergen, beweist das nur, dass wir sie uns nicht ehrlich eingestanden und entsprechend dem Wort Gottes beurteilt haben. Wahre Reue beinhaltet ein ehrliches Bekenntnis und eine innere Zerbrochenheit. »Die Opfer Gottes sind ein zerbrochener Geist; ein zerbrochenes und zerschlagenes Herz wirst du, Gott, nicht verachten« (Psalm 51,19). Anstatt innerlich zerbrochen zu sein, war Noomi mit Bitterkeit erfüllt.

📖 **Lesen Sie:** Ruth 1.

 **Praktische Schritte:** Denken Sie gründlich über alle Seitenpfade nach, die Sie kürzlich eingeschlagen haben, und nehmen Sie Gottes Plan zu einer schnellen Rückkehr auf den Hauptweg an. Sprechen Sie mit Gott darüber.

Reingewaschen durch Blut

Die Bibel sagt uns: *»Wenn wir aber im Licht wandeln, wie er im Licht ist, haben wir Gemeinschaft miteinander, und das Blut Jesu, seines Sohnes, reinigt uns von jeder Sünde«* (1. Johannes 1,7).

Das Wort, das in deutschen Bibelübersetzungen mit *Bund* wiedergegeben wird, bedeutet nicht nur »Abkommen«, sondern auch »letzter Wille« oder »Testament« (daher auch »Altes/Neues Testament« für »Alter/ Neuer Bund«). Wenn ein Mann sein Testament schreibt, so tritt dieses erst dann in Kraft, wenn er gestorben ist. Es war notwendig, dass Jesus Christus starb, damit die Bestimmungen des Neuen Bundes ihre Gültigkeit erlangten. Auch der Alte Bund wurde auf der Grundlage des Blutes geschlossen. Das Buch des Gesetzes wurde mit Blut besprengt, ebenso das Volk, die Stiftshütte und deren Einrichtungsgegenstände.

Blut wurde auch zur Verrichtung des Dienstes in der Stiftshütte verwendet. Unter dem Alten Bund wurden Menschen und Gegenstände durch Blut, Wasser oder Feuer gereinigt. Es handelte sich dabei um zeremonielle Reinigungshandlungen, die das Ziel hatten, die Menschen oder Gegenstände vor Gott annehmbar zu machen. Am Wesen des Menschen oder des Gegenstandes änderte die Reinigung jedoch nichts. Gottes Prinzip lautet, dass zur Vergebung der Sünden Blut vergossen werden muss.

Da Gott verfügt hat, dass zum Erlass der Schuld Blut *vergossen* und zur Reinigung von den Sünden Blut *versprengt* werden muss, sind das Vergießen von Blut und das Reinwaschen durch das Blut Grundvoraussetzungen für die Gültigkeit des Neuen Bundes.

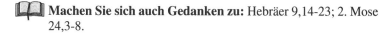 **Machen Sie sich auch Gedanken zu:** Hebräer 9,14-23; 2. Mose 24,3-8.

Praktische Schritte: Nehmen Sie sich Zeit und bekennen Sie Ihre Schuld vor Gott. Bitten Sie ihn Ihre Gedanken zu reinigen, sodass alles, was Sie heute tun, dem Gehorsam gegen Gott entspringt.

Ehrlich vor Gott sein

Merkvers: *»Und mein Volk, über dem mein Name ausgerufen ist, demütigt sich, und sie beten und suchen mein Angesicht und kehren um von ihren bösen Wegen, dann werde ich vom Himmel her hören und ihre Sünden vergeben und ihr Land heilen«* (2. Chronik 7,14).

Die Stadt Laodizea in Kleinasien war bekannt für ihren Wohlstand und die Herstellung einer speziellen Augensalbe sowie eines glänzenden schwarzen Wollstoffs. Laodizea lag in der Nähe von Hierapolis, das für seine heißen Quellen berühmt war, und unweit von Kolossä, bekannt durch sein reines, kaltes Wasser.

Wie auch bei den Gemeinden zuvor stimmte der Herr seine Worte genau auf die Besonderheiten der Stadt ab, in der sich die Versammlung befand. Gegenüber der Gemeinde von Laodizea stellt sich der Herr als »der Amen« vor, eine Bezeichnung, die im Alten Testament als Titel für Gott verwendet wird. Er ist die Wahrheit und er spricht die Wahrheit, denn er ist der »treue und wahrhaftige Zeuge« (Offenbarung 3,14). Der Herr beabsichtigte dieser Gemeinde die Wahrheit über ihre geistliche Verfassung zu erzählen, aber leider wollte sie ihm keinen Glauben schenken.

»Warum schaffen Christen, die neu im Glauben sind, nur solche Probleme in der Gemeinde?«, fragte mich einmal ein junger Pastor.

»Sie schaffen keine Probleme«, antwortete ich, »sie decken sie lediglich auf. Die Probleme hat es immer schon gegeben, aber wir sind bereits daran gewöhnt. Christen, die neu im Glauben sind, sind wie kleine Kinder: Sie erzählen die Wahrheit!«

Die Gemeinde in Laodizea war blind gegenüber ihren eigenen Bedürfnissen und nicht willens der Wahrheit ins Auge zu blicken. Ehrlichkeit steht jedoch am Anfang allen Segens und beginnt damit, dass wir uns eingestehen, was wir sind, dass wir unsere Sünden bekennen und von Gott all das in Empfang nehmen, was wir benötigen. Wenn wir von Gott nur das Beste für unser Leben und unsere Gemeinde wollen, dann müssen wir ihm gegenüber ehrlich sein und zulassen, dass auch er ehrlich zu uns sein kann.

Weitere Bibelstellen: Psalm 32,5; 79,9; Titus 2,14; Hebräer 9,13-14; 1. Johannes 1,8-9.

Praktische Schritte: Prüfen Sie Ihr Herz vor Gott. Bekennen Sie jede Sünde in Ihrem Leben, auf die Sie der Heilige Geist aufmerksam macht.

Wenn Gesetz und Bibel sich widersprechen

Die Schrift gebietet uns: *»Jede Seele unterwerfe sich den übergeordneten staatlichen Mächten! Denn es ist keine staatliche Macht außer von Gott, und die bestehenden sind von Gott verordnet«* (Römer 13,1).

Als christliche Bürger unseres Landes sollten wir zwar die Autorität der Regierungsbehörden anerkennen, aber die Schrift verlangt nicht, dass wir jedes Gesetz blindlings befolgen. Als Daniel und seine drei Freunde sich beispielsweise den Tafelkostbestimmungen des Königs widersetzten, verweigerten sie den Gehorsam gegen das Gesetz. Die Art, *wie* sie dies taten, zeigte allerdings, dass sie den König ehrten und die Hofbeamten respektierten (Daniel 1). Sie waren keine Rebellen, sondern vielmehr darauf bedacht, den verantwortlichen Beamten nach Möglichkeit weder in eine peinliche Situation noch in Schwierigkeiten zu bringen. Sie verherrlichten Gott und ehrten gleichzeitig den König.

Petrus und die anderen Apostel befanden sich kurz nach Pfingsten in einer ähnlichen Lage (Apostelgeschichte 4-5). Der jüdische Hohe Rat hatte ihnen geboten damit aufzuhören im Namen Jesu zu predigen, aber Petrus und seine Mitstreiter weigerten sich, diesem Gebot Folge zu leisten. Sie verursachten weder einen Aufstand, noch leugneten sie in irgendeiner Weise die Autorität des Hohen Rates oder stellten diese in Frage. Zwar ordneten sie sich der Institution unter, lehnten es aber ab mit dem Predigen aufzuhören. Sie zeigten den Obersten gegenüber Respekt, obwohl sich diese Männer dem Evangelium entgegenstellten.

Es ist wichtig, dass wir die verschiedenen Ämter respektieren, auch wenn wir den Mann oder die Frau, die das jeweilige Amt innehat, nicht respektieren können. Wir sollten die Regierung so weit wie möglich unterstützen und die Gesetze befolgen, aber niemals dürfen wir es zulassen, dass wir aufgrund eines Gesetzes entgegen unserem Gewissen als Christen handeln oder Gottes Wort missachten.

Weitere Bibelstellen: Römer 13,1-10; Apostelgeschichte 4,19; 5,29.

Praktische Schritte: Nehmen Sie sich jetzt etwas Zeit um für solche zu beten, die in der Regierung tätig sind – für den Stadt- oder Gemeinderat, den Bezirksrat, den Landtag und den Bundestag. Nennen Sie die entsprechenden Politiker mit Namen, soweit Ihnen diese bekannt sind.

Auf Jesus Christus schauen!

Die Schrift sagt uns: *»Und wie Mose in der Wüste die Schlange erhöhte, so muss der Sohn des Menschen erhöht werden, damit jeder, der an ihn glaubt, ewiges Leben habe. Denn so hat Gott die Welt geliebt, dass er seinen eingeborenen Sohn gab, damit jeder, der an ihn glaubt, nicht verloren geht, sondern ewiges Leben hat«* (Johannes 3,14-16).

Als die sterbenden Juden in der Wüste auf die erhöhte Schlange schauten, wurden sie geheilt (4. Mose 21,4-9). Dies ist eine Illustration unserer Erlösung durch unseren Glauben an Christus. Mit »hinschauen auf Jesus« (Hebräer 12,2) ist eine *Glaubenshaltung* gemeint, nicht nur die bloße Handlung des Hinsehens. »Hinschauen« heißt »vertrauen«.

Als unser Herr hier auf der Erde war, lebte er aus dem Glauben. Das Geheimnis, dass er sowohl ganz Gott als auch ganz Mensch war, ist zu groß, als dass wir es vollständig begreifen könnten. Was wir aber wissen ist, dass er seinem Vater im Himmel voll und ganz vertrauen musste, denn er wurde Tag für Tag von ihm geführt. Die Tatsache, dass Jesus *betete,* beweist, dass er aus dem Glauben lebte. Unser Herr ertrug weit mehr als jede der großen Persönlichkeiten des Glaubens, die in Hebräer 11 genannt werden. Deswegen ist er unser großes Vorbild. Am Kreuz litt er für *alle* Sünden von *allen* Menschen auf der Welt. Und dennoch hielt er aus und vollendete das Werk, das der Vater ihm aufgetragen hatte.

 **Lesen Sie auch:** Johannes 7,4; Hebräer 2,13; Jesaja 8,17.

Praktische Schritte: Bringen Sie zum Ausdruck, wie sehr Sie Christus dafür lieben, dass er das Kreuz für Sie erduldet hat. Entscheiden Sie sich, von nun an immer auf Christus als Ihr Vorbild zu schauen, d.h. Ihr Vertrauen ganz auf ihn zu setzen.

Der Kern eines Christen

Christus lehrte uns: *»Ein neues Gebot gebe ich euch, dass ihr einander liebt, damit, wie ich euch geliebt habe, auch ihr einander liebt«* (Johannes 13,34).

In der griechischen Sprache gibt es im Wesentlichen vier Wörter für *Liebe*. *Eros* bezeichnet die körperliche Liebe. Von diesem Wort ist auch das deutsche Wort *erotisch* abgeleitet. *Eros* ist nicht zwangsläufig eine sündhafte Liebe, hatte zu Paulus' Zeiten jedoch stets die Hauptbedeutung von Sinnlichkeit. Im Neuen Testament kommt dieses Wort kein einziges Mal vor. Das Wort *storge* meint die *familiäre Liebe*, die Liebe der Eltern zu ihren Kindern. Auch dieses Wort wird im Neuen Testament nicht verwendet. In Römer 12,10 kommt allerdings ein von *storge* abgewandeltes Wort vor, das in der *Elberfelder Übersetzung* mit »herzlich zueinander sein« wiedergegeben wurde.

Die zwei am häufigsten verwendeten Wörter für Liebe sind *philia* und *agape*. *Philia* meint eine tiefe Zuneigung und Verbundenheit, wie sie in Freundschaften oder auch in der Ehe vorhanden ist. *Agape* ist hingegen die Liebe, die Gott uns erweist. Es ist keine Liebe, die einfach auf einem Gefühl basiert, sondern eine Liebe, die durch unseren Willen ausgedrückt wird. *Agape* behandelt andere, wie Gott uns behandelt, unabhängig von Gefühlen oder persönlichen Sympathien.

Dann gibt es noch das Wort *philadelphia*, das mit »Bruderliebe« übersetzt wird. Da alle Christen derselben Familie angehören und denselben Vater haben, sollten sie einander lieben.

 **Weitere Bibelstellen:** Römer 5,5; 12,10; 1. Johannes 4,19; 1. Thessalonicher 3,12.

Praktische Schritte: Bitten Sie Gott, dass er Ihnen jemanden zeigt, für den Sie etwas in Liebe tun können. Suchen Sie ein Lied heraus, das die Liebe zum Thema hat, und bauen Sie es in Ihre heutige Gebetszeit ein.

Ein großes Privileg

Vers des Tages: *»Eins habe ich vom HERRN erbeten, danach trachte ich: zu wohnen im Haus des HERRN alle Tage meines Lebens, um anzuschauen die Freundlichkeit des HERRN und nachzudenken in seinem Tempel«* (Psalm 27,4).

Wenn David anbetete, suchte er nicht nur den Herrn und schaute auf seine Herrlichkeit, sondern lobpries ihn auch durch das Singen von Liedern. Er brachte dem Herrn das »Opfer des Lobes« dar, ein Privileg, das wir als Priester Gottes haben. Wie leicht passiert es uns doch, dass wir den Herrn inmitten des Kampfes um seine Hilfe anflehen, aber vergessen ihn zu loben, nachdem er uns den Sieg geschenkt hat. Siege auf dem Schlachtfeld werden in der Kammer des Gebets errungen. »Mit allem Gebet und Flehen zu jeder Zeit im Geist zu beten« ist für einen geistlichen Sieg genauso wichtig wie das Anlegen der Waffenrüstung und der Einsatz des Schwerts.

Wenn wir Gott nicht auf die richtige Weise anbeten, können wir die Kämpfe des Glaubens nicht gewinnen. Woher wusste David, dass Gott unser Licht, unser Heil und unsere Zuflucht ist? Er erkannte es, während er in Andacht und Anbetung auf Gottes Herrlichkeit schaute. David beneidete die Priester, die das Vorrecht hatten in der Nähe des Hauses Gottes zu wohnen und sogar in den Vorhöfen der heiligen Stätte verweilen durften. Möglicherweise beneideten die Priester David um seine Eroberungen und seine Reisen, aber wie sehnte sich David danach, das Schlachtfeld zu verlassen und in Gottes Haus zu wohnen! Wo immer er war, er nahm sich stets die Zeit, in die Gegenwart Gottes zu treten, Andacht über die Gnade und Güte Gottes zu halten und über die Person Gottes nachzudenken.

Lesen Sie auch: Hebräer 13,15; 1. Petrus 2,5; Psalm 91,1-4.

Praktische Schritte: Anbetung ist eine Übung der Disziplin. Es verlangt Geduld, auf den Herrn zu warten, damit er uns mit seiner Stärke und seinem Mut in den Kämpfen des Lebens zur Seite steht. Ein klares Bewusstsein von Gottes Eigenschaften könnte Sie zu Disziplin motivieren. Wenn Ihnen dieses Bewusstsein in Ihrem Leben fehlt, so bitten Sie Gott darum, dass er Sie an einer Bibelarbeit über Gottes Eigenschaften teilnehmen lässt oder Ihnen dabei hilft, selbst mit einer solchen Bibelarbeit zu beginnen. Besorgen Sie sich ein Buch zum Thema der Anbetung und lesen Sie es.

Wer wirklich glaubt, handelt auch

Vers des Tages: *»Durch Glauben kam Rahab, die Hure, nicht mit den Ungehorsamen um, da sie die Kundschafter in Frieden aufgenommen hatte«* (Hebräer 11,31).

Rahab war eine Hure und daher nicht gerade die Sorte von Mensch, der man ohne weiteres zutrauen würde zum Glauben an den wahren Gott Israels zu kommen. Die anderen Einwohner ihrer Stadt waren dem Tod geweiht, aber in seinem Erbarmen und seiner Gnade ließ Gott Rahab am Leben. Sie wusste, dass der Herr das Volk Israel aus der ägyptischen Gefangenschaft befreit und die Wasser des Roten Meeres geteilt hatte. Sie wusste auch, dass Gott während der Wanderung des Volkes Israel durch die Wüste die anderen Nationen geschlagen hatte. »Denn der HERR, euer Gott, ist Gott«, lautete ihr Zeugnis des Glaubens, und Gott erkannte ihre Worte an.

Wahrer Glaube sollte sich immer auch in guten Werken niederschlagen. Rahab beschützte die Kundschafter, band das Seil ins Fenster, wie sie angewiesen worden war, gewann offenbar ihre ganze Familie für den wahren Glauben und gehorchte dem Herrn in jeder Hinsicht. Sie konnte nicht nur dem Gericht entgehen, sondern gehörte bald zum Volk Israel. Sie heiratete Salmon und brachte Boas zur Welt, der ein direkter Vorfahre von König David war. Man stelle sich einmal vor, eine heidnische Hure wird die Vorfahrin von Jesus Christus! All das kann der Glaube bewirken.

Rahab sollte für all diejenigen noch nicht geretteten Menschen ein Anstoß sein, die anhand von Ausreden erklären, warum sie kein Vertrauen zu Christus haben können. Sie war eine heidnische Hure, die nur sehr wenig von der geistlichen Wahrheit wusste, aber nach dem, was sie wusste, handelte sie auch. Sie gehört zu den größten Frauen des Glaubens, von denen die Bibel berichtet.

Weitere Bibelstellen: Josua 2,8-21; 6,25; Jakobus 2,20-26.

Praktische Schritte: Denken Sie darüber nach, welche Ausreden Sie schon gehört haben, mit deren Hilfe Menschen zu begründen versuchten, warum sie sich Christus nicht anvertrauen können. Schauen Sie dann, wie das Handeln Rahabs jede dieser Ausreden widerlegt. Beten Sie für jemanden, von dem Sie wissen, dass er sich heute auf ähnliche Weise rechtfertigen könnte.

In Jesus bleiben

Vers des Tages: *»Wer sagt, dass er in ihm bleibe, ist schuldig, selbst auch so zu wandeln, wie er gewandelt ist«* (1. Johannes 2,6).

Stellen wir uns einmal vor, wie es wäre, versuchten wir, aus unserer eigenen, menschlichen Kraft heraus so zu leben, wie Jesus Christus lebte. Es wäre, als ob ein Mann mit zwei gebrochenen Beinen in der Bundesliga spielen wollte. Zwar würden wir seine Bemühungen anerkennen, aber das ändert nichts daran, dass er mit seinem Vorhaben scheitern würde.

Wir können nur dann so wandeln, wie Christus wandelte, wenn wir in ihm bleiben. Jesus selbst lehrte seine Jünger, was es heißt in ihm zu sein. So wie eine Rebe nur dann leben kann, wenn sie fest mit dem Weinstock verwachsen ist, erklärte er, erhalten die Glaubenden ihre Kraft, indem sie Gemeinschaft mit Christus haben.

In Christus zu sein bedeutet, dass wir uns bei allem, was wir brauchen um für ihn zu leben und ihm zu dienen, vollkommen auf ihn verlassen. In Christus zu sein heißt eine lebendige Beziehung zu ihm zu haben. Wenn Christus durch uns sein Leben lebt, sind wir in der Lage seinem Beispiel zu folgen und so zu wandeln, wie er gewandelt ist. Dies ist das Geheimnis des geistlichen Sieges.

Zur Vertiefung: Johannes 15; Galater 2,20; 2. Korinther 5,17; 1. Johannes 3,6.

Praktische Schritte: Listen Sie je zwei bis drei Erfolge und Niederlagen auf, die Sie bisher in Ihrem Leben zu verbuchen hatten:

ERFOLGE
1._____   2._____   3._____

NIEDERLAGEN
1._____   2._____   3._____

Was war jeweils für Ihre Siege und Niederlagen verantwortlich? Waren Sie »in Christus«, als Sie diese Siege erringen konnten bzw. diese Niederlagen einzustecken hatten? Welchen Einfluss hatte Christus darauf? Bitten Sie den Herrn Ihnen dabei zu helfen, dass Sie völlig auf ihn vertrauen, egal zu welchem Preis und ungeachtet dessen, ob das Ergebnis nach außen wie ein »Sieg« oder eine »Niederlage« aussieht.

Bereit sein

Vers des Tages: *»Und nun, Kinder, bleibt in ihm, damit wir, wenn er geoffenbart werden wird, Freimütigkeit haben und nicht vor ihm beschämt werden bei seiner Ankunft!«* (1. Johannes 2,28).

Sünde in unserem Leben hält uns davon ab Christus so zu dienen, wie wir es eigentlich sollten. Dies wiederum bedeutet einen geringeren Lohn. Ein gutes Beispiel dafür ist Lot. Anders als sein Onkel Abraham wandelte Lot nicht mit dem Herrn und verlor dadurch die Fähigkeit, Zeugnis von Gott zu geben – sogar vor seiner eigenen Familie. Als Gott schließlich sein Urteil vollstreckte, blieben Lot zwar Feuer und Schwefel erspart, aber alles, wofür er gelebt hatte, ging in Flammen auf.

Wie bereitet sich ein Christ auf den Richterstuhl Christi vor? Indem er Jesus Christus zum Herren seines Lebens macht und ihm treuen Gehorsam leistet. Anstatt andere Christen zu verurteilen sollten wir lieber unser eigenes Leben einmal kritisch einschätzen um sicher zu gehen, dass wir wirklich darauf vorbereitet sind, vor Christus zu stehen.

Lesen Sie auch: Lukas 12,41-48; Hebräer 13,17; 1. Mose 18-19; Offenbarung 3,21.

Praktische Schritte: Wir wollen uns nicht schämen müssen, wenn wir Christus gegenüber stehen, vielmehr haben wir den Wunsch ihm zu gefallen. Denken Sie immer daran, dass Jesus Sie durch den Tag begleitet, und streben Sie danach ihm mit dem, was Sie tun, zu gefallen. Schreiben Sie vier Situationen auf, in denen seine Anwesenheit eine besonders große Rolle spielt:

1._____

2._____

3._____

4._____

Gott hat durch seinen Sohn zu uns gesprochen

Vers des Tages: *»Nachdem Gott vielfältig und auf vielerlei Weise ehemals zu den Vätern geredet hat in den Propheten, hat er am Ende dieser Tage zu uns geredet im Sohn, den er zum Erben aller Dinge eingesetzt hat, durch den er auch die Welten gemacht hat«* (Hebräer 1,1-2).

Vor einigen Jahren reisten meine Frau, unsere jüngere Tochter und ich nach Großbritannien. Dort besuchten wir auch die Stadt Lichfield, wo wir erfuhren, dass Queen Elizabeth in Kürze eintreffen würde, um eine neue Schule einzuweihen. Wir änderten unseren Plan, bezogen am Straßenrand Stellung und warteten geduldig auf die Wagenkolonne, die sich schließlich näherte. Wir standen vielleicht drei Meter von der Queen entfernt, als sie mit ihrer Hofdame langsam an uns vorüberfuhr und auf ihre vornehme Art der Menge zuwinkte.

Stellen wir uns einmal vor, sie hätte das Fenster heruntergekurbelt und gerufen: »Hallo Warren, hallo Betty und Judy! Ich sage meinen Wachen Bescheid, dass sie sich um euch kümmern sollen!« Wäre dies geschehen, wäre jeder ziemlich beeindruckt davon gewesen, welch bedeutende Personen wir doch waren, und man hätte uns vielleicht sogar um ein Autogramm gebeten. Stellen Sie sich vor, hier sind drei Amerikaner, mit denen die Queen persönlich geredet hat!

Queen Elisabeth hat niemals mit mir geredet und wird dies wahrscheinlich auch nie tun, *aber der Allmächtige Gott hat zu mir geredet, in Christus und durch sein Wort!* »[Gott] hat [...] am Ende dieser Tage zu uns geredet im Sohn« (Hebräer 1,1-2). Trotz allem, was eine Welt voller Sünder dem Herrn angetan hat, redet er in seiner Gnade immer noch zu uns. Er redet zu uns nicht nur das Wort des Heils, sondern gibt uns auch die nötige Führung für unser tägliches Leben. Wie Boas Rut unterwies, so teilt uns der Herr sein Wort der Weisheit mit um unser Leben täglich zu lenken. Er ist der »Herr der Ernte« und weist uns unseren Platz auf seinem Feld zu.

Lesen Sie: Ruth 2.

Praktische Schritte: Hat Gott heute bereits durch sein Wort zu Ihnen gesprochen? Beten Sie jeden Morgen zunächst, bevor Sie in Gottes Wort lesen, und bitten Sie den Herrn darum, zu Ihnen zu reden, damit Sie für den bevorstehenden Tag mit ausreichend »Proviant« versorgt sind.

Gottgegebene Bedürfnisse

Vers des Tages: *»Jede gute Gabe und jedes vollkommene Geschenk kommt von oben herab, von dem Vater der Lichter, bei dem keine Veränderung ist noch eines Wechsels Schatten«* (Jakobus 1,17).

Die natürlichen Bedürfnisse, die wir in unserem Leben haben, hat uns Gott geschenkt und sind daher an sich nicht sündig. Ohne diese Bedürfnisse könnten wir nicht überleben. Würden wir keinen Hunger und Durst empfinden, würden wir niemals essen und schließlich sterben. Würden wir keine Müdigkeit kennen, würden wir unserem Körper keine Ruhe gönnen und ihn schließlich zugrunde richten. Ebenso ist Sex ein natürliches Bedürfnis, ohne ihn könnte die Menschheit nicht bestehen.

Wenn wir diese Bedürfnisse allerdings auf eine Weise befriedigen wollen, die nicht dem Willen Gottes entspricht, begeben wir uns in Schwierigkeiten. Essen ist ein normales Bedürfnis, Völlerei ist Sünde. Schlafen ist ein natürliches Bedürfnis, Faulheit ist Sünde. »Die Ehe sei ehrbar in allem, und das Ehebett unbefleckt! Denn Unzüchtige und Ehebrecher wird Gott richten« (Hebräer 13,4).

Das Geheimnis liegt in der ständigen Kontrolle. Unsere Bedürfnisse sollten unsere Diener, nicht aber unsere Herren sein. Dies können wir erreichen durch Jesus Christus.

Lesen Sie auch: Psalm 37,4-5; Jakobus 1,13-18; 1. Johannes 5,15.

Praktische Schritte: Danken Sie Gott für die Bedürfnisse, die er Ihnen geschenkt hat. Seien Sie in Ihrer heutigen Gebetszeit einmal ganz ehrlich mit Gott und mit sich selbst. Wenn Sie auf einem bestimmten Gebiet Probleme haben, weil Sie von einem Ihrer Bedürfnisse beherrscht werden, so bitten Sie Gott darum, dass er Ihnen dabei hilft dieses Bedürfnis in den Griff zu bekommen, so dass es Ihnen wieder zum »Diener« wird. Entscheiden Sie sich für eine konsequente Veränderung, die in Ihrem Leben notwendig ist, gegen etwas, von dem Sie ganz genau wissen, dass es Sie zu einem unreifen Handeln verleitet. Der Segen, der daraus entsteht, überwiegt mit Sicherheit bei weitem, was Sie durch diese Veränderung verlieren.

Erschütterungen

Die Bibel sagt uns: *»Gott ist uns Zuflucht und Stärke, als Beistand in Nöten reichlich gefunden. Darum fürchten wir uns nicht, wenn auch die Erde erbebt und die Berge mitten ins Meer wanken«* (Psalm 46,2-3).

Gott spricht zu uns heute durch sein Wort und seine Werke der Vorsehung in dieser Welt. Wir sollten ihm ganz genau zuhören! Wenn Gott am Berg Sinai alles erschüttern ließ und jeden richtete, der ihm nicht gehorchen wollte, wie viel mehr Verantwortung haben wir dann heute, die wir die Segnungen des Neuen Bundes erfahren haben! Gott bringt auch *heute* die Dinge zum Erschüttern (haben Sie in den letzten Tagen die Zeitung gelesen?). Er will alles niederreißen, was nur durch Stützwerk hält, und offenbaren, was unerschütterlich ist und in Ewigkeit bestehen bleibt. Leider bauen zu viele Menschen, darunter auch Christen, ihr Leben auf einem Fundament auf, das einer Erschütterung nicht standhält.

Je näher die Wiederkunft unseres Herrn rückt, desto mehr Erschütterungen wird diese Welt erleben. Aber ein Christ kann zuversichtlich sein, denn er wird Erbe eines Königreichs sein, dem keine Erschütterung etwas anhaben kann und an dem er sogar schon heute Anteil hat.

Was sollen wir tun, die wir in einer Welt leben, die täglich aufs Neue erschüttert wird? Hören Sie zu, was Gott Ihnen sagt, und leisten Sie ihm Gehorsam. Empfangen Sie Tag für Tag Gottes Gnade um ihm zu dienen. Lassen Sie sich von den einschneidenden Veränderungen, die täglich um Sie herum geschehen, weder ablenken noch Angst machen. Laufen Sie den Wettlauf mit Ausdauer weiter (Hebräer 12,1). Schauen Sie unablässig auf Jesus Christus. Denken Sie immer daran, dass Sie vom Vater geliebt werden, und zehren Sie von seiner Gnade, die Sie dazu befähigt so zu handeln, wie Gott es möchte.

Sie können zuversichtlich sein, auch wenn die anderen Angst haben!

Machen Sie sich auch Gedanken zu: Jesaja 40,31; 41,10; Haggai 2,6; Hebräer 12,25-26.

Praktische Schritte: Denken Sie an eine Veränderung, die Sie heute möglicherweise erschüttern könnte. Konzentrieren Sie sich auf die sieben Richtlinien, die in der heutigen Andacht gegeben werden, damit Gottes unerschütterliche Wirklichkeit in Ihnen Realität wird. Gehen Sie zurück und unterstreichen Sie diese Richtlinien.

Liegt es in Ihrer Natur zu lieben?

Paulus betete: *»Euch aber lasse der Herr zunehmen und überreich werden in der Liebe zueinander und zu allen – wie auch wir euch gegenüber sind«* (1. Thessalonicher 3,12).

Ist Ihnen jemals aufgefallen, dass Tiere *instinktiv* genau das Richtige tun um am Leben zu bleiben und in Sicherheit zu sein? Fische nehmen keinen Unterricht um schwimmen zu lernen, und Vögel breiten ganz automatische ihre Schwingen aus und schlagen damit auf und nieder um zu fliegen. Ihre Handlungen sind *naturgegeben*. Ein Fisch schwimmt, weil er die Natur eines Fisches hat. Ein Habicht fliegt, weil er die Natur eines Habichts hat. Und ein Christ hat das Wesen Gottes, und deshalb liebt er, denn »Gott ist Liebe« (1. Johannes 4,8).

Der Nächstenliebe kann man niemals zu viel haben. Paulus betete dafür, dass die Liebe der Thessalonicher »zunehmen und überreich« werden möge (1. Thessalonicher 3,12) und Gott erhörte dieses Gebet (siehe 2. Thessalonicher 1,3).

Wie bewirkt Gott, dass unsere Liebe »zunimmt und überreich wird«? Indem er uns in Situationen stellt, die uns dazu zwingen christliche Nächstenliebe zu praktizieren. *Liebe* ist das »Herz-Kreislauf-System« des Leibes Christi, aber wenn unsere geistlichen Muskeln nicht ausreichend trainiert sind, kann die Durchblutung des Leibes beeinträchtigt werden. Die Schwierigkeiten, die Christen *miteinander* haben, stellen Chancen dar, in unserer Liebe zu wachsen. Dies erklärt auch, warum Christen, die große Probleme miteinander hatten, zu jedermanns Erstaunen oft eine tiefe Liebe füreinander entwickeln.

Weitere Verse zum Thema der Liebe: 2. Thessalonicher 1,3; 1. Timotheus 6,2; Hebräer 13,1-3.

Praktische Schritte: Zitieren Sie aus dem Gedächtnis Johannes 3,16 und betonen Sie die Worte *so* und *geliebt*. Überlegen Sie, wie Sie in Ihren zwischenmenschlichen Beziehungen Liebe *geben* können. Sprechen Sie mit Gott darüber, wie Ihre Liebe tiefer werden kann.

Die Vielfalt in der Einheit

Bibelvers des Tages: *»Geliebte, lasst uns einander lieben! Denn die Liebe ist aus Gott; und jeder, der liebt, ist aus Gott geboren und erkennt Gott«* (1. Johannes 4,7).

Wir gehören alle zu der einen Familie Gottes und verfügen alle über dasselbe gottähnliche Wesen. Wir sind lebendige Steine ein und desselben Bauwerks, Priester, die im selben Tempel Dienst tun. Wir sind Einwohner desselben himmlischen Heimatlandes. Wir bilden eine Einheit, deren Ursprung und Mittelpunkt Jesus Christus ist. Wenn wir unser Interesse und unsere Zuneigung auf ihn konzentrieren, dann sind wir in der Lage denselben Weg zu gehen und an einem gemeinsamen Strang zu ziehen. Wenn wir unser Hauptaugenmerk hingegen auf uns selbst richten, bewirken wir nur die Zerstörung dieser Einheit.

Einheit schließt Vielfalt keineswegs aus. Die Kinder einer Familie sind nicht alle gleich, und die Steine eines Bauwerks nicht identisch. Im Grunde ist es genau diese Vielfalt, die eine Familie bereichert und einem Bauwerk seine Schönheit verleiht. Ein Mangel an Vielfalt ist nicht *Einheit*, sondern *Einförmigkeit*, und Einförmigkeit ist fad und langweilig. Es ist gut und schön, wenn ein Chor einstimmig singt, aber den meisten von uns ist ein mehrstimmiger Gesang lieber.

Christen können sich voneinander unterscheiden und dennoch miteinander zurechtkommen. Alle, die den »einen Glauben« im Herzen tragen und »den einen Herrn« zu ehren suchen, können einander lieben und einen gemeinsamen Weg gehen. Gott mag uns mit ganz unterschiedlichen Aufgaben betrauen oder uns diese auf ganz verschiedene Weise ausführen lassen, aber wir können dennoch einander lieben und danach streben, der Welt ein einmütiges Zeugnis zu geben.

Schließlich werden wir eines Tages alle gemeinsam im Himmel sein, sodass es mit Sicherheit eine gute Idee ist, wenn wir bereits hier auf der Erde lernen einander zu lieben!

Der Kirchenvater Augustinus brachte es auf den Punkt: »Im Wesentlichen Einheit, im Zweifelhaften Freiheit, in allem Liebe.«

Lesen Sie auch: Römer 12,18; Johannes 17,20-24; Epheser 4,1-6.

Praktische Schritte: Fangen Sie damit an, das 13. Kapitel des 1. Korintherbriefes auswendig zu lernen, wenn Sie es nicht bereits können. Bitten Sie Gott darum, dass er Sie dazu befähigt heute jemandem Ihre Liebe zu erweisen.

Nur für »Erwachsene«!

Die Bibel sagt uns: *»So erkenne in deinem Herzen, dass der HERR, dein Gott, dich erzieht wie ein Mann seinen Sohn erzieht!«* (5. Mose 8,5).

Durch Züchtigung erweist uns der Vater seine Liebe. Satan will uns glauben machen, dass die Schwierigkeiten in unserem Leben der Beweis dafür sind, dass Gott uns *nicht* liebt, aber genau das Gegenteil ist der Fall. Manchmal züchtigt uns Gott, indem er uns *zurechtweist*, entweder durch sein Wort oder durch bestimmte Lebensumstände. Dann wieder zeigt er uns seine Liebe, indem er uns mit körperlichen Leiden *erzieht*. Welche Erfahrungen wir auch machen, wir können dabei sicher sein, dass die züchtigende Hand des Vaters von seinem liebenden Herz gelenkt wird. Unser Vater will nicht, dass wir Wickelkinder bleiben, vielmehr möchte er, dass wir zu reifen, erwachsenen Söhnen und Töchtern heranwachsen, denen man die Pflichten des Lebens getrost anvertrauen kann.

Jeder von uns hatte einen Vater, und wenn es dieser Vater gut mit uns gemeint hat, dann hat er uns gelegentlich zurechtgewiesen. Wenn ein Kind sich selbst überlassen ist, dann entwickelt es sich zu einem selbstsüchtigen Tyrannen. Ein Vater züchtigt *nur seine eigenen Söhne und Töchter,* und seine Zurechtweisungen sind der Beweis dafür, dass diese Kinder die *seinigen* sind. Wir haben vielleicht manchmal Lust den Nachbarskindern den Hintern zu versohlen (und den Nachbarn mag es mit unseren Kindern genauso ergehen), aber wirklich tun können wir dies nicht. Gottes Züchtigungen beweisen, dass wir tatsächlich seine Kinder sind.

Lesen Sie auch: Epheser 1,4-7; Hebräer 12,7-11; 1. Johannes 3,1-2.

Praktische Schritte: Denken Sie an eine momentane Schwierigkeit in Ihrem Leben, die Gott zugelassen hat. Danken Sie ihm dafür, dass alles, was er geschehen lässt, durch sein liebendes Herz gelenkt wird.

Schönheitsoperation

Paulus schrieb: *»Wir ermahnen euch aber, Brüder, reichlicher zuzunehmen und eure Ehre darein zu setzen still zu sein und eure eigenen Geschäfte zu tun und mit euren Händen zu arbeiten, so wie wir euch geboten haben, damit ihr anständig wandelt gegen die draußen und niemanden nötig habt«* (1. Thessalonicher 4,11-12).

»Meine Frau hat vor, sich einer Schönheitsoperation zu unterziehen«, erzählte ein Mann seinem Freund. »Ich nehme ihr mal besser alle Kreditkarten weg, denn dafür reicht mein Kredit nicht aus!« Wie leicht kaufen wir doch mitunter Dinge, die wir eigentlich gar nicht brauchen, mit Geld, das wir eigentlich gar nicht haben. Dadurch verlieren wir aber nicht nur unsere Vertrauenswürdigkeit, sondern auch die Fähigkeit Zeugnis für Christus zu geben. »Wenn ihr nun mit dem ungerechten Mammon [Geld] nicht treu gewesen seid, wer wird euch das Wahrhaftige anvertrauen?« (Lukas 16,11). Christen und Gemeinden, die gern auf ihre Bibeltreue verweisen, aber ihre Rechnungen nicht bezahlen, haben nichts, worauf sie verweisen könnten.

Machen Sie sich auch Gedanken zu: Lukas 6,31; Apostelgeschichte 24,16; 2. Korinther 7,2; 8,1-9; 1. Petrus 2,12.

Praktische Schritte: Wenn Sie den Eindruck haben, dass Sie öfter mehr Ausgaben als Einnahmen haben, so denken Sie einmal über die Erstellung eines Haushaltsplans nach. Sprechen Sie mit einem Freund oder Bekannten, der nach einem solchen Haushaltsplan lebt. Sprechen Sie mit Gott darüber, wie Sie Ihr Geld verwenden sollten. Bitten Sie ihn darum, dass er Ihnen dabei hilft Ihre Fähigkeit zum Zeugnis nicht aufs Spiel zu setzen, indem er Ihnen Wege aufzeigt einen Zahlungsrückstand zu vermeiden.

Erbarmen und Gnade im Übermaß

Vers des Tages: »*Der HERR ist langsam zum Zorn und groß an Gnade, der Schuld und Treubruch vergibt*« (4. Mose 14,18).

Unser Hoherpriester, Jesus Christus, sitzt auf seinem Thron im Himmel und nimmt sich aller in Erbarmen und Gnade an, die um Hilfe bittend zu ihm kommen. *Erbarmen* heißt, dass Gott uns etwas erspart, das wir eigentlich verdient hätten. *Gnade* heißt, dass Gott uns etwas schenkt, das wir eigentlich nicht verdient haben.

Wir, die wir an Jesus Christus glauben, können zu jeder Zeit und in jeder Situation zu unserem Hohepriester gelaufen kommen und erhalten dort die Hilfe, die wir benötigen. Aber nicht nur das, wir können auch mit jedem Anliegen in die Gegenwart Gottes treten. Keine Prüfung ist zu schwer, keine Versuchung zu stark, als dass Christus uns nicht das Erbarmen und die Gnade schenken würde, die wir gerade brauchen.

»Aber er ist so weit weg«, könnten wir einwenden. »Und er ist der vollkommene Sohn Gottes! Was kann er schon von den Problemen von uns schwachen Sündern wissen?«

Aber genau das macht unter anderem seine Größe aus. Als er als Mensch hier auf Erden war um seine Mission zu erfüllen, musste er all das erleben, was auch wir erleben, *und sogar noch einiges mehr*, und dennoch sündigte er nicht.

Wenn wir es nicht schaffen am Bekenntnis festzuhalten, beweisen wir damit nicht, dass Jesus Christus versagt hat. Wir zeigen der Welt damit nur, dass *wir* es versäumt haben unsere Hand nach Gottes Erbarmen und Gnade auszustrecken, obwohl uns beides frei zur Verfügung stand.

Zur Vertiefung: Psalm 57,1-7; 106,1; 2. Chronik 5,13; Römer 9,15-18; 12,1; Epheser 2,4-5; Jakobus 2,12-13.

Praktische Schritte: Schreiben Sie ausgehend von den oben genannten Definitionen je drei Situationen auf, in denen Gott Ihnen sein Erbarmen und seine Gnade erwiesen hat. Wenn Sie beispielsweise mit überhöhter Geschwindigkeit gefahren sind, aber nicht erwischt wurden, könnten Sie dies unter *Erbarmen* (und außerdem unter Lebensmüdigkeit!) verbuchen. Danken Sie Gott für sein Erbarmen und seine Gnade, und bitten Sie ihn für alle die Begebenheiten um Verzeihung, in denen Sie eigentlich hätten »erwischt« werden müssen, aber noch einmal davongekommen sind.

Was hat es mit der Taufe auf sich?

Vers des Tages: *»Das Gegenbild dazu errettet jetzt auch euch, das ist die Taufe – nicht ein Ablegen der Unreinheit des Fleisches, sondern die Bitte an Gott um ein gutes Gewissen – durch die Auferstehung Jesu Christi«* (1. Petrus 3,21).

Die Sintflut zu Zeiten Noahs ist ein Sinnbild für Tod, Begräbnis und Wiederauferstehung. Die Wasser begruben zwar im Gericht die Erde unter sich, aber sie trugen Noah und seine Familie auch in die Sicherheit empor. Die Urgemeinde sah in der Arche ein Symbol für die Erlösung. Noah und seine Familie wurden durch Glauben gerettet, denn sie stiegen in die Arche der Sicherheit, weil sie glaubten, was Gott ihnen sagte. Daraus folgt, dass Sünder durch Glauben gerettet werden, wenn sie Christus vertrauen und eins mit ihm werden.

Als Petrus schrieb, dass Noah und seine Familie »durchs Wasser hindurch gerettet« wurden, legte er großen Wert auf die Erklärung, dass damit nicht gesagt werden soll, dass wir durch die Taufe erlöst werden. Die Taufe ist vielmehr ein »Symbol« für das, was uns eigentlich rettet, nämlich die »Auferstehung Jesu Christi« (1. Petrus 3,21). Das Träufeln von Wasser auf den Körper oder das Eintauchen des Körpers in das Wasser können uns von den Befleckungen der Sünde nicht reinwaschen. Nur das Blut Jesu Christi kann dies bewirken. Aber auch die Taufe befreit uns von etwas: vom schlechten Gewissen. Petrus teilte den Adressaten seines Briefes mit, dass ein gutes Gewissen wichtig ist um Gott erfolgreich bezeugen zu können, und ein Aspekt dieses »guten Gewissens« ist unser treues Festhalten an unserer Entscheidung für Jesus Christus, der wir durch die Taufe Ausdruck verleihen.

 **Lesen Sie auch:** 1. Johannes 1,7-2,2; 1. Petrus 3,16-22.

Praktische Schritte: Schreiben Sie alle Ihre Gedanken zur Taufe nieder. Sagen Sie Gott, dass Sie fest darauf vertrauen, dass das Blut Christi Sie reinwäscht. Wenn Sie noch nicht getauft sind, so überlegen Sie, wie Sie in diesem Punkt weiter vorgehen sollten.

Juni

Werdet erneuert:

»Er aber sprach:
Gewiss, doch glückselig, die das Wort Gottes
hören und befolgen!«

Lukas 11,28

Wie gut hören Sie zu?

Jesus sprach: *»Glückselig, die das Wort Gottes hören und befolgen!«* (Lukas 11,28).

Der Herr warnte die Menschen wiederholt davor nicht richtig zuzuhören, und noch immer sind seine Warnungen vonnöten. »Wer Ohren hat, der höre!« (Matthäus 13,9). Mit anderen Worten heißt das: »Seht zu, *dass* ihr hört!« Nutzen Sie daher jede Gelegenheit das Wort Gottes zu hören!

In Markus 4,24 finden wir aber noch eine weitere Warnung des Herrn: »Seht zu, *was* ihr hört!« Wie oft hören Christen das Wort Gottes in der Gemeinde und im Gottesdienst, steigen danach in ihr Auto, drehen das Radio an und hören Programme, die dazu beitragen, dass die Eindrücke von Gottes Wort ganz schnell wieder verloren gehen. Als meine Frau und ich einmal verschiedene Gemeinden in Großbritannien besuchten, waren wir sehr beeindruckt von der dortigen Gepflogenheit, nach dem Segen noch eine Weile sitzen zu bleiben, um über das Wort Gottes nachzudenken und den Heiligen Geist in sich wirken zu lassen. Das ist bei weitem besser, als auf schnellstem Wege hinauszustürmen um mit Freunden und Bekannten zu schwatzen.

Die dritte Warnung unseres Herrn steht in Lukas 8,18: »Seht nun zu, *wie* ihr hört!« Viele Menschen hören nur mit halbem Ohr hin und geben sich keine Mühe, das Wort Gottes wirklich zu verstehen.

Wie können wir uns das Wort zu eigen machen? Indem wir es verstehen, in unserem Herzen aufnehmen und in Andacht auf uns wirken lassen um es zu verinnerlichen. Andacht ist für den Geist, was die Verdauung für den Körper ist. Würden wir unsere Nahrung nicht verdauen, müssten wir sterben. Andacht kostet Zeit, ist aber der einzige Weg um sich das Wort Gottes anzueignen und im Glauben zu wachsen.

Zur Vertiefung: Matthäus 7,24-25; Johannes 2,22; 6,63; 15,3; Epheser 5,26.

Praktische Schritte: Wählen Sie einen der oben genannten Verse aus und lernen Sie ihn auswendig. Danken Sie Gott für sein Wort.

Geduldig ausharren

Vers des Tages: *»Denn Ausharren habt ihr nötig, damit ihr, nachdem ihr den Willen Gottes getan habt, die Verheißung davontragt«* (Hebräer 10,36).

Die Fähigkeit ausharren zu können ist ein ganz entscheidender Aspekt, wenn wir in unserem Leben als Christen vorankommen wollen. Wenn wir dies nicht lernen, dann lernen wir wohl auch kaum etwas anderes. Als Christen sind wir in der Lage, uns auch in der Bedrängnis zu freuen, denn wir wissen, dass Bedrängnis zu Ausharren führt, Ausharren zu Bewährung und Bewährung zu Hoffnung (Römer 5,3-4).

Ausharren hat nicht das Geringste mit Selbstzufriedenheit zu tun, sondern bedeutet vielmehr *Ausdauer trotz negativer Begleitumstände.* Ausharren meint nicht den Christen im Schaukelstuhl, der seelenruhig darauf wartet, dass Gott etwas unternimmt, sondern den Soldaten auf dem Schlachtfeld, der weitermacht, auch wenn es nur mühsam vorangeht, oder den Läufer im Wettlauf, den nichts dazu bringen kann stehen zu bleiben, weil er um jeden Preis gewinnen will.

Zu viele Christen neigen dazu aufzugeben, wenn sich die Lage zuspitzt. Dr. V. Raymond Edman, der mit einer Engelsgeduld gesegnete und mittlerweile verstorbene Direktor des Wheaton College in der Nähe von Chicago, pflegte zu seinen Schülern zu sagen: »Es ist immer zu früh, um aufzugeben.«

Ich denke oft an diesen Satz, wenn ich mich in einer herausfordernden Situation befinde. Weder Begabung, noch Ausbildung oder Erfahrung garantieren den Sieg, sondern nur unsere Ausdauer. »Durch Ausdauer gelangte die Schnecke in die Arche«, erklärte Charles Spurgeon.

Lesen Sie auch: 1. Johannes 5,4; Römer 5,3-4; 8,35-39; Hebräer 12,1.

Praktische Schritte: Es ist nicht leicht Ausdauer und Geduld zu lernen, denn es bringt in der Regel Frustrationen und Enttäuschungen mit sich. Was treibt Sie dazu, aufgeben zu wollen? Denken Sie daran, dass nichts Sie scheiden kann von der Liebe Gottes (Römer 8,39), und machen Sie diesen Vers zu Ihrem Leitspruch und zum Anker Ihrer Hoffnung auf Gott.

Gottes Gericht

Die Bibel gebietet uns: »*Da wir nun diese Verheißungen haben, Geliebte, so wollen wir uns reinigen von jeder Befleckung des Fleisches und des Geistes und die Heiligkeit vollenden in der Furcht Gottes*« (2. Korinther 7,1).

Zu Zeiten des Neuen Testaments wurden die Juden durch ihren Stolz auf ihre Nation und ihren Glauben dazu verleitet die »heidnischen Hunde« zu verachten, und sie wollten nichts mit ihnen zu schaffen haben. Paulus bewies anhand dieser verurteilenden Haltung die Schuld der scheinbar Frommen: Genau die Dinge, die sie an den Heiden verurteilten, praktizierten sie selbst! Sie dachten, sie wären frei vom Gericht, weil sie zu Gottes auserwähltem Volk gehörten, aber Paulus versicherte, dass die Verantwortung der Juden dadurch nur umso größer ist.

Gottes Gericht gründet auf der Wahrheit. Der Herr hat nicht einen Maßstab für die Juden und einen anderen für die Heiden. Wer die Liste der Sünden in Römer 1,29-32 liest, kommt nicht umhin sich einzugestehen, dass jeder von uns mindestens einer dieser Sünden schuldig ist. Es gibt »Sünden des Fleisches« und »Sünden des Geistes«. Es gibt »verlorene Söhne« und »ältere Brüder«. Indem die Juden die Heiden wegen ihrer Sünden verdammten, verdammten sie sich in Wirklichkeit selbst. Wie oft machen wir uns wohl der gleichen Sache schuldig? Denken Sie immer daran: Wenn Sie mit einem Finger auf die anderen zeigen, zeigen Sie mit den anderen drei Fingern auf sich selbst.

Lesen Sie auch: Römer 1,29-32; 3,23; Epheser 2,8-9; Lukas 15,11-32.

Praktische Schritte: Lesen Sie die Liste der in Römer 1,29-32 aufgeführten Sünden gründlich durch. Prüfen Sie Ihr Herz und bitten Sie Gott um Verzeihung für jede Sünde, die Sie an sich feststellen müssen.

Der weise Pilger

Vers des Tages: *»Denn unser Bürgerrecht ist in den Himmeln, von woher wir auch den Herrn Jesus Christus als Retter erwarten«* (Philipper 3,20).

Gott möchte, dass wir uns von den Dingen dieser Welt lösen und nicht länger von ihnen abhängig sind. Er möchte, dass wir uns ganz auf die kommende Welt konzentrieren. Das heißt, dass wir uns von dieser Welt »abnabeln« und damit beginnen müssen für die unvergänglichen Werte der nächsten Welt zu leben.

Abraham war ein wohlhabender Mann und hätte ohne weiteres in einem luxuriösen Haus und an jedem beliebigen Wohnort leben können. Aber er war vor allem erst einmal der Diener Gottes, ein Pilger und ein Fremder – und dies bedeutete, dass er in Zelten zu leben hatte. Lot entschied sich dafür, das Pilgerleben hinter sich zu lassen und in die gotteslästerliche Stadt Sodom zu ziehen. Welcher der beiden Männer lebte wohl in größerer Sicherheit? Man hätte meinen können, dass Lot in den Mauern der Stadt sicherer war als Abraham, der mit seinen Zelten durch weite Ebenen zog. Aber Lot wurde zum Kriegsgefangenen, und Abraham musste ihn retten.

Anstatt auf die Warnung Gottes zu hören, kehrte Lot in die Stadt zurück. Als Gott Sodom und Gomorra zerstörte, verlor Lot alles, was er besaß. Lot überlebte, aber er vertraute auf die Dinge dieser Welt anstatt auf das Wort Gottes.

Wie Abraham sollten wir weise Pilger sein und dem Ruf Gottes Folge leisten.

Weitere Bibelstellen: Kolosser 3,1-4; 1. Korinther 15,42-58; Jesaja 26,7-9.

Praktische Schritte: Oft hängen wir mit dem Herzen zu sehr an unseren Besitztümern. Verschenken Sie heute etwas, das Sie als wertvoll erachten. Kaufen Sie aber kein Geschenk, sondern geben Sie etwas von sich, das Ihnen etwas bedeutet. Damit können Sie Ihren Wunsch zu teilen zum Ausdruck bringen und überprüfen, ob Sie in der Lage sind, sich innerlich von bestimmten Gegenständen zu trennen.

Ein gutes Gewissen entwickeln

Von Paulus: *»Darum übe ich mich auch, allezeit ein Gewissen ohne Anstoß zu haben vor Gott und den Menschen«* (Apostelgeschichte 24,16).

Das deutsche Wort »Gewissen« setzt sich aus dem Wortstamm »Wissen« und der Vorsilbe »Ge« zusammen, die für »Sammlung« steht. Unser Gewissen ist demnach eine »Ansammlung von Wissen«, unser innerer Richter, der ganz genau über uns Bescheid weiß und unsere Handlungen entweder billigt oder verurteilt. Das Gewissen kann mit einem Fenster verglichen werden, durch welches das Licht der Wahrheit Gottes fällt. Durch ständigen Ungehorsam wird das Fenster immer schmutziger, bis schließlich kein Licht mehr durchdringen kann. Dies führt dazu, dass unser Gewissen »abstumpft«. Ein »abgestumpftes Gewissen« ist so stark strapaziert worden, dass es nicht mehr weiß, was richtig oder falsch ist. Es ist sogar möglich, ein Gewissen so sehr zu beschädigen, dass es Sachen gutheißt, die falsch sind, und heftige Gewissensbisse bekommt, obwohl die betreffende Person richtig handelt! So fühlt sich ein Verbrecher beispielsweise schuldig, wenn er seine Freunde »verpfiffen« hat, ist aber glücklich, wenn er bei seinen Verbrechen Erfolg hatte!

Unser Gewissen hängt von unserem Wissen ab, dem »Licht«, das durch das Fenster hereinfällt. Wenn ein Christ in der Bibel liest, versteht er den Willen Gottes immer besser und sein Gewissen wird geschärft. Ein »gutes Gewissen« macht sich immer dann bemerkbar, wenn wir etwas tun, von dem wir wissen, dass es falsch ist, und grünes Licht gibt, wenn wir richtig handeln. Um ein Gewissen funktionstüchtig und rein zu halten, ist »Training« erforderlich. Trainieren Sie eigentlich Ihr Gewissen?

 **Schlagen Sie nach:** Römer 2,14-15; Titus 1,15; 1. Timotheus 4,2; Hebräer 10,22.

Praktische Schritte: Nehmen Sie sich eine Minute Zeit und denken Sie darüber nach, wie gut Ihr Gewissen funktioniert. Bitten Sie Gott darum, dass er Ihr Gewissen noch mehr schärft.

Den Willen Gottes tun

Denken Sie immer daran: *»Wodurch hält ein Jüngling seinen Pfad rein? Indem er sich bewahrt nach deinem Wort. [...] In meinem Herzen habe ich dein Wort verwahrt, damit ich nicht gegen dich sündige«* (Psalm 119,9.11).

Das Wort Gottes besitzt die Macht, den Willen Gottes zu bewirken, »Denn kein Wort, das von Gott kommt, wird kraftlos sein« (Lukas 1,37). Wenn wir Gottes Gebote befolgen, befähigt uns Gott auch dazu, das zu tun, wozu er uns aufgefordert hat. Jesus gebot dem verkrüppelten Mann seine Hand auszustrecken, genau das, was der Mann eigentlich nicht konnte. Doch das Wort des Gebotes gab ihm die Kraft zu gehorchen. Er vertraute dem Wort, gehorchte und wurde geheilt (Markus 3,1-5). Wenn wir dem Wort Gottes Glauben schenken und ihm gehorchen, setzt Gott eine Kraft frei, die in unserem Leben wirkt, damit seine Pläne erfüllt werden.

Das Wort Gottes in uns ist eine großartige Quelle der Kraft in Zeiten von Prüfung und Leid. Wenn wir das Wort Gottes in unserem Herzen wertschätzen, wenn unsere Gedanken davon erfüllt sind und wir mit unserem Willen danach handeln, werden wir ganz von Gottes Wort gelenkt, und Gott schenkt uns den Sieg.

Denken Sie nach über: Psalm 19,7-11; 40,8; 119,18.24.35; Lukas 11,28.

Praktische Schritte: Versuchen Sie sich einmal vorzustellen, wie Ihr Leben aussähe, wenn Sie nichts von Gottes Wort wüssten. Danken Sie Gott dafür, dass sein Wort Ihnen soviel bedeutet, und bitten Sie ihn, dass er Ihnen dabei hilft heute konsequent danach zu handeln.

Ein Gnadengewand

Vers des Tages: »*Eine aufgebrochene Stadt ohne Mauer, so ist ein Mann ohne Selbstbeherrschung*« (Sprüche 25,28).

Neben dem Vermögen auszuharren benötigen wir auch *Langmut*. Dieses Wort bedeutet »Selbstbeherrschtheit« und ist das Gegenteil von Rachsucht. Ausharren bezieht sich hauptsächlich auf die Umstände, während Langmut etwas mit Menschen zu tun hat. Gott ist langmütig mit seinem Volk, denn er ist voller Liebe und Gnade. Langmut gehört zu den Früchten des Geistes und stellt eines der »Gnadengewänder« dar, in die ein Christ seine Seele kleiden sollte.

Es ist erstaunlich, wie geduldig manche Menschen auch in den schwierigsten Situationen ausharren können, mit einem Freund oder Familienmitglied aber unheimlich schnell die Geduld verlieren. Mose harrte in Ägypten während all der langen Zeit des Machtstreits mit dem Pharao aus, verlor aber mit seinem eigenen Volk die Geduld und verwirkte dadurch sein Recht, ins Gelobte Land einzuziehen.

Ausharren und Langmut müssen eine Einheit bilden, wenn wir geistlich wachsen wollen. Paulus zählte sie unter den Eigenschaften auf, die einen wahren Diener Jesu Christi auszeichnen. Zweifellos war auch das Leben von Paulus selbst von diesen Eigenschaften geprägt. Im Alten Testament ist Hiob das beste Beispiel für Ausharren und David für Langmut, im Neuen Testament ist es selbstverständlich Jesus Christus.

Lesen Sie auch: 2. Korinther 6,4-6; 2. Timotheus 3,10-12; 2. Petrus 3,9; Galater 5,22; Kolosser 3,12-13.

Praktische Schritte: Wären wir wohl gerettet worden, wenn Gott nicht langmütig mit uns gewesen wäre? Wenn unsere Beziehungen zu anderen von Liebe geprägt sein sollen, dann ist es eine Grundvoraussetzung, dass wir das Gnadengewand der Langmut anziehen. Beten Sie dafür, dass Gott Ihnen zu seiner Ehre und Herrlichkeit von dieser Frucht reichlich gibt.

Operation am offenen Herzen

Vers des Tages: *»Denn das Wort Gottes ist lebendig und wirksam und schärfer als jedes zweischneidige Schwert und durchdringend bis zur Scheidung von Seele und Geist, sowohl der Gelenke als auch des Markes, und ein Richter der Gedanken und Gesinnungen des Herzens«* (Hebräer 4,12).

Gott sieht unser Herz, wie es ist. *Wir selbst* aber wissen nicht immer, wie es darum bestellt ist. Gott setzt sein Wort ein, damit wir die Sünde und den Unglauben in unserem Herzen erkennen können. Das Wort Gottes legt unser Herz frei wie ein scharfes Skalpell. Wenn wir Gott vertrauen, befähigt uns sein Wort ihm zu gehorchen und seine Verheißungen für uns in Anspruch zu nehmen. Darum sollte jeder Christ ehrlich darum bemüht sein, das Wort Gottes zu hören und zu beherzigen. In Gottes Wort sehen wir Gott, und außerdem sehen wir, wie Gott uns sieht. Wir sehen uns selbst, wie wir sind.

Diese Erfahrung versetzt uns in die Lage, ehrlich zu Gott zu sein, seinem Willen zu vertrauen und ihm zu gehorchen. Indem wir seinem Wort vertrauen und seinen Willen befolgen, dürfen wir in seine Ruhe eingehen und in Christus unser reiches Erbe in Anspruch nehmen. Durch seine Operation hat Gott unser Herz wiederhergestellt, aber wir müssen Tag für Tag dafür Sorge tragen, dass es gesund bleibt!

Machen Sie sich auch Gedanken zu: Hebräer 4,13; Jeremia 17,9; Epheser 5,8-16; Jakobus 1,22-25.

Praktische Schritte: Nehmen Sie sich Zeit, um einmal ernsthaft über die Aspekte von Gottes Wort nachzudenken, die Ihnen je Probleme bereitet haben. Was war die Ursache für diese Probleme? Was haben Sie dagegen unternommen? Wenn Sie immer noch Schwierigkeiten damit haben, so lassen Sie Gott eine geistliche Operation an Ihrem Herzen durchführen. Lassen Sie sich Zeit, bis Sie richtig geheilt sind, ehe Sie überprüfen, wie Sie nun auf diese Aspekte reagieren, an denen Sie sich bisher immer »gestoßen« haben.

Die Notwendigkeit zur Reinigung

Denken Sie daran: »*Da wir nun diese Verheißungen haben, Geliebte, so wollen wir uns reinigen von jeder Befleckung des Fleisches und des Geistes und die Heiligkeit vollenden in der Furcht Gottes*« (2. Korinther 7,1).

In den USA werden in Haushalten, Industrie und Landwirtschaft täglich insgesamt 1,8 Billionen Liter Wasser verbraucht. Das würde ausreichen, um ganz Manhattan fast dreißig Meter unter Wasser zu setzen. Im Nahen Osten machen die Hitze und der Staub häufige Waschungen zur Notwendigkeit, aber mitunter ist das Wasser knapp. Was die Juden betrifft, so verlangte das mosaische Gebiet zeremonielle Waschungen, und das Baden und Wechseln der Kleider ging für gewöhnlich besonderen Ereignissen voraus (1. Mose 35,1-3). So wies Noomi Rut an, sich wie eine Braut vor der Hochzeit zu baden, zu salben und ihre Kleider zu wechseln, bevor sie zu Boas auf die Tenne ging (Rut 3,3; Hesekiel 16,9-12).

Wenn wir unsere Beziehung zu Gott vertiefen möchten, so müssen wir uns »reinigen von jeder Befleckung des Fleisches und des Geistes und die Heiligkeit vollenden in der Furcht Gottes« (2. Korinther 7,1). Jedes Mal, wenn wir sündigen, müssen wir beten: »Wasch mich von meiner Schuld!« (Psalm 51,4.9). Mitunter fordert uns Gott jedoch dazu auf, uns selbst zu reinigen: »Wascht euch, reinigt euch!« (Jesaja 1,16). Wenn wir Vergebung suchen, reinigt uns Gott von unseren Ungerechtigkeiten (1. Johannes 1,9), aber Gott übernimmt für uns nicht, was unsere eigene Aufgabe ist. Nur wir selbst können die Dinge aus unserem Leben streichen, die uns beflecken, und wir können erst dann wieder in die Gegenwart Gottes treten, wenn wir uns von den Sünden gereinigt haben, die uns der Segnungen Gottes berauben. Ist es ein Wunder, dass unsere Anbetung oft eine leere Routinehandlung ist und wir in unseren Zusammenkünften nicht von der Kraft Gottes erfüllt werden?

Lesen Sie: Rut 3.

Praktische Schritte: Denken Sie darüber nach, wie Sie sich reinigen können und »die Heiligkeit vollenden in der Furcht Gottes«. Sorgen Sie dafür, dass Ihre Gebetszeit mehr ist als eine »leere Routinehandlung«.

In der Gnade wachsen

Vers des Tages: *»Denn Gott ist es, der in euch wirkt sowohl das Wollen als auch das Wirken zu seinem Wohlgefallen«* (Philipper 2,13).

Nicht wir arbeiten für Gott, sondern Gott arbeitet in uns und durch uns um seine Früchte der Gnade hervorzubringen. Der Dienst der Christen ist das Ergebnis ihrer Hingabe zu Gott. Unser Werk ergibt sich aus der Art, wie wir unser Leben gestalten. Nur indem wir in Christus bleiben, können wir Frucht tragen.

Gott muss die Arbeiter bereitstellen, bevor er mit dem eigentlichen Werk beginnen kann. Er verbrachte dreizehn Jahre damit, Josef auf seine Mission in Ägypten vorzubereiten, und achtzig Jahre um Mose bereit zu machen für die Führung des Volkes Israel. Jesus lehrte seine Jünger drei Jahre lang, wie sie Frucht bringen können, und selbst der gelehrte Apostel Paulus benötigte ein »Aufbaustudium« um Gott wirksam dienen zu können. Ein neugeborenes Baby kann zwar schreien um auf seine Existenz aufmerksam zu machen, aber arbeiten kann es nicht. Ein Christ, der neu im Glauben ist, kann zwar Zeugnis von Christus geben und sogar Menschen für ihn gewinnen, aber er braucht zunächst die Unterweisung, wie er sich Gottes Weisheit zu eigen machen und danach handeln kann, bevor er mit einem Amt großer Verantwortung betraut wird.

Lesen Sie auch: Kolosser 1,10; Epheser 4,1; Philipper 1,27; 1. Thessalonicher 2,11-12; 4,1.

Praktische Schritte: Lesen Sie das 15. Kapitel des Johannesevangeliums und schreiben Sie dann einen Aufsatz über die »Produkte«, die ein Christ hervorbringen sollte. Nehmen Sie dabei Bezug auf sich selbst. Beten Sie darum, dass Sie begreifen, was es heißt in Christus zu sein, damit Sie in jedem guten Werk reichlich Frucht bringen.

Wahre Freiheit

Vers des Tages: »*Dein Wohlgefallen zu tun, mein Gott, liebe ich; und dein Gesetz ist tief in meinem Innern*« (Psalm 40,9).

Freiheit ohne Autorität ist Anarchie. Autorität ohne Freiheit ist Sklaverei. Wahre Freiheit ist *Freiheit, die sich der Autorität unterordnet*. Es ist eine Illusion zu glauben, dass der Mensch ohne Gott frei sein kann. Die Geschichte der Menschheit ist die Geschichte immer neuer »Freiheiten«, die stets nur zu neuer Sklaverei geführt haben. Jeder Schritt, den der Mensch unternommen hat um sich von Gottes Gesetz loszureißen, hat ihn nur noch mehr in die Knechtschaft geführt. Warum? Weil der Mensch zum Ebenbild Gottes geschaffen wurde und er so in seiner Auflehnung gegen Gott auch gegen sich selbst rebelliert!

Gott behält seine Autorität bei, ungeachtet dessen, ob der Mensch sie akzeptiert oder nicht. Gott ist noch immer der oberste Herrscher des Universums, seine Gesetze sind noch immer in Kraft, sein Gericht kommt gewiss. Wenn der Mensch sich den Gesetzen Gottes fügt, wird er erfolgreich sein; wenn er sich diesen Gesetzen aber widersetzt, wird er auf der Strecke bleiben und vernichtet werden. Gott spricht zu uns heute durch die Natur, durch sein Wort und durch das menschliche Gewissen, aber hören will der Mensch dennoch nicht. Heute spricht Gott zu uns in Gnade, aber eines Tages wird er beginnen, seine Stimme im Gericht zu erheben.

Der Sportler hat nicht die Freiheit zur Entfaltung seiner Fähigkeiten, wenn er nicht lernt sich seinem Trainer unterzuordnen. Der Schüler muss sich seinem Lehrer, der Lehrling seinem Meister unterordnen. Wahre Freiheit finden wir nicht, indem wir machen, was wir wollen, sondern indem wir all das sind, wozu uns Gott geschaffen hat.

Lesen Sie auch: Jeremia 26,13; Matthäus 8,27; Hebräer 5,9; 13,17; 1. Petrus 4,17.

Praktische Schritte: Müssen Sie in Ihrem Leben irgendeine Art der Auflehnung feststellen? Wenn dies nicht der Fall ist, so danken Sie Gott für die wunderbare Freiheit und den Frieden, die er Ihnen geschenkt hat. Haben Sie an dieser Freiheit und diesem Frieden keinen Anteil, so bitten Sie Gott darum, dass er Ihnen zeigt, inwiefern Sie sich ihm nicht ausreichend unterordnen. Fassen Sie den Entschluss, Gott Gehorsam zu leisten und seinen Geboten in Ihrem Leben Priorität zu geben. Wenn Sie seinen Willen tun, wird er Sie mit einer Freiheit segnen, aus der Sie große Freude schöpfen.

Wie wichtig ist Ihnen die Bibel?

Vers des Tages: »*Eine Leuchte für meinen Fuß ist dein Wort, ein Licht für meinen Pfad*« (Psalm 119,105).

Ist Ihnen das Wort Gottes wichtiger als *Geld*? Der Verfasser von Psalm 119 erklärte, dass ihm Gottes Wort mehr bedeutete als »aller Reichtum« (V. 14), »Tausende von Gold- und Silberstücken« (V. 72), »Feingold« (V. 127) und »große Beute« (V. 162).

Ich erinnere mich an ein junges Paar, das einer meiner Gemeinden angehörte und dem ich versuchte zu helfen. Die beiden hatten einen reizenden kleinen Jungen, waren aber sehr nachlässig, was den Besuch des Gottesdienstes und die Teilnahme des Jungen am Kindergottesdienst betraf. Der Junge erhielt nicht die Erziehung im christlichen Glauben, die er benötigt hätte. Als ich die beiden bei sich zu Hause aufsuchte, erfuhr ich auch, warum: Der Vater wollte mehr Geld verdienen und arbeitete daher auch am Sonntag, um auf die doppelte Stundenzahl zu kommen. Er *musste* nicht am Tag des Herrn arbeiten, aber das Geld war ihm wichtiger als das Wort des Herrn. Zwar verdiente er so mehr Geld, aber er war nie in der Lage es zu sparen. Sein Sohn wurde krank, und das zusätzliche Geld musste für die ärztliche Behandlung ausgegeben werden.

Ist Ihnen das Wort Gottes wichtiger als Ihr *Schlaf*? »Meine Augen sind den Nachtwachen zuvorgekommen, um nachzudenken über dein Wort« (Psalm 119,148). Die Juden hatten drei Nachtwachen: von Sonnenuntergang bis 22 Uhr, von 22 Uhr bis 2 Uhr und von 2 Uhr bis zum Tagesanbruch. Der Psalmist hat also dreimal während der Nacht etwas von seinem Schlaf geopfert, um Zeit mit dem Wort Gottes zu verbringen. Und einige Christen schaffen es noch nicht einmal, am Sonntagmorgen aus dem Bett zu kommen, um Gottes Wort zu hören.

Wenn wir aus den Problemen unseres Lebens als Sieger hervorgehen wollen, müssen wir das Wort Gottes zu schätzen wissen.

 **Machen Sie sich auch Gedanken zu:** Psalm 19,7-11; 43,3; 119,11.18; Jesaja 34,16; 55,10-11.

Praktische Schritte: Denken Sie darüber nach, wie das Wort Gottes Sie in Ihrem Herzen von der Sünde fernhält.

In guten Händen

Glauben Sie fest daran: »*Aber der Herr, HERR, hilft mir. Darum bin ich nicht zuschanden geworden, darum habe ich mein Gesicht hart wie Kieselstein gemacht. Ich habe erkannt, dass ich nicht beschämt werde*« (Jesaja 50,7).

Ein nüchterner Christ ist innerlich ruhig und hat eine vernünftige Haltung dem Leben gegenüber. Er ist nicht selbstgefällig, aber auch nicht frustriert oder ängstlich. Wenn am Tag schlechte Neuigkeiten über ihn hereinbrechen, erträgt er sie und verliert dabei nicht den Mut. Er durchlebt die schwierigen Phasen des Lebens ohne aufzugeben. Er weiß, dass seine Zukunft sicher in Gottes Hand liegt, und lebt daher jeden Tag voller Schaffenskraft, innerer Ausgeglichenheit und im Gehorsam gegen Gott. Unsere innere Haltung bestimmt das Ergebnis, und wenn Ihre Haltung den Blick nach oben einschließt, dann können Sie sich eines positiven Ergebnisses sicher sein.

Lesen Sie auch: Micha 7,7; Römer 8,28; Hebräer 4,16.

Praktische Schritte: Schreiben Sie verschiedene Sorgen auf, die Sie momentan beschäftigen, und bitten Sie Gott darum, dass er Ihnen den Frieden schenkt, jeden Tag in der Gewissheit zu leben, dass Sie in seiner Hand geborgen sind.

1. _____

2. _____

3. _____

4. _____

5. _____

Der Unreinheit entfliehen

Setzen Sie sich zur Wehr: *»Nehmt auch den Helm des Heils und das Schwert des Geistes, das ist Gottes Wort! Mit allem Gebet und Flehen betet zu jeder Zeit im Geist, und wachet hierzu!«* (Epheser 6,17).

Paulus widmete einen Großteil seiner Ausführungen dem Thema der sexuellen Unreinheit, denn diese stellte in den Gemeinden der damaligen Zeit ein großes Problem dar. Das tut sie auch in den Gemeinden von heute. Viele Menschen betrachten das Eheversprechen nicht länger als etwas Heiliges. In der Frage der Ehescheidung lassen sich die meisten Menschen, darunter auch Christen, nicht mehr länger vom Wort Gottes leiten. Es gibt »schwule Gemeinden«, in denen homosexuelle Männer und Lesben »einander lieben« und von sich behaupten Christen zu sein. Sex vor der Ehe und Pornografie werden von vielen regelmäßigen Kirchgängern akzeptiert.

Wie hilft uns der Geist Gottes ein Leben in Reinheit, frei von sexueller Sünde, zu führen? Zunächst einmal erzeugt der Heilige Geist in uns eine Sehnsucht nach Heiligkeit, so dass uns nicht nach den Vergnügungen des Fleisches, sondern nach dem Wort Gottes verlangt. Außerdem unterweist er uns in Gottes Wort und hilft uns, dass wir uns in Zeiten der Versuchung an Gottes Verheißungen erinnern. Wenn wir uns vom Heiligen Geist erfüllen lassen, ermächtigt er uns, in Heiligkeit zu wandeln und uns durch die Sinneslust der Welt und des Fleisches nicht vom rechten Weg abbringen zu lassen. Die Früchte des Geistes überwinden die Werke des Fleisches.

Machen Sie sich Gedanken zu: Römer 13,12-14; 1. Petrus 2,1-3; Johannes 14,26.

Praktische Schritte: Lesen Sie Galater 5,16-26. Wie können Sie es vermeiden, die Begierden des Fleisches zu erfüllen? Welche Schlacht wird in Vers 17 beschrieben? Führen Sie alle Werke des Fleisches auf, mit denen Sie unter Umständen Schwierigkeiten haben. Sprechen Sie mit Gott darüber, wie Sie die Früchte des Geistes in Ihrem Leben vermehren können.

Platz für die Vielfalt

Die Bibel sagt uns: »*Wenn es nun irgendeine Ermunterung in Christus gibt, wenn irgendeinen Trost der Liebe, wenn irgendeine Gemeinschaft des Geistes, wenn irgendein herzliches Mitleid und Erbarmen, so erfüllt meine Freude, dass ihr dieselbe Gesinnung und dieselbe Liebe habt, einmütig, eines Sinnes seid!*« (Philipper 2,1-2).

So wie das ganze Gesetz unter dem Begriff der Liebe zusammengefasst werden kann, finden alle menschlichen Beziehungen ihre Erfüllung in der Liebe. Dies gilt für jeden einzelnen Christen und für jedes Gebiet unseres Lebens.

Diese Liebe wird sichtbar durch eine *einmütige Gesinnung*. Einmütigkeit heißt keineswegs Einförmigkeit, sondern meint ein gemeinsames Wirken inmitten der Verschiedenartigkeit. Die Glieder des Leibes arbeiten alle in Einmütigkeit zusammen, auch wenn sie ganz verschieden sind. Die Christen mögen sich nicht einig darüber sein, *wie* bestimmte Dinge zu tun sind, sollten aber alle darin übereinstimmen, *was* getan werden muss und *warum*. Einmal kritisierte ein Mann die Evangelisationsmethode von D. L. Moody, worauf Moody meinte: »Ich bin immer offen für Verbesserungen. Welche Methode haben Sie denn?« Der Mann gab zu, dass er keine besondere Methode hatte, worauf Moody erwiderte: »Dann bleibe ich bei meiner eigenen.«

Ganz gleich, welche Methode wir auch haben mögen, wir müssen danach streben Christus zu ehren, die Verlorenen für ihn zu gewinnen und die Gemeinde aufzubauen. Zwar stimmen einige Methoden definitiv nicht mit der Heiligen Schrift überein, aber es gibt dennoch jede Menge Platz für Vielfalt in der Gemeinde.

 **Lesen Sie auch:** Philipper 2,1-11; Epheser 4,1-6.

Praktische Schritte: Stehen Sie mit einem Bruder oder einer Schwester auf Kriegsfuß? Nehmen Sie sich Zeit um für diese Person und Ihre gemeinsame Beziehung zu beten.

Gottes Willen kennen

Vers des Tages: *»Strebe danach, dich Gott bewährt zur Verfügung zu stellen als einen Arbeiter, der sich nicht zu schämen hat, der das Wort der Wahrheit in gerader Richtung schneidet!«* (2. Timotheus 2,15).

Der *allgemeine* Wille Gottes für alle seine Kinder wird in der Bibel klar genannt. Der *besondere* Wille Gottes in einer bestimmten Situation muss immer mit dem übereinstimmen, was Gott uns in seinem Wort bereits offenbart hat. Je besser wir Gottes allgemeinen Willen kennen, desto leichter wird es für uns zu entscheiden, auf welche spezielle Weise uns Gott in den verschiedenen Alltagssituationen lenken möchte.

Paulus ermutigte die Kolosser nicht dazu nach Visionen zu streben oder darauf zu warten, bis sie Stimmen vernehmen, die ihnen die Weisheit Gottes offenbaren. Vielmehr betete er für sie, dass sie immer vertrauter mit dem Wort Gottes würden, und somit eine größere Weisheit und Einsicht hinsichtlich des Willens Gottes erlangten. Er wollte, dass sie »alle Weisheit« haben, nicht dass sie alles wissen, sondern dass sie die nötige Weisheit haben sollten um die richtigen Entscheidungen zu treffen und ein Gott wohlgefälliges Leben zu führen.

Geistliche Intelligenz ist der Anfang eines erfolgreichen christlichen Lebens, das viele Früchte bringt. Unwissenheit wird von Gott nicht belohnt. Vielen großen Männern Gottes, wie Charles Spurgeon, G. Campbell Morgan, und H. A. Ironside, war ihr Leben lang keine klassische Bibelausbildung vergönnt. Aber sie lasen fleißig im Wort Gottes, entwickelten durch stundenlanges Bibelstudium ein tiefes Verständnis für die darin enthaltenen Wahrheiten, dachten darüber nach und gingen ins Gebet. Der erste Schritt zu einem erfüllten Leben ist geistliche Intelligenz, das Wachsen im Willen Gottes durch die Erkenntnis seines Wortes.

 **Lesen Sie auch:** Kolosser 1,9-10; Epheser 5,17; Johannes 14,26; 15,13-15.

Praktische Schritte: Fassen Sie den Entschluss, Gottes Willen kennen zu lernen, indem Sie regelmäßig die Bibel lesen. Beten Sie darum, dass Gott Ihnen die Disziplin gibt, die dafür notwendig ist. Sein Heiliger Geist wird Ihnen stets zur Seite stehen.

Unser treuer Helfer

Merkvers: *»Keine Versuchung hat euch ergriffen als nur eine menschliche; Gott aber ist treu, der nicht zulassen wird, dass ihr über euer Vermögen versucht werdet, sondern mit der Versuchung auch den Ausgang schaffen wird, so dass ihr sie ertragen könnt«* (1. Korinther 10,13).

Was geschieht, wenn wir, die wir durch Jesus Christus Mitglieder der Familie Gottes geworden sind, versucht werden zu sündigen? Jesus ist sofort zur Stelle um uns zu helfen! Auch er wurde versucht, als er hier auf Erden war, aber keine Versuchung konnte ihn jemals schwankend machen. Weil er alle Feinde besiegt hat, ist er in der Lage uns die nötige Gnade zu schenken, die Versuchung zu überwinden. Das Wort, das in Hebräer 2,18 mit »helfen« wiedergegeben wurde, lautet wörtlich übersetzt »auf den Schrei eines Kindes hin herbeilaufen«. Es bedeutet sozusagen »Hilfe leisten, wenn sie gebraucht wird«. Engel sind in der Lage uns zu *dienen*, aber uns in Zeiten der Versuchung *helfen* können sie nicht. Das kann nur Jesus Christus, und zwar deshalb, weil er Mensch wurde und als Mensch litt und starb.

Lesen Sie auch: Hebräer 2,18; Römer 8,15-17; 2. Korinther 1,3-4; 1. Petrus 2,21-25.

Praktische Schritte: Sind Sie bereit, in anderer Menschen Leid und Versuchung der Partner Jesu zu sein und diese Menschen zu stärken? Nehmen Sie sich heute Zeit für einen Anruf oder einen kurzen Besuch bei zwei Personen, von denen Sie wissen, dass sie gerade eine Zeit der Prüfung durchmachen. Verbringen Sie mehr Zeit damit, ihnen zuzuhören, anstatt selbst zu reden. Schließen Sie Ihr Gespräch mit einem gemeinsamen Gebet ab. Machen Sie sich in Ihrem Kalender eine Notiz, damit Sie nicht vergessen, in drei Tagen erneut anzurufen oder vorbeizuschauen.

Gelegenheiten beim Schopf packen

Vers des Tages: *»Ich kenne deine Werke. Siehe, ich habe eine geöffnete Tür vor dir gegeben, die niemand schließen kann; denn du hast eine kleine Kraft und hast mein Wort bewahrt und hast meinen Namen nicht verleugnet«* (Offenbarung 3,8).

Rut wurde Teil von Gottes wundervollem Plan für das Volk Israel, dass der Heiland aus diesem Volk hervorgehen sollte. Ester trug dazu bei, die Nation der Israeliten zu bewahren, so dass der Geburt des Heilands nichts im Wege stand.

Gott kann arme Bäuerinnen und mächtige Königinnen gleichermaßen gebrauchen, um seine Pläne in dieser Welt zu verwirklichen. Die Frage lautet nicht: »*Wo* lebe und arbeite ich?«, sondern: »*Für wen* lebe und arbeite ich, für mich selbst oder meinen Herrn?« Die meisten von uns kennen den berühmten Satz von Sokrates: »Erkenne dich selbst!« Wir sollten uns aber auch mit einem Satz von Pittakos, einem der Sieben Weisen Griechenlands, vertraut machen: »Erkenne den günstigen Augenblick!« Gott gab Ester die Gelegenheit sich dem Herrn zur Verfügung zu stellen und ihm und seinem Volk zu dienen. Diese Gelegenheit packte sie beim Schopf. Der amerikanische Schriftsteller Ambrose Bierce definierte eine solche Gelegenheit als »günstigen Augenblick um nach der Enttäuschung zu greifen«. Das trifft nicht auf den engagierten Christen zu. Für uns ist eine Gelegenheit ein günstiger Augenblick um nach *Gottes Auftrag* zu greifen und seine Pläne zu verwirklichen.

Wir sollten uns niemals einreden, dass die Tage der großen Gelegenheiten längst vorbei sind. Auch heute gibt Gott seinem Volk viele aufregende Gelegenheiten, um die »Mauer zuzumauern und für das Land in den Riss zu treten« (Hesekiel 22,30). Die Grundvoraussetzung ist allerdings, dass wir uns in die Hand Gottes begeben. Wenn wir fest in Gottes Hand sind, dann kann Gott uns nicht nur in der Gemeinde, sondern auch in der Familie, der Nachbarschaft, auf der Arbeit oder in der Schule und sogar auf unserem Krankenbett dazu gebrauchen, auf andere einzuwirken, um seine Ziele zu erreichen.

 **Lesen Sie:** Rut 4.

Praktische Schritte: Denken Sie daran, dass unerwartete Geschehnisse in Ihrem Alltag oft eine günstige Gelegenheit darstellen Gott zu dienen. Halten Sie heute ganz bewusst nach Gelegenheiten Ausschau, durch die Gott Sie benutzen kann um auf andere zu seiner Ehre und Herrlichkeit einzuwirken, sei es durch Ihre Worte oder Ihr Verhalten.

Auf Glauben gründen

Vers des Tages: *»Denn die Sünde wird nicht über euch herrschen, denn ihr seid nicht unter Gesetz, sondern unter Gnade«* (Römer 6,14).

Gottes Volk steht heute im Tal zwischen zwei Bergen: Golgatha, wo Jesus für unsere Sünden gestorben ist, und dem Ölberg, wo Jesus in Macht und großer Herrlichkeit wiederkehren wird (Sacharja 14,4). Die Propheten des Alten Testaments sahen die Leiden und die Herrlichkeit des Messias, aber dieses Tal, in dem die Gemeinde heute steht, sahen sie nicht (1. Petrus 1,10-12). Die Glaubenden heute stehen nicht länger unter dem Fluch des Gesetzes, denn Jesus hat diesen Fluch »am Holz« für uns weggenommen (Galater 3,10-14). Durch die Gnade Gottes sind die Glaubenden in Christus gesegnet mit »jeder geistlichen Segnung in der Himmelswelt« (Epheser 1,3).

Dass wir Christen »nicht unter Gesetz, sondern unter Gnade« stehen (Römer 6,14; 7,1-6), heißt aber nicht, dass wir so leben können, wie es uns gefällt, und das Gesetz Gottes ignorieren oder uns ihm widersetzen können. Weder wurden wir gerettet, weil wir das Gesetz gehalten haben, noch wurden wir geheiligt, weil wir uns darum bemüht haben die Forderungen des Gesetzes zu erfüllen. Es ist vielmehr so, dass die »Rechtsforderung des Gesetzes erfüllt wird in uns«, wenn wir in der Kraft des Heiligen Geistes wandeln (Römer 8,4). Wenn wir uns unter das Gesetz stellen, bringen wir uns selbst um die Segnungen der Gnade (Galater 5). Wenn wir hingegen im Geist wandeln, erfahren wir seine Kraft, die unser Leben verändern und so gestalten kann, dass es Gott gefällt.

Danken wir nun Jesus, dass er am Kreuz den Fluch des Gesetzes von uns genommen hat und uns durch den Heiligen Geist mit allen Segnungen in der Himmelswelt beschenkt. Durch unseren Glauben haben wir in Christus Anspruch auf unser Erbe und wandeln auf festem Grund dem Sieg entgegen!

Lesen Sie: Römer 7,1-4.

Praktische Schritte: Danken Sie Gott, dass Sie durch ihn am Sieg teilhaben dürfen. Suchen Sie ein passendes Lied heraus und singen Sie es. Wenn etwas in diesem Lied über den geistlichen Kampf gesagt wird, achten Sie besonders darauf. Überprüfen Sie Ihre Waffenrüstung (Epheser 6,10-18) und vergewissern Sie sich, dass Sie für einen siegreichen Kampf richtig gekleidet sind. Schöpfen Sie Mut durch das Lesen von 1. Korinther 15,57-58.

Eingang in das ewige Reich unseres Herrn

Vers des Tages: »*Geliebte, jetzt sind wir Kinder Gottes, und es ist noch nicht offenbar geworden, was wir sein werden; wir wissen, dass wir, wenn es offenbar werden wird, ihm gleich sein werden, denn wir werden ihn sehen, wie er ist. Und jeder, der diese Hoffnung auf ihn hat, reinigt sich selbst, wie er rein ist*« (1. Johannes 3,2-3).

Die Hoffnung, Christus zu schauen und in den Himmel zu kommen, motiviert uns nicht nur zu Glaube und Liebe, sondern auch zu einem Leben in Heiligkeit. Als ich ein junger Christ war, warnte mich einmal ein älterer Freund: »Tue nie etwas, wofür du dich bei der Rückkehr Christi schämen müsstest!« Dieser Satz ist zwar ziemlich negativ formuliert und beinhaltet eher eine Warnung, als dass er auf die Verheißungen des Himmels hinweist, aber trotzdem ist natürlich viel Wahres dran. Auch Johannes warnt uns, dass wir uns bei Jesu Wiederkehr wohl werden schämen müssen, wenn wir nicht in Christus bleiben, d.h. wenn wir nicht eine tiefe Beziehung zu ihm haben und ihm gehorchen.

Aber man kann diesen Satz natürlich auch positiv formulieren: Wir sollten unser Leben rein halten, damit bei der Wiederkehr Jesu Christi nichts unsere Freude über die erste Begegnung trüben kann. Eines Tages werden wir mit Liebe und Zuversicht in die Freude und Herrlichkeit seiner Gegenwart treten. Petrus spricht vom »Eingang in das ewige Reich unseres Herrn«, welcher uns »reichlich gewährt« wird (2. Petrus 1,11).

Lesen Sie auch: 1. Johannes 2,28; 1. Petrus 1,4-9; Kolosser 1,5; Hebräer 6,19.

Praktische Schritte: Freuen Sie sich, wenn Sie an den »Eingang in das ewige Reich unseres Herrn« denken? Ist dies nicht der Fall, so bitten Sie Gott darum, dass er Sie auf alle unheiligen Gewohnheiten hinweist, die sich in Ihr Leben eingeschlichen haben. Bitten Sie ihn ebenso darum, dass er Ihnen in Erinnerung ruft, dass auch das Versäumnis, den Willen Gottes zu tun, Sünde ist. Setzen Sie dann Ihr Vertrauen auf das Blut, das Christus für unsere Reinigung von den Sünden vergossen hat, und auf die neu gewährte Gnade für ein Leben in Reinheit.

Die Wirklichkeit hinter der Wirklichkeit

Denken Sie daran: *»Da wir nicht das Sichtbare anschauen, sondern das Unsichtbare; denn das Sichtbare ist zeitlich, das Unsichtbare aber ewig«* (2. Korinther 4,18).

Der Christ des Neuen Bundes hat Anteil an der *Wirklichkeit Gottes.* Wir sind nicht abhängig von einem irdischen Hohepriester, der einmal im Jahr das Allerheiligste eines vergänglichen Heiligtums aufsucht, sondern von dem himmlischen Hohepriester, der für immer in das ewige Heiligtum eingetreten ist. Dort vertritt er uns vor Gott, jetzt *und in alle Ewigkeit.*

Hüten Sie sich davor, Ihren Glauben auf etwas aufzubauen, das mit Händen geschaffen wurde. Es wird keinen Bestand haben. Die Stiftshütte wurde durch den Tempel Salomos ersetzt, und dieser Tempel wurde durch die Babylonier zerstört. Als die Juden nach der Gefangenschaft in ihr Land zurückkehrten, bauten sie den Tempel wieder auf. Später wurde er dann von König Herodes erweitert und verschönert. Aber durch die Römer wurde auch dieser Tempel zerstört und seitdem nie wieder aufgebaut. Außerdem gingen die Geschlechtsregister verloren oder wurden zerstört, so dass die Juden sich nicht mehr sicher sein können, wer von ihnen dazu befugt ist, das Priesteramt auszuüben. Die Dinge, die mit Händen geschaffen wurden, sind vergänglich, was jedoch nicht mit Händen geschaffen wurde, währt ewig.

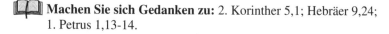 **Machen Sie sich Gedanken zu:** 2. Korinther 5,1; Hebräer 9,24; 1. Petrus 1,13-14.

Praktische Schritte: Finden Sie ein oder zwei Beispiel für etwas mit Händen Geschaffenes, auf das Sie unter Umständen mehr vertrauen als auf Gott. Bitten Sie Gott anschließend Ihnen dabei zu helfen, dass Sie Ihr Vertrauen nur noch auf die Dinge setzen, die ewig währen.

Ein maßgeschneidertes Joch

Vers des Tages: *»Kommt her zu mir, alle ihr Mühseligen und Beladenen! Und ich werde euch Ruhe geben«* (Matthäus 11,28).

Jesus forderte die Menschen auf, *zu ihm zu kommen*. Die Pharisäer forderten die Menschen hingegen auf, das Gesetz einzuhalten, und versuchten das Volk dazu zu bringen Mose und der Tradition zu folgen. Aber wahres Heil kann nur in *einer* Person gefunden werden: in Jesus Christus. Zu ihm zu kommen heißt ihm zu vertrauen. Diese Aufforderung gilt für alle, die mühselig und beladen sind. Und genauso fühlten sich die Menschen unter dem Joch der pharisäischen Gesetzlichkeit.

Jesus fordert die Menschen auf *zu nehmen*. Das ist eine ganz tiefe Erfahrung für uns. Wenn wir im Glauben zu Jesus kommen, *gibt* er uns Ruhe. Wenn wir sein Joch auf uns nehmen und lernen, finden wir Ruhe, und zwar jene tiefe Ruhe der Hingabe und des Gehorsams. Zunächst erlangen wir »Frieden *mit Gott*«, danach den »Frieden *Gottes*«. Ein »Joch aufnehmen« bedeutete in der damaligen Zeit, ein Jünger zu werden. Wenn wir uns Christus unterordnen, stehen wir unter seinem Joch. Das Wort »leicht« bedeutet »passend«. Jesus hält für uns genau das Joch bereit, das auf unser Leben und unsere Bedürfnisse zugeschnitten ist.

Jesus fordert uns auf *zu lernen*. Mit den ersten beiden Geboten bietet uns Jesus an, uns in einer Situation der Not zu helfen, wenn wir uns in seine Hand geben; mit dem Gebot des Lernens geht Jesus nun einen Schritt weiter. Wenn wir mehr über ihn lernen, erlangen wir einen tieferen Frieden, weil wir ihm mehr vertrauen. Wenn Jesus den Mittelpunkt unseres Lebens darstellt, wird alles darin leichter und bildet eine Einheit.

Lesen Sie auch: Matthäus 11,25-30; 23,2-5; Apostelgeschichte 15,10; Römer 5,1; Philipper 4,6-8; 1. Johannes 5,3.

Praktische Schritte: Danken Sie Gott für Ihr maßgeschneidertes Joch. Führen Sie dann die Bereiche Ihres Lebens auf, die Ihnen momentan zu schaffen machen. Bitten Sie Gott darum, dass er Sie beim Lesen der Bibel leitet, damit Sie darauf vertrauen lernen, dass sein Joch Ihnen den Frieden gibt, den Sie benötigen.

Leib Christi und Abendmahl

Vers des Tages: *»Mein Herz erinnert dich: ›Suchet mein Angesicht!‹ – Dein Angesicht, HERR, suche ich«* (Psalm 27,8).

Wir können sicher sein, dass Gott immer bei uns ist, denn das hat er uns versprochen. Ob wir aber auch spüren, dass er bei uns ist, hängt davon ab, wie wir zu ihm stehen in unserem Glauben, unserer Liebe, unserem Gehorsam und unserem Bestreben. Es gibt im Leben des Christen einen Unterschied zwischen »ein Glied am Leib Christi sein« (zu Christus gehören) und »den Leib Christi in sich aufnehmen« (Gemeinschaft mit Christus haben).

Ein Kind kann zwar von seinem Vater und seiner Mutter verlassen werden, aber die Wahrscheinlichkeit dafür ist sehr gering. Gott ist uns ein ergebener und treuer Vater, der sich wie eine liebende Mutter voller Fürsorge um uns kümmert. Als Kinder in Gottes Familie haben wir einen Erlöser, der uns näher steht als jeder Bruder, und einen Vater, der uns in allen Anforderungen des Lebens sowohl Vater als auch Mutter ist.

Auf unserem Lebensweg bedürfen wir der ständigen Richtungsweisung und Führung. Der Feind lauert überall, um uns zum Stolpern zu bringen und auf Umwege zu locken. Egal wie das Land, durch das unser Lebensweg führt, auch beschaffen sein mag, Gott möchte uns auf einem ebenen Weg führen, damit wir nicht stolpern und hinfallen. Satan möchte uns hingegen auf krumme Pfade führen, die uneben und voller Tücke sind.

Weitere Verse: Psalm 27,11-12; 103,13; Jesaja 49,15; Johannes 14,16-18.

Praktische Schritte: Den Weg, den Gott Sie in Ihrem Leben führen möchte, erkennen Sie, wenn Sie seine Gegenwart erleben. Bitten Sie Gott darum, dass er für Sie durch Ihr Gebet und Ihren Gehorsam greifbar wird. Die Gemeinschaft mit ihm schenkt Ihnen Freude und die Kraft, die Sie benötigen um die Attacken des Satans abzuwehren. Machen Sie sich heute bei allem, was Sie tun, bewusst, dass Christus bei Ihnen ist. Danken Sie ihm dafür, dass Ihnen seine ständige Anwesenheit durch die tägliche Erfahrung der Gemeinschaft mit ihm zur *Gewissheit* wird. Lernen Sie Johannes 14,23 auswendig: »Wenn jemand mich liebt, so wird er mein Wort halten, und mein Vater wird ihn lieben, und wir werden zu ihm kommen und Wohnung bei ihm machen.«

Der Weg des Glaubens

Die Bibel sagt uns: *»Ohne Glauben aber ist es unmöglich ihm wohlzuge-fallen; denn wer Gott naht, muss glauben, dass er ist und denen, die ihn suchen, ein Belohner sein wird«* (Hebräer 11,6).

Die meiste Zeit des Jahres über war das Flussbett des Jordan etwa dreißig Meter breit, aber während der Erntezeit trat der Fluss über seine Ufer und hatte dann eine Breite von mehr als anderthalb Kilometern. Sobald die Priester, welche die Bundeslade trugen, ihren Fuß in den Fluss setzten, hör-te der Fluss auf zu fließen, und sein Wasser richtete sich etwa dreißig Kilo-meter flussaufwärts in der Nähe der Stadt Adam zu einen Damm auf. Es war ein Wunder Gottes als Antwort auf Glauben.

Wenn wir nicht im Glauben voranschreiten (Josua 1,3; 3,14-17) und nicht bereit sind, »nasse Füße« zu bekommen, werden wir in unserem Leben und Dienst für Christus wohl kaum vorankommen. Durch jeden Schritt, den die Priester machten, trat das Wasser weiter zurück, bis sie schließlich inmitten des Flusses auf dem Trockenen standen. Als das ganze Volk den Fluss durchquert hatte, begaben sich die Priester ans Ufer, und der Fluss begann wieder zu fließen. Als Gott die Wasser des Roten Meeres teilte, gebrauchte er einen starken Wind, der die ganze Nacht zuvor wehte (2. Mose 14,21-22). Dieser Wind wehte zu diesem Zeitpunkt nicht zufällig, sondern war das Schnauben Gottes (15,8). Als Mose seinen Stab erhob, begann der Wind zu wehen, und als er ihn wieder senkte, floss das Wasser zurück und ertränkte die ägyptische Armee (14,26-28). Als Israel den Jor-dan durchquerte, wurde das Wunder nicht durch die gehorsame Hand ihres Anführers, sondern durch die gehorsamen Füße des Volkes bewirkt. Wenn wir nicht gewillt sind, im Glauben voranzuschreiten und das Wort Gottes zu befolgen, kann Gott niemals den Weg für uns bereiten.

Wenn Sie Ihr geistliches Erbe in Christus gern in Empfang nehmen möchten, vertrauen Sie dem Wort des Glaubens und *scheuen Sie sich nicht davor, nasse Füße zu bekommen*! Schreiten Sie voran auf dem Weg des Glaubens.

Lesen Sie: Josua 3.

Praktische Schritte: Stellen Sie sich die Frage: »Bin ich bereit, heu-te für Christus nasse Füße zu bekommen?« Seien Sie darauf vorbe-reitet, auf den Notruf eines Mitmenschen oder ein anderes Ereignis, dass Ihren sorgfältig erstellten Tagesplan durchkreuzt, so zu reagieren, wie Christus es getan hätte. Stellen Sie sich unter die Leitung Gottes und ernten Sie die Freude und Zufriedenheit eines treuen Dienstes für Gott. Denken Sie über den folgenden Satz nach: »Sorge ist maskierter Unglaube.«

Glaube, der rettet

Vers des Tages: *»Gewurzelt und auferbaut in ihm und gefestigt im Glauben, wie ihr gelehrt worden seid, indem ihr überreich seid in Danksagung!«* (Kolosser 2,7).

Glaube, der rettet, umschließt unseren Verstand, unser Herz und unseren Willen. Mit dem Verstand begreifen wir die Wahrheit des Evangeliums, und mit dem Herzen spüren wir, dass wir tatsächlich der Rettung bedürfen. Aber erst wenn auch unser Wille vom Glauben erfasst ist, und wir uns für Christus entscheiden, sind wir wirklich gerettet. Glaube ist nicht die gedankliche Übereinstimmung mit einer Reihe von Lehrsätzen, so wahr diese Lehrsätze auch sein mögen. Glaube ist auch keine Gefühlssache. *Glaube ist die Entscheidung für Jesus Christus.*

Als der Missionar John G. Paton auf den Äußeren Hebriden die Bibel übersetzte, suchte er nach dem passenden Wort für *glauben*. Schließlich fand er es auch: Das Wort bedeutete »sich mit seinem ganzen Gewicht auf etwas lehnen«. Und genau das ist rettender Glaube – sich mit dem ganzen Gewicht auf Jesus Christus zu lehnen.

Die falschen Propheten, die nach Kolossä gekommen waren, versuchten den Glauben der Heiligen an Christus und das Wort zu untergraben. Und auch heute sind solche Versuche an der Tagesordnung. Jede Glaubenslehre, die Jesus Christus von seinem Thron stürzen will, oder die die Erlösung als etwas anderes darstellen will als das Zuteilwerden der Gnade Gottes durch Glauben, ist antichristlich und ein Werk des Satans.

Lesen Sie auch: Kolosser 2,3-10; Epheser 2,8-10; Römer 5,1-2.

Praktische Schritte: Prüfen Sie Ihre Hingabe zu Jesus Christus. Lehnen Sie Ihr ganzes Gewicht (Verstand, Herz und Willen) auf ihn? Wenn dies der Fall ist, so danken Sie ihm für das große Privileg, das Sie als Christ haben. Das tägliche Lesen in seinem Wort bestätigt Sie in Ihrer Entscheidung und fördert Ihr geistliches Wachstum, so dass Sie im Glauben gefestigt und tief verwurzelt werden.

Das vollendete Werk

Die Schrift sagt uns: *»Ich habe dich verherrlicht auf der Erde; das Werk habe ich vollbracht, das du mir gegeben hast, dass ich es tun sollte«* (Johannes 17,4).

Ein Junge im Teenageralter war einmal allein zu Hause, weil seine Mutter ausgegangen war, um jemandem einen Besuch abzustatten. Und weil er so viel Zeit und nichts anderes zu tun hatte, beschloss er ein Buch aus der Familienbibliothek zu lesen. Seine Mutter war eine überzeugte Christin, und so wusste er schon, dass das Buch wohl mit einer Andacht beginnen und mit praktischen Hinweisen enden würde, aber gewiss enthielt es zwischendrin ein paar interessante Geschichten.

Beim Lesen des Buches stieß er plötzlich auf die Worte »das vollendete Werk Christi«. Die Worte hatten eine ungewöhnlich starke Wirkung auf ihn: »das vollendete Werk Christi«.

»Warum verwendet der Autor bloß ausgerechnet diesen Ausdruck?«, fragte er sich. »Warum sagt er nicht ›das Werk der Versöhnung‹ oder ›das Werk der Erlösung Christi‹?« (Sie sehen schon, er war mit dem biblischen Vokabular bestens vertraut. Nur den Heiland kannte er noch nicht!) Dann schossen ihm die Worte »Es ist vollbracht« in den Sinn, und er begriff, dass das Werk der Versöhnung vollendet war.

»Wenn nun das ganze Werk vollendet und alle Schuld bezahlt ist, was bleibt dann für mich zu tun?« Sofort wusste er, wie die Antwort darauf lautete, fiel auf die Knie, nahm Jesus als seinen Erlöser an und erhielt die volle Vergebung der Sünden. Dies ist die Geschichte der Errettung von J. Hudson Taylor, dem Gründer der China-Inland-Mission.

Lesen Sie auch: Johannes 19,30; Hebräer 12,2.

Praktische Schritte: Nehmen Sie sich nun Zeit, um Gott dafür zu danken, dass er die ganze Schuld Ihrer Sünden bezahlt hat. Denken Sie an einen jungen Menschen, den Sie kennen, und bitten Sie Gott darum, dass auch er oder sie diese Wahrheit erkennt.

Den Herrn Herr sein lassen

Vers des Tages: »*Denn hierzu ist Christus gestorben und wieder lebendig geworden, dass er herrsche sowohl über Tote als auch über Lebende*« (Römer 14,9).

In unseren Gemeinden gibt es so einige Ansichten und Gepflogenheiten, die zwar durchaus der Tradition entsprechen, aber nicht unbedingt auch der Bibel. Können Sie sich noch an die engagierten Christen erinnern, die sich damals gegen ein christliches Radio einsetzten, »weil Satan der Fürst der Macht der Luft ist«? Einige Menschen glauben immer noch, dass sie an der Bibelübersetzung, die jemand benutzt, entscheiden können, ob dieser Mensch es wirklich ernst mit seinem Glauben meint. Die Gemeinde ist zersplittert und geschwächt, weil einige Menschen Jesus Christus einfach nicht Herr sein lassen wollen.

Denken Sie einmal darüber nach. Kein Christ hat das Recht, im Leben eines anderen Christen »Gott zu spielen«. Wir können beten, beraten und auch ermahnen, aber wir können nicht den Platz Gottes einnehmen. Wodurch wird ein Teller mit Essen oder ein Tag »heilig«? Dadurch dass wir ihn in Beziehung zu Gott setzen. Paulus legte ganz bewusst großen Wert auf die Einheit des Glaubenden mit Christus: »Und sei es nun, dass wir leben, sei es auch, dass wir sterben, wir sind des Herrn« (Römer 14,8). Zuallererst einmal sind wir dem Herrn verantwortlich. Wenn die Christen damit aufhörten ihre Brüder zu kritisieren und ihre Zeit stattdessen im Gespräch mit dem Herrn verbrächten, würden die Christen der ganzen Welt bald wieder zu einer einzigen großen Gemeinde zusammenwachsen.

Lesen Sie in aller Ruhe: Römer 14,1-23; 1. Korinther 10,23-33; Galater 5,13-26.

Praktische Schritte: Was ist Ihnen wichtiger: Christus Herr sein zu lassen oder Ihre eigene Sicht der Dinge beizubehalten? Wie verhalten Sie sich, wenn diese beiden Wünsche miteinander in Konflikt geraten? Welcher der beiden Wünsche siegt dann wohl?

Listen Sie in Gedanken einige Fragen auf, die in Ihrer Gemeinde oder in Ihrem Bibelkreis zur Spaltung geführt haben oder dazu führen könnten. Was haben Sie unternommen bzw. könnten Sie unternehmen, um die Spannungen abzubauen, die durch solche Probleme entstehen? Bitten Sie Gott darum, Sie empfänglicher zu machen für seine Wahrheit und seine Gnade, für jene Kombination, die in jeder Situation zu Liebe und Freiheit führt.

Schuldenfrei!

Vers des Tages: »*In ihm haben wir die Erlösung durch sein Blut, die Vergebung der Vergehungen, nach dem Reichtum seiner Gnade*« (Epheser 1,7).

Gott hat uns vergeben! Erlösung und Vergebung bilden eine Einheit. Das mit *Vergebung* übersetzte Wort bedeutet wörtlich »wegschicken« oder »eine Schuld erlassen«. Christus hat uns nicht nur freigekauft und in ein neues Reich hineingeführt, sondern uns auch jede Schuld erlassen, damit wir nicht aufs Neue versklavt werden können. Satan kann in den Akten nun nichts mehr finden, dessen er uns anklagen könnte.

In den letzten Jahren hat die Kirche die Freiheit der Vergebung wiederentdeckt. Gottes Sündenvergebung ist ein Akt der Gnade. Weder haben wir es uns verdient, dass uns vergeben wird, noch können wir uns seine Vergebung in irgendeiner Form erarbeiten. Weil wir wissen, dass Gott uns vergeben hat, sind wir in der Lage, eine persönliche Beziehung zu ihm aufzubauen, uns an seiner Gnade zu freuen und nach seinem Willen zu trachten. Die Vergebung stellt keinen Freibrief zur Sünde, sondern vielmehr eine Ermunterung zum Gehorsam dar. Und weil uns vergeben wurde, können auch wir vergeben. Anhand des Gleichnisses vom unbarmherzigen Knecht wird deutlich, dass ein unbarmherziger Geist immer in die Knechtschaft führt.

Lesen Sie auch: Matthäus 18,21-35; Kolosser 1,14; 3,13-14; Lukas 6,37.

Praktische Schritte: Lernen Sie Epheser 4,32 auswendig: »Seid aber zueinander gütig, mitleidig, und vergebt einander, so wie auch Gott in Christus euch vergeben hat!« Erstellen Sie eine Liste mit den Namen derjenigen, denen Sie etwas noch nicht vergeben haben. Vielleicht steht ja nur eine einzige Person auf Ihrer Liste, aber durch den Akt der Vergebung werden Sie auf jeden Fall verwandelt und gesegnet.

Was uns die Freude raubt

Vers des Tages: *»Er sprach aber zu ihnen: Seht zu und hütet euch vor aller Habsucht! Denn auch wenn jemand Überfluss hat, besteht sein Leben nicht aus seiner Habe«* (Lukas 12,15).

Wie leicht kann es doch passieren, dass uns bestimmte Dinge, und zwar nicht nur die sichtbaren, sondern auch die unsichtbaren, wie Ruhm, Anerkennung oder Leistung, zum Fallstrick werden. Paulus erwähnte die Dinge, die er für besonders wichtig erachtete, bevor er Christus als seinen Erlöser annahm. Einige davon waren »unsichtbar«, z. B. seine Leistungen und Errungenschaften auf dem Gebiet des Glaubens, das Gefühl, stolz auf sich sein zu können und ein moralisch einwandfreies Leben zu führen. Auch heute können wir sowohl sichtbaren als auch unsichtbaren Dingen in die Falle gehen und dadurch unsere Freude verlieren.

Wie die unsichtbaren sind auch die sichtbaren Dinge nicht in sich selbst sündhaft. Gott hat die Dinge geschaffen, und die Bibel erklärt uns, dass diese Dinge gut sind. Gott weiß, dass wir bestimmte Sachen einfach zum Leben benötigen. Es ist sogar so, dass er uns »alles reichlich darreicht zum Genuss« (1. Timotheus 6,17). Aber Jesus warnte uns auch, dass unser Leben nicht daraus besteht, möglichst viele Besitztümer anzuhäufen. Die Quantität sagt noch nichts über die Qualität. Viele Menschen haben alles, was man sich für Geld nur kaufen kann, haben aber all das verloren, was man für kein Geld der Welt bekommt.

Lesen Sie auch: Matthäus 6,31-34; 1. Timotheus 6,17; Philipper 3,4-9.

Praktische Schritte: Machen Sie Matthäus 6,33 zu Ihrem Gebet des Tages. Ersetzen Sie das Wort »Gerechtigkeit« durch »Rechtschaffenheit« und bitten Sie Gott darum, dass Sie heute in allen Ihren Werken rechtschaffend sind.

Die christliche Ehefrau

Die Bibel sagt uns: *»Ebenso ihr Frauen, ordnet euch den eigenen Männern unter, damit sie, wenn auch einige dem Wort nicht gehorchen, ohne Wort durch den Wandel der Frauen gewonnen werden, indem sie euren in Furcht reinen Wandel angeschaut haben!«* (1. Petrus 3,1-2).

Wenn eine Frau ihren verlorenen Ehemann für Christus gewinnen will, so erreicht sie dies nicht durch Argumentation, sondern durch ihr Wesen und ein Verhalten, das von Unterordnung, Verständnis, Liebe, Güte und Geduld geprägt ist. Diese Eigenschaften können wir uns nicht anerziehen, sondern sie sind vielmehr die Früchte des Heiligen Geistes, die wir in dem Maße hervorbringen, wie wir uns Christus und unseren Nächsten unterordnen. Eine christliche Ehefrau, die voller Reinheit und Ehrfurcht ist, offenbart das Wesen Gottes durch ihr Leben und kann dadurch so auf ihren Mann einwirken, dass er Vertrauen zu Christus findet.

Eines der besten Beispiele für eine gottergebene Ehefrau und Mutter in der Kirchengeschichte ist Monica, die Mutter des Kirchenvaters Augustinus. Gott gebrauchte Monicas Zeugnis und ihre Gebete um sowohl ihren Ehemann als auch ihren Sohn für Christus zu gewinnen, wenngleich ihr Mann sich erst kurz vor seinem Tod bekehrte. In seinem Buch *Bekenntnisse* schrieb Augustinus: »Sie diente ihm wie ihrem Herrn; und tat ihr Fleißigstes, um ihn für dich zu gewinnen, [...] indem sie dich ihm predigte durch ihre Rede [ihr Verhalten], durch die du sie schmücktest und in Ehrfurcht freundlich zu ihrem Manne machtest.«

 **Lesen Sie auch:** das 3. Kapitel des 1. Petrusbriefes; Sprüche 31,30-31.

Praktische Schritte: Schreiben Sie ohne noch einmal oben nachzuschauen die fünf Eigenschaften einer gottergebenen Ehefrau nieder, die in der heutigen Andacht erwähnt werden. Fügen Sie noch weitere Eigenschaften hinzu, die Ihnen einfallen.

Juli

Werdet erneuert:

»Um des Herrn würdig zu wandeln
zu allem Wohlgefallen,
fruchtbringend in jedem guten Werk
und wachsend durch die Erkenntnis Gottes.«

Kolosser 1,1

In Erwartung leben

Zum Auswendiglernen: *»Geliebte, jetzt sind wir Kinder Gottes, und es ist noch nicht offenbar geworden, was wir sein werden; wir wissen, dass wir, wenn es offenbar werden wird, ihm gleich sein werden, denn wir werden ihn sehen, wie er ist. Und jeder, der diese Hoffnung auf ihn hat, reinigt sich selbst, wie er rein ist«* (1. Johannes 3,2-3).

Als Christen leben wir in der Erwartung Jesu Christi, der jeden Moment wiederkehren kann. Wir warten nicht auf irgendwelche »Zeichen«, sondern auf unseren Heiland. Wir warten auf die Erlösung des Leibes und die Erfüllung unserer lebendigen Hoffnung. Wenn Jesus wiederkehrt, erhalten wir einen neuen Leib und werden sein wie er. Er wird uns in das Zuhause führen, das er für uns bereitet hat, und uns für den Dienst belohnen, den wir in seinem Namen getan haben.

Eine Gemeinde, die wirklich in der Erwartung lebt, jeden Augenblick vor Christus stehen zu können, ist siegreich und lebendig. Die Erwartung der Wiederkunft unseres Herrn ist eine große Motivation für uns, Menschen für ihn zu gewinnen. Wenn alle Christen in dieser geistlichen Perspektive leben, werden unsere Gemeinden so, wie Gott sie haben möchte. Das Ergebnis davon ist, dass wir Verlorene für den Herrn gewinnen und ihn verherrlichen.

Eine Gemeinde sollte so sein wie auch jeder Christ: *auserwählt* (wiedergeboren), *vorbildhaft* (den richtigen Vorbildern nacheifernd), *enthusiastisch* (das Evangelium mit anderen teilend) und *erwartungsvoll* (täglich auf die Rückkehr Christi hoffend).

Vielleicht sollten wir uns und unsere Gemeinden hinsichtlich dieser Eigenschaften einmal auf Herz und Nieren prüfen.

Zur Vertiefung: Römer 8,23-25; 14,10-12; Philipper 3,20-21; 1. Johannes 3,1-2; 14,1-6.

Praktische Schritte: Suchen Sie in Ihrem Liederbuch ein bekanntes Lied über die Wiederkunft Christi, z. B. »Wir warten Dein, o Gottes Sohn«, und singen Sie es. Danken Sie Gott für sein Versprechen, dass Christus wiederkommen wird. Geben Sie die Botschaft des heutigen Abschnitts an jemanden weiter.

Eine untertänige Gesinnung

Vers des Tages: *»Er gibt aber desto größere Gnade. Deshalb spricht er: ›Gott widersteht den Hochmütigen, den Demütigen aber gibt er Gnade.‹ Unterwerft euch nun Gott! Widersteht aber dem Teufel! Und er wird von euch fliehen«* (Jakobus 4,6-7).

Timotheus wusste, was es heißt, Opfer zu bringen und anderen zu dienen, und Gott belohnte ihn für seine Treue. Zunächst einmal erlebte Timotheus die große Freude, anderen helfen zu können. Neben all der Mühsal und den Schwierigkeiten hatte er auch viele Siege und Segnungen zu verzeichnen. Weil Timotheus sich in verschiedenen Situationen als treu erwiesen hatte, wurde er von Gott reich belohnt und von der Freude eines untertänigen Geistes erfüllt. Er hatte das Vergnügen, zusammen mit dem großen Apostel Paulus zu dienen und ihm bei einigen seiner schwierigsten Aufgaben zur Seite stehen zu dürfen.

Aber die wohl größte Belohnung, die Timotheus von Gott erhielt, bestand darin, dass er Paulus' Nachfolge antreten durfte, als der große Apostel heimgerufen wurde. Welch eine Ehre! Timotheus war nicht nur Paulus' Sohn und Diener im Geist, sondern er wurde auch sein Nachfolger! Das hätte sich der junge Timotheus bei seinem Dienst für Christus sicher niemals träumen lassen.

Eine untertänige Gesinnung kann weder durch eine einstündige Predigt, noch durch ein einwöchiges Seminar, ja nicht einmal durch ein ganzes Jahr des Dienstes für Christus erworben werden, sondern allein dadurch, dass wir uns wie Timotheus ganz in die Hand Gottes geben und stets darum bemüht sind, anderen zu dienen.

Machen Sie sich auch Gedanken zu: 1. Petrus 2,13-17; Jakobus 4,10.

Praktische Schritte: Lesen Sie Philipper 2,5-8 und danken Sie Gott dann für die Untergebenheit Ihres Erlösers und für seine Demut, die uns allen ein großes Vorbild ist. Denken Sie darüber nach, wie Sie heute jemandem in Demut dienen können.

Den richtigen Weg finden

Vers des Tages: *»Um des Herrn würdig zu wandeln zu allem Wohlgefallen, fruchtbringend in jedem guten Werk und wachsend durch die Erkenntnis Gottes«* (Kolosser 1,10).

Wir Eltern wissen, dass unsere Kinder (vor allem Teenager) Sätze wie: »Als ich in deinem Alter war ...« nicht hören wollen. Und dennoch spielen sie bei der Erziehung unserer Kinder eine ganz wichtige Rolle. Es ist wunderbar, wenn ein »geistlicher Vater« seinen »Kindern« aus seiner eigenen Erfahrung mit dem Herrn heraus Mut machen und helfen kann. »Kommt, ihr Söhne, hört mir zu: die Furcht des HERRN will ich euch lehren« (Psalm 34,12).

Warum schlug der Apostel Paulus bei den Christen einen so väterlichen Ton an? Er wollte, dass seine »Kinder« es lernten, »des Gottes würdig zu wandeln« (1. Thessalonicher 2,12). Wie ein Vater auf seine Kinder stolz sein will, so möchte Gott durch das Leben seiner Kinder verherrlicht werden. Paulus kümmerte sich wie ein Vater um sie, weil er wollte, dass sie den richtigen Weg gehen.

Jedes Kind muss seinen Weg gehen und braucht dabei gute Vorbilder, denen es nacheifern kann. Paulus ermahnte seine Kinder »des Herrn würdig zu wandeln«. Wir sollen würdig der Berufung wandeln, die wir in Christus Jesus haben. Gott hat uns berufen, aus Gnade wurden wir errettet. Wir sind Teil seines Königreichs und seiner Herrlichkeit. Eines Tages werden wir in sein ewig währendes Königreich eingehen und an seiner Herrlichkeit Anteil haben. Diese Aussicht sollte uns in unserem Leben den Weg weisen und in uns den Wunsch wecken, dem Herrn zu gefallen.

📖 **Schlagen Sie nach:** Epheser 4,1-3; Philipper 1,27; 2. Johannes 4.

Praktische Schritte: Schreiben Sie einige Punkte auf, wie Sie des Herrn würdig wandeln können. Notieren Sie vor allem die Punkte, von denen Sie spüren, dass Sie sie heute umsetzen sollten.

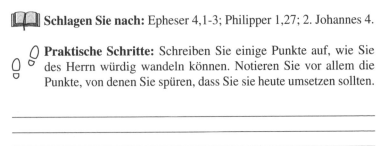

_____

_____

_____

Nehmen Sie sich nun Zeit, um mit dem Herrn über diese Dinge zu sprechen. Bitten Sie ihn darum, dass er Sie fähig macht, sich heute ganz vom Heiligen Geist leiten zu lassen.

Zeit für Anteilnahme

Vers des Tages: *»[Wenn] mein Volk, über dem mein Name ausgerufen ist, demütigt sich, und sie beten und suchen mein Angesicht und kehren um von ihren bösen Wegen, dann werde ich vom Himmel her hören und ihre Sünden vergeben und ihr Land heilen«* (2. Chronik 7,14).

Das einzige Volk auf der Erde, das mit Gott in einem besonderen Bund steht, ist das Volk Israel. Obgleich beispielsweise auch viele der Gründungsväter der Vereinigten Staaten von Amerika gottesfürchtige Männer gewesen sind, können die Bürger der Vereinigten Staaten bei Gott keine besonderen Vorrechte für ihr Volk wegen ihrer Abstammung geltend machen. Es stimmt zwar, dass sich die puritanischen Vorväter dazu berufen fühlten, Gottes Königreich auf amerikanischem Boden zu errichten, aber eine biblischen Grundlage dafür haben wir nicht.

Was haben wir dann aber, die wir nicht zum Volk Israel gehören? Das Versprechen Gottes an diejenigen aus seinem neutestamentlichen Volk, der Gemeinde, die 2. Chronik 7,14 befolgen und für ihr Land eintreten. Gott erhört Glaubensgebete, und Gebete aus Glauben gründen auf dem Wort Gottes.

In *Der Mann ohne Vaterland* schrieb Edward Everett Hale: »Ich bin nur einer, aber einer bin ich immerhin. Ich kann nicht alles tun, aber immerhin etwas. Und weil ich nicht alles tun kann, will ich es nicht versäumen, das Wenige zu tun, das ich tun kann.«

Das ist ein gutes Motto für alle, die am Ergehen ihres Landes Anteil nehmen wollen. Aber wir sollten dem noch die großen Worte von Paulus hinzufügen: »Alles vermag ich in dem, der mich kräftigt. ... Denn Gott ist es, der in euch wirkt sowohl das Wollen als auch das Wirken zu seinem Wohlgefallen« (Philipper 4,13; 2,13).

Es ist Zeit für uns, am Ergehen unseres Landes Anteil zu nehmen.

Lesen Sie: 2. Chronik 7; 1. Timotheus 2,1-4.

Praktische Schritte: Bitten Sie Gott, dass er durch diese Bibeltexte zu Ihnen spricht. Lesen Sie 2. Chronik 7 mehrmals durch und hören Sie auf das, was Gott Ihnen sagen möchte. Nehmen Sie sich mindestens fünf Minuten Zeit, um für Ihr Volk und die führenden Persönlichkeiten Ihres Landes zu beten.

Züchtigung: eine Disziplin in der Schule des Heiligen Geistes

Vers des Tages: *»Die Zucht des HERRN, mein Sohn, verwirf nicht und lass dich nicht verdrießen seine Mahnung!«* (Sprüche 3,11).

Das griechische Wort, welches in der Bibel mit *Züchtigung* übersetzt wird, bedeutet wörtlich »Ausbildung von Kindern«, »Unterweisung«, »Schule«. Ein griechischer Junge wurde bis zur Erlangung der Reife im Gymnasium beim Sport »gezüchtigt«. Es war Teil seiner Vorbereitung auf das Erwachsenenleben. In Hebräer 12,5-8 werden Prüfungen im Leben eines Christen als Schule des Heiligen Geistes betrachtet, durch die der Glaubende eine größere Reife erlangen kann. Anstatt zu versuchen den Schwierigkeiten des Lebens auszuweichen, sollten wir ganz bewusst durch diese Schule gehen, damit wir wachsen können.

Wenn wir leiden müssen, denken wir schnell, dass Gott uns nicht liebt. Der Schreiber des Hebräerbriefs ruft uns jedoch ins Bewusstsein, dass alle Züchtigung ihren Ursprung im liebenden Herzen unseres Vaters hat.

Die Wörter »Sohn« und »Söhne« kommen in Hebräer 12,5-8 insgesamt sechs Mal vor. Sie beziehen sich auf *erwachsene Söhne*, nicht auf kleine Kinder. Eltern, die ein *Kleinkind* wiederholt züchtigen, erscheinen in unseren Augen als wahre Ungeheuer. Gott behandelt uns als Söhne, denn wir erhielten bei der Aufnahme in seine Familie den Status eines Gotteskindes. Die Züchtigungen des Vaters sind ein Zeichen dafür, dass wir auf dem Weg der Reife sind, und gleichzeitig auch das Mittel, durch welches wir zu noch größerer Reife gelangen können.

📖 **Machen Sie sich auch Gedanken zu:** Sprüche 3,12; Hebräer 12,5-13; Römer 8,18.

Praktische Schritte: Wenn Prüfungen über Sie kommen, so danken Sie Gott dafür. Rufen Sie sich mindestens zwei Gründe dafür ins Gedächtnis, warum Gott bisher Prüfungen in Ihrem Leben zugelassen hat.

»Ich will dich nicht verlassen«

Ein Versprechen: *»Habe ich dir nicht geboten: Sei stark und mutig? Erschrick nicht und fürchte dich nicht! Denn mit dir ist der HERR, dein Gott, wo immer du gehst«* (Josua 1,9).

Gott hat uns »gesegnet mit jeder geistlichen Segnung [...] in Christus« (Epheser 1,3), und nun müssen wir glaubend voranschreiten und diese Segnungen in Anspruch nehmen. Er hat vor seine Gemeinde »eine geöffnete Tür ... gegeben, die niemand schließen kann« (Offenbarung 3,8). Durch diese Tür müssen wir im Glauben hindurchgehen und für den Herrn zu neuen Horizonten aufbrechen. *Es ist für einen Christen unmöglich, in seinem Leben und seinem Dienst stehen zu bleiben, denn stehen bleiben heißt, auf dem Rückzug sein.* »Weiter geht's!« fordert Gott seine Gemeinde auf (Hebräer 6,1), und das bedeutet, dass wir voranschreiten sollen, auf zu neuen Horizonten.

Der Verfasser des Hebräerbriefs zitiert in Kapitel 13, Vers 5 aus Josua 1,5 und wendet diesen Vers auf uns Christen heute an: »Ich will dich nicht aufgeben und dich nicht verlassen.«

Das heißt, dass Gottes Volk im Willen Gottes vorangehen und dabei die Gewissheit haben kann, dass Gott da ist. »Wenn Gott für uns ist, wer gegen uns?« (Römer 8,31). Bevor Josua mit der Eroberung Jerichos begann, erschien ihm der Herr und versicherte ihm seine Anwesenheit (Josua 5,13-15). Mehr brauchte Josua nicht, um sich des Sieges gewiss zu sein.

Als meine Frau und ich unsere erste Gemeinde betreuten, wurde diese Gemeinde von Gott geführt, ein neues Gebäude zu errichten. Die Gemeinde war weder groß noch wohlhabend, und eine Reihe von Finanzexperten erklärte uns, dass die Sache aussichtslos sei. Aber der Herr ließ es gelingen. Er gebrauchte 1. Chronik 28,20, um mich durch das ganze schwierige Projekt hindurch auf ganz besondere Weise zu stärken und zu ermutigen. Ich kann Ihnen wirklich aus meiner eigenen Erfahrung heraus versichern, dass Gott sein Versprechen hält und tatsächlich immer mit uns ist!

Lesen Sie: Josua 5,13-6,20; 1. Chronik 28,20.

Praktische Schritte: Befehlen Sie heute alle Ihre Handlungen Gott und dem Wort seiner Gnade an. Das Ergebnis wird geistliches Wachstum sein (siehe Apostelgeschichte 20,32). Ein Lächeln, eine nette Geste, eine taktvolle Antwort, eine von Gebet getragene Reaktion – all dies kann Sie zu einer größeren Reife und zu neuen Horizonten führen. Gehen Sie nun noch einen Schritt weiter: Lesen Sie 2. Korinther 4.

Sie schreiben ein Evangelium

Vers des Tages: *»Wandelt nur würdig des Evangeliums des Christus, damit ich, sei es, dass ich komme und euch sehe oder abwesend bin, von euch höre, dass ihr fest steht in einem Geist und mit einer Seele zusammen für den Glauben des Evangeliums kämpft«* (Philipper 1,27).

»Wir haben Nachbarn, die an ein falsches Evangelium glauben«, erzählte ein Gemeindeglied dem Pastor. »Haben Sie nicht etwas Bestimmtes zu lesen, das ich ihnen geben könnte?«

Der Pastor schlug seine Bibel bei 2. Korinther 3,2 auf: »Unser Brief seid ihr, eingeschrieben in unsere Herzen, erkannt und gelesen von allen Menschen.« Dann erklärte er: »Auch das beste Buch der Welt ist kein Ersatz für Ihr eigenes Leben. Leben Sie so, dass Ihre Nachbarn Christus in Ihrem Verhalten erkennen. Daraus werden Gelegenheiten entstehen, das Evangelium Christi an sie weiterzugeben.«

Die beste Waffe gegen den Teufel ist ein gottgefälliges Leben. Eine Gemeinde, welche die Wahrheit lebt, die auch »tut, was sie glaubt«, wird den Widersacher besiegen. Ein gottgefälliges Leben ist Grundvoraussetzung, wenn wir als Sieger aus der Schlacht hervorgehen wollen.

> *Du schreibst ein Evangelium,*
> *Ein Kapitel pro Tag,*
> *Mit den Werken, die du tust,*
> *Und den Worten, die du sagst.*
> *Die Menschen lesen, was du schreibst.*
> *Ist's überzeugend, ist es wahr?*
> *Sag', was ist das Evangelium,*
> *so wie du stellst es dar?*
> (Quelle unbekannt)

Lesen Sie auch: Epheser 4,1; Kolosser 1,10; Philipper 3,20.

Praktische Schritte: Denken Sie immer daran, dass Ihre Werke wichtiger sind als Ihre Worte. Die Welt um uns herum weiß nur so viel vom Evangelium, wie sie in unserem Leben sieht. Bitten Sie Gott darum, dass Sie den Ungläubigen in der Welt durch Ihr Leben beständig Zeugnis geben können.

Gottes Buch in Ehre halten

Aus Gottes Wort: »*Alle Schrift ist von Gott eingegeben und nützlich zur Lehre, zur Überführung, zur Zurechtweisung, zur Unterweisung in der Gerechtigkeit*« (2. Timotheus 3,16).

Das wichtigste Buch für einen Christen ist die Bibel. Darüber wollen wir uns heute Gedanken machen.

Paulus war dankbar, dass die Christen in Thessalonich die richtige geistliche Einstellung zum Wort Gottes hatten. Dies half ihnen, in Stunden der Not auszuharren. Die Christen in Thessalonich nahmen die Schrift nicht als ein Wort von Menschen, sondern als Gottes Wort auf. Wir dürfen die Bibel niemals wie jedes andere Buch behandeln, denn die Bibel ist sowohl in ihrem Ursprung, als auch in ihrem Wesen und Inhalt etwas ganz Besonderes. Die Bibel ist das Wort Gottes. Sie wurde durch den Geist Gottes eingegeben und von gottesfürchtigen Männern niedergeschrieben, die vom Heiligen Geist dazu gebraucht wurden. Gottes Wort ist heilig, rein und vollkommen. Die Bibel wurde zu einem hohen Preis niedergeschrieben, nicht nur für die Schreiber, sondern vor allem für Jesus Christus, der Mensch werden musste, damit uns das Wort Gottes gegeben werden konnte.

Es mag ein persönliches Vorurteil sein, aber mir gefällt es einfach nicht, wenn eine Bibel auf dem Boden oder als unterstes Buch in einem Stapel liegt. Wenn ich außer meiner Bibel noch andere Bücher irgendwohin mitgenommen habe, versuche ich immer daran zu denken, die Bibel ganz oben auf den Stapel zu legen. Wenn wir die Bibel wirklich als das inspirierte Wort Gottes wertschätzen, sollte sich diese Wertschätzung auch in unserem Umgang damit ausdrücken.

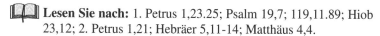 **Lesen Sie nach:** 1. Petrus 1,23.25; Psalm 19,7; 119,11.89; Hiob 23,12; 2. Petrus 1,21; Hebräer 5,11-14; Matthäus 4,4.

Praktische Schritte: Versuchen Sie sich für einen Moment vorzustellen, wie Ihr Leben aussehen würde, wenn Sie Gottes Wort nicht hätten. Bitten Sie Gott darum, dass Sie der Bibel in Ihrem Leben den Platz einräumen können, der ihr gebührt.

Unser himmlisches Heiligtum

Die Bibel sagt uns: »*Denn Christus ist nicht hineingegangen in ein mit Händen gemachtes Heiligtum, [...] sondern in den Himmel selbst, um jetzt vor dem Angesicht Gottes für uns zu erscheinen*« (Hebräer 9,24).

Ein Christ ist Bürger zweier Welten: der irdischen und der himmlischen. Er muss dem Kaiser geben, was des Kaisers ist, und Gott, was Gottes ist. Aber er muss lernen, in einer Welt, die sich vom Sichtbaren leiten lässt, im Glauben an die unsichtbare Welt zu wandeln. Der irdisch gesinnte Mann sagt: »Sehen heißt glauben!« Der Mann des Glaubens antwortet darauf: »Glauben heißt Sehen!«

Auch unsere Beziehung zum himmlischen Heiligtum muss vom Prinzip des Glaubens geprägt sein. Wir haben dieses Heiligtum nie gesehen. Aber wir glauben, was die Bibel uns darüber erzählt. Wir erkennen, dass Gott heute nicht in den Tempeln verehrt wird, die von Menschenhand erbaut wurden. Es gibt keinen besonderen Platz auf dieser Erde, wo Gott wohnen würde. Wir können unser Gemeindehaus als »Haus Gottes« bezeichnen, aber wir wissen genau, dass Gott nicht darin wohnt. Zwar ist das Gebäude dem Herrn und seinem Dienst geweiht, aber Gottes Wohnort ist es nicht.

In Hebräer 9 werden die Heiligtümer des Alten Bundes (die Stiftshütte) und das himmlische Heiligtum des Neuen Bundes, wo Jesus jetzt dient, in allen Einzelheiten einander gegenübergestellt. Aus dieser Gegenüberstellung geht klar hervor, dass das Heiligtum des Neuen Bundes einen weit größeren Stellenwert hat.

Lesen Sie auch: Jesaja 57,15; Apostelgeschichte 7,46-50; Johannes 4,19-24; Hebräer 4,15.

Praktische Schritte: Verbringen Sie nun einige Minuten im Nachsinnen über Ihr himmlisches Heiligtum. Danken Sie Gott, dass Ihr Hohepriester, Jesus Christus, heute in der Gegenwart Gottes für Sie eintritt.

Wer lenkt Ihre Gedanken?

Vers des Tages: *»Und seid nicht gleichförmig dieser Welt, sondern werdet verwandelt durch die Erneuerung des Sinnes, dass ihr prüfen mögt, was der Wille Gottes ist: das Gute und Wohlgefällige und Vollkommene«* (Römer 12,2).

Die Welt möchte Ihre Gedanken beeinflussen – Gott aber möchte Ihren Sinn verwandeln. Das Wort *verwandeln* hat die gleiche Bedeutung wie das in Matthäus 17,2 verwendete Wort *umgestalten*. Die griechische Entsprechung dafür ist *metamorphosis* und beschreibt einen Wandel, der sich aus dem Inneren heraus vollzieht. Die Welt möchte Ihren Sinn ändern und übt dafür von außen Druck auf Sie aus. Der Heilige Geist aber ändert Ihren Sinn, indem er Sie von innen her mit seiner Kraft erfüllt. Wenn die Welt Ihr Denken bestimmt, laufen Sie mit der Welt mit – wenn Gott Ihr Denken bestimmt, laufen Sie der Welt voraus.

Gott verwandelt unseren Sinn und sorgt durch sein lebendiges Wort dafür, dass wir die richtige geistliche Einstellung bekommen. Wenn Sie Zeit damit verbringen, über Gottes Wort nachzudenken, es auswendig zu lernen und es zu verinnerlichen, trägt der Heilige Geist dafür Sorge, dass Sie Gott allmählich immer ähnlicher werden.

Zur Vertiefung: Epheser 4,17-24; Kolosser 3,1-11; Matthäus 17,2; 1. Korinther 2,16; Philipper 2,5.

Praktische Schritte: Denken Sie einmal über die verschiedenen Stadien der Metamorphose des Schmetterlings nach. Im Kokon macht der Schmetterling, unbemerkt von der Außenwelt, eine tiefgreifende Verwandlung durch. Äußerlich hat es vielleicht den Anschein, als wären Sie noch genauso wie vor Ihrer geistlichen Wiedergeburt, aber in Ihrem Inneren sind wunderbare Veränderungen vonstatten gegangen. Zählen Sie in Gedanken einige dieser Veränderungen auf, auch wenn Ihre Bekehrung schon Jahre zurückliegt.

Versuchen Sie, jede Woche mindestens einen neuen Bibelvers auswendig zu lernen, um geistlich wachsam zu bleiben. Wenn Sie wollen, können Sie Karteikarten verwenden und auf die Vorderseite den Wortlaut des Verses, auf die Rückseite die Bibelstellenangabe schreiben. Danken Sie Gott für seine verwandelnde Kraft, die uns hilft, sein Wort nicht nur zu behalten, sondern es auch auszuleben.

Eine Ehefrau, die sich unterordnet

Bibelstelle des Tages: *»Ebenso ihr Frauen, ordnet euch den eigenen Männern unter, damit sie, wenn auch einige dem Wort nicht gehorchen, ohne Wort durch den Wandel der Frauen gewonnen werden, indem sie euren in Furcht reinen Wandel angeschaut haben! Euer Schmuck sei nicht der äußerliche durch Flechten der Haare und Umhängen von Gold oder Anziehen von Kleidern.«* (1. Petrus 3,1-3).

Jeder Mann ist stolz, wenn seine Frau attraktiv ist. Aber diese Schönheit muss aus dem Herzen kommen, nicht aus dem Kosmetikladen. Wir sind zwar *nicht von dieser Welt*, aber wir müssen uns deswegen auch nicht herrichten, als kämen wir von einem anderen Stern.

Petrus hat das Tragen von Schmuck genauso wenig untersagt, wie das Tragen von Kleidern. Das in 1. Petrus 3,3 verwendete Wort »umhängen« hat hier eher die negative Bedeutung von »sich behängen« und bezieht sich auf die protzige Zurschaustellung von Schmuck. Es ist möglich, Schmuck zu tragen, und dennoch den Herrn zu ehren. Wir sollten uns in diesem Punkt deshalb nicht gegenseitig verurteilen.

Petrus schließt seine Worte über die gottgefällige Ehefrau mit dem Hinweis auf Sara ab, die sowohl Gott als auch ihrem Mann ergeben war. Würde eine christliche Ehefrau ihren Mann heute mit »Herr« ansprechen, wäre ihm das sicher ziemlich peinlich. Dennoch sollte sie eine solche Haltung an den Tag legen, dass die Anrede »Herr« dazu nicht im Widerspruch steht. Die gläubige Ehefrau, die sich Christus und ihrem Mann unterordnet und sich um einen »sanften und stillen Geist« (V. 4) bemüht, hat nichts zu befürchten. Gott wacht über sie, auch wenn ihr ungläubiger Mann ihr Probleme bereitet.

📖 **Lesen Sie auch:** 1. Mose 18, als Hintergrundinformation.

Praktische Schritte: Können Sie die Namen von fünf Frauen aus der Bibel nennen, die sich Gott und ihren Männern unterordneten?

Wunderbare Frucht

Vers des Tages: *»Bleibt in mir und ich in euch! Wie die Rebe nicht von sich selbst Frucht bringen kann, sie bleibe denn am Weinstock, so auch ihr nicht, ihr bleibt denn in mir«* (Johannes 15,4).

Welche »Frucht« möchte Gott in unserem Leben sehen? Mit Sicherheit ist er nicht nur an unserer »Gemeindearbeit« interessiert, sondern vor allem an der geistlichen Frucht, die wir hervorbringen, wenn wir Gemeinschaft mit Christus haben. Zu viele Christen versuchen, aus ihrer eigenen Kraft heraus »Ergebnisse zu erzielen«, anstatt in Christus zu bleiben und zuzulassen, dass er in unserem Leben die Frucht hervorbringt.

Obstbäume machen keinen großen Lärm, um Frucht zu bringen, sondern lassen vielmehr dem Leben, das in ihnen steckt, seinen natürlichen Lauf. Das Ergebnis ist die Frucht. »Wer in mir bleibt und ich in ihm, der bringt viel Frucht, denn getrennt von mir könnt ihr nichts tun« (Johannes 15,5).

Der Unterschied zwischen der geistlichen Frucht und den »geistlichen Aktivitäten« der Menschen besteht darin, dass die Frucht des Geistes Jesus Christus verherrlicht. Jedes Mal aber, wenn wir etwas aus eigener Kraft geleistet haben, neigen wir dazu, uns selbst dafür auf die Schulter zu klopfen. Die wahre geistliche Frucht aber ist so schön und herrlich, dass kein Mensch das Lob dafür einstreichen könnte. Die ganze Ehre gebührt Gott allein.

Lesen Sie auch: Römer 1,13; 6,22; Hebräer 13,15.

Praktische Schritte: Ein Christ, der Gott verherrlicht, ist ein lebender Beweis für die »Frucht des Geistes«. Lesen Sie Galater 5,22-23. Wenn Sie täglich Gemeinschaft mit Christus haben und in ihm bleiben, werden auch Sie ihn verherrlichen. Danken Sie ihm für diese große Wahrheit.

Wahre Leiterschaft

Vers des Tages: *»Denn ich habe euch ein Beispiel gegeben, dass auch ihr tut, wie ich euch getan habe«* (Johannes 13,15).

Jedes Mal, wenn meine Frau und ich im Dienst für den Herrn in England unterwegs waren, haben wir versucht, einen Abstecher nach London mit einzuplanen. Wir genießen es, durch »Selfridge's« und »Harrod's«, die beiden führenden Kaufhäuser Londons, zu bummeln. H. Gordon Selfridge, der das große Kaufhaus aufbaute, das heute seinen Namen trägt, hat immer wieder betont, dass das Geheimnis seines Erfolgs darin lag, dass er nicht *Chef*, sondern *Leiter* war.

Der Leiter sagt: »Lasst uns gehen!«, der Chef befiehlt: »Los geht's!« Der Chef *weiß*, wie etwas zu tun ist, der Leiter *zeigt*, wie es getan werden soll. Der Chef schafft eine Atmosphäre der Angst, der Leiter eine Atmosphäre der Begeisterung, die auf Respekt und gutem Willen basiert. Der Chef sucht den *Schuldigen* eines Misserfolgs, der Leiter kümmert sich um die *Auswirkungen* des Fehlers.

Diese Philosophie der Unternehmensführung stimmt sicherlich mit dem Verständnis von Leiterschaft überein, welches Paulus hatte. Als geistlich gereifter Mensch *forderte er nicht den Respekt* gegenüber seiner Person, sondern er war eine *Respektperson*. Seine Referenzen waren das Leben, das er lebte, und die Arbeit, die er leistete, denn es war offensichtlich, dass die Hand Gottes auf seinem Leben lag. Er konnte sich erlauben zu schreiben: »In Zukunft mache mir keiner Mühe! Denn ich trage die Malzeichen Jesu an meinem Leib« (Galater 6,17).

Lesen Sie auch: 1. Korinther 9,24-27; Philipper 3,17; 4,8-9; 1. Timotheus 4,12; Kolosser 1,15-20.28-29.

Praktische Schritte: Was macht einen guten Leiter aus? Nennen Sie mehrere Eigenschaften einiger Personen, denen Sie gute Führungsqualitäten bescheinigen würden. Welche Eigenschaften haben sie gemeinsam? Vergleichen Sie ihre Führungsstile mit denen unseres Herrn Jesus Christus und des Apostel Paulus.

Wie Sie auch sein mögen, Sie üben auf jeden Fall Einfluss auf Ihre Mitmenschen aus. Bitten Sie Gott, dass er Ihnen hilft, ein gutes Beispiel zu geben, und dass er Sie fähig macht, so auf andere einzuwirken, dass sie Christen werden *wollen*.

Arbeit mit beschränkten Mitteln

Vergessen Sie nicht: *»Was ihr auch tut, arbeitet von Herzen als dem Herrn und nicht den Menschen, da ihr wisst, dass ihr vom Herrn als Vergeltung das Erbe empfangen werdet; ihr dient dem Herrn Christus«* (Kolosser 3,23-24).

Lediglich ein Vers des Richterbuches (3,31) ist Schamgar gewidmet. Das Besondere an ihm war die Waffe, die er benutzte. Es war ein Viehtreiberstock – ein massiver Stab von etwa zwei Metern Länge. An einem Ende befand sich eine scharfe Metallspitze zum Antreiben des Ochsen, am anderen Ende ein Eisenstück, mit dem der Dreck vom Pflug entfernt wurde. Der Feind hatte die Waffen der Israeliten beschlagnahmt und von allem, was Schamgar finden konnte, kam der Viehtreiberstock einem Speer am nächsten (5,8; siehe Samuel 13,19-22).

Hier war ein Mann, der Gott gehorchte und den Feind schlug, auch wenn seine Mittel beschränkt waren. Anstatt sich darüber zu beklagen, dass er weder Schwert noch Speer besaß, stellte sich Schamgar dem Herrn mit dem zur Verfügung, was er hatte, und der Herr gebrauchte ihn. Dass Schamgar im Kampf gegen den Feind die Stellung hielt, obwohl er nicht mit der üblichen Waffenrüstung eines Soldaten ausgestattet war, sondern lediglich das Werkzeug eines Bauern zur Verfügung hatte, zeugt von einer großen Kühnheit und einem unerschütterlichen Mut.

Charles Spurgeon hielt einmal an dem von ihm gegründeten Predigerseminar eine Vorlesung zum Thema »Arbeiter mit beschränkten Mitteln«. Schamgar hat diese Vorlesung nie gehört, aber ich bin sicher, er selbst hätte sie ebenso gut halten können! Ich kann mit vorstellen, dass er seine Vorlesung mit den folgenden Worten geschlossen hätte: »Gebt alle Werkzeuge, die ihr habt, dem Herrn, haltet tapfer die Stellung und vertraut darauf, dass der Herr gebraucht, was ihr in den Händen haltet, um zu seiner Verherrlichung große Taten zu vollbringen.«

Lesen Sie: Richter 3.

Praktische Schritte: Welche Werkzeuge können Sie benutzen, um dem Herrn zu dienen? Ihren Füllfederhalter, um einen Brief zu schreiben? Ihren Computer? Ihre Küche? Ihre Hände? Denken Sie darüber nach, welches Werkzeug Sie nutzen können, um jemanden in Liebe zu erreichen.

Früh übt sich, wer ein Meister werden will

Denken Sie daran: *»Alle Züchtigung scheint uns zwar für die Gegenwart nicht Freude, sondern Traurigkeit zu sein; nachher aber gibt sie
denen, die durch sie geübt sind, die friedvolle Frucht der Gerechtigkeit«* (Hebräer 12,11).

Keine Züchtigung ist angenehm, wenn sie erfolgt, weder für den Vater,
noch für seinen Sohn, aber ihr Nutzen ist groß. Die wenigsten Kinder
glauben es, wenn ihre Eltern ihnen versichern:»Die Strafe tut mir mehr
weh als dir«, und trotzdem ist es wahr. Es macht dem Vater keinen
Spaß, seine Kinder maßregeln zu müssen, aber der Nutzen seiner Züchtigung, der sich »später« zeigt, bezeugt seine Liebe.

   Welchen Nutzen können Züchtigungen haben? Zunächst wäre da
»die friedvolle Frucht der Gerechtigkeit« (Hebräer 12,11). Anstatt weiter zu sündigen, strebt das Kind nun nach dem, was gut ist. Statt Krieg
herrscht wieder Frieden – die *friedvolle* Frucht der Gerechtigkeit. Die
Auflehnung des Kindes ist beendet und es befindet sich wieder in liebevoller Gemeinschaft mit dem Vater. Außerdem ermutigt die Züchtigung das Kind auch, sich mehr in geistlichen Dingen zu üben – im
Wort Gottes, im Gebet, in der Andacht, im Zeugnisgeben. Es bekommt
neue Freude. Natürlich spielt es eine ganz entscheidende Rolle, wie ein
Kind Gottes auf seine Züchtigung reagiert. Es kann sie einfach in den
Wind schlagen oder auch darunter zusammenbrechen. Beides wäre
falsch. Vielmehr sollte es dem Vater Ehrfurcht erweisen, indem es sich
seinem Willen unterordnet und die gemachte Erfahrung nutzt, um
geistlich zu wachsen.

Machen Sie sich auch Gedanken zu: Jesaja 35,3; Sprüche
4,26; Hebräer 12,5; 12,13; 1. Timotheus 4,7-8.

Praktische Schritte: Denken Sie an vier Bereiche, in denen Züchtigung Sie dazu ermutigen kann, sich mehr in geistlichen Dingen
zu üben. Bitten Sie Gott beim »Üben« um seine Kraft.

Eine gelassene Gesinnung

Vers des Tages: »*Die Frucht des Geistes aber ist: Liebe, Freude, Friede, Langmut, Freundlichkeit, Güte, Treue, Sanftmut, Enthaltsamkeit. Gegen diese ist das Gesetz nicht gerichtet*« (Galater 5,22-23).

Sorge ist eigentlich nichts anderes als eine falsche Sichtweise auf Umstände, Menschen und Dinge. Wenn Sie eine auf Gott gerichtete, untertänige und geistliche Gesinnung haben, dann werden Sie sich wohl kaum Sorgen um irdische Dinge machen. Wir müssen unser Herz und unsere Gedanken *bewachen*, damit die Sorge nicht Besitz von ihnen ergreifen kann. Paulus beschreibt eine gelassene Gesinnung so: »Und der Friede Gottes, der allen Verstand übersteigt, wird eure Herzen und eure Gedanken bewahren in Christus Jesus« (Philipper 4,7). Das Wort, das hier mit *bewahren* übersetzt wurde, stammt aus der Sprache des Militärs und heißt wörtlich »Wache halten, bewachen« (Paulus war mit einem Soldaten zusammengekettet, wie Sie sich erinnern werden).

Gott »überprüft« uns regelmäßig in unserem täglichen Leben, um uns dabei zu helfen, unsere geistlichen Tugenden zu entwickeln. Lernen und Leben gehören zusammen, und Gott schenkt uns die nötige Gnade für die einzelnen Herausforderungen. Wenn wir uns bemühen, die richtige geistliche Einstellung zu gewinnen und nach ihr zu leben, wird eine tiefe Freude unser Herz durchströmen, eine Freude, die unabhängig ist von Umständen, Menschen und Dingen. Diese Freude wird die Sorge besiegen und uns mit dem Frieden Gottes erfüllen.

Lesen Sie auch: Philipper 4.

Praktische Schritte: Nennen Sie die geistlichen Tugenden, die der Glaubende in Jesus Christus hat. Orientieren Sie sich dabei an Philipper 4. Unterstreichen Sie die Tugenden, die Sie persönlich noch stärker entwickeln müssen. Danken Sie Gott, dass er Ihnen alles zur Verfügung stellt, was Sie brauchen, um die Sorge aus Ihrem Leben zu verbannen.

Jesus, unser Vorbild

Vers des Tages: *»Denn hierzu seid ihr berufen worden; denn auch Christus hat für euch gelitten und euch ein Beispiel hinterlassen, damit ihr seinen Fußspuren nachfolgt«* (1. Petrus 2,21).

Jesus ist uns ein Vorbild, besonders in seinem Umgang mit Leid. Er zeigte, dass es möglich ist, vollkommen nach dem Willen Gottes zu leben und zu handeln, über alle Maßen von Gott geliebt zu werden und dennoch unschuldig zu leiden. Eine moderne theologische Strömung behauptet, dass Christen *nicht* leiden müssen, wenn sie den Willen Gottes tun. Wer solche Ideen vertritt, hat sich sicherlich noch nicht allzu viele Gedanken über das Kreuz gemacht.

Die Demut und Untergebenheit unseres Herrn waren kein Zeichen seiner Schwäche, sondern seiner Macht. Jesus hätte alle himmlischen Heere zusammenrufen können, um sich zu retten! Seine Worte zu Pilatus in Johannes 18,33-38 zeugen davon, dass er die Situation völlig unter Kontrolle hatte. Nicht Jesus befand sich auf dem Prüfstand, sondern Pilatus! Jesus hatte sich seinem Vater anbefohlen, der immer gerecht richtet.

Wir würden nicht gerettet werden, wenn wir selbst versuchen würden, dem Vorbild Jesu zu folgen, denn keiner von uns könnte die Hürde nehmen, von der in 1. Petrus 2,22 geschrieben ist: »der keine Sünde getan hat«. Sünder brauchen kein Vorbild, sondern einen Erlöser. Christus wird erst dann zu unserem Vorbild, wenn wir ihn als unseren Erlöser aufgenommen haben. Dann ist er in allem unser Vorbild, auch im Hinblick auf Leid. Wir wollen »seinen Schritten dicht folgen« (wörtliche Übersetzung der letzten Worte in 1. Petrus 2,21).

 **Lesen Sie auch:** Matthäus 11,29; 20,27-28; Johannes 10,4; 13,13.

Praktische Schritte: Schreiben Sie auf, in welchen Punkten Sie Jesus heute nachfolgen können. Bitten Sie Gott Ihnen dabei zu helfen, seinem Sohn immer ähnlicher zu werden.

Welch große Schuld

Vers des Tages: *»Sowohl Griechen als auch Nichtgriechen, sowohl Weisen als auch Unverständigen bin ich ein Schuldner«* (Römer 1,14).

Paulus und seine Mitstreiter hatten ein besonderes Opfer von den Gemeinden der Heidenchristen in Griechenland erhalten, das für die leidenden jüdischen Christen in Jerusalem bestimmt war. Diese Gabe war ein Ausdruck der herzlichen Liebe der Heidenchristen zu ihren judenchristlichen Brüdern. Sie war auch eine große praktische Hilfe, welche die bedürftigen Judenchristen in ihrer Notzeit dringend brauchten. So wurde sie zu einem Band, das Juden und Heiden in der Gemeinde näher zusammenbrachte.

Paulus betrachtete dieses Opfer als die Abzahlung einer Schuld. Die Heiden hatten von den Juden große geistliche Güter empfangen, und gaben nun als Gegenleistung materielle Güter zurück, um damit ihre Schuld zu begleichen. Schließlich waren es Juden gewesen, durch die auch die Heiden das Wort Gottes und den Sohn Gottes bekommen hatten.

Auch wir Christen heute sollten uns verpflichtet fühlen, unsere Schuld abzuzahlen, indem wir für das Volk Israel beten, ihnen das Evangelium weitergeben und seinen Notleidenden auch materiell weiterhelfen. Für Antisemitismus ist im Leben eines überzeugten Christen kein Platz.

Lesen Sie auch: 2. Korinther 8 und 9; Römer 8,12; 11,33-36; 13,8.

Praktische Schritte: In einer Übersetzung des Vaterunser heißt es: »Vergib uns unsere Schuld, wie auch wir vergeben unseren Schuldigern.« Wer sind Ihre Schuldiger? Schreiben Sie sie auf:

Was sind Ihre Schulden – geistlich gesehen? Schreiben Sie drei bis fünf auf, die Ihnen spontan einfallen:

1. _____
2. _____
3. _____
4. _____
5. _____

Bitten Sie Gott, dass er Ihnen Möglichkeiten zeigt, wie Sie Ihre »Schuld« abzahlen und sowohl Christen als auch Nichtchristen in Liebe begegnen können.

Juli ------------------------------

Abrutschgefahr?

Vers des Tages: *»Und siehe, ich bin bei euch alle Tage bis zur Vollendung des Zeitalters«* (Matthäus 28,20).

Die Sünde des Volkes Israel war der »Abfall vom lebendigen Gott«. Bedeutet »Abfall«, dass man seinen Glauben verliert und deshalb für immer verdammt ist? Nein. Die Kinder Israels fielen vom lebendigen Gott ab, weil sie es ablehnten, seinen Willen zu erfüllen und starrköpfig ihren eigenen Weg zurück nach Ägypten gehen wollten. Gott züchtigte sie dafür in der Wüste, aber endgültig verdammt hat er sie deswegen nicht.

Wahre Gläubige haben die ewige Erlösung, weil sie ihr Leben einem lebendigen Erlöser anvertraut haben, der sich fortwährend für sie einsetzt. Aber diese Sicherheit ist kein Freibrief für Sünde. Gott züchtigt seine Kinder. Wenn Christen an Gottes Wort zweifeln und sich gegen ihn auflehnen, wird ihnen deswegen nicht der Eingang in den Himmel versagt, aber sie bringen sich damit selbst um die Segnungen ihres Erbes – und müssen die Züchtigungen Gottes erdulden.

Zur Vertiefung: Psalm 95; Psalm 139; Matthäus 28,17-20; 1. Timotheus 4,1-5; Hebräer 4,12-13.

Praktische Schritte: Nennen Sie drei Dinge, auf die Sie sich im Himmel freuen. Überlegen Sie, wie Sie diese Dinge schon hier umsetzen können. Wenn Sie sich beispielsweise darauf freuen, Gott im Himmel anzubeten, so beten Sie ihn heute an. Wenn Sie sich darauf freuen, in Frieden und gegenseitigem Verständnis mit anderen zusammenzuleben, so arbeiten Sie schon jetzt auf dieses Ziel hin. Wenn Sie Ihre Hoffnungen für den Himmel jetzt zu verwirklichen suchen, hilft Ihnen das, nicht von Gott abzufallen. Danken Sie Gott für seine Treue Ihnen gegenüber.

Noch immer in Umlauf

Vers des Tages: *»Geliebte, lasst uns einander lieben! Denn die Liebe ist aus Gott; und jeder, der liebt, ist aus Gott geboren und erkennt Gott«* (1. Johannes 4,7).

»Ich *liebe* diesen Hut einfach!«

»Nutella schmeckt so gut, ich *liebe* dieses Zeug einfach!«

Wörter können wie Münzen so lange in Umlauf sein, bis sie immer mehr an Wert verlieren. Leider gehört auch *Liebe* zu diesen Wörtern, die immer weniger bedeuten. Die christliche Liebe hingegen bleibt von ewigem Wert.

In seiner Beschreibung des wirklichen Lebens verwendet der Apostel Johannes wiederholt drei Wörter: *Liebe*, *Leben* und *Licht*. Diese drei Begriffe gehören zusammen.

Die christliche Liebe steht unter dem Einfluss von Licht *und* Finsternis. Ein Christ, der im Licht wandelt (was nichts anderes heißt, als dass er Gott gehorcht), liebt auch seinen Bruder im Glauben. Die christliche Liebe ist eine Sache auf Leben *oder* Tod. In Hass zu leben, heißt geistlich tot zu sein. Und schließlich ist christliche Liebe eine Entscheidung zwischen Wahrheit *oder* Irrtum, denn wenn wir Gottes Liebe zu uns erkannt haben, zeigen wir diese Liebe auch anderen Menschen. Es gibt also doch etwas, das sich nie abnutzt, obwohl es beständig im Umlauf ist.

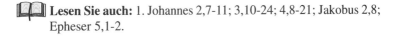 **Lesen Sie auch:** 1. Johannes 2,7-11; 3,10-24; 4,8-21; Jakobus 2,8; Epheser 5,1-2.

Praktische Schritte: Leben, Liebe und Licht können nicht voneinander getrennt werden. Haben Sie das schon einmal ausprobiert? Haben Sie vielleicht schon einmal von sich gesagt, dass Sie im Licht wandeln, und dabei gleichzeitig jemanden verabscheut? Was bewirkt die christliche Liebe in Ihrem Leben? Denken Sie an zwei Menschen, die nicht wissen, dass Sie Christ sind, und überlegen Sie im Gebet, wie Sie diesen beiden Menschen heute Ihre Liebe zeigen können. Bitten Sie Gott darum, dass er sein Leben, seine Liebe und sein Licht Tag für Tag als eine Einheit in Ihrem Leben sichtbar macht.

Die Jagd nach Werten

Vers des Tages: *»Denn das Leben ist für mich Christus und das Sterben Gewinn«* (Philipper 1,21).

Als fünf Missionare durch die Auca-Indianer in Ecuador den Märtyrertod starben, bezeichneten viele Zeitungen und Zeitschriften dieses tragische Ereignis als eine große Verschwendung. Doch obwohl dieser Verlust für die Freunde und Angehörigen viel Kummer und Leid bedeutete, bewiesen die nachfolgenden Ereignisse, dass das Leben dieser Männer keineswegs eine Verschwendung gewesen war, weder für sie selbst, noch für die Welt. Die Worte von Jim Elliot sind wahr: »Der ist kein Narr, der hingibt, was er nicht behalten kann, um zu gewinnen, was er nicht verlieren kann.«

Die Jagd nach materiellen »Werten«, beraubt die Menschen der echten Freude. Christen sind davon nicht ausgenommen. Wir möchten viele Dinge besitzen und müssen dann schließlich erkennen, dass diese Dinge uns besitzen. Der einzige Weg zur Freude und zum Sieg besteht in der richtigen geistlichen Einstellung und der Sicht der Dinge aus dem Blickwinkel Gottes. Wie Paulus müssen wir *Buchhalter* mit den richtigen *Werten*, *Sportler* mit der richtigen *Kraft und Ausdauer* und *Himmelsbürger* mit der richtigen *Blickrichtung* sein. »Ich halte ... ich jage ... ich erwarte« sind die Verben, die Paulus – einen Mann mit einer wahrhaft geistlichen Gesinnung – treffend beschreiben.

📖 **Lesen Sie auch:** Matthäus 6,19-21; Hebräer 13,5.

Praktische Schritte: Lesen Sie Philipper 3 und beachten Sie vor allem die Verse 8, 14 und 20. Nehmen Sie die Wörter »Ich halte ... ich jage ... ich erwarte« als Ausgangspunkt und formulieren Sie Paulus' Lebensphilosophie schriftlich. Bitten Sie Gott darum, dass er Ihnen hilft, Paulus nachzueifern, der den richtigen Werten nachjagte.

Die Hoheit Jesu Christi

Merkverse: *»Du aber, o Mensch Gottes, fliehe diese Dinge; strebe aber nach Gerechtigkeit, Gottseligkeit, Glauben, Liebe, Ausharren, Sanftmut! ... Dass du das Gebot unbefleckt, untadelig bewahrst bis zur Erscheinung unseres Herrn Jesus Christus! Die wird zu seiner Zeit der selige und alleinige Machthaber zeigen, der König der Könige und Herr der Herren«* (1. Timotheus 6,11.14-15).

»Das Wort Gottes« ist einer der häufigsten Namen, die in der Heiligen Schrift für unseren Herrn verwendet werden (z. B. Johannes 1,1-14). So wie wir anderen unsere Gedanken durch unsere Worte offenbaren, hat der Vater sich uns durch seinen Sohn, das Fleisch gewordene Wort, (Johannes 14,7-11) offenbart. Ein Wort besteht aus Buchstaben, und Jesus – das »Alpha und Omega« (Offenbarung 22,13) – ist das »göttliche Alphabet« der Offenbarung Gottes an uns.

Das Wort Gottes ist »lebendig und wirksam« (Hebräer 4,12). Darüber hinaus erfüllt es die Absicht Gottes auf Erden (Offenbarung 17,17). Der Herr selbst sagt: »Ich werde über meinem Wort wachen, es auszuführen« (Jeremia 1,12). So wie das Fleisch gewordene Wort als Bevollmächtigter des Vaters bei der Schöpfung wirkte (Johannes 1,1-3), ist dieses Wort auch Gottes Beauftragter bei Gericht und Vollendung.

Der wichtigste Name Christi ist »König der Könige und Herr der Herren« (Offenbarung 19,16). Es ist sein Siegesname, dem wir auch in anderen Bibelstellen wie z. B. Daniel 2,47 begegnen. Paulus verwendet in 1. Timotheus 6,15 dieselbe Bezeichnung für unseren Herrn Jesus Christus. Sie lässt die einzigartige Hoheit Christi erkennen, denn alle Könige und Herren der Welt müssen sich ihm unterordnen. Wer auch immer auf dem Thron des großen Römischen Reiches saß – Jesus war auch sein König und Herr!

Weitere Bibelstellen: Schlagen Sie die heute angegebenen Verse nach.

Praktische Schritte: Nutzen Sie Ihr heutiges Gebet zur Anbetung und Verehrung Gottes. Loben Sie Gott für seine Eigenschaften. Machen Sie sich eine Liste dieser Eigenschaften, bevor Sie mit dem Gebet beginnen.

Liebet eure Feinde

Jesus fordert uns auf: *»Ich aber sage euch: Liebt eure Feinde, und betet für die, die euch verfolgen, damit ihr Söhne eures Vaters seid, der in den Himmeln ist! Denn er lässt seine Sonne aufgehen über Böse und Gute und lässt regnen über Gerechte und Ungerechte«* (Matthäus 5,44-45).

Wir sollen nicht nur die Kinder Gottes, sondern auch *unsere Feinde lieben.* Die Empfänger von Petrus' erstem Brief erfuhren gerade ein bestimmtes Maß an persönlicher Verfolgung, weil sie den Willen des Herrn taten. Petrus warnte sie vor einer kurz bevorstehenden *offiziellen* Verfolgung, auf die sie sich gut vorbereiten sollten. Auch die Gemeinde heute sollte sich besser vorbereiten, denn es liegen noch schwere Zeiten vor uns.

Als Christen können wir auf einer von drei Ebenen leben. Wir können Gutes mit Bösem vergelten, das ist die Ebene Satans. Wir können Gutes mit Gutem und Böses mit Bösem vergelten, das ist die menschliche Ebene. Wir können aber auch Böses mit Gutem vergelten, das ist die Ebene Gottes. Jesus ist das beste Beispiel für den letzten Ansatz. Als Gottes geliebte Kinder dürfen wir nicht nach dem Motto leben »Auge um Auge, Zahn um Zahn«, auf dem die menschliche *Gerechtigkeit* aufbaut. Vielmehr muss unser Handeln auf der Grundlage der göttlichen *Barmherzigkeit* beruhen, mit der Gott auch uns begegnet.

Lesen Sie auch: Matthäus 5,38-48; 1. Petrus 2,21-23; 3,9.

Praktische Schritte: Überraschen Sie jemanden auf Ihrer »Feindesliste« indem Sie ihm etwas Gutes tun. Bitten Sie Gott, Ihnen dabei zu helfen, immer nach diesem Gebot Jesu zu leben.

Mit Freude geben

Ob Sie es glauben oder nicht: *»Wir tun euch aber, Brüder, die Gnade Gottes kund, die in den Gemeinden Mazedoniens gegeben worden ist ... Denn nach Vermögen, ich bezeuge es, und über Vermögen waren sie aus eigenem Antrieb willig und baten uns mit vielem Zureden um die Gnade und die Beteiligung am Dienst für die Heiligen«* (2. Korinther 8,1.3-4).

Es ist möglich, großzügig, aber ohne Freude zu geben. »Unser Prediger sagt immer«, erzählte ein knauseriges Gemeindemitglied, »dass wir so viel geben sollen, bis es uns weh tut. Aber mir tut schon der bloße Gedanke ans Geben weh.« Die Gemeinden in Mazedonien brauchten nicht erst zum Geben aufgefordert oder daran erinnert zu werden, und die Gemeinde in Korinth ebenso wenig. Sie waren mehr als gewillt, etwas zur Kollekte beizusteuern. Sie *baten sogar darum, etwas geben zu dürfen!* Wie oft haben Sie schon gehört, dass ein Christ jemanden darum gebeten hat, doch ein Opfer von ihm anzunehmen?

Die Gaben der Mazedonier und Korinther waren freiwillig und spontan. Diese Menschen gaben freiwillig, nicht unter Druck. Sie gaben, weil sie geben wollten, und weil sie die Gnade Gottes an sich erfahren hatten. Gnade befreit uns nicht nur von unseren Sünden, sondern auch von uns selbst. Die Gnade Gottes öffnet unser Herz *und unsere Hand.* Dann geben wir nicht mehr aus kühler Berechnung, sondern aus einer tiefen inneren Freude heraus.

 Zur Vertiefung: 1. Samuel 15,22; Markus 12,33; 2. Korinther 9,6-7.

Praktische Schritte: Schreiben Sie Gründe dafür auf, warum die mazedonischen Gemeinden wohl unbedingt ihr Geld – und sich selbst – hingeben wollten. Sprechen Sie mit Gott über Ihre Einstellung zum Geben.

Sorgen – Diebe der Freude

Vers des Tages: *»Werden nicht fünf Sperlinge für zwei Pfennig verkauft? Und nicht einer von ihnen ist vor Gott vergessen. Aber selbst die Haare eures Hauptes sind alle gezählt. Fürchtet euch nicht! Ihr seid mehr als viele Sperlinge«* (Lukas 12,6-7).

Wie viele Menschen wurden von ihren Sorgen schon um ihre Freude und Erfüllung gebracht! Das Sorgenmachen hat sogar körperliche Folgen. Und wenngleich Medikamente die äußeren Symptome für eine Weile abstellen können, so heilen sie doch nicht die Ursache dafür. Sorge ist ein »inneres Leiden«. Sie können zwar in der Apotheke ein Schlafmittel kaufen, aber eine Pille, die Ihnen »Ruhe« schenkt, werden Sie nirgendwo bekommen.

Wenn Paulus sich hätte Sorgen machen wollen, so hätte er dazu sicherlich jede Menge Gelegenheiten gehabt. Er war ein politischer Gefangener, der auf eine mögliche Hinrichtung gefasst sein musste. Seine Freunde in Rom waren geteilter Meinung über seinen Fall. Er hatte weder eine Missionsgesellschaft noch Amnesty International im Rücken, die sich hätten für ihn einsetzen können. Und trotz all dieser Schwierigkeiten *machte sich Paulus keine Sorgen!* Stattdessen schrieb er einen vor Freude überschäumenden Brief, in dem er uns erklärt, dass wir aufhören sollen, uns zu sorgen.

Wie können wir diesen Dieb namens Sorge fassen und ihn davon abhalten, uns die Freude zu nehmen, die uns in Christus rechtmäßig gehört? Die Antwort lautet: *Wir müssen die richtige Gesinnung entwickeln.* Wie das Endprodukt von der Einstellung der Maschine abhängt, so hängt es von unserer Geisteshaltung ab, ob wir Freude haben oder nicht.

Machen Sie sich auch Gedanken zu: Psalm 56,3-4; Römer 8,15.

Praktische Schritte: Angst und Sorge sind miteinander verwandt. Das beste Mittel gegen Angst ist Glaube. Schreiben Sie eine Liste mit den Dingen, Menschen und Umständen, die Ihnen Sorge bereiten. Befehlen Sie dann im Gebet jeden Punkt auf der Liste Gott an, der alles nach seinem Willen lenken kann. Arbeiten Sie darauf hin, dass Ihr Glaube die Ängste und Sorgen völlig aus Ihrem Leben vertreibt.

Erlösung oder Gericht?

Vers des Tages: »*Denn siehe, der Tag kommt, der wie ein Ofen brennt. Da werden alle Frechen und alle, die gottlos handeln, Strohstoppeln sein. Und der kommende Tag wird sie verbrennen, spricht der HERR der Heerscharen, so dass er ihnen weder Wurzel noch Zweig übrig lässt. Aber euch, die ihr meinen Namen fürchtet, wird die Sonne der Gerechtigkeit aufgehen, und Heilung ist unter ihren Flügeln. Und ihr werdet hinausgehen und umherspringen wie Mastkälber*« (Maleachi 3, 19-20).

In Maleachi 3,23 verheißt Gott, dass der Prophet Elia zurückkehren wird, und zwar vor dem »Tag des Herrn«, an dem alle Frechen und Gottlosen wie Strohstoppeln verbrennen werden (V. 19). Da der »große und furchtbare Tag des Herrn« zu Zeiten des Neuen Testaments nicht stattgefunden hat, können wir annehmen, dass Johannes der Täufer nicht im endgültigen Sinne der verheißene Elia war, auch wenn er auf die gleiche Art wie Elia wirkte (vgl. Matthäus 11,11-14 – Anm. d. Hrsg.). Das heißt, dass die Erfüllung dieser Prophezeiung noch bevorsteht. Es kann gut sein, dass Elia als einer der beiden Zeugen aus Offenbarung 11,3-12 zur Erde zurückkehren wird, denn die Zeichen dieser Männer erinnern stark an die Wunder Elias.

Es scheint merkwürdig, dass das Alte Testament mit den Worten »damit ich nicht komme und das Land mit dem Bann schlage« endet. Gegen Ende des Neuen Testaments lesen wir: »Und keinerlei Fluch wird mehr sein« (Offenbarung 22,3). Die ganze Schöpfung wartet sehnsüchtig auf die Wiederkehr des Erlösers, der auch sie von der Knechtschaft der Sünde befreien wird (Römer 8,18-23). Auch wir sollen ihn erwarten und währenddessen anderen von ihm Zeugnis geben. Die Sonne der Gerechtigkeit bringt Gericht und Erlösung mit sich (Maleachi 3,19-29) – Erlösung für diejenigen, die sich dem Erlöser anvertraut haben und Gericht für diejenigen, die ihn abgelehnt haben.

Keiner von uns darf es sich erlauben, mit Gott zu diskutieren, so wie es die Israeliten taten, als sie Maleachis Prophezeiungen hörten, denn der Herr hat immer das letzte Wort. Was wird sein letztes Wort an Sie sein – Erlösung oder Gericht?

Lesen Sie: Maleachi 3, 19-24.

Praktische Schritte: Lesen Sie die Ermahnung in Titus 2,11-15. Wenn Sie bereits zum Glauben an Jesus Christus gefunden haben, so lobpreisen Sie Gott für sein vollendetes Werk der Erlösung. Wenn Sie Christus noch nicht persönlich kennen, so bedenken Sie, dass er die Versöhnungstat bereits für Sie vollbracht hat, und unterstellen Sie sich seiner Herrschaft, bevor das Gericht Gottes anbricht.

Warum wir Jesus anbeten

Bibelstelle des Tages: *»Da wir nun einen großen Hohenpriester haben, der durch die Himmel gegangen ist, Jesus, den Sohn Gottes, so lasst uns das Bekenntnis festhalten! Denn wir haben nicht einen Hohenpriester, der nicht Mitleid haben könnte mit unseren Schwachheiten, sondern der in allem in gleicher Weise wie wir versucht worden ist, doch ohne Sünde«* (Hebräer 4,14-15).

Wir beten Jesus für das an, was er ist. Aber das ist nicht der einzige Grund.

Jesus ist jetzt im Himmel. Er befindet sich nicht in der Krippe, nicht in Jerusalem, nicht am Kreuz und auch nicht im Grab. Er ist aufgefahren und in den Himmel entrückt worden. Welche Ermutigung ist es doch für leidende Christen, dass ihr Erlöser jeden Feind besiegt hat und nun als Herrscher alle Fäden in der Hand hält! Auch er musste leiden, aber Gott verwandelte sein Leid in Herrlichkeit.

Doch wo im Himmel ist Christus? Er befindet sich genau *in der Mitte*. Das Lamm ist der Mittelpunkt allen Geschehens im Himmel. Die ganze Schöpfung (versinnbildlicht durch die vier lebendigen Wesen) hat ihren Mittelpunkt in ihm. Das Gleiche gilt für das Volk Gottes (vertreten durch die Ältesten). Die Engel um den Thron bilden einen Kreis um den Erlöser und preisen ihn.

Außerdem befindet er sich *auf dem Thron*. Einige sentimentale christliche Gedichte und Lieder stürzen den Erlöser von seinem Thron und betonen nur sein irdisches Leben. Diese Gedichte und Lieder glorifizieren den »sanftmütigen Zimmermann« oder den »demütigen Lehrer«, versäumen es aber, den auferstandenen Herrn zu ehren! Wir beten weder ein Baby in der Krippe noch einen Leichnam am Kreuz an, sondern das lebendige Lamm Gottes, das sich im Zentrum des Himmels befindet und von dort aus regiert.

Lesen Sie: Offenbarung 5.

Praktische Schritte: Denken Sie darüber nach, dass sich Jesus Christus als Ihr persönlicher Mittler im Himmel befindet und dort Ihren Fall vertritt (1. Timotheus 2,5).

Warum?

Vers des Tages: *»Der HERR, der Herr, ist meine Kraft. Den Hirschen gleich macht er meine Füße, und über meine Höhen lässt er mich einherschreiten. Dem Vorsänger, mit meinem Saitenspiel!«* (Habakuk 3,19).

Einer der modernen »christlichen Mythen«, der ein für alle Mal aus der Welt geschafft werden sollte, besagt, dass man durch die Annahme Jesu Christi als seinen persönlichen Erlöser alle seine Probleme los wird.

Das stimmt nicht!

Es ist wahr, dass Ihr grundlegendes *geistliches* Problem – Ihre Beziehung zu Gott – mit der Wiedergeburt gelöst ist, aber danach kommt eine ganze Reihe neuer Probleme auf Sie zu, mit denen Sie sich als Nichtchrist nicht herumschlagen mussten. Das sind Fragen wie: »Warum müssen gute Menschen so leiden, während es den bösen Menschen blendend geht?«, oder: »Warum erhört Gott manche Gebete nicht?«, oder: »Warum muss ich schlechte Erfahrungen mit meinen Mitmenschen machen, obwohl ich doch mein Bestes für den Herrn gebe?«

Christen, die behaupten, keine Probleme zu haben, sagen entweder nicht die Wahrheit, oder sie leben und wachsen nicht wirklich. Vielleicht machen sie sich aber auch einfach überhaupt keine Gedanken darüber. Sie leben in einer frommen Scheinwelt, die die Wirklichkeit ausblendet. Wie Hiobs trostlose Tröster verwechseln sie leeren Optimismus mit dem Frieden Gottes und »das gute Leben« mit Gottes Segnungen. Niemals hört man sie wie David und sogar Jesus fragen: »Mein Gott, mein Gott, warum hast du mich verlassen?« (Psalm 22,1; Matthäus 27,46).

Habakuk gehörte nicht zu dieser Sorte von Gläubigen. Als er sich im Land Juda umschaute und die internationale Situation beobachtete, sah er sich mit einigen sehr schwerwiegenden Problemen konfrontiert, die ihm arg zusetzten. Aber er tat das einzig Richtige: Er brachte seine Schwierigkeiten vor den Herrn.

Lesen Sie: Habakuk 1,1-4; 3,16-19.

Praktische Schritte: Singen Sie ein passendes Lied, wie z. B. »Welch ein Freund ist unser Jesus« oder »Stark ist meines Jesu Hand«.

Freude in allen Lebenslagen

Vers des Tages: *»Und meine Seele wird frohlocken über den HERRN, wird sich freuen über seine Hilfe«* (Psalm 35,9).

Fast jeder von uns müsste zugeben, dass er weitaus glücklicher und umgänglicher ist, wenn sich die Dinge nach seiner eigenen Vorstellung entwickeln. »Vati muss heute einen guten Tag auf Arbeit gehabt haben«, meinte die kleine Peggy zu ihrer Freundin. »Er hat nicht die Reifen quietschen lassen, als er auf den Hof gefahren ist, und er hat nicht mit der Tür geknallt, als er ins Haus kam. Und er hat Mutter sogar einen Kuss gegeben!«

Aber haben Sie sich einmal Gedanken darüber gemacht, wie wenig wir unsere Lebensumstände eigentlich beeinflussen können? Wir haben weder die Macht über das Wetter noch über den Verkehr auf der Schnellstraße noch über das, was andere Menschen sagen oder tun. Der Mensch, dessen Glück an ideale Umstände gekoppelt ist, wird meistens wohl ziemlich unglücklich sein! Der Dichter Lord Byron schrieb: »Der Mensch ist ein Spielball der Umstände.« Und dennoch verfasste der Apostel Paulus unter widerwärtigsten Umständen den Philipperbrief, der vor lauter Freude nur so überquillt.

Jesus war »ein Mann der Schmerzen und mit Leiden vertraut«. Und dennoch besaß er eine tiefe Freude, die alles übertrifft, was die Welt bieten kann. Als er bereits seinem grausamen Tod auf Golgatha ins Auge blicken musste, sprach er zu seinen Nachfolgern: »Dies habe ich zu euch geredet, damit meine Freude in euch sei und eure Freude völlig werde« (Johannes 15,11).

Machen Sie sich Gedanken zu: Jesaja 61,10; Psalm 16,11; Römer 14,17; 1. Petrus 4,13-14.

Praktische Schritte: Wie ist es um Ihre Freude bestellt? Krankheit, Tod und finanzielle Probleme gehören zum täglichen Leben. Aber Gottes Wort ist von seinen Verheißungen der Freude durchwoben, die alle in Anspruch nehmen können, die ihren Sinn auf ihn gerichtet halten. Vertrauen Sie sich Gott an und er wird Ihnen seine Freude schenken.

Lasst uns jede Bürde ablegen

Die Bibel gebietet uns: *»Deshalb lasst [..] uns [...] jede Bürde und die uns so leicht umstrickende Sünde ablegen und mit Ausdauer laufen den vor uns liegenden Wettlauf«* (Hebräer 12,1).

Früher trugen Sportler beim Training Gewichte, die ihnen helfen sollten, sich besser auf den Wettkampf vorzubereiten. Ein modernes Beispiel ist der Baseballspieler, der einen Schläger mit einem schweren Metallband schwingt, bevor er seinen Platz auf dem Spielfeld einnimmt. Natürlich würde kein Sportler diese Gewichte *direkt* beim Wettkampf tragen, denn dann wären sie ihm eine unnütze Bürde, die seinen Erfolg mindern würde. Zuviel Gewicht verringert die Ausdauer.

Woraus besteht die »Bürde« (Hebräer 12,1), die wir ablegen sollen, damit wir im Wettlauf gewinnen können? Damit ist alles gemeint, was unser Vorankommen behindert. Dabei kann es sich auch um Dinge handeln, die in den Augen anderer »gut« erscheinen. Ein Sportler, der gewinnen will, fragt sich nicht, was gut oder schlecht ist, sondern, was das Beste ist. Außerdem sollen wir auch die »leicht umstrickende Sünde« (Hebräer 12,1) ablegen. Zwar nennt der Verfasser des Hebräerbriefes diese Sünde nicht konkret beim Namen, aber es ist anzunehmen, dass er damit die Sünde des Unglaubens meint. Unglauben hielt das Volk Israel vom Gelobten Land fern, und Unglauben hindert uns daran, unser geistliches Erbe in Christus anzutreten. Der Ausdruck »durch Glauben« kommt im 11. Kapitel des Hebräerbriefs 21 Mal vor und weist darauf hin, dass wir nur durch Glauben an Christus zur nötigen Ausdauer fähig sind.

Lesen Sie auch: 1. Korinther 9,24-27; Hebräer 11,6; 12,2-3; Jakobus 5,11.

Praktische Schritte: Welche »Bürde« hindert Sie am Vorankommen im Glauben? Bitten Sie Gott, dass er Ihnen hilft, diese Bürde heute noch abzulegen.

Eine Lektion in Geschichte

Vers des Tages: »*Denn wer den Willen meines Vaters tut, der in den Himmeln ist, der ist mein Bruder und meine Schwester und meine Mutter*« (Matthäus 12,50).

Die Juden wollten ein Zeichen von Jesus, an dem sie eindeutig erkennen könnten, dass er der Messias ist. Jesus antwortete: »Kein anderes Zeichen wird ihnen gegeben werden als nur das Zeichen Jonas, des Propheten. Denn wie Jona drei Tage und drei Nächte in dem Bauch des großen Fisches war, so wird der Sohn des Menschen drei Tage und drei Nächte im Herzen der Erde sein« (Matthäus 12,38-41).

Jesus ist jedoch viel größer als Jona. Jona war nur ein Mensch. Jesus war größer in seinem Gehorsam, denn Jona verweigerte Gott den Gehorsam und wurde dafür gezüchtigt. Jesus starb tatsächlich, während Jonas »Grab« der Bauch eines großen Fisches war, aus dem er wieder herauskam. Jesus ist aus eigener Kraft von den Toten auferstanden. Jona wirkte nur in einer Stadt, Jesus gab sein Leben für die ganze Welt.

Und schließlich war Jesus größer in seiner Liebe zu den Menschen. Jona liebte die Menschen aus Ninive nicht, er wollte sogar, dass sie starben. Jonas Botschaft rettete Ninive vor dem Gericht. Er brachte die Botschaft vom Zorn Gottes. Jesus brachte die Botschaft von Gnade und Erlösung. Wenn wir uns Christus anvertrauen, werden wir nicht nur vor dem Gericht errettet, sondern erhalten auch das vollkommene, ewige Leben.

 **Lesen Sie auch:** Jona 2; Lukas 24,13-35; Matthäus 28,11-15.

Praktische Schritte: Die Abweisung seines Sohnes ist eine Sünde, die Gott nicht vergibt. Die jüdischen Glaubensführer lehnten Jesus ab und versäumten es, ihn als Gott zu ehren. Denken Sie darüber nach, auf welche Weise Sie Jesus als Gottes Sohn ehren. Gibt es Punkte, in denen Sie ihm nicht die Ehre geben, die ihm eigentlich gebührt? Wie reagieren Sie beispielsweise, wenn Sie hören, wie jemand seinen Namen missbraucht?

August

Werdet erneuert:

»Unter euch wird es nicht so sein;
sondern wenn jemand unter euch groß werden will,
wird er euer Diener sein,
und wenn jemand unter euch der Erste sein will,
wird er euer Sklave sein.«

Matthäus 20,26-27

August

Die richtigen Prioritäten

Vers des Tages: »*Wehe euch, Schriftgelehrte und Pharisäer, Heuchler! Denn ihr verzehntet die Minze und den Anis und den Kümmel und habt die wichtigeren Dinge des Gesetzes beiseite gelassen: das Recht und die Barmherzigkeit und den Glauben; diese hättet ihr tun und jene nicht lassen sollen*« (Matthäus 23,23).

Wie die kleinlichen Pharisäer beschäftigen auch wir Christen uns gerne mit Nebensächlichkeiten. Das führt nicht selten dazu, dass Gemeinden sich aus Gründen teilen, die für unseren Glauben eigentlich keine Rolle spielen. Ich habe schon von Gemeinden gehört, die sich spalteten, weil sie sich nicht einigen konnten, wo das Klavier stehen oder wo das Gemeindemittagessen am Sonntag nach dem Gottesdienst serviert werden sollte.

Was muss in unserem Leben an erster Stelle stehen? Nicht die vergänglichen, sondern die ewigen Dinge: Gerechtigkeit, Friede und Freude. Und woher kommen sie? Vom Heiligen Geist Gottes. Wenn jeder Christ sich dem Heiligen Geist unterstellen und sich bemühen würde, Gott zu gefallen, würde es viel weniger Streit um Nebensächlichkeiten geben. Denn wie können wir ein harmonisches Gemeindeleben erwarten, wenn wir unsere eigenen geistlichen Prioritäten falsch setzen?

Zur Vertiefung: Matthäus 23,13-22; Römer 14; 1. Korinther 8,9-13.

Praktische Schritte: Unsere normale Körpertemperatur beträgt etwa 36,7°C. Wenn Sie die »Körpertemperatur« des Leibes Christi, d.h. Ihrer Gemeinde, bestimmen müssten, wäre diese dann wohl zu niedrig, zu hoch oder genau richtig?

Zu niedrige Temperatur deutet auf Passivität hin, zu hohe dagegen auf hitzige Debatten, Disharmonie und Zwistigkeiten. Welche Faktoren bestimmen das Klima in Ihrer Gemeinde? Schreiben Sie alle auf, die Ihnen einfallen:

_____

_____

_____

Befehlen Sie diese Dinge im Gebet Gott an. Bitten Sie ihn, dass er Ihnen zeigt, wie Sie ein Werkzeug seiner Gerechtigkeit, seiner Freude und seines Friedens sein können.

Wenn Gott uns züchtigt

Denken Sie daran: *»Alle Züchtigung scheint uns zwar für die Gegenwart nicht Freude, sondern Traurigkeit zu sein; nachher aber gibt sie denen, die durch sie geübt sind, die friedvolle Frucht der Gerechtigkeit«* (Hebräer 12,11).

Nicht die Seeleute waren es, die Jona in die stürmische See hinaus warfen, sondern Gott. »Und *du* hattest mich in die Tiefe geworfen, in das Herz der Meere, und Strömung umgab mich. Alle *deine* Wogen und *deine* Wellen gingen über mich dahin« (Jona 2,4; Hervorhebung in Kursivdruck von mir). Mit diesen Worten erkennt Jona Gottes Züchtigung an und sieht demütig deren Berechtigung ein.

Der Nutzen einer Züchtigung Gottes hängt von unserer Reaktion darauf ab. In Hebräer 12,5-11 sind uns verschiedene Möglichkeiten beschrieben: Wir können Gottes Züchtigung gering schätzen und dagegen ankämpfen (V. 5); wir können der Züchtigung aus dem Weg gehen und damit eine härtere Züchtigung und möglicherweise sogar den Tod riskieren (V. 9); oder wir können uns dem Vater unterordnen und in Glaube und Liebe wachsen (V. 7). Züchtigung ist für den Gläubigen so wichtig, wie Übung und Training für den Sportler (V. 11). Sie gibt uns Ausdauer für den Wettlauf, damit wir das angestrebte Ziel erreichen können (V. 1-2).

Wir werden von Gott gezüchtigt – das ist ein Indiz dafür, dass wir wirklich Kinder Gottes sind, denn Gott züchtigt nur seine eigenen Kinder. »Wenn ihr aber ohne Züchtigung seid, deren alle teilhaftig geworden sind, so seid ihr Bastarde und nicht Söhne« (V. 8). Der Vater züchtigt uns in Liebe, so dass wir »danach« die »friedvolle Frucht der Gerechtigkeit« (V. 11) genießen dürfen.

Lesen Sie: Jona 2.

Praktische Schritte: Wie reagieren Sie auf Gottes Züchtigungen? Müssen Sie Ihre Einstellung zur Züchtigung korrigieren? Sprechen Sie mit Gott darüber.

Die große Drangsal

Aus Gottes Wort: »*Dieser Jesus, der von euch weg in den Himmel aufgenommen worden ist, wird so kommen, wie ihr ihn habt hingehen sehen in den Himmel*« (Apostelgeschichte 1,11).

Christen sind bei der Auslegung bestimmter Prophezeiungen oft unterschiedlicher Meinung, besonders wenn es darum geht, ob die Gemeinde die große Drangsal miterleben wird oder nicht. Ich persönlich glaube, dass die Gemeinde vorher in den Himmel entrückt wird und dann mit dem Herrn gemeinsam auf die Erde zurückkehrt, um die Drangsal zu beenden. Nach meinem Verständnis beschreibt Paulus in 1. Thessalonicher die Entrückung der Gemeinde und in 2. Thessalonicher die Offenbarung des Herrn zusammen mit der Gemeinde bei seiner Wiederkehr zum Gericht.

Paulus hat diese Briefe nicht mit der Absicht geschrieben, eine Debatte auszulösen. Sein Wunsch war es vielmehr, dass die Briefe für unser persönliches Leben und für unsere Gemeinden zum Segen werden. Die Lehre von der Wiederkehr des Herrn sollen wir weder als Spielzeug, noch als Waffe ansehen, sondern vielmehr als Werkzeug, welches wir für konstruktive Zwecke einsetzen können. Christen mögen zwar in manchen Einzelheiten der biblischen Prophezeiungen nicht gleicher Meinung sein, aber wir alle glauben doch, dass Christus wiederkommen wird, um seine Gemeinde zu belohnen und die Gottlosen zu richten. Lasst uns deshalb in ständiger Erwartung seiner Wiederkehr leben!

Praktische Schritte: Nehmen Sie sich Zeit und lesen Sie 1. Thessalonicher 4,13 – 5,6 über die Entrückung der Gemeinde und in 2. Thessalonicher von der Wiederkunft des Herrn mit seiner Gemeinde, um die Menschen auf der Erde zu richten.

Denken Sie über diese beiden Ereignisse und über die Rolle, die Sie dabei spielen werden, nach. Schließen Sie auch diese Andacht mit einem Gebet ab.

»Mehr als Jona«

Ein Gebot: *»Er sprach aber zu ihnen: Die Ernte zwar ist groß, die Arbeiter aber sind wenige. Bittet nun den Herrn der Ernte, dass er Arbeiter aussende in seine Ernte!«* (Lukas 10,2).

»Männer von Ninive werden aufstehen im Gericht mit diesem Geschlecht und werden es verdammen, denn sie taten Buße auf die Predigt Jonas; und siehe, mehr als Jona ist hier« (Matthäus 12,41).

Inwiefern ist Jesus mehr als Jona? Mit Sicherheit ist Jesus als Person mehr als Jona, denn sie waren zwar beide Juden und beide Boten Gottes, aber Jesus ist zudem noch der Sohn Gottes. Jesu Botschaft ist größer als die des Jona, denn Jona verkündete Gericht, Jesus hingegen Gnade und Erlösung (Johannes 3,16-17). Jona musste beinahe wegen seiner *eigenen* Sünden sterben, aber Jesus starb freiwillig für die Sünden der Welt (1. Johannes 2,2).

Jonas Auftrag bezog sich nur auf eine Stadt, Jesus aber ist »der Heiland der Welt« (Johannes 4,42; 1. Johannes 4,14). Jonas Gehorsam kam nicht aus seinem Herzen, Jesus tat allezeit, was seinem Vater wohlgefällig ist (Johannes 8,29). Jona liebte die Menschen nicht, zu deren Errettung er predigen sollte, aber Jesus hatte Mitleid mit uns Sündern und bewies uns seine Liebe, indem er für uns starb (Römer 5,6-8). Am Kreuz, außerhalb der Stadt, bat Jesus Gott um Vergebung für seine Mörder (Lukas 23,34), Jona hingegen wartete außerhalb der Stadt darauf, wie Gott diejenigen töten würde, denen Jona nicht vergeben wollte.

Gott fragte Jona: »Und ich, ich sollte nicht betrübt sein wegen der großen Stadt?« *Was antworten Sie und ich heute auf diese Frage Gottes?* Sind wir uns bewusst, dass Menschen ohne Christus verloren sind? Wie zeigen wir unser Mitgefühl? Machen wir uns Gedanken um die verlorenen Menschen in unseren Städten, in denen es so viel Sünde und so wenig Zeugnis von Christus gibt? Beten wir dafür, dass das Evangelium die Menschen in jedem Winkel der Erde erreicht? Helfen wir mit, dass es dort hingelangt?

 **Lesen Sie:** Jona 4.

Praktische Schritte: Lesen Sie den letzten Abschnitt des heutigen Textes noch einmal. Wie beantworten Sie die Fragen? Bitten Sie den Herrn um ein brennendes Herz für die verlorenen Menschen.

Die christliche Familie

Denken Sie daran: »*Einer trage des anderen Lasten, und so werdet ihr das Gesetz des Christus erfüllen*« (Galater 6,2).

In einer echten christlichen Familie dient einer dem anderen. Ein christlicher Ehemann soll seiner Ehefrau dienen und ihr helfen, innerlich »schöner« zu werden. Eine christliche Ehefrau soll ihren Mann ermutigen und ihm helfen, im Herrn stark zu werden. Eheleute müssen sich Zeit für einander nehmen. Mitarbeiter in christlichen Organisationen oder Gemeindeleiter, die ständig damit beschäftigt sind, anderer Leute Probleme zu lösen, laufen Gefahr, damit in ihrem eigenen Zuhause Probleme zu schaffen. Eine Umfrage ergab, dass Eheleute durchschnittlich gerade einmal 37 Minuten pro Woche in einem wirklichen Gespräch miteinander verbringen! Ist es da noch ein Wunder, dass so viele Ehen auseinander gehen, wenn die Kinder schließlich erwachsen und aus dem Haus sind? Dann sind die Eheleute sich selbst überlassen – und müssen plötzlich mit einem Fremden leben!

Eltern und Kinder müssen Lasten und Segnungen miteinander teilen und sich um ein angenehmes Klima zu Hause bemühen, in dem jeder geistlich wachsen und gedeihen kann. Wenn es in unserer Familie noch ungerettete Menschen gibt, dann werden sie eher durch unser Leben und unseren Umgang miteinander für Christus gewonnen, als durch unsere Worte.

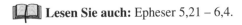 **Lesen Sie auch:** Epheser 5,21 – 6,4.

Praktische Schritte: Nennen Sie fünf Dinge, die Eltern und Kinder tun können, um für eine harmonische Atmosphäre zu Hause zu sorgen. Sprechen Sie mit Gott darüber, was Sie selbst dazu beitragen können.

Auf der Seite der Sieger stehen

Vers des Tages: *»Wer nicht mit mir ist, ist gegen mich; und wer nicht mit mir sammelt, zerstreut«* (Lukas 11,23).

Wenn die Gemeinde zur Weihnachtszeit »Friede auf Erden« singt, dann spricht sie damit nur einen Aspekt der Weihnachtsgeschichte an. Die Geburt unseres Herrn in Bethlehem brachte nicht nur Frieden, sondern auch *Krieg*. Es ist ein jahrhundertealter Krieg, der im Garten Eden erklärt wurde (1. Mose 3,15). Sie und ich sind dabei nicht nur Zuschauer – wir müssen daran teilnehmen. In diesem Krieg kann man nicht neutral bleiben. Entweder wir sind für Gott oder gegen ihn.

Wenn wir für Gott sind, helfen wir die Kriegsbeute zu sammeln, wenn wir gegen ihn sind, helfen wir dem Satan die Beute zu zerstreuen. Einen Mittelweg gibt es nicht. Wenn wir für Gott sind, dann stehen wir auf der Seite der Sieger. Wenn wir gegen ihn sind, bleiben wir auf der Seite der Verlierer. Eines Tages wird der Herr auf die Erde zurückkehren, um diesen Krieg zu beenden. Satan wird in die Hölle geworfen, die Sünder werden gerichtet, und Jesus Christus wird einen neuen Himmel und eine neue Erde ausrufen.

Machen Sie dich Gedanken zu: Josua 24,15; Apostelgeschichte 26,18; Offenbarung 20,10-15.

Praktische Schritte: Versuchen Sie vielleicht manchmal, in diesem geistlichen Krieg neutral zu bleiben? Wenn dies der Fall ist, so bitten Sie Gott um Vergebung und nehmen Sie den Sieg durch Christus in Anspruch. Danken Sie Gott für das Vorrecht, auf seiner Seite, der Seite der Sieger, stehen zu dürfen.

Eine Einladung der Gnade

Die Schrift sagt uns: *»Kommt her zu mir, alle ihr Mühseligen und Beladenen! Und ich werde euch Ruhe geben«* (Matthäus 11,28).

»Lasst uns hinzutreten ... lasst uns [...] festhalten ... lasst uns aufeinander Acht haben« (Hebräer 10,19-25). Diese dreifache Aufforderung aus Hebräer 10,19-25 bezieht sich auf unsere Freimütigkeit, in Gottes Allerheiligstes einzutreten. Und diese Freimütigkeit (unsere »Redefreiheit«) beruht auf dem vollbrachten Werk unseres Erlösers. Am Versöhnungstag durfte der israelitische Hohepriester das Allerheiligste nur mit dem Blut des Opfertieres betreten. Wir hingegen brauchen heute nicht mehr das Blut eines Tieres, um in die Gegenwart Gottes treten zu dürfen, weil Jesus Christus sein Blut für uns vergossen hat.

Dieser offene Weg in die Gegenwart Gottes ist neu und nicht Bestandteil des Alten Bundes, der »veraltet« und »dem Verschwinden nahe« ist (Hebräer 8,13). Es ist ein »lebendiger« Weg, weil Christus »immer lebt, um sich für [uns] zu verwenden« (Hebräer 7,25). Christus ist der neue und lebendige Weg! Durch ihn, den Hohepriester über das Haus Gottes, kommen wir zum Vater. Als sein Leib ans Kreuz geschlagen und sein Leben geopfert wurde, riss Gott den Vorhang im Tempel entzwei – das Zeichen dafür, dass der neue und lebendige Weg nun für alle, die an ihn glauben, offen ist.

Nun haben wir die Freiheit, in die Gegenwart Gottes zu treten, weil wir einen lebendigen Hohenpriester haben, welcher sich selbst für uns geopfert hat. Deshalb lädt Gott uns ein, in seine Gegenwart zu kommen. Der Hohepriester des Alten Bundes *besuchte* das Allerheiligste einmal im Jahr, wir aber sind eingeladen, jeden Tag und jeden Augenblick *in der Gegenwart Gottes zu leben*. Welch ein großartiges Vorrecht!

Schlagen Sie nach: Hebräer 7,25; 8,13; 9,7; Jakobus 4,8.

Praktische Schritte: Machen Sie Hebräer 10,19-25 heute zu Ihrem persönlichen Gebet. Nehmen Sie Gottes Einladung von Herzen an!

Zwei Arten der Liebe

Bibelstelle des Tages: *»Da ihr eure Seelen durch den Gehorsam gegen die Wahrheit zur ungeheuchelten Bruderliebe gereinigt habt, so liebt einander anhaltend, aus reinem Herzen!«* (1. Petrus 1,22).

Petrus verwendet in seinen Briefen zwei verschiedene Wörter für Liebe: *philadelphia*, die »Bruderliebe«, und *agape* (1. Petrus 1,22), die gottähnliche, sich aufopfernde Liebe. Für uns sind beide Arten der Liebe wichtig. Wir geben und empfangen die Bruderliebe, weil wir Brüder und Schwestern in Christus sind. Wir geben und empfangen *agape*, weil wir zu Gott gehören und deswegen über Ecken und Kanten unserer Geschwister hinwegsehen können.

Von Natur aus ist jeder von uns ein Egoist. Deshalb bedurfte es eines Wunders von Gott, um uns diese Liebe zu geben. Als wir »Gehorsam gegen die Wahrheit« gezeigt haben, hat Gott unsere Seele gereinigt und uns seine Liebe ins Herz geschüttet. Wer »aus Gott geboren« ist, liebt seine Geschwister im Herrn. Nun sind wir »gehorsame Kinder«, die nicht mehr den selbstsüchtigen Trieben ihres alten Lebens folgen wollen.

Bemitleidenswert sind die Menschen, die versuchen sich aus eigener Anstrengung heraus zur Liebe zu »erziehen«. Ihre »Liebe« hat etwas Gequältes und Künstliches. Die Liebe, die wir einander und der verlorenen Welt schenken, muss durch den Geist Gottes erzeugt sein. Dann ist sie eine *fortwährende* Kraft in unserem Leben, nicht etwas unbeständiges, das man ein- und ausschalten könnte wie ein Radio.

Lesen Sie auch: Johannes 13,35; Römer 5,5; 1. Johannes 4,7-21.

Praktische Schritte: Bitten Sie Gott, dass er Sie auf jemanden aufmerksam macht, der ganz besonders Ihrer Liebe bedarf, und tun Sie für diesen Menschen etwas aus Liebe.

August

Ein neuer Anfang

Die Bibel ermahnt uns: »*Sucht den HERRN, während er sich finden lässt! Ruft ihn an, während er nahe ist. Der Gottlose verlasse seinen Weg und der Mann der Bosheit seine Gedanken! Und er kehre um zu dem HERRN, so wird er sich über ihn erbarmen, und zu unserem Gott, denn er ist reich an Vergebung!*« (Jesaja 55,6-7).

Untreue dem Herrn gegenüber ist eine schwere Sünde, genauso wie auch Untreue dem Partner gegenüber. Ein Mann, der sagt, er sei seiner Frau zu 90 % treu, ist ihr überhaupt nicht treu. So wie das Volk Israel versucht war, Gott um verschiedener Götzen willen zu verlassen, ist die Gemeinde heute versucht, sich dem weltlichen System zuzuwenden, das Gott hasst und nichts mit ihm zu tun haben will.

Das Schlüsselwort lautet »umkehren« (Hosea 3,5). Die Wörter »umkehren« und »zurückkehren« kommen in den Prophezeiungen Hoseas fünfzehn Mal vor. Wenn Israel Buße tut und zum Herrn zurückkehrt, wird sich der Herr seinem Volk zuwenden und es segnen (2,7-8). Gott ist an seinen Ort zurückgekehrt und hat Israel sich selbst überlassen (5,15), bis die Menschen des Volkes Israel sein Angesicht suchen und sagen: »Kommt und lasst uns zum HERRN umkehren!« (6,1)

Das ist die Botschaft Hoseas: »Kehre um, Israel, bis zum HERRN, deinem Gott! ... Nehmt Worte mit euch und kehrt zum HERRN um! Sagt zu ihm: Vergib alle Schuld und nimm an, was gut ist! Wir wollen die Frucht unserer Lippen als Opfer darbringen« (14,2-3).

Dies ist ein gutes Gebet für jeden Sünder. Fassen wir zusammen:

Gott ist gnädig. Welchen »Namen« wir bei unserer Geburt auch erhalten haben mögen – er kann ihn ändern und uns einen neuen Anfang schenken.

Gott ist heilig. Er kann Sünde nicht gleichgültig hinnehmen. Für die Welt zu leben, heißt Gottes Herz zu brechen und »geistlichen Ehebruch« zu begehen.

Gott ist die Liebe. Er vergibt allen, die zu ihm zurückkehren und Buße tun und er richtet sie wieder auf. Er verspricht alle zu segnen, die ihm vertrauen.

 Lesen Sie: Hosea 14.

Praktische Schritte: Denken Sie über Ihre Beziehung zu Gott und zur Welt nach. Schlagen Sie die Bibelstellen nach, die im heutigen Text angegeben werden. Überlegen Sie, ob Sie Ihre Haltung gegenüber der Welt ändern sollten.

Vollkommen bereinigt

Die Bibel sagt uns: »*Ich, ich bin es, der deine Verbrechen auslöscht um meinetwillen, und deiner Sünden will ich nicht gedenken*« (Jesaja 43,25).

Aufgrund des vollbrachten Werkes Christi sind wir in Gottes Augen vollkommen (Kolosser 1,28). Der Heilige Geist bezeugt das jedem Kind Gottes *persönlich*. Das Zeugnis des Heiligen Geistes beruht auf dem Werk des Sohnes. Der Gläubige im Alten Bund konnte nicht von sich sagen, dass er kein »Sündenbewusstsein« mehr hat (Hebräer 10,2). Der Gläubige des Neuen Bundes hingegen *kann* sagen, dass seiner Sünden *nie mehr* gedacht wird. Es gibt »kein Opfer für Sünde« (10,18) und kein Gedenken der Sünde mehr!

Ein hervorragender christlicher Psychiater erklärte einmal: »Das Problem der Psychiatrie besteht darin, dass sie nur die Symptome behandeln kann. Ein Psychiater kann vielleicht dem Patienten das *Gefühl* von Schuld nehmen, aber die Schuld als solche kann er nicht beseitigen. Das ist wie wenn ein LKW-Fahrer an seinem LKW einen Kotflügel verliert und deshalb nicht hört, dass der Motor klopft. Ein Patient kann sich nach einer Psychotherapie zwar vielleicht besser fühlen, und dabei trotzdem statt einem nun sogar *zwei* Probleme haben!«

Wenn ein Sünder sich Christus anvertraut, werden ihm seine Sünden vergeben. Seine Schuld ist weg und die Angelegenheit für immer bereinigt.

Zur Vertiefung: 1. Johannes 2,12; Römer 8,1-4; Hebräer 10,15-18.

Praktische Schritte: Wiederholen Sie dieses Lied von Cecil F. Alexander als Gebet:

> »Vollkommen in dir! Kein Werk von mir
> Darf nehmen ein den Platz von dir.
> Dein Blut, Herr, bracht' Vergebung mir
> Und nun bin ich vollkommen in dir.«

Nehmen Sie sich nun etwas Zeit, um diese Strophe auswendig zu lernen.

Sind Sie auserwählt?

Aus Gottes Wort: *»Denn aus Gnade seid ihr errettet durch Glauben, und das nicht aus euch, Gottes Gabe ist es; nicht aus Werken, damit niemand sich rühme«* (Epheser 2,8-9).

Ein Professor im theologischen Seminar meinte einmal zu mir: »Versuche die Auserwählung zu erklären, und du verlierst den Verstand. Versuche sie wegzudiskutieren, und du verlierst deine Seele!«

Wir werden die Auserwählung Gottes auf der Erde wohl nie wirklich verstehen, aber wir können doch einige Punkte dazu festhalten:

1. *Die Erlösung beginnt bei Gott.* Gott plante unsere Erlösung lange bevor er den Menschen schuf.
2. *Die Erlösung geschah aus Liebe.* Durch seine Liebe wurde Golgatha Wirklichkeit.
3. *Zur Erlösung brauchen wir Glauben.* Wir werden gerettet, indem wir Gottes Wort Glauben schenken.
4. *Die Erlösung geht von der Dreieinigkeit aus.* Was Gott den Vater betrifft, so wurde ich gerettet, als er mich vor dem Beginn der Welt in Christus erwählte. Was Gott den Sohn betrifft, so wurde ich gerettet, als er für mich am Kreuz starb. Was Gott den Heiligen Geist anbelangt, so wurde ich an einem Samstagabend im Mai 1945 gerettet, als ich das Wort Gottes hörte und mich Jesus Christus anvertraute. In diesem Moment erfüllte sich ein Teil von Gottes Plan mit mir und ich wurde sein Kind. Wenn Sie mich an jenem Abend gefragt hätten, ob ich einer der Auserwählten sei, hätte ich keine Antwort gewusst. Ich wusste damals nichts über die Auserwählung. Aber der Heilige Geist bezeugte mir im Herzen, dass ich ein Kind Gottes bin.
5. *Die Erlösung verändert unser Leben.* Wer von Gott auserwählt ist, wird von ihm verändert. Das soll nicht heißen, dass er perfekt ist, aber er besitzt ein neues Leben, welches sich vor anderen nicht verbergen lässt.

Lesen Sie auch: Johannes 15,16; Epheser 1,4; 2. Thessalonicher 2,13; Römer 5,8.

Praktische Schritte: Suchen Sie ein Lied über die Erlösung heraus und machen Sie es zu Ihrem Lied des Tages. Danken Sie Gott für seine Liebe, mit der er Sie erreicht und zu seinem Kind gemacht hat.

Ein barmherziger Nächster sein

Vers des Tages: *»Denn das ganze Gesetz ist in einem Wort erfüllt, in dem: Du sollst deinen Nächsten lieben wie dich selbst«* (Galater 5,14).

Vieles, worum es in dem bekannten Gleichnis vom barmherzigen Samariter geht, treffen wir auch heute täglich in den Zeitungen an. Es gibt einfach nichts Neues unter der Sonne. In seiner Geschichte spricht Jesus von Gewalt, und davon gibt es heute mit Sicherheit immer noch genug. Er spricht von Verbrechen, Rassendiskriminierung und Hass. Er erzählt von Nachlässigkeit und Gleichgültigkeit, aber auch von Liebe und Erbarmen. Wer sagt, die Bibel wäre für unsere moderne Welt nicht mehr zeitgemäß genug, hat dieses Gleichnis offenbar noch nie gelesen.

Wir kennen den *Inhalt* dieses Gleichnisses, aber wissen wir denn auch seine *Bedeutung*? Früher versuchten einige Ausleger, dieses Gleichnis gänzlich symbolisch zu deuten, aber dieser Ansatz führte sie nur weiter vom eigentlichen Weg ab. Jesus erzählte diese Geschichte, weil ein Schriftgelehrter (ein Experte für das jüdische Gesetz) ihn gefragt hatte:»Wer ist denn mein Nächster?« Diese Frage hatte er eigentlich gestellt, um sich zu rechtfertigen und in der Diskussion nicht den Kürzeren zu ziehen, aber Jesus nahm seine Frage als Gelegenheit wahr, eine wichtige Wahrheit zu veranschaulichen: *Du kannst deine Beziehung zu Gott nicht von der Beziehung zu deinem Nächsten trennen.*

Ein guter Dienst am Nächsten, der aus christlicher Nächstenliebe getan wird, gefällt nicht nur dem Herrn und hilft den Bedürftigen, sondern wird auch zum Segen für den, der ihn ausübt. Die Früchte eines solchen Werkes sind unvergänglich.

 **Machen Sie sich auch Gedanken zu:** Matthäus 19,19; Lukas 16,15.

Praktische Schritte: Lesen Sie in Lukas 10,25-37 das Gleichnis vom barmherzigen Samariter. Überlegen Sie, auf welche Weise Sie heute dem Gebot Jesu:»Geh hin und handle du ebenso!« nachkommen können.

Freude am Wort Gottes

Trifft dies auch auf Sie zu? *»Wie liebe ich dein Gesetz! Es ist mein Nachdenken den ganzen Tag. ... Eine Leuchte für meinen Fuß ist dein Wort, ein Licht für meinen Pfad«* (Psalm 119,97.105).

Das Geheimnis der Freude eines Christen liegt im Glauben an Gottes Wort und im dementsprechenden Handeln. Glaube, der nicht auf dem Wort gründet, ist nichts weiter als Spekulation oder Aberglaube. Freude, die nicht das Ergebnis des Glaubens ist, kann nicht mehr als »gute Stimmung« sein, die bald wieder verfliegt. Glaube, der auf dem Wort gründet, schenkt uns tiefe Freude, die allen Stürmen des Lebens trotzt.

Es genügt nicht, das Wort zu *lesen*, oder es zu *empfangen*, wenn andere es auslegen, wir müssen uns auch am Wort *freuen*. »Ich freue mich über dein Wort wie einer, der große Beute macht« (Psalm 119,162). Zu biblischen Zeiten versteckten manche Menschen ihre Reichtümer in einem Gefäß, das sie im Boden vergruben (Matthäus 13,44; Jeremia 41,8). Wenn ein Bauer beim Pflügen seines Ackers plötzlich ein solches mit Gold gefülltes Gefäß fand, war seine Freude groß. Ebenso sind in Gottes Wort viele Schätze vergraben, und Sie und ich können beim Lesen und Nachdenken darüber und im Gebet fleißig danach »graben«. Dann werden wir Schätze finden, über die wir uns freuen und für die wir Gott danken können.

Wenn wir Gottes Wort nur aus einer Art Pflichtgefühl heraus lesen, werden uns seine Schätze niemals offenbar werden. Nur wer Freude am Wort hat, wem es Vergnügen bereitet, Tag für Tag darin zu lesen, wird Gottes verborgene Schätze finden. »Glücklich der Mann, der den HERRN fürchtet, der große Freude an seinen Geboten hat!« (Psalm 112,1). »... sondern seine Lust hat am Gesetz des HERRN und über sein Gesetz sinnt Tag und Nacht« (Psalm 1,2).

Lieben Sie Gottes Wort? Würden Sie dafür auf Essen (Psalm 119,103; Lukas 10,38-42), Schlaf (Psalm 119,55.62.147-148) und Wohlstand (Psalm 119,14.72.137.162) verzichten?

Lesen Sie: Nehemia 8.

Praktische Schritte: Lesen Sie die Bibelstellen, die im heutigen Text angegeben sind. Lernen Sie ein oder zwei dieser Bibelstellen auswendig. Welche von Gottes Verheißungen gibt Ihnen am meisten Grund zur Freude?

Frohe Botschaft!

Die Bibel sagt uns: *»Denn ich schäme mich des Evangeliums nicht, ist es doch Gottes Kraft zum Heil jedem Glaubenden, sowohl dem Juden zuerst als auch dem Griechen«* (Römer 1,16).

Als jüdischer Rabbi war Paulus ausgesondert, den Gesetzen und Traditionen der Juden zu dienen. Als er sich aber in die Hand Christi begab, wurde er zum Dienst am Evangelium ausgesondert. *Evangelium* bedeutet »die frohe Botschaft«. Es ist die Botschaft, dass Christus für unsere Sünden gestorben ist, begraben wurde, wieder auferstand und nun alle rettet, die sich ihm anvertrauen.

Die Botschaft des Evangeliums ist nicht neu. Sie wurde bereits im Alten Testament in 1. Mose 3,15 verkündigt. Auch der Prophet Jesaja predigte dasselbe Evangelium. Die Erlösung, an der wir uns heute erfreuen dürfen, wurde bereits von den Propheten verkündigt, wenngleich diese auch nicht vollends verstanden, was sie eigentlich predigten und niederschrieben.

Jesus Christus ist der Mittelpunkt des Evangeliums. Paulus bezeichnet ihn als Menschen, als Juden und als den Sohn Gottes. Er wurde von einer Jungfrau in die Familie Davids hineingeboren, wodurch er das Recht auf Davids Thron erhielt. Er starb für die Sünden der Welt und ist danach von den Toten auferstanden. Dieses wundersame Ereignis seines stellvertretenden Todes und seiner siegreichen Auferstehung ist der Inhalt der frohen Botschaft. Dieses Evangelium predigte auch Paulus.

 **Schlagen Sie nach:** 1. Korinther 15,1-4; Jesaja 1,18; 55,1-13.

Praktische Schritte: Bitten Sie den Geist Gottes, dass er Ihnen bei der Auswahl einer Bibelstelle hilft, die sie im Laufe des Tages auswendig lernen wollen.

Ein diszipliniertes Gebetsleben

Vers des Tages: *»Und dies ist die Zuversicht, die wir zu ihm haben, dass er uns hört, wenn wir etwas nach seinem Willen bitten. Und wenn wir wissen, dass er uns hört, was wir auch bitten, so wissen wir, dass wir das Erbetene haben, das wir von ihm erbeten haben«* (1. Johannes 5,14-15).

Der Apostel Paulus verharrte bis zur Erschöpfung im inbrünstigen Gebet für die Christen in Kolossä. Er strengte seine geistlichen Muskeln im Gebet so an, wie ein griechischer Läufer sich bei den Olympischen Spielen anstrengte. Sind die meisten unserer Gebete im Vergleich dazu nicht sehr ruhig und gemütlich?

Das soll nicht heißen, dass unsere Gebete wirksamer sind, wenn wir uns dabei körperlich verausgaben. Wir sollen auch nicht »mit Gott ringen« und ihn herausfordern, damit er auf unsere Bedürfnisse eingeht. Paulus beschreibt vielmehr einen *geistlichen* Kampf: Er kämpfte nicht aus eigener Kraft, sondern ließ die Kraft Gottes in seinem Leben wirken. Ein echtes Gebet richtet sich in der Kraft des Heiligen Geistes durch den Sohn an den Vater. Wenn der Heilige Geist in unserem Leben wirksam ist, können wir auch mit aller Kraft nach dem Willen Gottes beten.

Wie hilft der Heilige Geist uns beim Beten? Zunächst einmal lehrt uns der Heilige Geist das Wort zu verstehen und zeigt uns den Willen Gottes. Beten heißt nicht, Gott umstimmen zu wollen, sondern zu lernen, was Gottes Wille ist, und dem entsprechende Bitten zu äußern. Der Heilige Geist tritt unablässig für uns ein, auch wenn wir seine Stimme nicht immer hören. Er kennt den Willen des Vaters und hilft uns, diesem Willen gemäß zu beten.

Lesen Sie auch: Matthäus 6,9-13; Johannes 14,13-14; 16,13-15; Römer 8,26-27.

Praktische Schritte: Das Gebet gehört zu den größten Vorrechten der Christen. Öffnen Sie sich für Gott, sein Wort und den Heiligen Geist, und lernen Sie, von Ihrem Vorrecht eines disziplinierten Gebetslebens Gebrauch zu machen.

Der Weg zur Einheit

Bibelstelle des Tages: »*Aber nicht für diese allein bitte ich, sondern auch für die, welche durch ihr Wort an mich glauben, damit sie alle eins seien, wie du, Vater, in mir und ich in dir, dass auch sie in uns eins seien, damit die Welt glaube, dass du mich gesandt hast*« (Johannes 17,20-21).

Der einzige Weg, in die Familie Gottes aufgenommen zu werden, besteht in der geistlichen Wiedergeburt durch den Glauben an Jesus Christus. So wie jeder von uns zwei leibliche Elternteile hat, haben wir auch zwei geistliche: den Geist und das Wort Gottes. Durch unsere geistliche Geburt erhalten wir eine neue Natur und eine neue, lebendige Hoffnung.

Unsere leibliche Geburt war eine Geburt im »Fleisch«, und das Fleisch ist vergänglich. Alles, was aus dem Fleisch geboren ist, ist dem Verfall und dem Tod unterworfen. Deshalb ist es dem Menschen noch nie gelungen, hochzivilisierte Kulturen zu erhalten: Sie sind Menschenwerk und daher von vorneherein dem Untergang geweiht. Wie die Frühlingsblumen, die eine kurze Zeit blühen, erfahren auch die Werke der Menschen eine Blütezeit, bis sie schließlich von Verfall und Tod heimgesucht werden. Vom Turmbau zu Babel in 1. Mose 11 bis hin zum »großen Babylon« in Offenbarung 17 und 18 sind die vielen Bemühungen des Menschen um Einigung zum Scheitern verurteilt.

Wenn wir versuchen, die Einheit der Gemeinde auf der Grundlage unserer leiblichen Geburt herzustellen, werden wir eine Niederlage erleiden. Wenn wir hingegen beginnen, diese Einheit auf der Basis unserer Wiedergeburt im Geist zu schaffen, werden wir Erfolg haben. Jedes Kind Gottes ist mit demselben Heiligen Geist erfüllt. Wir alle rufen denselben Vater an und haben an seiner göttlichen Natur Anteil. Wir vertrauen demselben Wort, welches niemals vergehen oder verschwinden wird. Wir haben unser Vertrauen auf dasselbe Evangelium gesetzt und sind aus demselben Geist wiedergeboren. Die *äußerlichen Unterschiede* des Fleisches, die uns trennen könnten, bedeuten nichts im Vergleich zu den *inneren Gemeinsamkeiten* des Geistes, die uns vereinen.

Weitere Bibelstellen: Johannes 3,1-16; Römer 8,6-9; 1. Petrus 1,23.

Praktische Schritte: Bitten Sie Gott darum, dass er Sie dazu befähigt, größeren Wert auf die inneren Gemeinsamkeiten des Geistes zu legen, die uns verbinden, anstatt auf die äußerlichen Unterschiede des Fleisches zu schauen, die uns trennen.

August

Mauern niederreißen

Vers des Tages: *»Zieht die ganze Waffenrüstung Gottes an, damit ihr gegen die Listen des Teufels bestehen könnt!«* (Epheser 6,11).

Viele Gläubigen sind sich heute nicht bewusst, in welchem geistlichen Kampf sich die Gemeinde befindet. Und diejenigen, die den Ernst der Lage kennen, wissen nicht immer, wie sie gegen den mächtigen Feind ankämpfen sollen. Sie versuchen, dämonische Kräfte mit menschlichen Methoden zu besiegen, aber diese Bemühungen sind zum Scheitern verurteilt. Als Josua und seine Armee eine Woche lang schweigend um Jericho zogen, hielten die Bewohner Jerichos sie für verrückt. Da die Israeliten aber Gott vertrauten und seine Anordnungen befolgten, konnten sie schließlich die hohen Mauern zum Einstürzen bringen und die feindliche Stadt erobern.

Als ich Pastor in Chicago war, traf ich mich jede Woche mit drei befreundeten Pastoren zum »Kampfgebet«. Wir flehten Gott an, die Mauern in den Köpfen der Menschen einzureißen, die sie davon abhalten, sich in die Hand Gottes zu geben. Welche Freude war es zu sehen, dass Gott im Leben vieler Menschen, für die wir gebetet hatten, große Dinge vollbrachte! Wenn erst die Mauer im Kopf eines Menschen niedergerissen ist, kann auch die Tür zu seinem Herzen geöffnet werden.

Lesen Sie auch: Josua 6,1-20; Psalm 24,8; Sprüche 21,30-31; 2. Korinther 10,3-5; Epheser 6,12-17.

Praktische Schritte: Wenn Sie heute die Zeitung lesen oder die Nachrichten im Radio oder Fernsehen verfolgen, so achten Sie besonders auf die negativen Ereignisse. Notieren Sie zwei oder drei davon und beten Sie für die Menschen, die daran beteiligt sind. Bitten Sie Gott um Frieden und Gerechtigkeit für die jeweilige Situation.

Böses mit Gutem vergelten

Vers des Tages: *»Wenn nun deinen Feind hungert, so speise ihn; wenn ihn dürstet, so gib ihm zu trinken! Denn wenn du das tust, wirst du feurige Kohlen auf sein Haupt sammeln. Lass dich nicht vom Bösen überwinden, sondern überwinde das Böse mit dem Guten!«* (Römer 12,20-21).

Ein Freund von mir hörte einmal eine Radiosendung, in der er von einem Prediger kritisiert wurde, der nicht nur sehr unfreundliche, sondern auch falsche Dinge über ihn erzählte. Mein Freund wurde sehr wütend und beschloss, es diesem Prediger heimzuzahlen. Aber ein anderer, sehr gottesfürchtiger Christ riet ihm: »Tu das nicht! Wenn du dich selbst verteidigst, kann der Herr dich nicht mehr verteidigen. Leg alles in seine Hand.« Mein Freund befolgte diesen weisen Rat, und der Herr rechtfertigte ihn.

Als Kinder Gottes müssen wir auf der höchsten Ebene leben, das heißt, wir müssen Böses mit Gutem vergelten. Gutes mit Gutem und Böses mit Bösem vergelten kann jeder. Aber um das Böse zu überwinden bedarf es des Guten. Wenn wir Böses mit Bösem vergelten, gießen wir nur Öl ins Feuer. Und auch wenn unser Feind sich trotz unserer liebevollen Reaktion nicht gleich bekehrt, so haben wir durch unser Handeln dennoch die Liebe Gottes in unserem eigenen Herzen erfahren und sind im Glauben ein Stückchen gewachsen.

Machen Sie sich auch Gedanken zu: 5. Mose 32,35; Sprüche 25,21-22; Matthäus 5,44-48.

Praktische Schritte: Lesen Sie 1. Petrus 2,20-25. Sicherlich müssen wir Gott um Liebe bitten, wenn wir unseren Feinden (oder auch denen, die uns einfach nicht leiden können) auf göttliche Art begegnen wollen. Werden sie uns deswegen ausnutzen? Werden sie uns nur umso mehr hassen, wenn wir freundlich zu ihnen sind? Das weiß allein der Herr. Unsere Aufgabe besteht darin, dem Herrn zu gehorchen und das Ergebnis ihm zu überlassen. Bitten Sie Gott um seine Weisheit und Kraft, das Böse, welches ihnen begegnet, mit Gutem zu überwinden.

In Gottesfurcht leben

Christus spricht: *»Trachtet aber zuerst nach dem Reich Gottes und nach seiner Gerechtigkeit! Und dies alles wird euch hinzugefügt werden«* (Matthäus 6,33).

Die »Furcht unseres Gottes« hat nichts mit der panischen Angst eines Sklaven vor seinem strengen Herrn zu tun, sondern entspricht vielmehr dem liebevollen Respekt eines Kindes vor seinen Eltern. Den Herrn zu fürchten heißt, in allem, was wir tun, danach zu streben, ihn zu verherrlichen. Es heißt, das Wort Gottes zu hören, es zu ehren und ihm zu gehorchen. »Das Bemerkenswerte an der Gottesfurcht ist«, schrieb Oswald Chambers, »dass ein Gottesfürchtiger sich vor nichts anderem fürchtet, während man alles andere fürchtet, wenn man Gott nicht fürchtet.« Da Nehemia sich in seinem Leben von der Gottesfurcht leiten ließ (Nehemia 5,15), fürchtete er sich nicht vor den möglichen Taten oder Reaktionen seiner Feinde (V. 14 und 19). Die Furcht vor dem Herrn machte Nehemia zu seinem treuen Diener.

In Gottesfurcht zu leben heißt natürlich auch, im Glauben zu wandeln und zu vertrauen, dass Gott sich um unsere Feinde kümmert und eines Tages alle offenen Rechnungen begleichen wird. Es bedeutet außerdem, fest an Matthäus 6,33 zu glauben und die richtigen Prioritäten im Leben zu setzen. »Die Furcht des HERRN gereicht zum Leben; und gesättigt verbringt man die Nacht, wird nicht heimgesucht vom Bösen« (Sprüche 19,23).

Lesen Sie: Nehemia 5.

Praktische Schritte: Schreiben Sie Ihre eigene Definition der Gottesfurcht nieder. Nehmen Sie Ihr Gesangbuch zur Hand und singen Sie alle Strophen des Liedes »Heilig, heilig, heilig«.

Sünden sofort bekennen

Bibelstelle des Tages: *»Wer seine Verbrechen zudeckt, wird keinen Erfolg haben; wer sie aber bekennt und lässt, wird Erbarmen finden«* (Sprüche 28,13).

»Ich habe mich von Gott entfernt und gesündigt«, erklärte ein Student dem Studentenpfarrer, »weil ich wusste, dass ich zurückkommen und Gott um Vergebung bitten kann.«

»Auf welcher Grundlage kann Gott dir vergeben?« fragte ihn der Pfarrer, wobei er auf 1. Johannes 1,9 zeigte.

»Gott ist treu und gerecht«, antwortete der Junge.

»Diese zwei Wörter hätten dich von der Sünde abhalten sollen«, gab der Pfarrer ihm darauf zur Antwort. »Weißt du, was es Gott gekostet hat, deine Sünden zu vergeben?«

Der Junge senkte den Kopf: »Jesus musste für mich sterben.«

Der Pfarrer fuhr fort: »Das ist richtig. Die Vergebung ist nicht irgendein billiger Trick von Gott, dem man weiter keine Beachtung zu schenken braucht. Gott ist treu und hält sein Versprechen und er ist gerecht, weil Christus für dich gestorben ist und deine Strafe schon bezahlt hat. Wenn du das nächste Mal vorhast zu sündigen, so denke daran, dass du gegen einen gerechten und liebenden Gott sündigen willst!«

Die Reinigung von der Sünde beinhaltet zwei Aspekte: den richterlichen und den persönlichen. Das Blut Christi, das am Kreuz vergossen wurde, erlöst uns von der Schuld der Sünde und rechtfertigt uns vor Gott. Gott kann uns vergeben, weil durch Jesu Tod seinem heiligen Gesetz Genüge getan wurde.

Gott möchte den Sünder auch inwendig reinigen. Wenn unser Sündenbekenntnis ernst gemeint ist, reinigt Gott unser Herz durch den Heiligen Geist und durch sein Wort.

König David verschwieg seine Sünden, anstatt sie zu bekennen. Etwa ein ganzes Jahr lang lebte er in Lug und Trug.

Wann sollten wir unsere Sünden bekennen? Sobald wir sie erkannt haben! Wenn wir im Licht wandeln, werden wir den »Schmutz« in unserem Leben erkennen und sofort etwas dagegen tun.

Lesen Sie auch: 2. Chronik 7,14; Psalm 51.

Praktische Schritte: Bekennen Sie vor Gott alle Ihre Sünden, derer Sie sich bewusst sind. Bitten Sie Gott, Sie auf weitere Sünden aufmerksam zu machen. Wenden Sie sich von der Sünde ab und danken Sie Gott für seine Vergebung.

Gottes Kinder um uns

Gott ermahnt uns: »Und lasst uns aufeinander Acht haben, um uns zur Liebe und zu guten Werken anzureizen, indem wir unser Zusammenkommen nicht versäumen, wie es bei einigen Sitte ist, sondern einander ermuntern, und das um so mehr, je mehr ihr den Tag herannahen seht!« (Hebräer 10,24-25).

Während meiner Arbeit als Pastor habe ich oft festgestellt, dass leidende Menschen sehr ichbezogen sein können. Sie denken, sie seien die Einzigen, die durch ein dunkles Tal gehen müssen. Jeder von uns macht irgendwann eine leidvolle Erfahrung wie Krankheit, Schmerz oder Verlust nahestehender Menschen. Aber wie sieht es mit den Leiden aus, die wir erdulden müssen, *weil wir Christen sind?*

Vielleicht sind Sie wegen Ihres Glaubens von Ihrer Familie verstoßen worden, vielleicht hat man Sie als Christ auf der Arbeit nicht befördert. Solche Erfahrungen schmerzen, aber wir stehen damit nicht allein da. Andere Christen müssen ähnliche Prüfungen durchleben, und in vielen Ländern werden Gläubige mit noch viel größeren Schwierigkeiten konfrontiert.

Paulus ermutigte leidende Christen, indem er sie daran erinnerte, dass nicht nur sie allein mit solchen Schwierigkeiten zu kämpfen haben, sondern dass auch andere vor ihnen gelitten haben oder gegenwärtig mit ihnen leiden. Die Gemeinden in Judäa gingen durch ihre Leiden nicht kaputt, sondern wuchsen dadurch und wurden geläutert.

Das ist auch ein Grund, warum die Gemeinde einen so unschätzbaren Wert hat: Wir halten in schwierigen Zeiten zusammen und muntern einander auf. Ein einsamer Christ bietet dem Satan eine große Angriffsfläche. Wir brauchen einander in den Kämpfen des Lebens.

Machen Sie sich auch Gedanken zu: Johannes 13,34; Römer 12,10; Apostelgeschichte 2,42.

Praktische Schritte: Überlegen Sie, welchen drei Personen Sie in ihren Leiden aufmuntern können. Danken Sie Gott für diese Menschen und bitten Sie ihn, dass er Ihnen dabei hilft, heute oder im Laufe dieser Woche wenigstens einem von ihnen neuen Mut zu schenken.

Nehmt einander an

Vers des Tages: *»Deshalb nehmt einander auf, wie auch der Christus euch aufgenommen hat, zu Gottes Herrlichkeit!«* (Römer 15,7).

Es ist nicht unsere Aufgabe zu beurteilen, ob jemand wirklich Gott nachfolgt. Das liegt allein in der Hand Gottes. Wenn wir unsere selbstgestellten, menschlichen Maßstäbe anlegen, die auf persönlichen Vorurteilen oder gar Überzeugungen beruhen, gehen wir über das Wort Gottes hinaus. Gott hat uns angenommen, deshalb sollten wir uns auch gegenseitig annehmen. Es sollte in dieser Sache weder zum Streit zwischen uns kommen, noch dürfen wir einander verurteilen oder verachten.

In jeder Gemeinde gibt es starke und schwache Christen. Die Starken begreifen die geistlichen Wahrheiten schnell und können sie leichter in die Praxis umsetzen. Die Schwächeren hingegen haben diesen Grad der Reife und der Freiheit noch nicht erreicht. Die Schwachen dürfen die Starken nicht verurteilen und ihnen ungeistliches Verhalten vorwerfen. Die Starken dürfen die Schwachen nicht verachten und sie als unreif bezeichnen. Gott hat sowohl die Starken als auch die Schwachen angenommen, deshalb sollten wir uns auch einander annehmen.

Denken Sie nach über: Psalm 133; Apostelgeschichte 15; Römer 14,1-12.

Praktische Schritte: Können Sie der Aussage des Kirchenvaters Augustinus zustimmen: »Im Wesentlichen Einheit, im Zweifelhaften Freiheit, in allem Liebe«? Wenn es Ihnen an Gemeinschaft mit anderen Nachfolgern Christi mangelt, so überdenken Sie noch einmal Ihre selbstgestellten Maßstäbe, die Sie an andere anlegen. Schreiben Sie sie auf und bitten Sie Gott in diesen Bereichen um Liebe und Verständnis. Probieren Sie dann, einen Menschen »anzunehmen«, der in seinem Wesen ganz anders ist als Sie.

August

»Wer bin ich?«

Vers des Tages: *»Jesus [...] fragte [...] seine Jünger und sprach: Was sagen die Menschen, wer der Sohn des Menschen ist?«* (Matthäus 16,13).

Wenn uns jemand fragen würde: »Was sagen die Menschen, wer ich bin?«, würden wir ihn entweder für verrückt oder für sehr von sich eingenommen halten. Aber bei Jesus ist die richtige Erkenntnis seiner Person eine Grundvoraussetzung für die Erlösung. Seine Person und sein Werk bilden eine Einheit und dürfen nicht voneinander getrennt betrachtet werden. Es ist erstaunlich, welche Ansichten die Öffentlichkeit über die Person Jesu hatte. Manche glaubten sogar, dass Jesus der von den Toten auferstandene Johannes der Täufer sei.

Einige Propheten hatten die Wiederkehr Elias vorausgesagt und so dachten manche, diese Weissagung sei nun in Christus erfüllt. Jesu Dienst unterschied sich jedoch von dem des Elia. Das war vielmehr Johannes der Täufer, der »in dem Geist und der Kraft des Elia« (Lukas 1,17) auf die Erde kam.

Eine Sache ist klar: Eine richtige Entscheidung in Bezug auf Jesus können wir niemals anhand einer Meinungsumfrage treffen. Ausschlaggebend ist nicht, was die anderen sagen, sondern was Sie persönlich glauben. Die Ansicht der Menge, sei sie falsch oder richtig, kann niemals unsere persönliche Entscheidung ersetzen.

Petrus wusste die richtige Antwort: »Du bist der Christus [der Messias]« (Markus 8,29). Dieser Satz war Petrus' Antwort auf das, was Gott, der Vater, ihm offenbart hatte. Diese Offenbarung war nicht das Ergebnis von Petrus' eigenen Nachforschungen, sondern ein Gnadenakt Gottes. Gott verbarg diese große Wahrheit vor den stolzen Pharisäern und Sadduzäern und offenbarte sie den »Unmündigen«, den demütigen Jüngern Jesu.

Lesen Sie auch: Römer 10.9-10; 1. Johannes 2,18-23; 4,1-3; Johannes 10,19-21; Maleachi 3,23; Lukas 1,13-17; Matthäus 11,25-27.

Praktische Schritte: Sie wissen, dass Jesus der Christus und Sohn des lebendigen Gottes ist. Aber bestimmt haben Sie einen Freund, der das noch nicht glaubt. Beten Sie für diesen Freund und vertrauen Sie darauf, dass er Jesus eines Tages als den Sohn Gottes kennen lernen und eine persönliche Beziehung zu ihm eingehen wird.

Eine Atmosphäre des Wachstums schaffen

Vers des Tages: *»Wachset aber in der Gnade und Erkenntnis unseres Herrn und Heilandes Jesus Christus! Ihm sei die Herrlichkeit, sowohl jetzt als auch bis zum Tag der Ewigkeit! Amen«* (2. Petrus 3,18).

Gotteskinder, die jung im Glauben sind, brauchen Gemeinschaft, die ihnen Schutz bietet und Wachstum im Glauben ermöglicht. Aber wir können sie nicht ihr Leben lang als »Kleinkinder« behandeln! Reifere Christen müssen Liebe und Geduld walten lassen und darauf achten, dass sie die jungen Nachfolger Jesu nicht zum Stolpern bringen. Jüngere Christen müssen im Glauben reifen und dadurch wiederum anderen helfen, im Glauben voranzukommen.

Die Schwachen müssen von den Starken lernen, und die Starken müssen die Schwachen lieben. Das wunderbare Ergebnis davon wird Frieden und geistliche Reife zur Ehre Gottes sein.

Zur Vertiefung: Titus 2,1-8 ; Epheser 4,1-3.

Praktische Schritte: Beschreiben Sie zwei Christen, die Sie kennen: einen gereiften und einen, der jung im Glauben ist. Verwenden Sie für Ihre Beschreibung Eigenschaftswörter wie »liebend«, »geduldig« usw.:

Ein reifer Christ,
den ich kenne, ist:

Ein junger Christ,
den ich kenne, ist:

_____

_____

_____

_____

_____

_____

Achten Sie besonders auf starke und schwache Seiten dieser beiden Personen, soweit Sie diese kennen. In welche Kategorie würden Sie selbst entsprechend dieser Einschätzung gehören – zu den im Glauben gereiften oder zu den noch unreifen Christen? Sind Sie von sich selbst überrascht? Befehlen Sie nun diese beiden Personen und sich selbst dem Herrn an und bitten Sie ihn, dass er Ihnen dabei hilft, Schwache und Starke gleichermaßen zu ermutigen.

August

Eine gute Gewohnheit

Vers des Tages: *»Ertragt einander und vergebt euch gegenseitig, wenn einer Klage gegen den anderen hat; wie auch der Herr euch vergeben hat, so auch ihr!«* (Kolosser 3,13).

Wer demütig und ehrlich lebt, geht ein gewisses Risiko ein und muss mit einigen Gefahren rechnen. Wenn Demut und Wahrheitsliebe uns nicht zur Vergebung befähigen, können unsere zwischenmenschlichen Beziehungen nicht wiederhergestellt oder vertieft werden. Petrus erkannte die damit verbundenen Schwierigkeiten und fragte Jesus, wievielmal er einem Bruder, der gegen ihn sündigt, vergeben soll (Matthäus 18,21-22).

Die Antwort des Herrn: »Bis siebzigmal siebenmal« (490 Mal) muss Petrus ziemlich verblüfft haben. Wer kann sich schon so viele Vergehen merken? Aber das war genau der Punkt, den Jesus verdeutlichen wollte: »Die Liebe ... rechnet Böses nicht zu« (1. Korinther 13,5). Wenn wir einem Bruder so viele Male vergeben haben, ist uns das Vergeben längst zur Gewohnheit geworden.

Jesus wollte uns damit aber nicht zu leichtfertiger oder oberflächlicher Vergebung auffordern. Christliche Nächstenliebe ist nicht blind. Wenn ein Bruder sich wiederholt einer bestimmten Sünde schuldig macht, so steht es außer Frage, dass er der Hilfe seiner liebenden und verzeihenden Brüder bedarf, um diese Sünde zu überwinden. Wenn wir einen Bruder verurteilen, bringen wir seine dunkelste Seite hervor. Wenn wir dagegen eine Atmosphäre der Liebe und Vergebung schaffen, können wir ihm helfen, seine guten Seiten zum Ausdruck zu bringen.

Lesen Sie auch: Matthäus 18,15-23; Epheser 3,17-19; Philipper 1,9-10.

Praktische Schritte: Erstellen Sie heute zwei Listen. Schreiben Sie in der ersten Liste alle Situationen auf, in denen Sie in letzter Zeit Vergebung geübt haben. Halten Sie in der zweiten Liste alle Situationen fest, in denen Sie nicht vergeben konnten. Bitten Sie Gott dann darum, dass er Ihnen hilft zu vergeben, so »wie auch der Herr [Ihnen] vergeben hat«.

Gleichgültig oder gleichförmig?

Vers des Tages: *»Wer sein Leben findet, wird es verlieren, und wer sein Leben verliert um meinetwillen, wird es finden.«* (Matthäus 10,39).

In einer meiner Radiopredigten erklärte ich: »Gott will, dass wir nicht gleichgültig, sondern gleichförmig sind.« Kaum war die Sendung zu Ende, klingelte in meinem Büro das Telefon und ein anonymer Hörer wollte mit mir über meine Behauptung diskutieren.

»Gleichförmig wozu?«, donnerte seine Stimme. »Haben Sie nicht Römer 12,2 gelesen: ›Und seid nicht gleichförmig dieser Welt‹?«

»Sicher habe ich Römer 12,2 gelesen«, antwortete ich. »Haben Sie schon einmal Römer 8,29 gelesen? Gott hat uns vorherbestimmt, ›dem Bilde seines Sohnes gleichförmig zu sein‹.«

Nach einer langen Pause (ich war froh, dass der Anruf auf seine Rechnung ging) räusperte er sich und sagte: »In Ordnung.«

Gleichgültig oder *gleichförmig*, das ist die Frage. Wenn wir Gott gegenüber gleichgültig sind und nur auf ein angenehmes Leben aus sind, werden wir uns selbst mit unseren eigenen Plänen und Wünschen nie aufgeben und deshalb auch nie wie das Samenkorn in die Erde gepflanzt werden. Wenn wir unser Leben aber Gott übergeben und zulassen, dass er uns in die Erde pflanzt, dann werden wir nicht alleine bleiben, sondern die Freude erleben, zur Ehre Gottes Frucht zu bringen.

Machen Sie sich Gedanken zu: Johannes 17,21-26; Römer 8,28-29; 12,2.

Praktische Schritte: »Und seid nicht gleichförmig dieser Welt«, ist das Ziel aller, die dem Bilde Christi gleichförmig sein möchten. Überprüfen Sie Ihren Lebensstil. Wenn Sie darin eine Tendenz zur Gleichgültigkeit erkennen, die Sie davon abhält, dem Bilde Christi gleichförmig zu werden, so wirken Sie dieser entgegen. Durch Gebet und zielgerichtetes Handeln können Sie von diesem Kurs der Gleichgültigkeit wieder abkommen.

Trophäen in Aussicht?

Denken Sie daran: »*Und die Verständigen werden leuchten wie der Glanz der Himmelsfeste; und die, welche die vielen zur Gerechtigkeit gewiesen haben, leuchten wie die Sterne immer und ewig*« (Daniel 12,3).

In Zeiten der Prüfungen und Bewährungsproben brauchen wir den nötigen Weitblick. Paulus lebte nicht nur in der Gegenwart, sondern gleichzeitig auch im Blick auf die Zukunft. Sein Handeln war bestimmt von den zukünftigen Vorhaben Gottes. Er rechnete damit, dass Jesus Christus wiederkehren und ihn für seinen treuen Dienst belohnen wird. An jenem Tag werden die Heiligen, die er für Christus gewonnen hat, Gott loben und Paulus' Herz mit Freude erfüllen. Wie es in dem Lied *Dem Ziele zu!* heißt: »Bis hin zum Ziel: der Erde Leiden, sie sind nicht wert der Herrlichkeit, die an uns wird geoffenbart in ew'gen Freuden.«
Das Bewusstsein, dass wir eines Tages vor dem Richterstuhl Christi stehen werden, sollte uns dazu motivieren, trotz aller Schwierigkeiten treu zu bleiben. Vor dem Richterstuhl Christi werden unsere Werke gerichtet, und wir empfangen unseren Lohn. Paulus schrieb, dass die *Heiligen selbst* den Ruhmeskranz Christi ausmachen werden, wenn sie ihm vor dem Richterstuhl gegenüber stehen. Die Aussicht auf diese Freude, alle Gläubigen im Himmel begrüßen zu können, beinhaltet aber auf der anderen Seite auch eine ernsthafte Warnung: Wir bringen uns um die Freude, wenn wir mit leeren Händen in den Himmel kommen. Ein Christ, der sich nie ehrlich darum bemüht hat, andere für Christus zu gewinnen, wird diese Freude und Herrlichkeit bei der Wiederkunft Christi nicht erleben. Wir müssen für Gott leben, damit wir etwas zu seiner Ehre beitragen können, wenn wir in den Himmel kommen.

Zur Vertiefung: Römer 14,10-12; 1. Korinther 4,1-5; 2. Korinther 5,9-10; 1. Thessalonicher 2,19-20.

Praktische Schritte: Schreiben Sie die Namen derer auf, von denen Sie glauben, dass Sie sie für Christus gewonnen haben.
Wenn Sie den Eindruck haben, dass Sie bisher zu wenig dafür getan haben, dann sprechen Sie mit Gott darüber und bitten Sie ihn um Mut und Weisheit dazu. Fragen Sie in einer christlichen Buchhandlung nach einem Kurs, in dem Sie lernen, wie Sie andere für Christus gewinnen können.

Habsucht kontra Zufriedenheit

Die Bibel gebietet uns: *»Er sprach aber zu ihnen: Seht zu und hütet euch vor aller Habsucht! Denn auch wenn jemand Überfluss hat, besteht sein Leben nicht aus seiner Habe«* (Lukas 12,15).

Ursprünglich bezieht sich das Wort *Habsucht* auf die »Liebe zum Geld«. Im weiteren Sinne steht es aber auch für das Verlangen, immer mehr von allem haben zu wollen. Habsucht ist die unstillbare Gier nach mehr, ob wir es nun wirklich brauchen oder nicht.

Materielle Dinge können uns nicht befriedigen, denn sie können uns nicht geben, wonach unser Herz sich sehnt. Das kann nur Gott. In Gott haben wir alles, was wir brauchen. Materielle Dinge können kaputt gehen oder gestohlen werden, aber Gott verlässt uns nie und gibt uns niemals auf. Dieses Versprechen gab er Josua, als dieser die Nachfolge von Mose antrat, und er erfüllte es endgültig in Jesus Christus, sodass auch wir dieses Versprechen für uns in Anspruch nehmen können.

Eine Frau sagte einmal zu dem Evangelisten D. L. Moody: »Ich habe ein Versprechen gefunden, das mir hilft, wenn ich Angst habe. Es steht in Psalm 56,4: ›An dem Tag, da ich mich fürchte, vertraue ich auf dich.‹«

Moody antwortete ihr: »Ich weiß ein besseres Versprechen! Jesaja 12,2: ›Ich bin voller Vertrauen und fürchte mich nicht.‹«

Beide Verheißungen sind wahr, und jede hat ihre eigene Anwendung. Wichtig ist, dass wir Jesus Christus als unseren Herrn und Helfer kennen und unser Vertrauen nicht auf materielle Dinge setzen. Zufriedene Christen sind Menschen mit den richtigen Prioritäten, und materielle Dinge stehen auf ihrer Prioritätenliste sicher nicht sehr weit oben.

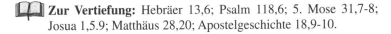 **Zur Vertiefung:** Hebräer 13,6; Psalm 118,6; 5. Mose 31,7-8; Josua 1,5.9; Matthäus 28,20; Apostelgeschichte 18,9-10.

Praktische Schritte: Schreiben Sie fünf Sorgen oder Ängste auf, die Ihnen momentan zu schaffen machen. Legen Sie dann jede von ihnen ganz bewusst in die Hand Gottes.

Warnung vor Irrlehren

Vers des Tages: *»Denn in ihm wohnt die ganze Fülle der Gottheit leibhaftig; und ihr seid in ihm zur Fülle gebracht. Er ist das Haupt jeder Gewalt und jeder Macht«* (Kolosser 2,9-10).

Die Gnostiker glaubten, dass Menschen von Engeln und Himmelskörpern beeinflusst würden. Dass Paulus die Kolosser vor dem »Neumond« und anderen religiösen Praktiken warnte, die vom Kalender bestimmt sind, hat möglicherweise mit der Lehre der Gnostiker zu tun, wenngleich auch das jüdische Volk denselben Kalender benutzte. Eines steht jedoch fest: Solche Lehren über Dämonen und Engel sind nicht Teil der wahren christlichen Lehre. Wenn wir sie irgendwem zuschreiben wollen, dann höchstens dem Satan.

Die Tatsache, dass diese Lehre nicht von Christus stammt, sollte uns als Warnung vor Horoskopen, Gläserrücken, Tischklopfen und anderen okkulten Praktiken genügen. Das ganze System der Tierkreiszeichen steht im Widerspruch zu den Lehren des Wortes Gottes. Ein Christ, der sich auf Mystik und Okkultismus einlässt, bereitet sich große Probleme.

Warum einer leeren Philosophie folgen, wo wir doch in Christus die Fülle haben? Die grundlegende Prüfung einer jeden Lehre besteht aus den folgenden Fragen: »Welchen Platz weist sie Jesus Christus, seiner Person und seinem Werk, zu? Will sie Christus seiner Fülle berauben? Leugnet sie entweder sein Gottsein oder sein Menschsein? Behauptet sie, dass der Glaubende außergewöhnliche Erfahrungen in Ergänzung zu seinen Erfahrungen mit Christus machen muss?« Wenn das alles der Fall ist, dann ist die Lehre falsch und gefährlich.

Lesen Sie auch: Kolosser 2,16-18; Epheser 3,19; Galater 4,9-11.

Praktische Schritte: Nichts darf zu Christus hinzugefügt werden, denn er ist bereits die ganze Fülle Gottes. Bitten Sie Gott darum, dass er Ihnen zeigt, ob sich in Ihren Glauben irgendwelche »Zusätze« eingeschlichen haben. Trennen Sie sich so schnell wie möglich von allem, das Ihnen glauben macht, Christus allein würde genügen.

Was tust du für mich?

Vers des Tages: *»Ihr habt nicht mich erwählt, sondern ich habe euch erwählt und euch dazu bestimmt, dass ihr hingeht und Frucht bringt und eure Frucht bleibe, damit, was ihr den Vater bitten werdet in meinem Namen, er euch gebe«* (Johannes 15,16).

Petrus stellt klar, dass der Tod Christi kein Unfall war, sondern Teil des Heilsplans Gottes. Gott hatte seinen Tod bestimmt, längst bevor der Grundstein der Welt gelegt worden war. Menschlich gesehen wurde unser Herr grausam ermordet. Aber aus der Sicht Gottes opferte er sein Leben für die Sünder. Er stand von den Toten auf und nun wird jeder, der ihm vertraut, auf ewig gerettet!

Wenn wir über Christi Opfer für uns nachdenken, entsteht sicherlich der Wunsch in uns, ein Leben der Heiligung zur Ehre Gottes zu leben. Als die junge Frances Ridley Havergal einmal ein Bild des gekreuzigten Christus sah mit der Unterschrift: »Das tat ich für dich. Was tust du für mich?« schrieb sie spontan ein Gedicht dazu, war allerdings unzufrieden damit und warf es in den Kamin. Das Blatt Papier blieb jedoch unversehrt! Später veröffentlichte sie das Gedicht auf den Rat ihres Vaters hin, und heute wird es als Lied gesungen.

> Ich gab mein Leben hin,
> vergoss mein Blut für dich.
> Dass du gerettet bist,
> Erlöst auf ewiglich.
> Das tat ich für dich.
> Was tust du für mich?

Das ist eine ernste Frage! Hoffentlich können Sie dem Herrn eine gute Antwort darauf geben.

Weitere Verse: Johannes 15,10; Epheser 2,10; Titus 2,14; 1. Johannes 2,3-6.

Praktische Schritte: Schreiben Sie alles auf, was Sie für Christus gegeben haben. Nehmen Sie sich Zeit zum Gebet.

Das Sehnen Gottes

Vers des Tages: *»Ein Überrest wird umkehren, ein Überrest Jakobs, zu dem starken Gott«* (Jesaja 10,21).

Gott möchte, dass wir das Evangelium sowohl Juden als auch Heiden bringen. Jesus Christus weinte über Jerusalem und sehnte sich danach, das ganze Volk Israel in seine Arme zu schließen. Stattdessen wurden diese Arme ans Kreuz geschlagen, als Jesus freiwillig für Juden und Heiden gleichermaßen starb. Gott ist langmütig und geduldig, »da er nicht will, dass irgendwelche verloren gehen, sondern dass alle zur Buße kommen« (2. Petrus 3,9).

Israel als Nation ist nun zunächst zur Seite gestellt. Trotzdem können einzelne Juden gerettet werden, was auch immer wieder geschieht. Als Paulus während seiner Gefangenschaft den Juden in Rom das Evangelium verkündigte, legte er ihnen die Schrift aus und versuchte unablässig, sie davon zu überzeugen, dass Jesus der Messias ist. Durch Paulus streckte Gott seine liebenden Arme nach seinem ungehorsamen Volk aus. Voller Sehnsucht nach ihnen bat er sie zurück zu kommen. Gottes Gunst gegenüber den Heiden bedeutet nicht, dass sich an seiner Liebe zu den Juden irgendetwas geändert hätte. Auch wir sollen unsere Liebe allen Menschen gleichermaßen schenken – Juden wie Heiden, Geretteten wie Ungeretteten.

Zur Vertiefung: Jesaja 65,2; Apostelgeschichte 28,23; 2. Petrus 3,9.

Praktische Schritte: Das alte Lied »Gott hält die ganze Welt in seiner Hand« erinnert uns daran, dass Gottes Liebe alle einschließt. Stellen Sie sich für einen Augenblick vor, die Welt läge in Ihrer Hand. Würden Sie die Welt in ihrer Gesamtheit lieben oder nur einige ausgewählte Kontinente? Würden Sie die Welt wie eine riesige heiße Kartoffel fallen und in die Milchstraße abdriften lassen?

Gott möchte, dass wir seine frohe Botschaft allen Menschen bringen, die wir erreichen können. Er sehnt sich besonders nach den Juden, mit denen er den ersten Bund schloss. Aber das heißt nicht, dass er weniger Wert darauf legt, dass auch die Heiden ihn kennen lernen. Bitten Sie Gott, dass er Ihnen ein tieferes Verständnis für das Ausmaß seiner Liebe und Ihre Rolle bei der Verkündigung dieser Liebe schenkt.

September

Werdet erneuert:

»Seid aber zueinander gütig, mitleidig,
und vergebt einander, so wie auch
Gott in Christus euch vergeben hat!«

Epheser 4,32

Liebe schenkt Vergebung

Vers des Tages: *»Seid aber zueinander gütig, mitleidig, und vergebt einander, so wie auch Gott in Christus euch vergeben hat!«* (Epheser 4,32).

Das schlimmste Gefängnis der Welt ist ein Herz, das nicht vergeben kann. Wenn wir uns weigern anderen zu verzeihen, quälen wir damit nur uns selbst. Die unglücklichsten Menschen, denen ich während meines Dienstes begegnet bin, waren Menschen, die nicht vergeben konnten. Ihr ganzes Leben bestand darin sich auszumalen, wie sie die Menschen bestrafen könnten, die ihnen Unrecht angetan hatten. In Wirklichkeit bestraften sie nur sich selbst.

Viele Christen haben zwar Vergebung *empfangen*, sie aber nie wirklich tief in ihrem Herzen *erfahren*. Daher sind sie auch nicht in der Lage, anderen Vergebung zu *schenken*. Wenn wir in unserem Leben immer nur auf menschliche Gerechtigkeit aus sind und zu bekommen suchen, was uns zusteht, errichten wir uns unser eigenes Gefängnis. Wenn wir aber bereit sind zu vergeben und an andere weiterzuschenken, was wir von Gott erhalten haben, dann werden wir frei und froh. Wie in Matthäus 18,21 berichtet wird, fragte Petrus seinen Herrn nach einem Maß für unsere Vergebungsbereitschaft (»Herr, wie oft soll ich meinem Bruder, der gegen mich sündigt, vergeben?«). Jesus gab ihm zu verstehen, dass er nicht zählen, sondern vergeben sollte.

Machen Sie sich auch Gedanken zu: Matthäus 18,21-34; Kolosser 3,13.

Praktische Schritte: Angenommen, jemand hat Sie kürzlich ungerecht behandelt und ist sich dessen auch bewusst, hat aber beschlossen, so zu tun, als hätte es diesen Vorfall nie gegeben. Sie hingegen müssen ständig daran denken. Wenn dies der Fall ist, dann bitten Sie Gott, Ihr Denken so zu verändern, dass der andere an Ihrem Verhalten erkennen kann, dass Sie ihm vergeben haben. Schreiben Sie dann ein Gebet auf, das Sie an Ihre Absichten erinnert.

Wo sitzen Sie?

Vers des Tages: *»Wenn ihr nun mit dem Christus auferweckt worden seid, so sucht, was droben ist, wo der Christus ist, sitzend zur Rechten Gottes!«* (Kolosser 3,1).

Ich verfolgte einmal in Washington D.C. im Fernsehen eine Anhörung des Senatsausschusses. Ein Satz des mittlerweile verstorbenen Senators Hubert Humphrey blieb mir im Gedächtnis. Er sagte: »Sie dürfen nicht vergessen, dass Ihr Standpunkt in der Politik davon abhängt, wo Sie sitzen.« Damit meinte er natürlich die Sitzordnung der politischen Parteien im Senat, aber ich wandte seine Worte unwillkürlich auf meine Stellung in Christus an. Wo ich stehe – und wie ich wandle – hängt davon ab, wo ich sitze: *Und ich sitze bei Christus im Himmel!*

Nun, da wir zu Christus gehören, haben wir auch die Verantwortung, zu »suchen, was droben ist« (Kolosser 3,1). Durch Christi Tod, Begräbnis, Auferstehung und Rückkehr in den Himmel sind auch wir vom alten Leben auf der Erde losgelöst und haben Anteil an dem neuen Leben im Himmel bekommen.

Aber wie können wir suchen »was droben ist«? Indem wir unser ganzes Denken, unsere völlige Aufmerksamkeit auf die Dinge droben richten, anstatt auf die irdischen Dinge. Unsere Füße müssen fest auf der Erde stehen, aber unser Herz muss im Himmel sein. Das bedeutet nicht, dass wir »so sehr im Himmel leben sollen, dass wir auf der Erde zu nichts zu gebrauchen sind«, wie D. L. Moody es ausdrückte.

 Lesen Sie auch: Kolosser 3,2-4; 1. Johannes 4,1-6; Römer 8,30.

Praktische Schritte: Achten Sie darauf, dass Sie sich auch in den alltäglichen Angelegenheiten stets von Christus leiten lassen. Bitten Sie ihn darum, dass er Sie lehrt, die Erde aus der Sicht des Himmels zu sehen.

Wir kennen die Wahrheit Gottes

Glauben Sie Gottes Wort: »*Wir werden nicht alle entschlafen, wir werden aber alle verwandelt werden ... und dieses Sterbliche [muss] Unsterblichkeit anziehen. ... dann wird das Wort erfüllt werden, das geschrieben steht: ›Verschlungen ist der Tod in Sieg‹*« (1. Korinther 15,51-54).

Wie kann der sterbliche Mensch einen Blick in die Welt jenseits des Todes werfen und Frieden und Gewissheit für sein Herz finden? Von alttestamentlichen Zeiten an bis heute hat die Menschheit unablässig versucht, hinter das Geheimnis um den Tod und das Leben danach zu kommen. Unzählige Philosophen haben nach einer Antwort auf die Frage nach der Unsterblichkeit gesucht. Spiritisten haben versucht, Kontakt zu den Seelen derer aufzunehmen, die die Grenze des Todes bereits überschritten haben.

Auch in unserer modernen Welt bemühen sich die Wissenschaftler, die Erfahrungen von Menschen zu erforschen, die behaupten, gestorben und wieder ins Leben zurückgekehrt zu sein. Verschiedene okkulte Phänomene werden untersucht, in der Hoffnung, Anhaltspunkte zu finden, die uns helfen, das Geheimnis um das Leben nach dem Tod zu lüften.

Kinder Gottes müssen sich nicht mit solchen Fragen herumschlagen, denn Gott hat uns die Antwort in seinem Wort offenbart. Warum sollten wir die Offenbarungen Gottes gegen Spekulationen der Menschen eintauschen?

Bedenken wir dabei, dass Gott uns seine Wahrheit *allmählich* und in *zunehmendem Maße* offenbart hat, und dass seine Offenbarungen ihren Höhepunkt im Erscheinen Christi fanden, »der den Tod zunichte gemacht, aber Leben und Unvergänglichkeit ans Licht gebracht hat durch das Evangelium« (2. Timotheus 1,10). Eine vollständige Offenbarung im Hinblick auf den Tod finden wir, wenn wir auf Christus im Neuen Testament schauen. Die Vollmacht des Wortes Gottes gibt uns dabei die nötige Sicherheit und Gewissheit.

Zur Vertiefung: Johannes 5,24-29; 11,21-27; 1. Korinther 15,19-22.

Praktische Schritte: Suchen Sie in Ihrem Gesangbuch ein Lied, das die Hoffnung auf die Herrlichkeit zum Inhalt hat und singen oder lesen Sie es. Danken Sie Gott für die Gedanken, die in diesem Lied zum Ausdruck kommen.

Treue und Reinheit

Bibelvers des Tages: *»Die Liebe ist langmütig, die Liebe ist gütig; sie neidet nicht; die Liebe tut nicht groß, sie bläht sich nicht auf, sie benimmt sich nicht unanständig, sie sucht nicht das Ihre, sie lässt sich nicht erbittern, sie rechnet Böses nicht zu, sie freut sich nicht über die Ungerechtigkeit, sondern sie freut sich mit der Wahrheit, sie erträgt alles, sie glaubt alles, sie hofft alles, sie erduldet alles«* (1. Korinther 13,4-7).

Christliche Nächstenliebe beginnt in der Familie. Eine christliche Familie entsteht, wenn Gott zwei Menschen zueinander führt. Liebe in der Ehe bedeutet Treue und Reinheit. Sex innerhalb der schützenden Bande der Ehe ist bereichernd und kann der Verherrlichung Gottes dienen, während Sex außerhalb der Ehe sündig und zerstörerisch ist.

Sowohl Ehebruch, der von verheirateten Menschen begangen wird, als auch unzüchtiges Verhalten von unverheirateten Menschen ist vor Gott ein Greuel. Im Neuen Testament bezeichnet das Wort *Unzucht* eine ganze Reihe verschiedener sexueller Sünden.

Wie richtet Gott Menschen, die Ehebruch begehen und Unzucht treiben? Meistens werden sie von den Folgen ihrer Sünde am eigenen Leib gestraft, und am Tag des Jüngsten Gerichts werden sie ein entsprechendes Urteil erhalten. Gott vergibt zwar auch den Gläubigen, die diese Sünden begehen, aber sie werden im Himmel nicht den vollen Lohn erhalten. David empfing Vergebung, aber er musste noch jahrelang unter den Folgen seines Ehebruchs leiden.

In unserer Zeit, in der sexuelle Sünden sogar als Unterhaltung zur Schau gestellt werden, ist es wichtig, dass Christen eine klare Position für die Treue in der Ehe beziehen. Eine wirklich gottesfürchtige christliche Familie ist ein Vorgeschmack auf den Himmel. Sie nimmt ihren Anfang in einer intakten christlichen Ehe.

Lesen Sie auch: 15,20; Römer 1,24-27; 1. Korinther 6,15-20; Epheser 5,5.31-32; Hebräer 13,4; Offenbarung 21,8; 22,14-15.

Praktische Schritte: Schreiben Sie drei Ideen auf, wie Sie Ihrer Familie heute Ihre Liebe erweisen können. Bitten Sie Gott, dass er Ihnen hilft, diese Ideen auch in die Tat umzusetzen.

Die richtige Einstellung

Jesus sprach: »*Unter euch wird es nicht so sein; sondern wenn jemand unter euch groß werden will, wird er euer Diener sein, und wenn jemand unter euch der Erste sein will, wird er euer Sklave sein; gleichwie der Sohn des Menschen nicht gekommen ist, um bedient zu werden, sondern um zu dienen und sein Leben zu geben als Lösegeld für viele*« (Matthäus 20,26-28).

Jesus dachte nicht an sich selbst, er lebte für andere und war von einer uneigennützigen Sorge um andere Menschen erfüllt. Das ist der »Sinn Christi«, der folgenden Grundsatz hat: »Ich darf meine Gaben nicht für mich behalten, ich muss sie für andere nutzen. Dafür verzichte ich gerne auf meinen eigenen Vorteil und trage die erforderlichen Kosten, so hoch sie auch sein mögen.«

Ein Reporter führte einmal ein Interview mit einem sehr erfolgreichen Jobvermittler, dem es gelungen war, Hunderten von Arbeitnehmern zu einer Stelle zu verhelfen, die wirklich ihrer Begabung entsprach. Als der Vermittler nach dem Geheimnis seines Erfolges gefragt wurde, antwortete er: »Wenn Sie wissen wollen, was in einem Menschen wirklich steckt, dann geben Sie ihm zunächst nicht Verantwortung, sondern *Rechte*. Die meisten Menschen können mit einer bestimmten Verantwortung umgehen, wenn man ihnen genug zahlt, aber nur eine wirkliche Führungspersönlichkeit kann mit Vorrechten umgehen. Eine Führungspersönlichkeit nutzt ihre Vorrechte, um anderen zu helfen und das Unternehmen weiter auszubauen. Ein Mensch mit einem weniger starken Charakter nutzt seine Vorrechte hingegen für sein eigenes Vorankommen.« Jesus nutzte seine himmlischen Vorrechte zum Wohl anderer – zu *unserem* Wohl.

Lesen Sie auch: Markus 9,35; Johannes 13,4-17; Römer 15,1-3; 2.Korinther 8,9; Philipper 2,3; 5-8.

Praktische Schritte: Schreiben Sie die Eigenschaften Jesu auf, die Sie kennen und die Sie auch an sich gern mehr entwickeln möchten. Bitten Sie Gott darum, dass er Ihnen hilft, Christus ähnlicher zu werden.

Nur auf »Durchreise«

Bibelvers des Tages: *»Geliebte, ich ermahne euch als Beisassen und Fremdlinge, dass ihr euch der fleischlichen Begierden, die gegen die Seele streiten, enthaltet, und führt euren Wandel unter den Nationen gut, damit sie, worin sie gegen euch als Übeltäter reden, aus den guten Werken, die sie anschauen, Gott verherrlichen am Tage der Heimsuchung!«* (1. Petrus 2,11-12).

Petrus erinnert uns daran, dass wir hier auf der Erde lediglich »Durchreisende« sind. Das Leben ist zu kurz, um es mit Ungehorsam und Sünde zu verschwenden. Als Lot aufhörte umherzuziehen und sich in Sodom niederließ, verlor er sowohl seine Hingabe als auch sein Zeugnis. Deshalb ließ Gott alles, wofür er lebte, in Rauch aufgehen! Vergessen Sie nie, dass Sie auf dieser Welt nichts weiter als ein »Fremdling und Pilger« sind.

Wenn wir bedenken, dass der Vater seine Kinder gegenwärtig in Liebe züchtigt und zukünftig ihre Werke richten wird, sollten wir uns eine gottesfürchtige Haltung zu Eigen machen. Das hat nichts mit der Angst des unterwürfigen Sklaven vor seinem Herrn zu tun, sondern gleicht vielmehr der liebevollen Ehrfurcht eines Kindes vor seinem Vater. Unsere Gottesfurcht soll nicht die Angst vor dem Gericht sein, sondern die Furcht, Gott zu enttäuschen oder gegen seine Liebe zu sündigen.

Lesen Sie : 1. Petrus 4,1-6; 1. Johannes 4,18; 2. Korinther 7,1.

Praktische Schritte: Schreiben Sie Ihre eigene Definition für »Durchreisende« auf und vergleichen Sie diese anschließend mit der eines guten Wörterbuchs. Sind Sie ein Durchreisender? Fragen Sie den Herrn, ob er möchte, dass Sie in diesem Punkt Ihre Einstellung überdenken.

September

Fürchte dich nicht

Ein Versprechen: »*Fürchte dich nicht, denn ich bin mit dir! Habe keine Angst, denn ich bin dein Gott! Ich stärke dich, ja, ich helfe dir, ja, ich halte dich mit der Rechten meiner Gerechtigkeit*« (Jesaja 41,10).

In seiner Rede zum Amtsantritt am 4. März 1933 richtete der amerikanische Präsident Franklin Delano Roosevelt sich an das Volk, das sich mitten in der Wirtschaftskrise befand: »Das Einzige, wovor wir Angst haben müssen, ist die Angst selbst.« Warum? Weil die Angst uns selbst lähmt und dazu noch ansteckend ist. Angst und Glaube können nicht nebeneinander in einem Herzen leben. »Was seid ihr furchtsam, Kleingläubige?« (Matthäus 8,26). Ängstliche Menschen entmutigen auch andere und tragen so zu ihrer Niederlage bei (5. Mose 20,8).

Als die aus dem Exil zurückgekehrten Juden Jerusalem wieder aufbauen wollten, platzierte Nehemia als erste Maßnahme einige Wachposten an den unüberschaubarsten und unsichersten Stellen der Stadtmauer. So konnte der Feind sehen, dass die Juden bereit waren zu kämpfen. Nehemia bewaffnete ganze Familien, weil er wusste, dass sie zusammenhalten und einander ermutigen würden. Er forderte das Volk auf, keine Angst zu haben, sondern mutig auf den Herrn zu sehen. Wenn wir den Herrn fürchten, brauchen wir keine Furcht vor den Feinden zu haben. Nehemias Herz war eingenommen von dem »großen und furchtbaren« Gott Israels (4,14; siehe 1,5). Er wusste, dass Gott allmächtig ist, und keine Herausforderung für ihn zu groß ist. Außerdem erinnerte Nehemia die Menschen daran, dass sie für ihre Nation kämpften, für ihre Stadt und ihre Familien. Als die Feinde erfuhren, dass Jerusalem bewaffnet und zum Kampf bereit war, wichen sie zurück (4,15). Gott hatte ihre Pläne zunichte gemacht. »Der HERR macht zunichte den Ratschluss der Nationen, er vereitelt die Gedanken der Völker. Der Ratschluss des HERRN hat ewig Bestand, die Gedanken seines Herzens von Geschlecht zu Geschlecht« (Psalm 33,10-11). Wenn wir daran denken, dass der Wille Gottes seinem liebenden Herzen entspringt, brauchen wir keine Angst mehr zu haben.

Lesen Sie: Nehemia 3.

Praktische Schritte: Lernen Sie Jesaja 41,10 auswendig. Rufen Sie sich im Laufe des Tages immer wieder ins Gedächtnis, dass Gott tatsächlich mit Ihnen ist.

September

Ehrliche Einschätzung

Aus der Bibel: *»Um ihn und die Kraft seiner Auferstehung und die Gemeinschaft seiner Leiden zu erkennen, indem ich seinem Tod gleichgestaltet werde ... Nicht, dass ich es schon ergriffen habe oder schon vollendet bin; ich jage ihm aber nach, ob ich es auch ergreifen möge, weil ich auch von Christus Jesus ergriffen bin«* (Philipper 3,10.12).

»Nicht, dass ich es schon ergriffen habe ...!« Das ist die Aussage eines großartigen Christen, der sich niemals gestattete, wegen seiner geistlichen Errungenschaften in Selbstzufriedenheit zu versinken. Der Apostel Paulus war zwar zufrieden mit Jesus Christus, aber nicht zufrieden mit seinem eigenen Leben als Christ. Eine heilige Unzufriedenheit ist Grundvoraussetzung, um im Wettlauf Gottes voranzukommen.

Harry verließ das Büro des Chefs mit einem Blick, der die Blumen auf dem Schreibtisch der Sekretärin hätte zum Verwelken bringen können. Etwas später sprach die Sekretärin den Chef auf Harry hin an. Dieser lachte auf: »Harry ist einer unserer besten Verkäufer, und es würde mir furchtbar leid tun, ihn zu verlieren. Aber er ruht sich gerne auf seinen Lorbeeren aus und ist schnell mit seiner Leistung zufrieden. Wenn ich ihn nicht einmal im Monat ordentlich zusammenstauchen würde, brächte er es nie zu etwas!«

Viele Christen sind zu schnell mit sich selbst zufrieden, weil sie sich in ihrem »Lauf« mit anderen Christen vergleichen, und zwar am liebsten mit solchen, die kaum vorwärts kommen. Hätte Paulus sich mit anderen verglichen, hätte er wohl ziemlich schnell Grund gefunden, stolz zu werden und hätte womöglich bei seiner Arbeit nachgelassen. Aber Paulus verglich sich nicht mit anderen. Er verglich sich mit *sich selbst* und mit *Jesus Christus*! Ein reifer Christ schätzt sich selbst ehrlich ein und strebt danach, besser zu werden.

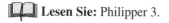 **Lesen Sie:** Philipper 3.

Praktische Schritte: Vergleichen Sie sich mit *sich selbst* und mit Jesus Christus. Halten Sie Ihre Augen auf Jesus gerichtet, während Sie durch den Tag gehen.

»Ich bin bei euch«

Vers des Tages: *»Geht nun hin und macht alle Nationen zu Jüngern ...
Und siehe, ich bin bei euch alle Tage ...«* (Matthäus 28,19-20).

Jesus ist bei seinen Leuten, wo immer sie auch sein mögen. Dr. G. Campbell Morgan erinnerte sich an folgende Begebenheit. Als junger Christ besuchte er regelmäßig einmal in der Woche einige ältere Damen, um ihnen aus der Bibel vorzulesen. Als er ans Ende des Matthäusevangeliums kam, las er vor: »Und siehe, ich bin bei euch alle Tage bis zur Vollendung des Zeitalters« (28,20). Er fügte hinzu: »Ist das nicht ein wunderbares Versprechen?« Eine der Damen antwortete wie aus der Pistole geschossen: »Junger Mann, das ist kein Versprechen, das ist eine Tatsache!«

Jesus verspricht uns bedingungslos seine ständige Gegenwart. Er ist immer bei uns. Paulus erfuhr dies an sich, als er unter vielen Schwierigkeiten versuchte, in der Stadt Korinth eine Gemeinde aufzubauen. Er gewann Menschen für Christus, taufte sie und lehrte sie das Wort. Als er dringend eine Ermutigung brauchte, erhielt er Besuch vom Herrn selbst: »Fürchte dich nicht, ... denn ich bin mit dir« (Apostelgeschichte 18,9-10).

Die Worte »bis zur Vollendung des Zeitalters« weisen auf einen bestimmten Plan des Herrn hin. Er lenkt die Weltgeschichte. Indem die Gemeinden ihm nachfolgen und seinem Wort gehorchen, erfüllen sie seinen Plan in dieser Welt. Eines Tages wird dieser Plan vollendet werden. In der Zwischenzeit wollen wir fest an Gott glauben und ihm treu bleiben.

Lesen Sie auch: Matthäus 18,20; Apostelgeschichte 1,8; 18,1-11.

Praktische Schritte: Rechnen Sie beständig mit der Gegenwart Jesu in Ihrem Leben? Wenn dies nicht der Fall sein sollte, dann bitten Sie Jesus darum, dass er Ihnen hilft. Danken Sie dem Herrn für seine Gegenwart und leben Sie in dem ständigen Bewusstsein seiner Nähe.

Durch Widersacher wachsen

Gott fordert uns auf: *»Wachet, steht fest im Glauben; seid mannhaft, seid stark!«* (1. Korinther 16,13).

»Die Bibel fordert uns auf, unsere Nächsten und unsere Feinde zu lieben – wahrscheinlich deshalb, weil es sich dabei meistens um dieselben Personen handelt.«

Diese Worte von Gilbert Keith Chesterton treffen mit Sicherheit auch auf die Situation Nehemias zu. Seine Ankunft in Jerusalem stellte eine Bedrohung für Sanballat und seine Verbündeten dar (Nehemia 2,10), denen daran gelegen war, dass die Juden weiterhin schwach und abhängig blieben. Ein starkes Jerusalem würde nicht nur das Gleichgewicht der Mächte in der Umgebung gefährden, sondern auch Sanballat und seine Freunde um ihren Einfluss und Wohlstand bringen.

Gerade wenn bei uns scheinbar alles wie am Schnürchen läuft, sollten wir auf Schwierigkeiten gefasst sein, denn der Widersacher will nicht, dass das Werk des Herrn vorwärts kommt. Solange sich die Menschen in Jerusalem mit ihrem traurigen Los abfanden, ließen ihre Feinde sie in Ruhe. Kaum aber hatten die Juden begonnen, dem Herrn zu dienen und seinem Namen Ehre zu machen, wurde der Feind aktiv.

Wenn wir mit Widersachern zu kämpfen haben, ist das ein besonderer Segen Gottes und eine Chance zum Wachstum. Die Schwierigkeiten, mit denen Nehemia und seine Leute konfrontiert waren, förderten ihre besten Eigenschaften zu Tage. Satan wollte diese Probleme als Waffen einsetzen, um ihr Werk zu zerstören, aber Gott setzte sie als Werkzeuge ein, um sein Volk voranzubringen. »Gott hat einen Sohn ohne Sünde«, sagte Charles Spurgeon einmal, »aber er hatte nie einen Sohn ohne Anfechtung.«

Wenn wir Zeit dazu verwenden, über die Angriffe des Feindes nachzusinnen, geben wir dem Satan einen Anhaltspunkt, von dem aus er zu einer weiteren Attacke ansetzen kann – nicht nur gegen unsere Arbeit, sondern auch gegen unser familiäres und persönliches Leben. Das Beste in einer solchen Situation ist zu beten, die ganze Sache dem Herrn anzubefehlen und dann *zurück an die Arbeit zu gehen!* Alles, was uns davon abhält, dem Ruf Gottes zu folgen, hilft dem Feind.

 **Lesen Sie:** Nehemia 2.

Praktische Schritte: Finden Sie heraus, welche Widersacher Ihnen im Moment zusetzen. Sprechen Sie mit dem Herrn darüber. Befehlen Sie ihm die ganze Angelegenheit an. Gehen Sie dann voller Zuversicht an die Aufgaben des Tages.

Niemand ist vollkommen

Vers des Tages: *»Der Gott des Friedens [...] vollende euch in allem Guten, damit ihr seinen Willen tut, indem er in uns schafft, was vor ihm wohlgefällig ist, durch Jesus Christus, dem die Herrlichkeit sei von Ewigkeit zu Ewigkeit! Amen«* (Hebräer 13,20-21).

Die Worte »vollende euch« in Hebräer 13,21 sind die Übersetzung des griechischen Wortes *katartidzo*. Dieses Wort war den Empfängern des Hebräerbriefes vertraut. Die Ärzte kannten es in der Bedeutung: »einen gebrochenen Knochen richten«. In der Sprache der Fischer hieß es: »ein kaputtes Netz flicken«. Die Seeleute meinten damit: »ein Schiff für die Reise klarmachen«, und für die Soldaten bedeutete es: »ein Heer zur Schlacht ausrüsten«.

Unser Erlöser möchte uns für das Leben auf Erden ausrüsten. Er möchte unsere »gebrochenen Knochen« behutsam richten, damit wir unseren Weg aufrecht gehen und im Wettlauf erfolgreich abschneiden können. Er möchte die Löcher in unseren Netzen reparieren, damit wir Fische fangen und Seelen gewinnen können. Er möchte uns für den Kampf wappnen und uns seetüchtig machen, damit wir in den Stürmen des Lebens nicht geschlagen werden. Kurz gesagt: er möchte, dass wir reifen, damit er *in* und *durch* uns das Gottgefällige wirken und Gottes Willen vollbringen kann. Die Werkzeuge, die Gott verwendet, um seine Kinder reifen zu lassen und für die Kämpfe des Lebens zu wappnen, sind die Schrift, das Gebet und die Gemeinschaft der Gläubigen in der Gemeinde. Manchmal gebraucht er dazu auch einzelne Personen und bestimmte Umstände. Und schließlich benutzt er auch das Leid, um seine Kinder zu vollenden.

Lesen Sie auch: Matthäus 4,21; 2. Timotheus 3,16-17; 1. Thessalonicher 3,9-10; Epheser 4,11-12; Galater 6,1; 1. Petrus 5,10; Philipper 2,13.

Praktische Schritte: Verändern Sie etwas in Ihrem Leben, indem Sie Hebräer 13,21 heute einmal zu Ihrem persönlichen Gebet machen. Beten Sie die folgenden Zeilen: »Herr, vollende mich in allem Guten, damit ich deinen Willen tue. Wirke in mir, was vor dir wohlgefällig ist. Tue dies durch Jesus Christus, dem die Ehre sei von Ewigkeit zu Ewigkeit.«

Entschlossen sein

Paulus schreibt: »*Daher, meine geliebten Brüder, seid fest, unerschütterlich, allezeit überreich in dem Werk des Herrn, da ihr wisst, dass eure Mühe im Herrn nicht vergeblich ist!*« (1.Korinther 15,58).

Bin ich ein Leiter oder Mitarbeiter »nach dem Herzen Gottes«? Liegt mir die Arbeit, zu der Gott mich berufen hat, so am Herzen wie Nehemia (Nehemia 2,12)? Bin ich bereit, Opfer zu bringen, damit der Wille des Herrn geschieht? Bin ich geduldig beim Vorbereiten und Planen der bevorstehenden Arbeit? Bitte ich auch andere um ihre Hilfe, oder versuche ich alles im Alleingang zu schaffen? Motiviere ich andere auf geistlicher Ebene (indem ich sie auf das Handeln Gottes hinweise) oder rede ich mit ihnen über belanglose Dinge? Folgen meine Mitarbeiter mir oder dem Herrn, der uns alle leitet?

Höre ich als Mitarbeiter zu, wenn mein Leiter sein Anliegen vorbringt? Hänge ich der Vergangenheit nach, oder möchte ich erleben, wie Gott etwas völlig Neues schafft? Arbeite ich vielleicht in irgendeiner Weise mit dem Feind zusammen und beeinträchtige damit das Werk der Gemeinde? Habe ich bereits die Aufgabe gefunden, die Gott mir anvertrauen möchte?

Man braucht nicht viel dazu, um etwas zu zerstören, aber Gott hat sein Volk dazu berufen, konstruktiv zu handeln. Welch ein großartiges Vorbild ist uns Nehemia darin! Anhand seiner »Da«-Sätze können Sie nachvollziehen, wie Gott ihn gebrauchte: »Da betete ich« (2,4), »da beteten wir zu unserem Gott und stellten eine Wache gegen sie auf« (4,3), »da stellte ich das Volk auf, nach Sippen geordnet mit ihren Schwertern, ihren Lanzen und ihren Bogen« (4,7), »da machte ich mich auf und sagte zu den Edlen und zu den Vorstehern und zum Rest des Volkes« (4,8), »da sandte ich zu ihm« (6,8), »da zog ich die Vorsteher zur Rechenschaft« (13,11).

Hätte Nehemia nicht die feste Entschlossenheit gehabt, die im Glauben an seinen großen Gott gründete, er hätte dieses schwierige Werk niemals vollbringen können.

Dr. V. Raymond Edman, Direktor einer Schule unweit von Chicago, drückte es so aus: »Es ist immer zu früh, um aufzugeben.

Lesen Sie: Nehemia 6.

Praktische Schritte: Ruft Gott Sie vielleicht dazu auf, eine »Stadtmauer« zu bauen? Möchte er, dass Sie eine Aufgabe erfüllen, die Ihnen schwierig erscheint? Welche Fragen aus dem ersten Absatz der heutigen Andacht treffen auf Ihre Situation zu? Sprechen Sie mit dem Herrn darüber. Bitten Sie ihn um Kraft und Weisheit und fassen Sie den Entschluss, die Aufgabe auszuführen.

Bereit sein für den Tag der Belohnung

Bibelvers des Tages: *»Deshalb setzen wir auch unsere Ehre darein, ob einheimisch oder ausheimisch, ihm wohlgefällig zu sein. Denn wir müssen alle vor dem Richterstuhl Christi offenbar werden, damit jeder empfange, was er durch den Leib vollbracht, dementsprechend, was er getan hat, es sei Gutes oder Böses«* (2. Korinther 5,9-10).

Wenn der Herr zurückkehrt, wird er von seinem Richterstuhl aus Gericht über die Menschen halten. Jeder von uns wird sich für seine Werke verantworten müssen und den entsprechenden Lohn empfangen. Es wird eine Art »Familiengericht« sein, bei dem sich der Vater mit seinen geliebten Kindern befasst. Das griechische Wort, das in der deutschen Übersetzung mit *richten* wiedergegeben wird, bedeutet wörtlich »prüfen, um etwas Gutes zu finden«. Gott wird die Motive für unseren Dienst erforschen und unser Herz prüfen. Sein Ziel ist es, sich durch unser Leben und unseren Dienst zu verherrlichen. »Und dann wird jedem sein Lob werden von Gott« (1. Korinther 4,5). Welch eine Ermutigung für uns!

Gott beschenkt uns in unserem Glaubensleben immer wieder mit neuen Gaben und Vorrechten, aber er wird uns niemals das Recht einräumen, zu sündigen. Er verhätschelt und verzieht keines seiner Kinder. Vor ihm sind wir alle gleich. Er ist ein Gott, »der niemanden bevorzugt und kein Bestechungsgeschenk annimmt« (5. Mose 10,17). »Denn es ist kein Ansehen der Person bei Gott« (Römer 2,11). Auch mit jahrelangem Gehorsam kann man sich keine Stunde des Ungehorsams erkaufen. Wenn eines seiner Kinder ungehorsam ist, muss Gott es züchtigen. Wenn sein Kind aber gehorsam ist und ihm in Liebe dient, übersieht er das nicht und hat die entsprechende Belohnung bereit.

Lesen Sie: Römer 14,10-12; Hebräer 12,1-13.

Praktische Schritte: Nehmen Sie ein Liederbuch zur Hand und suchen Sie ein passendes Lied zum Thema der heutigen Andacht heraus und lesen Sie es sich laut vor. Beten Sie dann zum Herrn.

Die gewaltige Kraft Gottes

Vers des Tages: *»Denn ich werde nicht wagen, etwas von dem zu reden, was Christus nicht durch mich gewirkt hat zum Gehorsam der Nationen durch Wort und Werk, in der Kraft der Zeichen und Wunder, in der Kraft des Geistes, so dass ich von Jerusalem und ringsumher bis nach Illyrien das Evangelium des Christus völlig verkündigt habe«* (Römer 15,18-19).

Der Heilige Geist schenkte Paulus die Kraft für seinen Dienst und ließ ihn große Zeichen und Wunder wirken. Die Taten, die Gott Paulus auftrug, waren »Zeichen«, denn sie offenbarten Gott vor den Menschen. Sie waren »Wunder«, weil sie die Menschen zum Staunen brachten. Ihre Bestimmung war aber immer, den Weg für die Verkündigung des Evangeliums zu bereiten. Sichtbare Wunder dienen dazu, die Vollmacht des Botschafters und die Wahrheit der Botschaft zu bestätigen, aber Verlorene retten können sie nicht.

Der Heilige Geist gab Paulus außerdem die Kraft, das Wort »zum Gehorsam der Nationen« (Römer 15,18) zu verkündigen. »Durch Wort und Werk« vermittelte der Apostel Paulus den Menschen die Frohe Botschaft.

»Durch Wort und Werk« können auch wir heute die Verlorenen an der Liebe Gottes teilhaben lassen. Ein gänzlich verändertes Wesen ist ein noch größeres Wunder des Heiligen Geistes als die Heilung von Kranken.

 Machen Sie sich auch Gedanken zu: Hebräer 2,1-4; Apostelgeschichte 1,8; Psalm 147,5; 2. Korinther 4,7.

 **Praktische Schritte:** Definieren Sie das Wort *Kraft*:

_____

_____

Denken Sie nun über die überwältigende Kraft Gottes nach. Vergleichen Sie sie mit der größten Kraft, die die Menschheit je entdeckt hat – mit der Kernkraft. Gottes Kraft ist immer noch unendlich größer. Danken Sie ihm für seine Kraft und seine Liebe, die in Ihnen wirken, um seinen vollkommenen Willen zu vollbringen. Bitten Sie Gott, Ihnen dabei zu helfen, seine Liebe heute »durch Wort und Werk« an andere weiterzuschenken.

Die innere Kraft

Ein Lebensmotto: *»Und nicht mehr lebe ich, sondern Christus lebt in mir; was ich aber jetzt im Fleisch lebe, lebe ich im Glauben, und zwar im Glauben an den Sohn Gottes, der mich geliebt und sich selbst für mich hingegeben hat«* (Galater 2,20).

Bei einem Flug nach Chicago mussten wir einmal über eine Stunde über dem Kennedy Airport kreisen. Als die Stewardess ankündigte, dass wir eine Stunde später landen würden, rief ein Mann über den Gang:»Was zum Saufen her!« Das war offenbar das Einzige, was ihm in dieser Situation Kraft geben konnte.

Die ganze Natur schöpft ihre Lebenskraft aus verborgenen Quellen. Die großen Bäume winden ihre Wurzeln tief ins Erdreich, um an Wasser und Mineralsalze zu gelangen. Flüsse entspringen aus Quellen in den schneebedeckten Bergen. Den wichtigsten Teil eines Baumes kann man nicht sehen: das Wurzelsystem. Den wichtigsten Teil des Lebens eines Christen kann nur Gott allein sehen. Wenn wir unsere Kraft nicht aus den tief verborgenen Quellen Gottes schöpfen, werden wir an den Schwierigkeiten des Lebens scheitern. Paulus lebte aus der Kraft Christi, die in seinem Leben wirkte. »Ich kann es – durch Christus!«, war sein Leitspruch, und es soll auch der unsrige sein.

Die Elberfelder Übersetzung gibt Philipper 4,13 mit den folgenden Worten wieder: »Alles vermag ich in dem, der mich kräftigt«. In der *Hoffnung für alle* heißt es an der gleichen Stelle: »Das alles kann ich durch Christus, der mir Kraft und Stärke gibt«. Welche Übersetzung Sie auch bevorzugen mögen, sie alle sagen dasselbe: Ein Kind Gottes hat all die Kraft *in sich*, die es braucht, um den Herausforderungen des Lebens zu begegnen. Wir müssen diese Kraft nur im Glauben einsetzen.

Lesen Sie: Jesaja 40,29-31; 2. Korinther 12,19; Epheser 1,19; Philipper 1,6.21; 2. Timotheus 1,12.

Praktische Schritte: Wählen Sie einen der in der heutigen Andacht angeführten Verse aus, lernen Sie ihn auswendig und leben Sie danach!

Entmutigung – wer kennt sie nicht?

Denken Sie daran: *»Nicht ihr werdet dabei kämpfen müssen. Tretet hin, steht und seht die Rettung des HERRN ... . Fürchtet euch nicht und seid nicht niedergeschlagen! Zieht ihnen morgen entgegen, und der HERR wird mit euch sein!«* (2. Chronik 20,17).

»Du scheinst zu glauben, dass ich kein Auf und Ab kenne, sondern in ungebrochener Freude und Gelassenheit stets auf den gleichen lichten Höhen geistlicher Erfüllung lebe. Weit gefehlt! Ich bin oft tief unglücklich und alles erscheint mir im düstersten Licht.« Diese Worte schrieb ein Mann, der zu seinen Lebzeiten (1864-1923) als der »größte Prediger der englischsprachigen Welt« bezeichnet wurde: Dr. John Henry Jowett.

Charles Haddon Spurgeon, zweifellos der größte Prediger Englands, sagte einmal: »Ich unterliege oft einer Niedergeschlagenheit des Geistes, die so furchtbar ist, dass ich hoffe, keiner von euch erfährt je dieses Ausmaß an Erbärmlichkeit, wie ich es erleiden muss.«

Entmutigung macht vor niemandem Halt. Sie scheint den Erfolgreichen mehr zuzusetzen als den weniger Erfolgreichen, denn je höher wir steigen, desto tiefer können wir fallen. Selbst der Apostel Paulus fühlte sich »übermäßig beschwert« und »[verzweifelte] sogar am Leben« (2. Korinther 1,8).

Was war Paulus' Geheimrezept für den Sieg, wenn er niedergedrückt und angefochten wurde? Sein Geheimnis war *Gott*. Wenn Sie entmutigt sind und am liebsten aufgeben würden, dann schauen Sie von sich selbst weg und blicken Sie auf Gott. In seinen schweren Erfahrungen suchte Paulus die Gemeinschaft mit Gott und fand Trost und neuen Mut in seinen Verheißungen.

Machen Sie sich Gedanken zu: Psalm 23,1; 34,7; 103,3-4; 2. Korinther 1,8-11.

Praktische Schritte: Nehmen Sie Ihr Gesangbuch zur Hand und schlagen Sie das Lied »Wenn Friede mit Gott« auf. H. G. Spafford schrieb es, nachdem ihm seine Frau telegrafiert hatte, dass ihre Kinder bei einem Schiffsunglück ums Leben gekommen waren. Singen oder lesen Sie das Lied. Danken Sie Gott dafür, dass Sie ihm in allen Lebenslagen vertrauen können.

Die andere Backe darbieten

Die Bibel sagt uns: *»Sage nicht: Ich will Böses vergelten! Harre auf den HERRN, so wird er dich retten!«* (Sprüche 20,22).

Im Alten Bund hielt das *Gesetz* die Menschen davon ab, den Urheber eines Schadens zu zwingen, mehr zu zahlen, als es dem entstandenen Schaden entsprach. Außerdem verhinderte es, dass die Menschen persönliche Rache übten. Jesus setzt an die Stelle des Gesetzes eine *innere Haltung*: die Bereitschaft, lieber selbst Verlust zu erleiden, als anderen Leid zuzufügen. Damit bezog er sich auf *persönliche Beziehungen*, nicht nur allgemein auf Gruppen oder Völker. Wer Vergeltung übt, schadet nicht nur anderen, sondern auch sich selbst. Das Ergebnis ist kalter Krieg.

Um die »andere Backe darbieten« zu können, müssen wir stillhalten und dürfen nicht weglaufen. Das erfordert Glauben und Liebe. Es bedeutet, dass *wir* verletzt werden, aber besser äußere Verletzungen, als innerer Schaden. Es bedeutet, *dem Sünder zu helfen*. Wir sind verwundbar, weil er uns erneut angreifen könnte, aber wir sind auch siegreich, weil Jesus auf unserer Seite ist und uns Kraft gibt, stark zu sein.

Aus der Psychologie wissen wir, dass hinter Gewalt nicht Stärke, sondern Schwäche steckt. Ein starker Mensch kann lieben und Verletzungen einstecken, ein schwacher Mensch hingegen denkt nur an sich selbst und verletzt andere, um sich selbst zu schützen.

Lesen Sie auch: 3. Mose 24,19-22; Matthäus 5,38-42; Römer 12,17-19; 1. Petrus 3,9.

Praktische Schritte: Hat Ihnen jemand Unrecht getan? Bitten Sie Gott darum, dass er Ihnen hilft, »auch die andere Backe darzubieten«, und auf Ihnen angetane Verletzungen mit Liebe zu reagieren.

Sorge um Andere

Denken Sie darüber nach: *»Ein jeder sehe nicht auf das Seine, sondern ein jeder auch auf das der anderen!«* (Philipper 2,4).

Einige Menschen wollen lieber *nicht* wissen, was um sie herum geschieht, weil Wissen ja Verantwortung mit sich bringen könnte. »Was ich nicht weiß, macht mich nicht heiß«, sagt das alte Sprichwort, aber stimmt es denn? In einem Brief an Mrs. Foote schrieb Mark Twain: »Alles, was man im Leben braucht, ist Ignoranz und Zuversicht, dann ist einem der Erfolg sicher.« Aber was wir nicht wissen, kann uns sehr wohl »heiß machen« und Schaden zufügen! Viele Menschen hat es schon das Leben gekostet, weil sie die Wahrheit nicht wissen wollten. Der Slogan der 1987er AIDS-Kampagne in Amerika lautete: »Don't die of ignorance – Stirb nicht aus Ignoranz.« Das gilt nicht nur auf dem Gebiet der Gesundheit, sondern auch für viele andere Bereiche des Lebens.

Nehemia fragte sich voller Fürsorge, wie es um Jerusalem und die Juden, die in der Stadt lebten, bestellt war. Wenn uns jemand wirklich am Herzen liegt, dann wollen wir wissen, wie es ihm geht, wie schmerzhaft die Wahrheit auch sein mag. Der amerikanische Historiker Henry Adams sagte einmal: »Realpolitik besteht darin, die Tatsachen zu ignorieren.« Aldous Huxley hielt ihm entgegen: »Tatsachen hören nicht auf zu existieren, wenn wir sie ignorieren.« Augen und Ohren vor der Wahrheit zu verschließen, kann der erste Schritt in eine tragische Katastrophe für uns und andere sein.

Liegt uns so viel wie Nehemia daran, die Wahrheit um jeden Preis zu erfahren, auch wenn sie sehr unangenehm und schmerzlich ist? Steckt hinter unserem Interesse echte Besorgnis oder bloße Neugierde? Wollen wir den genauen Stand der Dinge wissen, wenn wir Gebetsbriefe von Missionaren, die Neuigkeiten in der christlichen Presse, das Kirchenblatt oder den Gemeindebrief lesen? Nehmen wir am Ergehen der Menschen und Gemeinden, von denen wir da lesen, wirklich Anteil? Gehören wir zu der Sorte von Menschen, die nachfragen, weil sie mitfühlen?

Lesen Sie: Nehemia 1.

Praktische Schritte: Kennen Sie jemanden, der gerade eine sehr schwere Zeit durchmacht und für den Sie bisher nicht viel mehr getan haben, als für ihn zu beten? Beten Sie zu Gott in dieser Angelegenheit. Setzen Sie sich zum Ziel, etwas für diesen Menschen zu tun. Ein Telefonanruf wäre bereits ein guter Anfang.

Sind Sie geeignet?

Vergessen Sie nicht: *»Denn Gottes Mitarbeiter sind wir; Gottes Acker-feld, Gottes Bau seid ihr«* (1. Korinther 3,9).

Nicht jeder Gläubige ist dazu in der Lage, andere Christen im Glauben voranzubringen. Ideal wäre es zwar, wenn jeder Christ reif genug wäre, um anderen zu helfen, im Glauben zu wachsen und auf eigenen Füßen zu stehen. Aber leider sind so manche Christen wie in Hebräer 5,11-14 beschrieben – sie haben auf dem Weg des Glaubens Rückschritte ge-macht und die Grundwahrheiten des Wortes wieder vergessen. Anstatt andere zu lehren, müssen sie nun selbst wieder unterwiesen werden. Sie machen geistlich gesehen eine zweite Kindheit durch.

Welche Bedingungen muss ein Mensch erfüllen, damit er jüngeren Christen helfen kann, im Glauben zu wachsen? Zunächst einmal *muss er selbst Christ sein.* Wir können anderen nicht etwas beibringen, das wir selbst nie erlebt haben, genauso wenig wie wir mit anderen teilen können, was wir nicht besitzen. Des Weiteren *muss er ein wahrer Die-ner sein.* Und um anderen helfen zu können, darf man vor harter Arbeit nicht zurückschrecken. Es ist eine sehr anspruchsvolle Aufgabe, einen Menschen zu begleiten, der gerade erst Gottes Kind geworden ist. »Neugeborene« Christen haben viele Probleme und wachsen oft nicht so schnell, wie wir es gerne hätten. Sie zu unterweisen erfordert viel Liebe und Geduld.

Vor allem aber muss ein Mensch, der andere im Glauben führt, ein *Mitarbeiter Gottes* sein, in dem und durch den Gott wirken kann.

📖 **Machen Sie sich Gedanken zu:** 1.Korinther 4,2; Philipper 2,19-23.

👣 **Praktische Schritte:** Überlegen Sie, ob es jemanden gibt, dem Sie helfen könnten, in seinem Glaubensleben zu wachsen. Auf welche konkrete Art und Weise könnten Sie ihn im Glauben för-dern? Denken Sie gründlich darüber nach und sprechen Sie mit Gott darüber.

Verwirklichung, Überführtsein, Zeugnis

Denken Sie daran: *»Der Glaube aber ist eine Verwirklichung dessen, was man hofft, ein Überführtsein von Dingen, die man nicht sieht«* (Hebräer 11,1).

Drei Worte aus Hebräer 11,1-3 fassen zusammen, worin wahrer biblischer Glaube besteht: *Verwirklichung, Überführtsein* und *Zeugnis*. Das Wort, welches mit *Verwirklichung* übersetzt wurde, bedeutet wörtlich »unter etwas stehen, etwas stützen«. Der Glaube ist für den Christen, was das Fundament für ein Haus ist: Er bedeutet für ihn die Gewissheit, dass er getragen wird. Wer glaubt, dem schenkt Gott die Gewissheit, dass er die Verheißungen wirklich erfahren wird.

Das Wort *Überführtsein* bedeutet nichts anderes als »Überzeugung«. Damit ist die innere Überzeugung gemeint, dass Gott entsprechend seinen Verheißungen handeln wird. Der lebendige Glaube in unserem Herzen ist für uns Überzeugung genug, dass Gott sein Wort halten wird.

Zeugnis (»ein positiver Bericht«) ist ein sehr wichtiges Wort in Hebräer 11. In Hebräer 12,1 werden die großen Helden des Glaubens als eine »große Wolke von Zeugen« bezeichnet. Sie sind für uns zu Zeugen geworden, weil Gott ihnen dies Zeugnis gegeben hat. Er gab Zeugnis vom Glauben jeder der genannten Personen. Es bestand in seinem Wohlwollen gegenüber dem Leben und dem Dienst dieser Menschen.

Der Verfasser des Hebräerbriefes will uns klar machen, dass der Glaube etwas sehr Praktisches ist, auch wenn Nichtchristen das ganz anders sehen. Der Glaube versetzt uns in die Lage, das Handeln Gottes zu verstehen. Er läßt uns sehen, was andere nicht sehen und tun, was andere nicht tun können! Die in Hebräer 11 aufgereihten großen Männer und Frauen wurden verlacht, als sie im Glauben vorangingen, aber Gott war mit ihnen und schenkte ihnen den Sieg zu seiner Ehre.

Machen Sie sich auch Gedanken zu: Hebräer 11,2-40.

Praktische Schritte: Lesen Sie in Hebräer 11 nach, was die dort genannten großen Männer und Frauen durch ihren Glauben erreichen konnten. Was soll Gott bis morgen um die gleiche Zeit in Ihrem Leben erreichen? Lernen Sie den Vers des heutigen Tages auswendig.

Die Zunge im Zaum halten

Vers des Tages: *»Bestelle, HERR, eine Wache für meinen Mund! Wache über die Tür meiner Lippen! Lass mein Herz sich nicht neigen zur bösen Sache, gottlose Taten zu begehen«* (Psalm 141,3-4).

Der Zaum und das Steuerruder, von denen der Apostel Jakobus schreibt, sind zwei gute Vergleiche für die Zunge, denn auch sie sind zwar klein, haben aber eine große Macht.

Mit dem vergleichsweise kleinen Zaum kann der Reiter das große Pferd lenken, und über das kleine Steuerruder steuert der Steuermann das große Schiff. Die Zunge ist ein kleiner Körperteil und hat dennoch die Macht, große Dinge zu vollbringen.

Sowohl Zaum als auch Steuerruder müssen entgegenwirkenden Kräften trotzen können. Der Zaum muss die wilde Natur des Pferdes bändigen, und das Steuerruder muss gegen Wind und Strömung ankämpfen, die das Schiff sonst vom Kurs abbringen würden. Auch die Zunge des Menschen muss entgegenwirkenden Kräften standhalten können. Unsere alte Natur will die Kontrolle über uns zurückgewinnen und uns zur Sünde verführen. Bestimmte Umstände verleiten uns dazu, Dinge zu sagen, die wir eigentlich nicht sagen sollten. Die sündigen Triebe in uns und die Welt um uns versuchen, die Kontrolle über unsere Zunge zu gewinnen.

Sowohl Zaum als auch Steuerruder müssen von einer starken Hand geführt werden. Ein guter Reiter ist, wer die ungeheure Kraft seines Pferdes zügeln kann, und ein erfahrener Steuermann steuert sein Schiff mutig durch den Sturm. Wenn Jesus Christus unsere Zunge unter Kontrolle hat, dann brauchen wir keine Angst zu haben, dass wir etwas Falsches sagen könnten – oder das Richtige auf falsche Art!

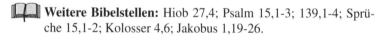 **Weitere Bibelstellen:** Hiob 27,4; Psalm 15,1-3; 139,1-4; Sprüche 15,1-2; Kolosser 4,6; Jakobus 1,19-26.

Praktische Schritte: Bitten Sie Gott, dass er Sie dazu befähigt, Ihre Zunge heute nur für gute Zwecke einzusetzen.

Hoffnung, die trägt

Vers des Tages: *»Was bist du so aufgelöst, meine Seele, und was stöhnst du in mir? Harre auf Gott, denn ich werde ihn noch preisen, das Heil meines Angesichts und meinen Gott«* (Psalm 43,5).

Menschen, die großen Kummer erfahren, bekommen leicht das Gefühl, dass es für ihre Zukunft keine Hoffnung mehr gibt und dass Gott sie verlassen hat. Der bedeutende amerikanische Psychiater Karl Menninger nannte die Hoffnung »die wichtigste Waffe gegen den Entschluss zum Selbstmord«. Hoffnungslose Menschen haben das Gefühl, dass ihr Leben keinen Sinn hat, weil es nichts gibt, worauf sie sich freuen könnten, sondern nur Leid und Niederlagen. Sie gelangen zu dem Schluss, dass es besser ist, sich das Leben zu nehmen, anstatt sich und anderen eine Last zu sein.

Friedrich Nietzsche bezeichnete die Hoffnung als »das schlimmste aller Übel, weil sie die Qualen des Menschen nur verlängert«. Aber wer an Jesus Christus glaubt, hat Anteil an der »lebendigen Hoffnung«, die mit jedem Tag wächst und herrlicher wird (1. Petrus 1,3ff). Eine tote Hoffnung verwelkt, weil sie keine Wurzeln hat, unsere »lebendige Hoffnung« hingegen wird immer stärker, weil sie in dem lebendigen Christus und seinem lebendigen Wort verwurzelt ist. Die sichere Aussicht auf die Auferstehung und ein Leben in Herrlichkeit bei Christus hilft uns durchzuhalten, auch wenn unsere Lage noch so schwierig ist (1. Korinther 15,58).

Charles L. Allen schrieb einmal: »Wenn Sie sagen, dass es für eine Situation oder eine Person keine Hoffnung gibt, dann schlagen Sie Gott die Tür ins Gesicht.«

Lesen Sie: Hebräer 6,11; 18-19.

Praktische Schritte: Schreiben Sie auf, wie Sie »Hoffnung« definieren würden und was es bedeutet, auf »Gott zu harren«. Schauen Sie in einer Konkordanz nach, welche Bibelstellen etwas über die Hoffnung aussagen. Schlagen Sie einige dieser Verse in der Bibel nach und unterstreichen Sie diejenigen, von denen Sie sich besonders angesprochen fühlen. Suchen Sie ein passendes Lied wie z.B. »Jesus, meine Zuversicht« heraus und singen oder lesen Sie es.

Sind die Grundaussagen der Bibel langweilig?

Merkvers: *»Da antwortete ihnen Jesus und sprach: Meine Lehre ist nicht mein, sondern dessen, der mich gesandt hat. Wenn jemand seinen Willen tun will, so wird er von der Lehre wissen, ob sie aus Gott ist oder ob ich aus mir selbst rede«* (Johannes 7,16-17).

Ein jeder Christ sollte das Vokabular des Heiligen Geistes kennen und davon Gebrauch machen. Er weiß, was Begriffe wie Rechtfertigung, Heiligung, Kindschaft, Aussöhnung, Erwählung und Inspiration bedeuten. Je besser wir Gottes Sprache kennen, desto besser verstehen wir auch sein Wort und seinen Willen für unser Leben. Wenn ein Ingenieursstudent die Fachwörter aus Chemie, Physik und Elektrotechnik begreifen kann, warum sollte es dann für einen Christen, der vom Heiligen Geist gelehrt wird, zu schwierig sein, das Wort Gottes zu verstehen?

Und dennoch höre ich Gemeindemitglieder immer wieder sagen: »Predigen Sie doch nicht über die Grundaussagen, halten Sie doch lieber eine erbauliche Predigt, die uns ermutigt«. Worauf sollte eine solche Predigt aber basieren? Wenn sie nicht auf den Grundwahrheiten des Glaubens aufbaut, wird sie nichts bewirken. »Aber die Grundsätze des Glaubens sind doch so langweilig!«, beschweren sich die Leute. Nicht, wenn sie in der Weise dargeboten werden, wie die Bibel das tut! Für mich sind gerade diese Grundsätze sehr aufregend! Ich finde es spannend, die Bibel zu lesen und vom Heiligen Geist die »Tiefen Gottes« (1. Korinther 2,10) gelehrt zu werden.

Ich kann Ihnen nur empfehlen, sich die Zeit zu nehmen, täglich im Wort Gottes zu lesen und darüber nachzudenken. Legen Sie am besten eine bestimmte Uhrzeit in Ihrem Tagesablauf fest, in der Sie die Bibel lesen, und nehmen Sie sich Zeit zum Nachdenken, zum Gebet und zur Andacht. Lassen Sie sich beim Lesen der Schrift vom Heiligen Geist leiten und hören Sie darauf, was er Sie lehren möchte. Wenn Sie sich ausgiebig mit den Grundwahrheiten der Bibel befassen und daraus die entsprechenden Konsequenzen für sich ziehen, kann Ihr Leben eine grundlegende Wandlung erfahren.

Lesen Sie auch: Epheser 4,14; Kolosser 2,4.8; 1. Timotheus 1,3.7; 2. Johannes 7,9-11.

Praktische Schritte: Nehmen Sie sich fest vor, daran zu arbeiten, dass Ihr Glaube stärker wird. Lesen Sie ein gutes Buch über die Grundwahrheiten des Glaubens.

Nur Geduld!

Handeln Sie danach: *»Sei still dem HERRN und harre auf ihn! Entrüste dich nicht über den, dessen Weg gelingt, über den Mann, der böse Pläne ausführt!«* (Psalm 37,7).

Nichts ist umsonst, was wir in Glauben und Liebe für Christus gegeben haben. Hiob war krank und völlig mittellos, und alles, was er dem Herrn geben konnte, war die Geduld, mit der er sein Leid ertrug. *Genau das brauchte Gott, um den Teufel zum Schweigen zu bringen.*

Als William Whiting Borden 1913 in Ägypten unterwegs zu seinem Missionsfeld starb, werden sich viele gefragt haben: »Warum diese Verschwendung?« Aber Gott gebraucht die Geschichte seines kurzen Lebens noch immer, um Menschen zu ermutigen, wirklich alles für Christus zu geben.

Als John und Betty Stam 1934 in China als Märtyrer starben, fragten viele: »Warum diese Verschwendung?« Aber das Buch *The Triumph of John and Betty Stam* (Der Triumph von John und Betty Stam) von Geraldine Taylor hat seit seiner Veröffentlichung im Jahr 1935 zahlreichen Menschen den Anstoß gegeben, ihr Leben zu verändern.

Als fünf Missionare in Ecuador von den Auca-Indianern getötet wurden, nannten einige dieses Unglück eine »tragische Verschwendung von Menschenleben«. Gott dachte anders, und die Geschichte dieser fünf Glaubenshelden hat in der Gemeinde bis heute einen sehr wertvollen Dienst erfüllt.

Hiob fragte: »Warum wurde ich geboren?« Auf dem Hintergrund seines großen Verlusts und seiner schweren Leiden schien alles vollkommen umsonst gewesen zu sein! Aber Gott wusste schon *damals* ganz genau, was er tat, und er weiß es auch *heute*.

»Vom Ausharren Hiobs habt ihr gehört, und das Ende des Herrn habt ihr gesehen«, schrieb Jakobus, »dass der Herr voll innigen Mitgefühls und barmherzig ist« (Jakobus 5,11). Hätte das jemand damals zu Hiob gesagt, so hätte er es vielleicht nicht geglaubt und trotzdem stimmte es.

Es war damals für Hiob Wirklichkeit und ist es auch heute für uns. Glauben Sie daran!

Lesen Sie: Jakobus 5.

Praktische Schritte: Möglicherweise machen Sie gerade eine sehr schmerzhafte Erfahrung. Sprechen Sie mit dem Herrn darüber. Bitten Sie ihn, dass er Ihnen Vertrauen und Geduld schenkt.

Echte Weisheit

Ein weiser Mann schrieb: *»Denn der HERR gibt Weisheit. Aus seinem Mund kommen Erkenntnis und Verständnis. Er hält für die Aufrichtigen Hilfe bereit, ist denen ein Schild, die in Lauterkeit wandeln«* (Sprüche 2,6-7).

Worin besteht die Weisheit eines Christen? In den Philosophien dieser Welt? Nein! Zuerst einmal in Jesus Christus. In ihm sind »alle Schätze der Weisheit und Erkenntnis verborgen« (Kolosser 2,3). Der erste Schritt hin zur wahren Weisheit besteht darin, Jesus Christus als persönlichen Erlöser aufzunehmen.

Das Wort Gottes lehrt uns seine Weisheit: »Siehe, ich habe euch Ordnungen und Rechtsbestimmungen gelehrt … So bewahrt und tut sie! Denn das ist eure Weisheit und eure Einsicht in den Augen der Völker« (5. Mose 4,5-6). Die Schrift hat die Kraft, uns »weise zu machen zur Errettung« (2. Timotheus 3,15).

Jakobus sagt uns, wie wir die Weisheit bekommen können: »Wenn aber jemand von euch Weisheit mangelt, so bitte er Gott« (1,5). Der Heilige Geist Gottes ist der »Geist der Weisheit und Offenbarung« (Epheser 1,17) und leitet uns auf den Wegen der Weisheit, wenn wir seinem Wort vertrauen und ihn darum bitten.

Gott ist der Ursprung der echten geistlichen Weisheit. Wer Weisheit anderswo sucht, kommt in Schwierigkeiten. Es hat keinen Zweck, sich die Weisheit dieser Welt anzueignen, denn diese Weisheit ist für das Fleisch und dient dem Werk des Teufels. Schöpfen Sie Ihre Weisheit aus Gott!

 Machen Sie sich auch Gedanken zu: Jesaja 30,21; 1. Korinther 1,24-31; Kolosser 3,16.

Praktische Schritte: Bleiben Sie in enger Beziehung zu Christus, der Ihre Quelle der Weisheit ist. Wenn es Ihnen heute in einer bestimmten Situation an Weisheit mangelt, so bitten Sie Gott darum.

Fleißig das Sparbuch lesen

Denken Sie daran: *»Durch die er uns die kostbaren und größten Verheißungen geschenkt hat, damit ihr durch sie Teilhaber der göttlichen Natur werdet, die ihr dem Verderben, das durch die Begierde in der Welt ist, entflohen seid«* (2. Petrus 1,4).

Am 6. Januar 1822 brachte die Frau eines armen deutschen Pastors einen Sohn zur Welt. Sie hätte sich damals gewiss nicht träumen lassen, dass dieses Kind eines Tages weltberühmt und sehr wohlhabend sein würde. Als Heinrich Schliemann sieben Jahre alt war, fesselte ihn ein Bild des in Flammen stehenden Troja. Entgegen dem, was viele Menschen glaubten, war Schliemann davon überzeugt, dass die großen Dichtungen Homers, die *Ilias* und die *Odyssee*, auf geschichtlichen Fakten beruhten, und machte sich auf, dieses zu beweisen. Im Jahr 1873 grub er die antike Stadt Troja aus, zusammen mit einem sagenhaften Schatz, den er – sehr zum Ärger der türkischen Regierung – aus dem Land schmuggelte. Schliemann wurde ein berühmter, wohlhabender Mann, weil er den Mut hatte, einer Aufzeichnung aus der Antike Glauben zu schenken und entsprechend seinem Glauben zu handeln.

Sie wurden »reich«, als Sie sich Christus anvertrauten. Aber das allein genügt nicht – Sie müssen auch ein zunehmend tieferes Verständnis für Ihren Reichtum entwickeln, wenn Sie ihn zur Ehre Gottes einsetzen wollen. Zu viele Christen haben ihr »Sparbuch« niemals ernsthaft und gründlich genug studiert, und deshalb nie bemerkt, welch ungeheuren Reichtum Gott ihnen durch Jesus Christus auf ihr Konto eingezahlt hat. Seien Sie nicht wie jene Christen, die nur ansatzweise mit ihrem »Sparbuch« vertraut sind.

 **Machen Sie sich auch Gedanken zu:** Psalm 119,16.18.24; Römer 15,4.

Praktische Schritte: Setzen Sie sich zum Ziel, den gesamten Epheserbrief zu lesen. Beginnen Sie heute damit. Unterstreichen Sie die vielen Edelsteine, die Sie zu Tage fördern, und entdecken Sie, wie reich Sie eigentlich sind!

September _ _ _ _ _ _ _ _ _ _ _ _

Dem Versucher widerstehen

Denken Sie immer daran: *»Denn unser Kampf ist nicht gegen Fleisch und Blut, sondern gegen die Gewalten, gegen die Mächte, gegen die Weltbeherrscher dieser Finsternis, gegen die geistigen Mächte der Bosheit in der Himmelswelt. ... Nehmt ... das Schwert des Geistes, das ist Gottes Wort!«* (Epheser 6,12.17).

Gottes Wort ist das beste Werkzeug, um Versuchungen zu widerstehen. Als Jesus von Satan versucht wurde, griff er auf das Wort Gottes zurück, um ihn zu schlagen. Paulus ermahnte die Glaubenden, im Kampf gegen Satan und seine Handlanger »das Schwert des Geistes, das ist Gottes Wort« (Epheser 6,17) zur Hand zu nehmen.

Die Bibel kann uns wirklich helfen, weil sie von Gott inspiriert ist. Sie ist nicht einfach nur ein Buch mit Glaubensvorstellungen oder ein guter Ratgeber in Sachen Moral, sondern das Wort des lebendigen Gottes! Sie ist »nützlich zur Lehre, zur Überführung, zur Zurechtweisung, zur Unterweisung in der Gerechtigkeit« (2. Timotheus 3,16). Jemand drückte es so aus: »Die *Lehre* sagt uns, was richtig ist, die *Überführung* zeigt uns, was nicht richtig ist, die *Zurechtweisung* lehrt uns, wie wir richtig leben sollen und die *Unterweisung* dient dazu, dass wir den richtigen Weg beibehalten.«

Zur Vertiefung: Matthäus 4,1-11; 2. Timotheus 3,16.

Praktische Schritte: Lernen Sie Epheser 6,12.17 auswendig. Bitten Sie Gott darum, dass er Ihnen ein tieferes Verständnis für diese Botschaft und ihren Bezug zu Ihrem eigenen Leben schenkt.

Nach vorn schauen

Die Schrift sagt uns: »*Indem wir die glückselige Hoffnung und Erscheinung der Herrlichkeit unseres großen Gottes und Heilandes Jesus Christus erwarten*« (Titus 2,13).

Immer wieder betont der Verfasser des Epheserbriefes, wie wichtig die *Hoffnung auf die Zukunft* ist. Die Empfänger dieses Briefes neigten dazu, *zurückzublicken* und sich *zurückzusehnen*, deshalb ermutigte er sie dazu, dem Beispiel Christi zu folgen und glaubend *nach vorn zu schauen*. Die Glaubenshelden, die in Hebräer 11 genannt werden, lebten für die Zukunft. Das gab ihnen die Kraft durchzuhalten. Genau wie Petrus auf dem See gehen auch wir unter, wenn wir unseren Blick von Christus abwenden!

Christus ist der »Anfänger und Vollender des Glaubens«. Wenn wir ihm vertrauen, wird seine Kraft in unserem Leben wirksam. Nun könnte ich natürlich jahrelang versuchen, dem Beispiel eines großen Sportlers zu folgen, würde aber dennoch in meinem Unterfangen scheitern. Wäre dieser Sportler aber bereits in meinen jüngeren Jahren in mein Leben getreten und hätte mich Anteil haben lassen an seinem Wissen und an seinen Fähigkeiten, dann hätte ich mit Sicherheit etwas von ihm lernen können. Christus ist nicht nur unser Vorbild – er *befähigt uns gleichzeitig auch dazu, seinem Vorbild zu folgen*. Wenn wir ihn durch das Wort immer besser kennen lernen und uns vom Heiligen Geist leiten lassen, stärkt er unseren Glauben und befähigt uns, den Wettlauf erfolgreich zu laufen.

Machen Sie sich auch Gedanken zu: Hebräer 11,10.14-16.24-27; 12,2; Philipper 4,13; Offenbarung 4,11.

Praktische Schritte: Fassen Sie den festen Entschluss, immer auf Christus zu blicken, wenn Sie heute vor Herausforderungen stehen, oder wenn Sie sich Sorgen wegen der Zukunft machen. Danken Sie ihm dafür, dass seine Kraft in Ihrem Leben wirksam wird, wenn Sie ihm vertrauen.

Ein wandelndes Wunder

Vers des Tages: »*Nicht durch Macht und nicht durch Kraft, sondern durch meinen Geist, spricht der HERR der Heerscharen*« (Sacharja 4,6).

Die Gemeinde Jesu ist ein Wunder. Weder viele fähige und begabte Gemeindemitglieder noch Veranstaltungen und Angebote können die Gemeinde zu dem machen, wozu sie bestimmt ist. Das kann nur Gott allein. Wenn ein Christ aus der Gnade Gottes lebt, in der Liebe Gottes wandelt, Gemeinschaft mit dem Heiligen Geist hat und nicht nach dem Fleisch lebt, dann trägt er etwas zu Gottes Plan mit seiner Gemeinde bei und wird ein *lebendiger* Segen für andere!

Unser Gott ist der »Gott der Liebe und des Friedens« (2. Korinther 13,11). Können Außenstehende dies an unserem persönlichen Leben und dem Wirken unserer Gemeinde erkennen? »Schaut, wie sie einander lieben!«, sagte die verlorene Welt von der Urgemeinde. Was kann sie heute von uns sagen?

Machen Sie sich Gedanken zu: Matthäus 16,13-18; Johannes 3,5-8; Römer 1,8-12; Kolosser 1,25-29.

Praktische Schritte: Glauben Sie daran, dass der Heilige Geist durch Sie Dinge bewirken kann, die über Ihr eigenes Vermögen hinausgehen? Schreiben Sie eine Wahrheit des christlichen Glaubens auf, die Sie nicht verstehen. Bitten Sie Gott, diese Wahrheit im Glauben erfassen zu können. Denken Sie nun über einen Menschen nach, den Sie nicht verstehen oder der Ihnen Probleme bereitet, weil Sie nicht wissen, woran Sie bei ihm sind. Springen Sie heute über Ihren Schatten und gehen Sie auf diesen Menschen zu. Bitten Sie Gott um die nötige Weisheit und Erkenntnis, um diesen Menschen besser verstehen und damit auch mehr lieben zu lernen.

Bedingungsloser Gehorsam

Aus der Schrift: *»Wenn ihr mich liebt, so werdet ihr meine Gebote halten«* (Johannes 14,15).

In der Armee wird von jedem Mitglied bedingungsloser Gehorsam entsprechend seinem Dienstgrad erwartet. Wenn ein Gefreiter handelt, als wäre er der General, sind Schwierigkeiten vorprogrammiert! Bedingungslose Unterordnung ist die einzige Möglichkeit, den Sieg davonzutragen. Solange es in unserem Leben noch Bereiche gibt, aus denen wir Gott heraushalten, werden wir keinen Frieden finden. Deshalb haben Christen, die Gott nicht alle Bereiche ihres Lebens abgegeben haben, auch so große Probleme mit sich und anderen.

»Und gebt dem Teufel keinen Raum!«, warnt Paulus in Epheser 4,27. Satan braucht einen festen Halt in unserem Leben, wenn er gegen Gott kämpfen will. Und *wir geben ihm diesen Halt* womöglich auch noch! Wenn wir uns Gott unterordnen, widerstehen wir damit dem Teufel.

Nachdem König David mit Bathseba Ehebruch begangen und ihren Ehemann umgebracht hatte, verheimlichte er seine Sünden fast ein ganzes Jahr lang. Es herrschte Krieg zwischen ihm und Gott – ein Krieg, den David selbst erklärt hatte. Als er sich schließlich in die Hand Gottes gab, bekam er Frieden und Freude. Unterordnung ist ein Willensakt und kommt aus der inneren Einstellung: »Nicht mein Wille, sondern der deine geschehe!«

 Lesen Sie: Psalm 32 und 51; Markus 14,32-36; 1. Petrus 1,14.

Praktische Schritte: Bitten Sie Gott, Ihnen alle Bereiche Ihres Lebens zu zeigen, die Sie ihm bisher noch nicht unterstellt haben. Sagen Sie ihm, dass er von heute an in Ihrem Leben Herr über *alles* sein soll.

Oktober

Werdet erneuert:

*»Gepriesen sei der Gott und Vater unseres Herrn
Jesus Christus, der nach seiner großen Barmherzigkeit
uns wiedergeboren hat zu einer lebendigen Hoffnung
durch die Auferstehung Jesu Christi aus den Toten
zu einem unvergänglichen und unbefleckten und
unverwelklichen Erbteil,
das in den Himmeln aufbewahrt ist für euch.«*

1. Petrus 1,3-4

Leben in der Zukunft

Vergessen Sie nicht: *»Gepriesen sei der Gott und Vater unseres Herrn Jesus Christus, der nach seiner großen Barmherzigkeit uns wiedergeboren hat zu einer lebendigen Hoffnung durch die Auferstehung Jesu Christi aus den Toten zu einem unvergänglichen und unbefleckten und unverwelklichen Erbteil, das in den Himmeln aufbewahrt ist für euch«* (1. Petrus 1,3-4).

Christen leben in der Zukunft. Ihre gegenwärtigen Taten und Entscheidungen werden von dem Wissen gelenkt, dass sie einen lebendigen, auferstandenen Erlöser haben, dem sie eines Tages gegenüberstehen werden. Genau wie ein verlobtes Paar alle Pläne im Hinblick auf die künftige Hochzeit macht, leben echte Christen in der Erwartung, Jesus Christus zu schauen.

»Umgürtet die Lenden eurer Gesinnung«, ermahnt uns Petrus. Das heißt nichts anderes als: »Sammelt eure Gedanken! Seid diszipliniert und besonnen!« Petrus vergleicht einen wartenden Christen mit einem Mann in langen Gewändern, der seinen Rock in den Gürtel steckt, um ungehindert laufen zu können. Wenn Sie Ihre Gedanken auf die Wiederkunft Christi konzentrieren und Ihr Leben dementsprechend ausrichten, können Sie all dem Weltlichen entfliehen, das Sie nur belastet und Ihren geistlichen Fortschritt hemmt. Möglicherweise hat Petrus dabei an das erste Passahmahl gedacht: Die Juden sollten das Passahlamm in Eile zu sich nehmen, stets bereit zum sofortigen Aufbruch.

Wie das Endprodukt von der Einstellung der Maschine abhängt, so wird auch unser Handeln von unserer inneren Einstellung bestimmt. Ein Christ, der Gottes Herrlichkeit im Blick hat, ist viel eher bereit zum Gehorsam gegen Gott als ein Christ, welcher die Wiederkunft des Herrn außer Acht lässt.

Lesen Sie: Titus 2,11-15.

Praktische Schritte: Schlagen Sie das Wort *Hoffnung* in einem guten Wörterbuch nach. Denken Sie über unsere *lebendige Hoffnung* nach. Danken Sie Gott dafür.

Unser Leib als Werkzeug Gottes

Vers des Tages: »*Ich ermahne euch nun, Brüder, durch die Erbarmungen Gottes, eure Leiber darzustellen als ein lebendiges, heiliges, Gott wohlgefälliges Opfer, was euer vernünftiger Gottesdienst ist*« (Römer 12,1).

Worin besteht eine echte Hingabe an Gott? Zunächst einmal bedeutet es, Gott unseren Leib anzuvertrauen. Bevor wir zum Glauben an Christus kamen, verwendeten wir unseren Leib für sündige Vergnügungen und andere Zwecke, die Gott missfallen. Doch nun, da wir zu ihm gehören, wollen wir unseren Leib zu seiner Ehre einsetzen. Der Leib eines Christen ist Gottes Tempel, denn der Geist Gottes wohnt in ihm. Es ist unser Vorrecht, Christus mit unserem Leib zu verherrlichen und zu loben.

Jesus Christus musste einen menschlichen Leib annehmen, um Gottes Willen auf Erden zu vollbringen. Wir müssen unseren Leib Christus übergeben, damit er Gottes Werk durch uns fortführen kann. Alle Glieder unseres Leibes sollen »Werkzeuge der Gerechtigkeit« (Römer 6,13) sein, mit denen der Heilige Geist Gottes Werk ausführen kann. Die Opfer, welche die Israeliten im Alten Testament brachten, waren tote Opfer, wir aber sollen lebendige Opfer sein!

Lesen Sie auch: 1. Korinther 6,19-20; Römer 6,13; 8,9; Philipper 1,20-21; Hebräer 10,22.

Praktische Schritte: Überlegen Sie, für welche Körperteile und Organe Sie dankbar sind, und mit welchen Sie nicht so zufrieden sind. Wissen Sie eigentlich, dass Gott Sie liebt, wie Sie sind, und dass er möchte, dass Sie ihm sowohl Ihre »starken« als auch Ihre »schwachen Seiten« hingeben?

Stellen Sie sich vor, wie es wäre, wenn Sie Gott anbeten wollten und keinen Körper hätten. Ganz schön schwierig, nicht wahr? Danken Sie ihm also für Ihren Körper und überantworten Sie ihm aufs Neue Ihren ganzen Leib. Beobachten Sie, wie sich diese Hingabe auf den heutigen Tag auswirkt.

Oktober _ _ _ _ _ _ _ _ _ _ _

Bewährungsproben

Vers des Tages: *»Haltet es für lauter Freude, meine Brüder, wenn ihr in mancherlei Versuchungen geratet, indem ihr erkennt, dass die Bewährung eures Glaubens Ausharren bewirkt«* (Jakobus 1,2-3).

In Zeiten schwerer Prüfung dürfen wir nicht fragen: »Wie komme ich hier raus?«, sondern vielmehr: »Was lerne ich daraus?«. Hiobs Frau meinte, die Lösung des Problems zu kennen, doch wenn Hiob auf sie gehört hätte, wäre er nicht siegreich aus dieser Prüfung hervorgegangen. Glauben heißt Leben ohne eigene Zukunftspläne, Gehorsam ungeachtet der eigenen Gefühle, der äußeren Umstände und der möglichen Konsequenzen, in dem Wissen, dass Gott *seinen* vollkommenen Plan auf *seine* Weise und zu *seiner* Zeit verwirklicht.

Die beiden Dinge, die Hiob nie aufgegeben hätte, waren sein unerschütterlicher Glaube an Gott und seine Rechtschaffenheit – genau das, was seine Frau von ihm verlangte. Obwohl Gott zuließ, dass das Böse in Hiobs Leben trat, begehrte dieser nicht gegen Gott auf, und überließ alles seinem weisen Handeln. Hiob hatte nie die *Briefe von Samuel Rutherford* gelesen, aber er lebte nach dem Rat dieses frommen schottischen Pastors, der auch viel zu leiden hatte: »Es ist eine Glaubenstat, auch in den härtesten Schlägen Gottes nicht an seiner liebenden Güte zu zweifeln.« Hiob war bereit, Gott zu vertrauen – und sogar mit ihm zu streiten! – aber auf keinen Fall wollte er umsonst leiden oder die Gelegenheit ungenutzt vorüber streichen lassen, das zu empfangen, was Gott für ihn bereithielt.

Wenn die Herausforderungen des Lebens uns über den Kopf wachsen, werden wir bald mutlos, aber Aufgeben ist die schlechteste Lösung. Ein Historiker sagte einmal: »Wenn Kolumbus umgekehrt wäre, hätte ihn keiner gescholten – aber es hätte sich später auch keiner mehr an ihn erinnert.« Um erinnerungswürdig zu werden, muss man sich manchmal als leidensfähig erweisen.

Als Hiobs Frau wieder mit ihrem Mann und mit dem Herrn versöhnt war, schenkte Gott ihr eine neue Familie (Hiob 42,13). Wir wissen nicht, wie viel sie aus ihrem Leiden gelernt hat, aber sicherlich ist es eine Erfahrung gewesen, an der sie im Glauben wachsen konnte.

Lesen Sie: Hiob 1.

Praktische Schritte: Suchen Sie in Ihrem Gesangbuch verschiedene Lieder über Bewährungsproben heraus. Lesen Sie sie durch und lassen Sie ihre Botschaft auf sich wirken. Singen Sie eines, das Ihnen besonders wertvoll erscheint.

Oktober

Sie können siegen!

Glauben Sie fest daran: *»Der Herr wird mich retten von jedem bösen Werk und mich in sein himmlisches Reich hineinretten. Ihm sei die Herrlichkeit von Ewigkeit zu Ewigkeit! Amen«* (2. Timotheus 4,18).

Welche Bedeutung hat Hiobs Geschichte für uns Christen heute? Sie will uns klar machen, dass einige Prüfungen des Lebens durch unseren stärksten Widersacher, den Teufel, verursacht werden. Gott erlaubt dem Satan manchmal, seine Kinder zu versuchen, doch er gibt ihm nie die volle Macht über sie. Wenn Sie durchs Feuer gehen, denken Sie daran, dass Gott seine gnadenreiche Hand stets am Thermostat hält!

Satan möchte, dass wir ungeduldig werden, statt vertrauensvoll auf Gottes Handeln zu warten. Ein ungeduldiger Christ ist eine mächtige Waffe in der Hand des Teufels. Moses Ungeduld brachte ihn um den Einzug ins Gelobte Land, Abrahams Ungeduld führte zur Geburt Ismaels, dem Urvater der Feinde der Juden, und Petrus' Voreiligkeit, als er im Garten Gethsemane mit dem Schwert dreinschlug, ließ ihn beinahe zum Mörder werden. Wenn Satan uns angreift, werden wir leicht ungeduldig, laufen von Gott weg und bringen uns damit um seinen Segen.

Wenn Sie sich im Feuerofen wiederfinden, gehen Sie zum Gnadenthron und empfangen Sie vom Herrn all die Gnade, die Sie benötigen, um Ihr Leid ertragen zu können. Rufen Sie sich ins Gedächtnis, dass der Herr durch dieses Leid ein barmherziges Ziel mit ihnen verfolgt, und dass er seine Ziele zu seiner Zeit und zu seiner Ehre verwirklichen wird. Sie sind kein Rädchen im Uhrwerk des Schicksals, sondern ein geliebtes Gotteskind und haben das Vorrecht, Teil eines wunderbaren Plans zu sein. Das ist der Unterschied!

Lesen Sie auch: Hiob 1,12; 2,6; 23,10; 2 Korinther 12,7-9; Hebräer 4,14-16.

Praktische Schritte: Wenn Sie gerade Leid ertragen müssen, versuchen Sie ihre trüben Gedanken abzuschütteln und den hoffnungsfrohen Standpunkt von 2. Timotheus 4,18 einzunehmen.

Am Wettlauf teilnehmen

Bedenken Sie: »*Und dies ist die Botschaft, die wir von ihm gehört haben und euch verkündigen: dass Gott Licht ist und gar keine Finsternis in ihm ist. Wenn wir sagen, dass wir Gemeinschaft mit ihm haben, und wandeln in der Finsternis, lügen wir und tun nicht die Wahrheit. Wenn wir aber im Licht wandeln, wie {er} im Licht ist, haben wir Gemeinschaft miteinander, und das Blut Jesu, seines Sohnes, reinigt uns von jeder Sünde. Wenn wir sagen, dass wir keine Sünde haben, betrügen wir uns selbst, und die Wahrheit ist nicht in uns. Wenn wir unsere Sünden bekennen, ist er treu und gerecht, dass er uns die Sünden vergibt und uns reinigt von jeder Ungerechtigkeit. Wenn wir sagen, dass wir nicht gesündigt haben, machen wir ihn zum Lügner, und sein Wort ist nicht in uns.*« (1. Johannes 1,5-10).

Es spielt überhaupt keine Rolle, wie lautstark uns unsere Freunde zustimmen, wenn Gott nicht mit uns einverstanden ist. »Kein Geschöpf ist vor ihm unsichtbar, sondern alles bloß und aufgedeckt vor den Augen dessen, mit dem wir es zu tun haben« (Hebräer 4,13). Es ist also sinnlos, etwas verbergen zu wollen. Laut 1. Johannes 1,5-10 werden wir, sobald wir beginnen andere anzulügen (V.6), bald auch uns selbst belügen (V.8), was schließlich mit dem Versuch endet, Gott zu belügen (V.10). Ein Christ, der in diesen Strudel gerät, versinkt immer tiefer in einem Sumpf von Schuld, aus dem er alleine nicht heraus kann. Wir streben danach, ein heiliges Leben zu führen – nicht um als »Heilige« angesehen zu werden, sondern um einem heiligen Gott zu gefallen. Vor ihm können wir offen und ehrlich sein, brauchen nichts zu verstecken und nichts zu fürchten.

Seit mehreren Jahren hängt in meinem Arbeitszimmer ein Plakat mit dem Zitat von A. W. Tozer an der Wand: »Gott zu kennen ist gleichzeitig das Einfachste und das Schwierigste auf der Welt.«

Gott zu erkennen und ihm ähnlicher zu werden, ist die einfachste Sache der Welt, weil Gott auf unserer Seite ist und uns alle nötige Unterstützung gibt, damit wir unser Ziel erreichen. Aber es ist auch die schwerste Sache, denn alles in und um uns kämpft dagegen an und wir müssen mit heiliger Entschlossenheit zur Tat schreiten, um im Wettlauf durchzuhalten und unsere Augen stets auf den Herrn gerichtet zu lassen (Hebräer 12,1-3).

Lesen Sie: Hebräer 12.

Praktische Schritte: Welche Dinge in Ihrem Leben sind Ihnen im Weg und halten Sie davon ab, Jesus ähnlicher zu werden und Gott besser kennen zu lernen? Wie können Sie Abhilfe schaffen? Sprechen Sie mit Gott darüber. Fassen Sie den festen Entschluss, Ihre Augen im Wettlauf niemals vom Ziel abzuwenden.

Glaube und Gehorsam

Vers des Tages: *»Und [Abraham] zweifelte nicht durch Unglauben an der Verheißung Gottes, sondern wurde gestärkt im Glauben, weil er Gott die Ehre gab. Und er war der vollen Gewissheit, dass er, was er verheißen habe, auch zu tun vermöge«* (Römer 4,20-21).

Glaube bedeutet, vertrauensvoll dem Wort Gottes zu gehorchen, was die Umstände und möglichen Folgen auch sein mögen. Prägen Sie diesen Gedanken tief in Ihr Herz und Ihren Sinn ein.

Echter Glaube funktioniert ganz einfach: Gott spricht und wir hören. Wir vertrauen seinem Wort und handeln danach, unabhängig von den augenblicklichen Umständen und den möglichen Konsequenzen. Die Umstände mögen aussichtslos und die Folgen angsteinflößend erscheinen, aber gehorchen wir dennoch Gottes Wort und vertrauen wir ihm, dass er das Beste für uns will und das einzig Richtige tut.

Die verlorene Welt kann mit diesem bedingungslosen Bibelglauben nichts anfangen, vermutlich weil sie in der heutigen Christenheit so wenig gelebten Glauben sieht. Der Publizist H. L. Mencken definierte Glauben zynisch als »unlogische Überzeugung, dass das Unmögliche eintritt«. Die Welt erkennt nicht, dass ein Glaube immer nur so gut sein kann, wie das, woran man glaubt. Wir Christen glauben nicht an irgendeine unlogische Nichtigkeit, sondern an einen lebendigen Gott. Unser Glaube kommt nicht aus einem selbsterzeugten »Gefühl«. Er ist unsere Antwort auf das, was Gott uns in seinem Wort offenbart hat.

Zur Vertiefung: Sprüche 3,5-6; Psalm 91; Jesaja 41,10; Lukas 18,27.

 Praktische Schritte: Konzentrieren Sie sich noch einmal auf den ersten Satz. Sprechen Sie mit Gott über die scheinbare Ausweglosigkeit in Ihrem Leben – und betrachten Sie diese aus der Sicht des Glaubens.

Die Ehe – ein Bund fürs Leben

Merkvers: *»Darum wird ein Mensch seinen Vater und seine Mutter verlassen, und die zwei werden ein Fleisch sein; daher sind sie nicht mehr zwei, sondern ein Fleisch. Was nun Gott zusammengefügt hat, soll der Mensch nicht scheiden«* (Markus 10,7-9).

Gott hat die eheliche Gemeinschaft als dauerhaften Bund fürs Leben eingesetzt. Im Leben eines Christen gibt es weder Platz für die »Ehe auf Probe«, noch für das Hintertürchen: »Wenn es nicht klappt, können wir uns ja wieder scheiden lassen.«

Deshalb muss die Ehe auf festerem Grund gebaut sein als nur auf gutem Aussehen, Geld, romantischen Gefühlen und gesellschaftlichem Ansehen. Eine feste Entscheidung für Christus und charakterliche Reife sind erforderlich. Man muss bereit sein zu wachsen, voneinander zu lernen, zu vergeben, zu vergessen und einander zu dienen. Die Liebe, von der Paulus in 1. Korinther 13 schreibt, ist notwendig, damit zwei Leben zusammengeschmiedet werden können.

Gott hat eine schützende »Mauer« um die Ehe gezogen – nicht um ein Gefängnis daraus zu machen, sondern als sichere Festung. Wer die Ehe für ein Gefängnis hält, sollte nicht heiraten. Wenn zwei Menschen in Liebe und Begeisterung füreinander – und für den Herrn – da sein wollen, wird für sie die Ehe zur Bereicherung und zur Chance zum geistlichen Reifen. Sie wachsen zusammen und entdecken, welch ein Reichtum darin liegt, dem Herrn zu Hause und in der Gemeinde als Zweierteam zu dienen.

Lesen Sie auch: Markus 10,2-12; Lukas 16,18; Römer 7,1-3.

Praktische Schritte: Bitten Sie Gott darum, dass er Ihnen zu einem besseren Verständnis für die biblische Ehe verhilft und verhindert, dass die moderne weltliche Einstellung zur Ehe auf Ihr Denken abfärbt.

Wenn mal alles schiefläuft

Aus dem Wort Gottes: *»Ich suchte den HERRN, und er antwortete mir; und aus allen meinen Ängsten rettete er mich«* (Psalm 34, 5).

Der Apostel Paulus schrieb, dass er um des Evangeliums willen *Leid ertragen* musste (2. Timotheus 2,9). Als Gottes Kinder müssen wir auf unserem Lebensweg oft Schwierigkeiten erdulden, die weder eine Folge von Sünde noch eine Strafe Gottes sind.

Was sollen wir tun, wenn wir uns in solch einer Anfechtung befinden? Wir dürfen uns weder beklagen noch andere Christen kritisieren, die es leichter haben, noch dürfen wir dem Herrn Vorwürfe machen. Wir sollten Gott um die nötige Weisheit bitten, auch in dieser schwierigen Lage seinen Namen zu verherrlichen.

Unser Gebet kann dem Leiden ein Ende machen, wenn das Gottes Wille ist. Aber es kann uns auch die Gnade schenken, unsere Schwierigkeiten zu ertragen und Gottes vollkommenen Willen damit zu erfüllen. *Gott kann Schwierigkeiten in Triumphe verwandeln!* »Er gibt aber größere Gnade« (Jakobus 4,6). Paulus betete, Gott möge seine Situation verändern, doch stattdessen ließ Gott Paulus die Gnade zuteil werden, aus seiner Schwäche eine Stärke zu machen. Unser Herr betete in Gethsemane darum, dass der Kelch an ihm vorübergehen möge. Diese Bitte wurde zwar nicht erfüllt, doch der Vater im Himmel gab ihm die Kraft, die er brauchte, um unsere Sünden ans Kreuz zu tragen und dafür zu sterben.

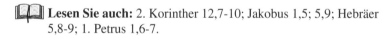 **Lesen Sie auch:** 2. Korinther 12,7-10; Jakobus 1,5; 5,9; Hebräer 5,8-9; 1. Petrus 1,6-7.

Praktische Schritte: Wenn Sie Probleme haben, bitten Sie Gott Ihnen zu zeigen, ob Ihre Sünde der Grund für diese Schwierigkeiten ist, oder ob sie von Gott kommen. Sünden sollten Sie selbstverständlich vor Gott bekennen.

Oktober _ _ _ _ _ _ _ _ _ _ _ _ _ _ _ _

Die Wirkung der Gnade

Vers des Tages: »*Lasst uns nun mit Freimütigkeit hinzutreten zum Thron der Gnade, damit wir Barmherzigkeit empfangen und Gnade finden zur rechtzeitigen Hilfe!*« (Hebräer 4,16).

Was ist Gnade? Gottes Sorge für alles, *was* wir brauchen, und zwar genau dann, *wann* wir es brauchen. Statt *Gnade* könnte man auch sagen: Gottes Reichtum, der uns durch Christus zur Verfügung steht.

An Gnade mangelt es bei Gott nie. Gott tut sowohl unseren geistlichen Bedürfnissen Genüge als auch den materiellen und körperlichen Notwendigkeiten. Wenn Gottes Gnade sogar genügt, um uns zu erretten, dann reicht sie mit Sicherheit auch aus, um uns in Zeiten der Leiden zu bewahren und zu stärken. Paulus verließ sich auf Gottes Versprechen und machte Gebrauch von der Gnade, die ihm dargeboten wurde. Dadurch wurde aus einer scheinbaren Tragödie ein Triumph. Egal von welcher Seite wir kommen – Gott ist reich genug, alle unsere Bedürfnisse zu stillen.

Aber Gott schenkt uns seine Gnade nicht einfach nur, damit wir unser Leiden passiv »erdulden«. Auch Nichtchristen können sehr viel Leidensfähigkeit aufbringen. Gottes Gnade ermöglicht es uns, über unsere Lebensumstände und Gefühle *hinauszuwachsen* und unser Leiden *so zu verwenden, dass daraus Gutes entsteht*. Genau wie bei Paulus braucht unser Leid keineswegs ein Tyrann zu sein, der uns fest im Griff hat, sondern es kann unser Diener werden, der für uns arbeitet.

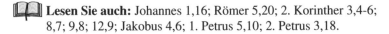 **Lesen Sie auch:** Johannes 1,16; Römer 5,20; 2. Korinther 3,4-6; 8,7; 9,8; 12,9; Jakobus 4,6; 1. Petrus 5,10; 2. Petrus 3,18.

Praktische Schritte: Ist Ihr Leben reich an Gottes Gnade? Wie wirkt sich diese Gnade auf Ihren Dienst am Nächsten und auf die Befriedigung Ihrer materiellen und körperlichen Bedürfnisse aus? Bitten Sie Gott darum, Ihnen dabei zu helfen, seine Gnade an andere weiterzugeben.

Spiegeln wir Jesu Herrlichkeit wider?

Vers des Tages: *»Der Gott aller Gnade aber, der euch berufen hat zu seiner ewigen Herrlichkeit in Christus, er selbst wird euch, die ihr eine kurze Zeit gelitten habt, vollkommen machen, stärken, kräftigen, gründen«* (1. Petrus 5,10).

Unsere Prüfungen unterliegen Gottes Kontrolle. Sie dauern nur eine begrenzte Zeit. Wenn Gott zulässt, dass seine Kinder durch den Schmelzofen gehen, behält er die Uhr im Auge und das Thermostat im Griff. Wenn wir uns auflehnen, muss er die Uhr vielleicht zurückstellen, doch wenn wir uns in seinen Willen fügen, lässt er uns keine Minute zu lange leiden. Vor allen Dingen sollen wir die Lektion lernen, die er uns beibringen möchte, und ihm allein die Ehre erweisen.

Petrus veranschaulicht diese Wahrheit mit einem Vergleich: Kein Goldschmied würde sein wertvolles Erz absichtlich verschwenden. Er legt es nur so lange in den Schmelzofen, bis sich die wertlosen Bestandteile als Schlacke abgesetzt haben. Dann entfernt er die Schlacke und gießt das Gold aus, um daraus einen wunderschönen Wertgegenstand zu fertigen. Man sagt, im Morgenland hätte der Goldschmied das Metall so lange im Ofen gelassen, bis sein Gesicht sich darin widerspiegelte. Ebenso lässt unser Herr uns solange in der Glut des Leidens, bis sich die Herrlichkeit Jesu Christi in uns widerspiegelt.

Lesen Sie: Römer 8,17; 2. Korinther 1,7.

Praktische Schritte: Schlagen Sie in einem Lexikon nach, was unter »Raffinieren« steht, und denken Sie über die dort genannten Vorgänge nach, um diesen Begriff besser verstehen zu können. Sprechen Sie dann mit Gott darüber, inwieweit Sie selbst »verfeinert« werden müssen.

Sie werden ihn schauen

Vers des Tages: *»Siehe, er kommt mit den Wolken, und jedes Auge wird ihn sehen, auch die, welche ihn durchstochen haben, und wehklagen werden seinetwegen alle Stämme der Erde. Ja, Amen«* (Offenbarung 1,7).

Die Bekehrung des Paulus unterscheidet sich wohl ziemlich stark von unseren heutigen Heilserfahrungen. Mit Sicherheit hat keiner von uns Christus in seiner Herrlichkeit erblickt oder ihn tatsächlich vom Himmel herab sprechen hören. Wir werden heute weder von einem himmlischen Licht geblendet noch von einer unsichtbaren Hand zu Boden geworfen. Was hat der Bericht von Paulus' Bekehrung uns dann aber zu sagen?

Seine Erlösung ist ein Bild dafür, wie das Volk Israel gerettet wird, wenn Jesus Christus zurückkehrt, um sein Reich auf Erden zu errichten. Das Volk Israel wird ihn schauen, wenn er wiederkehrt, ihn als Messias erkennen, Buße tun und ihn aufnehmen. Sie werden etwas ähnliches erfahren, wie Saulus von Tarsus, als er auf dem Weg nach Damaskus war, um die Christen zu verfolgen.

Zur Vertiefung: 1. Korinther 15,8; 1. Timotheus 1,16; Sacharja 12,10; 14,4; Apostelgeschichte 1,11; 9.

Praktische Schritte: Rufen Sie sich Ihre Bekehrung zu Christus in Erinnerung. War es ein spontanes Ereignis wie bei Paulus oder eine allmähliche Entwicklung? Schreiben Sie auf, woran Sie erkennen, dass Ihre Bekehrung wirklich echt war:

_____

_____

_____

_____

Denken Sie nun über die Wiederkunft Christi nach, die plötzlich und unvermittelt stattfinden wird. Loben Sie Gott für die Gnade, dass Sie jetzt erneut die Chance haben, sich ihm zuzuwenden. Beten Sie für die Menschen, die Gott noch nicht angehören.

Die Natur des Wesens bestimmt sein Verlangen

Die Bibel gebietet uns: *»Lasst uns nun die Werke der Finsternis ablegen und die Waffen des Lichts anziehen! Lasst uns anständig wandeln wie am Tag; nicht in Schwelgereien und Trinkgelagen, nicht in Unzucht und Ausschweifungen, nicht in Streit und Eifersucht; sondern zieht den Herrn Jesus Christus an, und treibt nicht Vorsorge für das Fleisch, dass Begierden wach werden«* (Römer, 13,12-14).

Die Natur eines Lebewesens bestimmt, wonach es *Verlangen* hat. Das Schwein verlangt nach Abfällen, das Schaf hingegen nach grünem Weideland. Die Natur bestimmt auch das *Verhalten*. Ein Adler *fliegt*, weil es seine Natur ist, und ein Delphin *schwimmt*, weil das seiner Natur entspricht. In der Natur eines Wesens ist ebenfalls festgelegt, in welcher *Umgebung* es sich bewegt: Eichhörnchen klettern auf Bäume, Maulwürfe graben sich durchs Erdreich und Forellen schwimmen im Wasser. Genauso bestimmt auch die Natur die *Zugehörigkeit*: Löwen ziehen in Rudeln, Schafe in Herden und Fische in Schwärmen.

Wenn also die Natur jedes Wesens sein Verlangen bestimmt, soll uns, die wir das Wesen Gottes in uns tragen, nur nach dem verlangen, was rein und heilig ist. Unser Verhalten soll wie das des Vaters sein, und wir sollten in einer »geistlichen Umgebung« leben, die unserem heiligen Wesen entspricht. Deshalb sollten wir uns nur solchen Menschen anschließen, die von derselben Natur sind.

Durch unsere göttliche Natur sind wir dem Schmutz und Verfall der heutigen Welt »gänzlich entflohen«. Wenn wir der neuen Natur die Nahrung des Gotteswortes zuführen, werden wir uns kaum für den Schmutz der Welt interessieren. Wenn wir aber »Vorsorge für das Fleisch treiben« (Römer 13,14), wird unsere sündhafte Natur nach den »alten Sünden« verlangen und wir werden Gott nicht gehorchen können. Ein gottgefälliges Leben ist das Ergebnis einer bewussten Förderung unserer neuen Natur.

Lesen Sie auch: 2. Korinther 6,14-18; 7,1; 2. Petrus 1,3-11.

Praktische Schritte: Legen Sie sich einmal genau Rechenschaft ab: Wie haben Sie die letzten 24 Stunden zugebracht? Haben Sie sich von »Schmutz« ernährt? Haben Sie Gott in Ruhe die Gelegenheit gegeben, durch sein Wort zu Ihnen zu sprechen? Denken Sie darüber nach. Sprechen Sie mit Gott darüber.

Schätze im Himmel

Vers des Tages: *»Mühe dich nicht ab, es zu Reichtum zu bringen, da verzichte auf deine Klugheit! Wenn du deine Augen darauf richtest, ist er nicht mehr da. Denn plötzlich macht er sich Flügel wie ein Adler und fliegt zum Himmel«* (Sprüche 23,4-5).

Materialismus versklavt unser Herz, unseren Sinn und unseren Willen. Um nicht von den materiellen Dingen des Lebens gefesselt zu werden, müssen wir uns vom Geist Gottes befreien und lenken lassen.

Wenn unser Herz am Materiellen hängt und irdischen Gewinn höher schätzt als himmlische Schätze, werden wir einen tragischen Verlust erleiden. Zwar können irdische Reichtümer auch für Gott eingesetzt werden, wenn wir sie aber für uns selbst anhäufen, werden wir sie verlieren. *Und mit ihnen unser Herz.* Statt geistliche Bereicherung zu erfahren, werden wir verarmen.

Wie können wir Schätze im Himmel sammeln? Indem wir *alles, was wir haben*, zur Ehre Gottes verwenden. Das bedeutet, dass wir uns nicht an materielle Güter klammern und unser Leben nach den wahren Reichtümern des Reiches Gottes bemessen, anstatt nach den falschen Schätzen dieser Welt.

Lesen Sie auch: Matthäus 6,19-24; 19,16-24; 1. Timotheus 6,6-11; Lukas 9,25.

Praktische Schritte: Sind Sie an materielle Güter gebunden? Ersetzen Sie diese durch einen »Schatz im Himmel«. Tun Sie heute etwas von ewigem Wert und bitten Sie Gott dabei um seine Führung.

Dringend notwendig: Beistand im Gebet

Zur Erinnerung: *»Und mein Volk, über dem mein Name ausgerufen ist, demütigt sich, und sie beten und suchen mein Angesicht und kehren um von ihren bösen Wegen, dann werde ich vom Himmel her hören und ihre Sünden vergeben und ihr Land heilen«* (2. Chronik 7,14).

Gottes Wort und Gebet gehören zusammen. Der Prophet Samuel sprach zum Volk Israel: »Fern sei es von mir, dass ich mich an dem HERRN versündigen und aufhören sollte, für euch zu bitten; sondern ich will euch den guten und richtigen Weg lehren« (1. Samuel 12,23). Petrus versicherte: »Wir [die Apostel] aber werden im Gebet und im Dienst des Wortes verharren« (Apostelgeschichte 6,4). Paulus setzte den gleichen Schwerpunkt: »Und nun befehle ich euch Gott und dem Wort seiner Gnade, das die Kraft hat, aufzuerbauen und ein Erbe unter allen Geheiligten zu geben« (Apostelgeschichte 20,32).

Wie Jesus für seine Jünger gebetet hatte, betete auch Paulus für die Christen in Thessalonich, damit sie nicht in ihrem Glauben scheiterten. Ich war einmal mehrere Wochen im Dienst für den Herrn als Prediger in Kenia und Zaire unterwegs. Als ich von dort zurückkehrte, war ich überzeugter denn je, dass Missionare und Gemeinden nichts nötiger brauchen als das *Gebet.* Auch für die jungen Christen in unserem Land müssen wir beten. Es reicht nicht aus, ihnen die biblische Wahrheit nahe zu bringen, wir müssen sie auch mit unseren Gebeten unterstützen.

 Zum Nachdenken: Lukas 22,31-32; 1. Korinther 14,15; Epheser 6,18; Hebräer 4,16; Jakobus 5,16.

Praktische Schritte: Handeln Sie entsprechend Hebräer 4,16, und befehlen Sie Gottes Fürsorge mindestens zwei seiner Diener vor Ort oder im Ausland und mindestens einen jungen Christen an.

Oktober _____

Im Glauben wandeln

Vers des Tages: *»Denn wir wandeln durch Glauben, nicht durch Schauen«* (2. Korinther 5,7).

Ein Christ, der im Glauben wandelt, wird sich »der vollen Reife zuwenden« (Hebräer 6,1). Ein Gläubiger, der sich nach dem Sichtbaren richtet, wird »zurückweichen zum Verderben« (Hebräer 10,39). Das griechische Wort, das hier mit »Verderben« wiedergegeben wurde, kommt im Neuen Testament etwa zwanzig Mal vor und wird unterschiedlich übersetzt: »Verderben« (Apostelgeschichte 8,20; Römer 9,22), »preisgeben« (Apostelgeschichte 25,16) und »Verschwendung« (Matthäus 26,8). Das Wort *kann* ewige Verurteilung bedeuten, was aber nicht *zwangsläufig* der Fall ist. Ich persönlich denke, dass »Verschwendung« die beste Übersetzung für dieses Wort in Hebräer 10,39 ist. Ein Christ, der nicht im Glauben wandelt, kehrt schnell auf alte Pfade zurück und verschwendet dadurch sein Leben.

Der »Gewinn des Lebens« ist das Gegenteil von Verschwendung. Im Glauben wandeln heißt, Gottes Wort zu gehorchen und für Jesus Christus zu leben. Wir verlieren um seinetwillen unser Leben – und dadurch bewahren wir es! Menschen, die Gottes Willen missachten (wie das Volk Israel), verschwenden viele Jahre damit, in der »Wüste« umherzuirren.

Aber wir können getrost sein! Wenn wir im Glauben wandeln, führt unser Herr und Hohepriester uns zur Vollendung.

Zum Nachdenken: Matthäus 16,25-27; 4. Mose 14,1-35; Psalm 31,3.

Praktische Schritte: Lesen Sie den heutigen Text noch einmal durch und unterstreichen Sie zwei Wahrheiten von entscheidender Bedeutung. Wie sehr haben Sie sich bisher danach gerichtet? Überlegen Sie, wie Sie diese Wahrheiten noch vor Ende des Tages in die Tat umsetzen können.

Christi Gesinnung zahlt sich aus!

Denken Sie daran: *»Habt diese Gesinnung in euch, die auch in Christus Jesus war ... Er machte sich selbst zu nichts und nahm Knechtsgestalt an«* (Philipper 2,5-7).

Wie schrecklich wäre es doch, durchs Leben gegangen zu sein, ohne wenigstens für einen Menschen zum Segen gewesen zu sein! Epaphroditus war ein Segen für Paulus. Er stand Paulus während seiner Zeit im Gefängnis bei und ließ sich nicht einmal durch seine eigene Krankheit von diesem Dienst abhalten. Durch was für schwere Zeiten müssen er und Paulus gegangen sein! Epaphroditus war auch für seine Gemeinde ein Segen. Paulus ermahnt die Gemeinde dazu, Epaphroditus wegen seiner Opferbereitschaft und seines Dienstes zu ehren. Die Verherrlichung steht zwar Christus zu, aber es ist nichts Falsches daran, auch seinem Diener eine gewisse Ehre zu erweisen. Epaphroditus opferte sich auf, ohne an eine Belohnung zu denken, deshalb ermahnt Paulus die Gemeinde, ihn zur Ehre Gottes wertzuschätzen.

Epaphroditus war ein Segen für Paulus und für seine eigene Gemeinde, und er ist *auch für uns heute* ein Segen! Sein Beispiel beweist uns, dass ein Leben des Opferbringens und Dienens Freude macht, und dass sich eine demütige Gesinnung tatsächlich auszahlt. Er und Timotheus ermutigen uns, uns dem Herrn und einander im Geiste Christi unterzuordnen. Christus ist uns darin ein Beispiel, dem wir folgen. Paulus zeigt, welche Kraft uns diese Gesinnung verleiht, und Timotheus und Epaphroditus sind der Beweis dafür, dass sie sich wirklich auszahlt.

Gestatten Sie dem Heiligen Geist, in Ihnen »die Gesinnung Christi« zu schaffen?

 **Lesen Sie auch:** Philipper 2,5-12; 25-30; 4,12-19; 1. Thessalonicher 5,12-13.

Praktische Schritte: Versuchen Sie heute, dem Beispiel des Epaphroditus zu folgen. Bemühen Sie sich, als ein treuer Diener Christi zu handeln.

Bei der Herde bleiben

Vers des Tages: »*Wenn es nun irgendeine Ermunterung in Christus gibt, wenn irgendeinen Trost der Liebe, wenn irgendeine Gemeinschaft des Geistes, wenn irgendein herzliches Mitleid und Erbarmen, so erfüllt meine Freude, dass ihr dieselbe Gesinnung und dieselbe Liebe habt, einmütig, eines Sinnes seid*« (Philipper 2,1-2).

Eine der Aufgaben unseres auferstandenen Herrn besteht darin, sein Volk zur Vollendung zu führen. Er gebraucht dafür das Wort Gottes und die Gemeinschaft der Christen in den einzelnen Ortsgemeinden. Wenn Christen füreinander beten und sich gegenseitig Beistand leisten, baut der erhöhte Herr seine Gemeinde und macht uns alle bereit für seinen Dienst.

Jemand sagte einmal: »Bei Gott gibt es keine Einzelkämpfer.« Das kommt daher, dass ein Christ alleine weder geistlich wachsen, noch anderen dienen kann. Einen einzelnen Christen kann man genauso wenig großziehen wie eine einzelne Biene. Christen gehören zueinander und brauchen einander. Ein Baby muss in einer liebevollen Familie aufwachsen, wenn es sich richtig entwickeln soll.

Wer großen Wert auf seine »Individualität« legt und es nicht für wichtig erachtet, seinen Platz in der Gemeinde zu finden, begibt sich aufs Glatteis. Wir sind Schafe einer Herde und müssen zusammen auf der Weide stehen. Wir sind Glieder desselben Leibes und sind dazu berufen, einander und der Welt zu dienen.

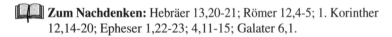 **Zum Nachdenken:** Hebräer 13,20-21; Römer 12,4-5; 1. Korinther 12,14-20; Epheser 1,22-23; 4,11-15; Galater 6,1.

Praktische Schritte: Denken Sie an die unglaubliche Vielfalt der Christen weltweit und an Ihre eigene Gemeinde. Welche Begabungen haben diese Menschen? Haben Sie selbst schon Ihre Talente entdeckt? Fragen Sie Gott, wie Sie die anderen Glieder seines Leibes an Ihren Gaben teilhaben lassen können.

Von der Freiheit Gebrauch machen

Merkvers: *»Wenn nun der Sohn euch frei machen wird, so werdet ihr wirklich frei sein«* (Johannes 8,36).

Als Christen *haben* wir Freiheit. Diese Freiheit wurde durch Jesus Christus für uns erkauft und ist daher etwas sehr Kostbares. Freiheit kommt durch Erkenntnis: »Und ihr werdet die Wahrheit erkennen, und die Wahrheit wird euch frei machen« (Johannes 8,32). Je mehr wir beispielsweise über Atome wissen, desto mehr Freiheit haben wir, sinnvoll mit ihnen umzugehen. Aber Wissen ohne das Gegengewicht der *Liebe* kann nicht konstruktiv eingesetzt werden, sondern führt zu Zerstörung.

Gefestigte Christen wissen um diese Freiheit, aber sie wissen auch, dass mit Freiheit *Verantwortung* verbunden ist. Ich habe z.B. die Freiheit, mein Auto aus der Garage zu holen und damit auf die Autobahn zu fahren, *aber ich muss verantwortungsbewusst fahren*. Ich darf weder eine beliebig hohe Geschwindigkeit wählen, noch darf ich die Verkehrsschilder missachten.

Es gibt einige Fragen, anhand derer wir unsere Entscheidungen und unser Handeln überprüfen können. »Alles ist uns erlaubt«, aber

- führt es zu Freiheit oder Knechtschaft?
- macht es mich zum Stolperstein oder zu einer Brücke?
- baut es mich auf oder zerstört es mich?
- wird es nur mir selbst gefallen oder auch Christus ehren?
- werden Verlorene dadurch zu Christus geführt oder von ihm abgestoßen?

Die Art, wie wir von unserer Freiheit Gebrauch machen und wie wir mit anderen umgehen, zeigt, ob wir in Christus gereift sind. Starke und schwache Christen müssen in Liebe zusammenarbeiten, um einander zu erbauen und Jesus Christus zu verherrlichen.

Außerdem: 1. Korinther 6,12; 8,13; 10,23-33.

Praktische Schritte: Danken Sie Gott für Ihre Freiheit in Christus und versprechen Sie ihm, dass Sie diese Freiheit zu seiner Ehre nutzen wollen.

Oktober

Die Kraft des Blutes

Denken Sie daran: »*Denn ihr wisst, dass ihr nicht mit vergänglichen Dingen, mit Silber oder Gold, erlöst worden seid von eurem eitlen, von den Vätern überlieferten Wandel, sondern mit dem kostbaren Blut Christi als eines Lammes ohne Fehler und ohne Flecken*« (1. Petrus 1,18-19).

In seinem Buch *Apostolic Preaching of the Cross* (etwa: Apostolische Predigten über das Kreuz) schreibt Leon Morris, dass das Wort »Blut« in der Bibel 460 Mal vorkommt, davon 362 Mal im Alten Testament. Allein in 3. Mose 17 taucht es dreizehn Mal auf. In diesem Kapitel findet man außerdem den Schlüsseltext der biblischen Theologie zur Bedeutung des Blutes für die Erlösung: »Denn die Seele des Fleisches ist im Blut, und ich selbst habe es euch auf den Altar gegeben, Sühnung für eure Seelen zu erwirken. Denn das Blut ist es, das Sühnung tut durch die Seele in ihm« (3. Mose 17,11).

Lange bevor die Medizin die entscheidende Rolle des Blutkreislaufs im menschlichen Körper und seine Bedeutung für das Leben entdeckte, berichtet die Schrift schon davon, dass Blut gleichzusetzen ist mit Leben. Das Darbringen eines Opfers und das Vergießen seines Blutes bedeutete, dass ein Leben für ein anderes hingegeben wurde. Das unschuldige Opfer starb an Stelle des schuldigen Sünders. Aus der ganzen Schrift geht hervor, dass Sühne immer nur durch Blutvergießen erfolgen kann.

Die Gläubigen von heute müssen die große Bedeutung des »kostbaren« Blutes Christi (1. Petrus 1,19) erkennen. Durch sein Blut sind wir gerechtfertigt (Römer 5,9), erlöst (Epheser 1,7; Offenbarung 1,5), geheiligt (Hebräer 13,12), nahe geworden (Epheser 2,13) und gereinigt (1. Johannes 1,7). Die Gemeinde wurde durch Christi Blut erkauft und ist deshalb sehr kostbar in Gottes Augen (Apostelgeschichte 20,28).

Lesen Sie: 3. Mose 17.

Praktische Schritte: Schreiben Sie sich einige Verse heraus, die mit Opferblut zu tun haben und die Ihnen besonders wichtig erscheinen. Ordnen Sie diese bestimmten Überschriften zu, wie »erlöst«, »geheiligt«, »gereinigt«, »bewahrt«, »empfangen«. Machen Sie sich im Laufe des Tages Gedanken darüber, was diese Verse für Sie persönlich bedeuten. Lernen Sie einen oder zwei Verse auswendig, um künftig darauf verweisen zu können, wenn Sie Zeugnis geben wollen.

In alle Welt

Vers des Tages: *»Und Jesus trat zu ihnen und redete mit ihnen und sprach: Mir ist alle Macht gegeben im Himmel und auf Erden. Geht nun hin und macht alle Nationen zu Jüngern, und tauft sie auf den Namen des Vaters und des Sohnes und des Heiligen Geistes«* (Matthäus, 28,18-19).

Christus zu vertrauen hat nicht nur etwas mit Glauben zu tun, sondern auch mit Gehorsam. Ein Teil dieses Gehorsams besteht darin, den Missionsauftrag zu erfüllen, den Christus uns gegeben hat. Zusätzlich gebietet Gott den Menschen, »dass sie alle überall Buße tun sollen« (Apostelgeschichte 17,30).

Der missionarische Auftrag der Gemeinde darf für uns nie zur Nebensache werden. Die Verlorenen der Welt können nicht eher Erlösung finden, als dass sie den Herrn Jesus Christus anrufen. Doch wie können sie zu ihm rufen, wenn sie nicht an ihn glauben? Glaube entsteht durch Hören der Botschaft, darum muss sie ihnen verkündet werden.

Wie wird ihnen die Botschaft verkündet? Ein Bote muss sie übermitteln. Das bedeutet, dass Gott den Boten berufen muss und er gesandt wird. Was für ein Vorrecht ist es, einer dieser Boten zu sein, die eine frohe, lebensspendende Nachricht bringen!

Zum Weiterlesen: Römer 10,15; Philipper 1,15-18; Psalm 40,9.

Praktische Schritte: Welche missionarische Gruppen oder Missionare haben Sie bisher durch Gebet, Geld, Briefe oder sonst irgendwie unterstützt? Überall auf der Welt sind Bibelübersetzer in vollem Einsatz. Hoffentlich wird schon bald jeder Mensch die Bibel in seiner eigenen Muttersprache lesen können. Trotzdem werden überall Missionare gebraucht, die das Evangelium verkünden. Was können Sie tun, um die Missionsarbeit der Gemeinde Jesu zu fördern? Schreiben Sie sich drei Vorgehensweisen auf.

Die eigene Sünde erkennen

Die Bibel sagt uns: *»So verurteilt nichts vor der Zeit, bis der Herr kommt, der auch das Verborgene der Finsternis ans Licht bringen, und die Absichten der Herzen offenbaren wird. Und dann wird jedem sein Lob werden von Gott«* (1. Korinther 4,5).

Christen müssen einander helfen, in der Gnade Gottes zu wachsen. Wenn wir nicht lernen, mit uns selber ins Gericht zu gehen, schaden wir nicht nur uns selbst, sondern auch anderen, denen wir eigentlich helfen müssten. Die Pharisäer kritisierten und verurteilten *andere*, um sich selbst in ein gutes Licht zu rücken. Jesu Nachfolger dagegen müssen sich *selbst* kritisch beurteilen, um anderen helfen zu können, dass sie besser dastehen.

Hören wir, wie unser Herr sich dazu äußert (Matthäus 7,3-5). Er wählte das Beispiel des Auges, weil es sich dabei um den empfindlichsten Körperteil handelt. Das Bild eines Mannes mit einem riesigen Balken im eigenen Auge, der versucht den Splitter aus dem Auge seines Gegenübers zu entfernen, erscheint uns lächerlich! Wenn wir nicht ehrlich unsere Sünden bekennen und unsere Schuld eingestehen, blenden wir uns selbst und können nicht klar genug sehen, um anderen zu helfen. Die Pharisäer verurteilten die Sünden der anderen, weigerten sich aber, ihr eigenes Verhalten kritisch zu überprüfen.

Zur Vertiefung: Matthäus 7,3-5; Lukas 18,9-14; Römer 14,10-13.

Praktische Schritte: Wird Ihre Sicht auch von einem »Balken« im Auge behindert? Die Sünde, die Sie bei Ihrem Bruder sehen, liegt vielleicht in Wirklichkeit nicht in seinem, sondern in Ihrem eigenen Leben. Bekennen Sie Ihre Sünde noch heute vor Gott.

Jesus sorgt für uns

Seien Sie dankbar: »*... der unsere Sünden an seinem Leib selbst an das Holz hinaufgetragen hat, damit wir, den Sünden abgestorben, der Gerechtigkeit leben; durch dessen Striemen ihr geheilt worden seid*« (1. Petrus 2,24).

Jesus gibt uns alles, was wir brauchen. Er ist unser *Brandopfer*, deshalb müssen wir uns ganz in seine Hände legen. Er ist unser *Speisopfer* – das zermahlene Korn, das durch Feuer gegangen ist, damit wir das Brot des Lebens haben, deshalb ist er unsere Nahrung. Er ist unser *Trankopfer*, das sich in Opferbereitschaft und Dienst an uns ausgegossen hat, deshalb müssen wir uns für ihn und für andere ausgießen. Er ist unser *Heilsopfer*, das aus der Hungersnot ein Freudenfest macht. Er ist unser *Sündopfer* und *Schuldopfer*, denn er hat unsere Sünden an seinem Leib an das Holz getragen (1. Petrus 2,24) und den vollen Preis für sie gezahlt (1. Petrus 1,18-19).

Das Volk Israel musste sechs verschiedene Opfer darbringen, um seine Beziehung zu Gott intakt zu halten. Jesus »hat *ein* Schlachtopfer für Sünden dargebracht« (Hebräer 10,12) und unser Sündenproblem damit ein für alle Mal gelöst.

Glauben Sie daran, dass Jesus Christus für alle Ihre Sünden gestorben ist und ihre ganze Schuld bezahlt hat? Können Sie mit Maria sagen: »Meine Seele erhebt den Herrn, und mein Geist hat gejubelt über Gott, meinen Heiland« (Lukas 1,46-47)? Wenn nicht, dann vertrauen Sie sich heute noch Gott an. Wenn Sie Ihr Leben bereits in seine Hände gelegt haben, dann lassen Sie andere an der frohen Botschaft teilhaben.

»Dein Glaube hat dich gerettet«, sagte Jesus zu einer bußwilligen Sünderin. »Geh hin in Frieden« (Lukas 7,50).

Welch wunderbare Worte!

 **Lesen Sie:** 3. Mose 6.

Praktische Schritte: Geben Sie die frohe Botschaft heute an jemanden weiter, sei es durch eine kurze Notiz, ein Telefonat oder ein persönliches Gespräch. Lernen Sie eine Bibelstelle auswendig, die Sie bei Gelegenheit an eine bedürftige Seele weitergeben können. Gottes Wort ist mächtig und wird nicht leer zurückkehren (Jesaja 55,11).

Für die Herrlichkeit Gottes geboren

Zum Nachdenken: *»Denn alles Fleisch ist wie Gras und alle seine Herrlichkeit wie des Grases Blume«* (1. Petrus 1,24). *»Und die Welt vergeht und ihre Begierde; wer aber den Willen Gottes tut, bleibt in Ewigkeit«* (1. Johannes 2,17).

Durch den Tod und die Auferstehung Jesu Christi sind die Glaubenden »wiedergeboren« zu einer lebendigen Hoffnung auf die Herrlichkeit Gottes. Aber was meinen wir mit »Herrlichkeit Gottes«?

Die Herrlichkeit Gottes ist die Gesamtheit dessen, was Gott ist und tut. »Herrlichkeit« ist keine einzelne Eigenschaft Gottes, wie Heiligkeit, Weisheit oder Barmherzigkeit. Alles, was er ist und tut, zeichnet sich durch seine Herrlichkeit aus. Er ist herrlich in seiner Weisheit und Macht, und alles, was er denkt und tut, zeugt von seiner Herrlichkeit. Sie offenbart sich in der Schöpfung, in seinem Umgang mit dem Volk Israel und vor allem in seinem Heilsplan für die verlorene Menschheit.

Unser irdischer Leib ist nicht für die Herrlichkeit Gottes bestimmt. Die schwache Herrlichkeit des Menschen vergeht, aber die Herrlichkeit des Herrn währt ewig. Unsere Werke, die der Verherrlichung Gottes dienen, überdauern die Zeit und werden belohnt. Doch aus Eigennutz erbrachte Leistungen werden eines Tages auf immer verwehen und nicht mehr gesehen werden. Das ist unter anderem ein Grund, warum wir Nachschlagewerke brauchen – damit wir etwas über berühmte Leute erfahren, die ansonsten schon lange in Vergessenheit geraten sind!

 **Lesen Sie:** Psalm 19.

Praktische Schritte: Schreiben Sie mit Ihren eigenen Worten nieder, wie Sie jemandem »die Herrlichkeit Gottes« erklären würden. Sprechen Sie mit Gott über Ihren Wunsch, ihn ein Leben lang zu ehren und zu verherrlichen.

Die echte Bekehrung

Vers des Tages: *»Prüft euch, ob ihr im Glauben seid, untersucht euch! Oder erkennt ihr euch selbst nicht, dass Jesus Christus in euch ist? Es sei denn, dass ihr etwa unbewährt seid«* (2. Korinther 13,5).

In einer Gemeinde, in der ich im Dienst für den Herrn tätig war, schien ein bestimmter Teenager der Mittelpunkt aller Spannungen in der Jugendgruppe zu sein. Er war ein begabter Musiker und Mitglied der Gemeinde, aber machte trotzdem andauernd Probleme. In einem Sommer, als wir zum Jugendzeltlager fuhren, beschlossen die Gruppenleiter, einige Leiter der Gemeinde und ich, täglich für diesen Jungen zu beten. Bei einem der nächsten Treffen stand er auf und verkündete, dass er genau in dieser Woche gerettet wurde! Bis dahin war sein christliches Bekenntnis nur vorgetäuscht gewesen. Sein Leben erfuhr eine entscheidende Wende und heute ist er ein treuer Diener des Herrn.

Zweifellos rühren viele der Probleme in unseren Gemeinden daher, dass Menschen sich zwar zur Erlösung bekennen, aber niemals wirklich richtig Buße getan und sich Jesus Christus anvertraut haben. Paulus nannte solche Menschen *unbewährt* (2. Korinther 13,5). Später betonte er, wie wichtig es ist, dass ein Mensch die Gewissheit hat, dass er erlöst ist und sich auf dem Weg in den Himmel befindet.

Machen Sie sich Gedanken zu: Psalm 19,12-13; 2. Korinther 13,6-7; 1. Timotheus 3,1-9; Titus 1,15-16; Jakobus 2,14-26; 1. Johannes 5,11-13; 5,18.

Praktische Schritte: Kennen Sie jemanden, der zwar von sich behauptet, ein Christ zu sein, dessen Verhalten aber in ständigem Widerspruch zu dieser Aussage steht? Beten Sie für diesen Menschen ab heute mindestens dreimal pro Woche. Bitten Sie Gott darum, Ihnen ein Herz voller Liebe für diesen Menschen zu geben. Bemühen Sie sich, wenn irgend möglich, diesem Menschen, für den Christus auch gestorben ist, mit größerer Aufmerksamkeit und Liebe zu begegnen.

Wenn Ihnen keine solche Person einfällt, beten Sie für sich selbst, für ihre Nächsten und für Ihre Gemeinde. Bitten Sie Gott darum, dass er Ihnen hilft in Gedanken, Worten und Werken ein echtes christliches Leben zu führen.

Eine Meile in meinen Mokassins

Vers des Tages: *»Freut euch mit den sich Freuenden, weint mit den Weinenden«* (Römer 12,15).

Eine alte indianische Weisheit lautet: »Verurteile mich nicht, bevor du eine Meile in meinen Mokassins gelaufen bist.« Unsere sündhafte Natur erschwert es uns, einer solchen Aufforderung nachzukommen.

Die Sünde macht die Menschen egoistisch. Sie macht uns blind für die Verletzungen anderer. Sie verhärtet unser Herz und lässt uns verurteilen anstatt mitzufühlen. Erinnern Sie sich noch, was passierte, als David die Geschichte von der Sünde des reichen Mannes hörte? Er verurteilte ihn, obwohl er selbst ein noch viel größerer Sünder war (2. Samuel 12).

Man könnte meinen, ein Sünder würde mit einem anderen Sünder mitfühlen können, aber das trifft nicht immer zu. Vielmehr sind es geistlich gesinnte Menschen mit einem reinen Herzen, die Mitleid mit dem Sünder haben und ihm zu helfen versuchen. Da wir selbst so voller Schuld sind, fällt es uns sehr schwer, anderen Sündern eine Hilfe zu sein. Jesus aber ist vollkommen, er kann uns geben, was wir brauchen, wenn wir Schuld auf uns geladen haben.

Zur Vertiefung: Galater 6,1-2; 1. Petrus 3-8; Sacharja 7,9.

Praktische Schritte: Wen haben Sie in letzter Zeit kritisiert? War Ihre Kritik wirklich gerechtfertigt? Waren Ihre Worte eher vernichtend oder eher mitfühlend und konstruktiv? Können Sie jetzt noch etwas tun, um diesen Menschen wirklich zu helfen? Bitten Sie Gott darum, dass er Ihnen dabei hilft, Christi Beispiel von jetzt an besser nachzufolgen.

Drei Fürbitten

Vers des Tages: »*... wobei wir Nacht und Tag aufs inständigste bitten, euer Angesicht zu sehen und das zu vollenden, was an eurem Glauben mangelt. Unser Gott und Vater selbst aber und unser Herr Jesus richte unseren Weg zu euch. Euch aber lasse der Herr zunehmen und überreich werden in der Liebe zueinander und zu allen – wie auch wir euch gegenüber sind – um eure Herzen zu stärken, untadelig in Heiligkeit <zu sein> vor unserem Gott und Vater bei der Ankunft unseres Herrn Jesus mit allen seinen Heiligen.*« (1. Thessalonicher 2,10-13).

Bei seinem Dienst an der Gemeinde in Thessalonich leistete der Apostel Paulus drei Fürbitten, an denen wir lernen können, wie wir für unsere Mitmenschen beten sollten (1. Thessalonicher 3,10-13).

Als erstes bat er Gott, *das zu vollenden, was an ihrem Glauben mangelte* (V.10). Unser Glaube wird niemals vollkommen sein, sondern immer der Verbesserung und des Wachstums bedürfen. Einem Glauben, den man nicht auf die Probe stellen kann, darf man nicht trauen. Deshalb prüft Gott unseren Glauben – nicht um ihn zu zerstören, sondern um ihn zu festigen.

Zweitens betete Paulus darum, *dass sie überreich würden in der Liebe* (V.12). Wenn ich mit einem verlobten Paar das Ehegespräch führe, frage ich den Mann: »Wenn Ihre Frau drei Wochen nach der Hochzeit plötzlich gelähmt werden würde, wäre ihre Liebe stark genug, um bei ihr zu bleiben und für sie zu sorgen?« Wahre Liebe wird durch schwere Zeiten tiefer, bloßes Verliebtsein verschwindet, wenn Schwierigkeiten auftreten.

Echte christliche Nächstenliebe gilt nicht nur unseren Mitchristen, sondern »allen Menschen« (V.12). Wir lieben einander, aber wir lieben auch die Verlorenen und unsere Feinde. Diese überreiche Liebe muss uneingeschränkt sein, sich frei entfalten können und allen gelten.

Paulus betete als drittes, dass die Thessalonicher *untadelig in Heiligkeit sein mögen* (V.13). Die erwartete Wiederkunft Christi sollte allen Glaubenden als große Motivation dienen, ein Leben in Heiligkeit zu führen.

Paulus' Gebete für seine Freunde waren nicht unbedacht oder gelegentlich dahingesagt. Er betete »Nacht und Tag«. Echtes Beten ist ein hartes Stück Arbeit.

Weitere Bibelstellen: Lukas 18,1-7; 22,44; Römer 8,26; Epheser 6,18.

Praktische Schritte: Versuchen Sie, fünf Minuten lang innig zu beten.

Durch Prüfungen Geduld lernen

Vers des Tages: »*... damit die Bewährung eures Glaubens viel kostbarer befunden wird als die des vergänglichen Goldes, das durch Feuer erprobt wird, zu Lob und Herrlichkeit und Ehre in der Offenbarung Jesu Christi*« (1. Petrus 1,7).

Gott will unsere Geduld und Charakterstärke durch Prüfungen fördern. Ausdauer können wir weder durch das Lesen eines Buches erwerben (und sei es dieses hier) noch durch Anhören einer Predigt und nicht einmal durch das Gebet. Wenn wir in Gottvertrauen und Gehorsam durch die Schwierigkeiten des Lebens gehen, üben wir uns in Geduld und Charakterstärke. In diesem Bewusstsein können wir unseren Prüfungen frohgemut entgegengehen. Wir wissen, was sie in uns und für uns bewirken, und dass sie letzten Endes Gott zur Ehre gereichen werden.

Wenn wir viel in der Bibel lesen, können wir einiges über Geduld lernen. Aus dem Leben von Abraham, Josef, Mose, David und unserem Herrn erkennen wir, dass Gottes Prüfungen einen Zweck haben. Wenn wir Gott vertrauen, kann er seine Ziele mit uns verwirklichen. Dazu brauchen wir ein tieferes Verständnis für die Wahrheiten Gottes. Den unwissenden Gläubigen kann Satan besiegen, aber den Christen, der die Bibel liebt und Gottes Plan kennt, kann er nicht zur Strecke bringen.

Lesen Sie auch: Römer 5,3-4; 8,28; 15,4; 2. Korinther 4,17; Johannes 18,1-11; Jakobus 1,3-4; Offenbarung 14,12.

Praktische Schritte: Unser Glaube wird immerfort auf die Probe gestellt. Gott *prüft* uns, um das Beste in uns zum Vorschein zu bringen. Satan *versucht* uns, um das Schlechteste aus uns hervorzulocken. Die Prüfung unseres Glaubens beweist, dass wir wirklich wiedergeboren sind. Denken Sie heute einmal über Versuchungen und Prüfungen nach. Ist die Bibel Ihr Leitfaden? Verstehen Sie die Ziele Gottes? Wenn Sie nicht mehr weiter wissen, können Ihnen gute Gespräche im Rahmen eines Bibelkreises weiterhelfen. Ein Christ, der die Bibel kennt, ehrt Gott, weil er seinen Plan ernst nimmt und seinen Verheißungen Glauben schenkt. Ein solcher Christ geht mit größerer Geduld und Charakterstärke aus Prüfungen hervor.

Gottvertrauen

Vers des Tages: *»Der HERR ist mein Licht und mein Heil, vor wem sollte ich mich fürchten? Der HERR ist meines Lebens Zuflucht, vor wem sollte ich erschrecken?«* (Psalm 27,1).

Wir dürfen nicht vergessen, dass unsere Feinde (ich meine jene aus Fleisch und Blut) Werkzeuge des eigentlichen Feindes, des Teufels, sind. »Denn unser Kampf ist nicht gegen Fleisch und Blut, sondern gegen die Gewalten, gegen die Mächte, gegen die Weltbeherrscher dieser Finsternis, gegen die geistigen Mächte der Bosheit in der Himmelwelt« (Epheser 6,12).

Das Volk Gottes hat Feinde. Die Nation Israel wurde häufig von Feinden angegriffen, die Propheten erregten den Widerstand der Ungläubigen, sogar die Urgemeinde erfuhr Angriffe streng religiöser Menschen. Unser Herr brachte die Botschaft des Friedens, doch zuweilen ist ihr Ergebnis Krieg. Ein Christ, der Verfolgung aus dem Wege geht, verbirgt entweder sein Licht oder setzt die Wahrheit aufs Spiel. Wenn das Herz von Furcht ergriffen ist, werden auch Geist und Körper gelähmt. David (»ein Mann ganz nach Gottes Herzen«) verglich seine Widersacher mit wilden Tieren, die ihm nachjagten, um ihn zu vertilgen. Doch er fürchtete sich nicht vor ihnen, denn er setzte sein Vertrauen auf Gott.

Lesen Sie auch: Matthäus 5,43-48; 10,32-39; Psalm 27,2-3; Epheser 6,10-20.

Praktische Schritte: Erkennen Sie, dass Angst ein Werkzeug des Teufels ist, und entschließen Sie sich dazu, Gottvertrauen in Ihrem Leben an die erste Stelle zu setzen. Lesen Sie Epheser 6,10-20 und schreiben Sie auf, wie man entsprechend den Worten des Paulus stark im Herrn wird. Er verwendet das Bild der Waffenrüstung, um auszudrücken, dass wir einen geistlichen Kampf zu führen haben. Wahrheit, Gerechtigkeit, Friede, Glaube, Erlösung und das Wort Gottes sind die Waffen des Christen, um die Angriffe Satans abzuwehren.

Echtes Leben

Vers des Tages: »*Übrigens nun, Brüder, bitten und ermahnen wir euch in dem Herrn Jesus, da ihr ja von uns Weisung empfangen habt, wie ihr wandeln und Gott gefallen sollt – wie ihr auch wandelt – dass ihr darin noch reichlicher zunehmt*« (1. Thessalonicher 4,1).

Der schottische Schriftsteller Walter Scott schrieb:

> »Welch vertracktes Netz man webt,
> wenn plötzlich man in Lüge lebt.«

Echtes Leben kann nicht auf Dingen aufgebaut werden, die aus Täuschung bestehen. Bevor wir im Licht wandeln können, müssen wir uns selbst erkennen, annehmen und uns ganz in Gottes Hand geben. Es ist sinnlos, Mitmenschen täuschen zu wollen, denn Gott weiß ja, wie wir wirklich sind!

Echtes Leben flieht vor der Sünde. Statt zu versuchen, die Sünde zu verbergen, bekennt ein echter Christ seine Schuld und bemüht sich, der Sünde Herr zu werden, indem er sich im Licht von Gottes Wort bewegt. Er ist stets darauf bedacht, dass seine Worte und sein Handeln übereinstimmen.

Das hilft uns zu begreifen, warum der Weg des Lichts das Leben um so vieles leichter und schöner macht. Wenn wir im Licht wandeln, versuchen wir mit unserem Leben nur *einem* zu gefallen: Gott. Wenn wir uns selbst *und* Gott Genüge tun wollen, versuchen wir, zwei Herren gleichzeitig zu dienen, und das geht nie gut. Wenn wir anderen Menschen gefallen wollen, kommen wir in Schwierigkeiten, weil keine zwei Leute immer der gleichen Meinung sind.

Wandel im Licht – nach Gottes Wohlgefallen – bringt eine klare Linie in unser Leben, fügt alles zu einem einheitlichen Ganzen zusammen und schenkt uns wahre Ruhe und Frieden.

📖 **Zur Vertiefung:** Johannes 8,29; Sprüche 16,7; 1. Thessalonicher 2,4.

✂ **Praktische Schritte:** Bewerten Sie auf einer Skala von 1 bis 10, wie sehr Sie mit Ihrem Handeln jeweils Gott oder sich selbst Genüge tun wollen. Bedenken Sie dabei, dass Sie auch mit sich selbst viel zufriedener werden, wenn Sie ernsthaft versuchen, Gott zu gefallen. Bitten Sie Gott, die Bereiche in Ihrem Leben herauszufinden, die Sie bisher gern zur »Privatsache« erklärt haben. Seien Sie offen und ehrlich, wenn Sie diese Bereiche nun auch Gott überantworten. Schreiben Sie sich heute einen Bereich auf, und notieren Sie, wie Sie ihn so ändern können, dass er Gott gefällt.

»Ich hab' sie gebeißt!«

Richten Sie sich danach: *»Denn jeder, der sich selbst erhöht, wird erniedrigt werden, und wer sich selbst erniedrigt, wird erhöht werden«* (Lukas 14,11).

Wir alle haben schon einmal unserer lieben Mitmenschen wegen den Mut verloren. Doch wir müssen mit Menschen leben und zusammenarbeiten, wir können uns nicht von ihnen abschotten und dennoch Christus verherrlichen wollen. Wir sind das Licht der Welt und das Salz der Erde. Wir sollten nicht zulassen, dass wegen anderer Menschen unser Licht trübe oder unser Salz bitter wird.

Eine Mutter stieg einmal mit ihrem kleinen Sohn in einen Lift, um zur Arztpraxis hochzufahren. Im zweiten Stock stieg eine Gruppe von Leuten ein, u.a. eine ziemlich korpulente Dame. Als der Lift losgefahren war, wurde die Stille plötzlich von dem Schrei eben dieser Frau durchbrochen. Sie wandte sich empört an die Mutter:»Ihr Sohn hat mich gerade gebissen!« Da erklärte der kleine Junge der entsetzten Mutter:»Sie hat sich auf mein Gesicht gesitzt und da hab ich sie gebeißt.«

Was in diesem Aufzug passierte, geschieht überall auf der ganzen Welt: Menschen und Völker beißen einander, weil sie sich bedroht und in die Enge getrieben fühlen.

Aber ein Christ mit einer untertänigen Gesinnung wartet nicht, bis andere ihm dienen, er dient ihnen. Das Wohl seiner Mitmenschen ist ihm wichtiger als seine eigenen Pläne und Wünsche.

Zur Vertiefung: Lesen Sie das 2. Kapitel des Philipperbriefes und achten Sie besonders darauf, wie die untertänige Gesinnung von Jesus, Paulus, Timotheus und Epaphroditus zum Ausdruck kommt.

Praktische Schritte: Bitten Sie Gott darum, dass er Ihnen hilft, im täglichen Umgang mit Ihren Mitmenschen eine demütige Gesinnung zu bewahren.

Auf der Straße der Herrlichkeit

Vers des Tages: *»Geliebte, jetzt sind wir Kinder Gottes, und es ist noch nicht offenbar geworden, war wir sein werden; wir wissen, dass wir, wenn es offenbar werden wird, ihm gleich sein werden, denn wir werden ihn sehen, wie er ist«* (1. Johannes 3,2).

Machte es Gott Spaß, dem Treiben eines Tyrannen wie dem Pharao zuzusehen? Nein, er erduldete es nur. Gottes Langmut zeigt, dass er ihm die Gelegenheit zur Buße geben wollte.

Gott bereitet die Menschen für seine Herrlichkeit vor, die Sünder bereiten sich selbst auf das Gericht vor. Mose und dem ganzen Volk Israel offenbarte Gott den Reichtum seiner Gnade; dem Pharao und Ägypten zeigte er seine Macht und seinen Zorn. Da weder der Pharao noch sein Land Ägypten Gottes Barmherzigkeit verdient hatten, kann man Gott keine Ungerechtigkeit vorwerfen.

Letztlich war es natürlich Gottes Ziel, seine Gemeinde aus Juden *und* Heiden aufzubauen. Heute sind die Gläubigen durch Gottes Gnade «Gefäße des Erbarmens», die er für die Herrlichkeit vorbereitet. Ist es nicht ein schönes Gefühl, auf der »Straße der Herrlichkeit« seines Weges zu ziehen?

Lesen Sie in Ruhe: Römer 8,28-30; 9,22-24; 2. Petrus 3,9; 2. Mose 3,7; 7,6-13; 8,8-15; 1. Petrus 5,1; Genesis 3.

Praktische Schritte: Von Anfang an hat Gott uns die Wahl gegeben zwischen Gut und Böse. Es ist sehr wichtig, wie wir uns entscheiden.

Der Schriftsteller C. S. Lewis sagte, dass wir hier schon beginnen, das zu werden, was wir in der Ewigkeit sein werden – entweder schön und voller Herrlichkeit oder abstoßend und voller Finsternis. Schreiben Sie die Namen dreier noch lebender Christen auf, deren Charakter Ihnen am meisten «zur Herrlichkeit vorbereitet» erscheint. Neben den Namen notieren Sie dann mindestens einen wertvollen Zug der jeweiligen Person.

Richten Sie Ihre Handlungen heute nach dem Vorbild eines dieser Christen aus. Schreiben Sie diesem Menschen einen kurzen Brief, in dem Sie zum Ausdruck bringen, wie dankbar Sie Gott für ihn sind, und wie sehr sein Leben Sie inspiriert hat.

November

Werdet erneuert:

*»Wandelt würdig der Berufung,
mit der ihr berufen worden seid,
mit aller Demut und Sanftmut, mit Langmut,
einander in Liebe ertragend!«*

Epheser 4,1-2

Gott verherrlichen

Denken Sie daran: »*Ihr aber seid ein auserwähltes Geschlecht, ein königliches Priestertum, eine heilige Nation, ein Volk zum Besitztum, damit ihr die Tugenden dessen verkündigt, der euch aus der Finsternis zu seinem wunderbaren Licht berufen hat*« (1. Petrus 2,9).

Weder unsere eigene Anstrengung, noch eine Anzahl guter Werke können einen Sünder selig machen. Allein das Blut Jesu Christi reinigt uns von unseren Sünden (1. Johannes 1,7). Nur der auferstandene, verherrlichte Erlöser kann sich vor dem Thron Gottes als unser Beistand (1. Johannes 2,1) und Hoherpriester (Hebräer 8,1; Römer 8,34) für uns verwenden. Was den Juden zu Zeiten des Alten Testaments nur schemenhaft offenbart war, sehen die Kinder Gottes heute im hellen Licht Jesu Christi.

So wie das Volk Israel sich vor dem Unreinen und Schlechten in Acht zu nehmen hatte, müssen sich auch die Christen heute »reinigen von jeder Befleckung des Fleisches und des Geistes und die Heiligkeit vollenden in der Furcht Gottes« (2. Korinther 7,1). Gott möchte, dass wir ein »heiliges Priestertum« und »eine heilige Nation« sind, damit wir die Tugenden Gottes verkündigen und seinen Namen verherrlichen können (1. Petrus 2,5-9).

Am Sonntag, dem 24. Januar 1861, beendete Charles Spurgeon seine Predigt im *Metropolitan Tabernacle* mit den folgenden Worten:

»Eine unheilige Gemeinde! Sie ist von keinem Nutzen für die Welt und findet kein Ansehen unter den Menschen. Sie ist eine Abscheulichkeit, der Hölle Lachen, des Himmels Gräuel. Je größer und einflussreicher die Gemeinde wird, desto größer ist auch das Ärgernis, wenn sie tot und unheilig ist. Die größten Übel, die je über die Welt gekommen sind, wurden durch eine unheilige Gemeinde über sie gebracht.«

Acht Mal sagt der Herr uns in seinem Wort: »Seid heilig, denn ich bin heilig!« Hören wir auf ihn?

Lesen Sie: Epheser 5; 1. Johannes 2,1-17.

Praktische Schritte: Überlegen Sie sich einige Möglichkeiten, wie Sie heute bei der Erledigung Ihrer täglichen Pflichten Gottes Tugenden verkündigen und seinen Namen verherrlichen können. Achten Sie ganz besonders auf Ihre Worte. Zeugen sie von Güte und Gnade? Sprechen aus ihnen Liebe und Geduld? Kleine Eigenarten offenbaren oft unsere innersten Gedanken. Sorgen Sie dafür, dass auch Ihre Gedanken Gott ehren.

Wenn die Wahrheit lebendig wird

Denken Sie daran: »*Seid aber Täter des Wortes und nicht allein Hörer, die sich selbst betrügen!*« (Jakobus 1,22).

Die Aufgabe der Schriftgelehrten zu Zeiten der Bibel bestand hauptsächlich darin, das Gesetz zu untersuchen und die darin enthaltenen Lehren zu erforschen. Ursprünglich waren die Schriftgelehrten eine Gruppe sehr edler Menschen, die ihr Leben dem Schutz und der Bewahrung des Gesetzes widmeten. Leider muss man sagen, dass sie später zu einer sehr ungeistlichen Vereinigung verkamen und mehr damit beschäftigt waren, eine tote Tradition zu bewahren, als die lebendige Wahrheit zu lehren. Jesus beschuldigte sie, das Volk geistlich zu knechten, anstatt es in die Freiheit zu führen. Sie lebten so in der Ehrfurcht vor der Vergangenheit, dass sie ignorierten, was Gott sie in der Gegenwart lehren wollte. Sie verschlossen Türen, anstatt sie zu öffnen, damit Sünder gerettet werden konnten. Sie wollten Blinde führen und waren doch selbst blind. Warum? Weil sie keine Jünger des Herrn Jesu geworden waren.

Jeder Schriftgelehrte sollte auch ein Jünger werden – ein Mensch, der dem Herrn nachfolgt und seine Wahrheit in die Tat umsetzt. Wir *lernen* die Wahrheit, um sie zu *leben*. Die Wahrheit wird für uns lebendig, indem wir sie leben und sie immer besser kennen lernen! Wir brauchen heute dringend einen Ausgleich zwischen Theorie und Praxis, Lehre und Leben, Schulbank und Arbeitsplatz. Jesus lehrte seine Jünger sowohl auf theoretischer *als auch auf praktischer Ebene*. Er legte gleichen Wert auf objektive Wahrheit und subjektive Erfahrung. Es reicht nicht aus, das Wort Gottes nur zu hören. Wenn wir wachsen und Gott verherrlichen wollen, dann müssen wir auch danach handeln!

 **Weitere Bibelstellen:** Matthäus 5,3-12; Lukas 11,28.46-52; Römer 6,22-23; Jakobus 1,22-27.

Praktische Schritte: Wenn Sie erlöst sind und zur Familie Gottes gehören, so befolgen Sie heute in allem genau das Wort Ihres Vaters.

Ein diszipliniertes Leben

Merkvers: *»Wisst ihr nicht, dass die, welche in der Rennbahn laufen, zwar alle laufen, aber einer den Preis empfängt? Lauft so, dass ihr ihn erlangt! ... Ich zerschlage meinen Leib und knechte ihn, damit ich nicht, nachdem ich anderen gepredigt, selbst verwerflich werde.«* (1. Korinther 9,24.27).

Paulus liebte Vergleiche aus der Welt des Sports und benutzte sie mehrfach in seinen Briefen. Die Korinther waren mit den Olympischen Spielen Griechenlands genauso vertraut wie mit ihren eigenen Isthmischen Spielen. Paulus verwendete eine Metapher, die ihrer Erfahrungswelt entsprach.

Ein Sportler muss ein diszipliniertes Leben führen, wenn er den Siegespreis gewinnen will. Disziplin bedeutet, um des Besten willen das Zweit- und Drittbeste aufzugeben. Der Sportler muss genau auf seine Ernährung und auf seinen Tagesrhythmus achten. Er muss dankend ablehnen, wenn ihm jemand ein gehaltvolles Dessert anbietet oder ihn auf eine Party einlädt, bei der es spät werden kann. Gutes Essen oder eine lustige Feier sind nicht verkehrt, aber wenn unser höchstes Ziel dadurch beeinträchtigt wird, müssen wir die Finger davon lassen.

Der Christ läuft den Wettlauf nicht einfach nur, um in den Himmel zu kommen. Er befindet sich vielmehr in der Rennbahn, weil er durch den Glauben an Jesus Christus gerettet wurde. Nur den Bürgern Griechenlands war es ursprünglich gestattet, an den Olympischen Spielen teilzunehmen, und sie mussten sowohl im Training als auch während des Wettkampfs die Regeln genau befolgen. Jeder Wettkämpfer, der die Trainingsregeln nicht einhielt, wurde automatisch disqualifiziert.

Damit er es schaffte, auf seine Rechte zu verzichten und so die Freude erleben zu können, verlorene Seelen für Christus zu gewinnen, musste Paulus sich disziplinieren. Um mit unseren Rechten richtig umgehen zu können, müssen wir uns einer gewissen Disziplin unterziehen. Das ist der Preis, den wir zahlen müssen, wenn wir dem Herrn dienen und sein Lob und seine Anerkennung erlangen wollen.

Machen Sie sich auch Gedanken zu: Philipper 3,7-14; 2. Timotheus 2.

Praktische Schritte: Sprechen Sie mit Gott darüber, wie Sie momentan in Ihrem persönlichen Wettlauf vorankommen und sagen Sie ihm, wie wichtig es Ihnen ist, sein Lob und seine Anerkennung zu erringen.

November

Heilig sein

Vers des Tages: *»Wer ist dir gleich unter den Göttern, o HERR! Wer ist dir gleich, so herrlich in Heiligkeit, furchtbar an Ruhmestaten, Wunder tuend!«* (2. Mose 15,11).

Gott ist »herrlich in Heiligkeit« (2. Mose 15,11) und seine Herrlichkeit erfüllte das Allerheiligste sowohl der Stiftshütte (2. Mose 40,34-38) als auch des Tempels (1. Könige 8,10). Die Wolke der Herrlichkeit und die Feuersäule erinnerten das Volk Israel daran, dass der Herr ein heiliger Gott und ein »verzehrendes Feuer« ist (5. Mose 4,24; Hebräer 12,29). Der ganze Aufbau der Stiftshütte brachte die Heiligkeit Gottes zum Ausdruck: der Zaun um das Zelt, der bronzene Altar, auf dem das Blut vergossen wurde, das Waschbecken, in dem sich die Priester die Hände und Füße wuschen, und der Vorhang, der allen außer den Priestern den Zugang zum Allerheiligsten verwehrte.

Anhand des gesamten Opfersystems konnte Israel erkennen: »Der Lohn der Sünde ist der Tod« (Römer 6,23) und: »Die Seele, die sündigt, sie allein soll sterben« (Hesekiel 18,4). Gott hasst die Sünde, aber weil er die Sünder liebt und ihnen vergeben will, bestimmt er jemanden, der anstelle des Sünders stirbt. Das Schuldopfer im Alten Testament ist ein Bild des verheißenen Retters, der sein Leben für die Sünden der Welt dahingibt.

Keinen der heidnischen Götter könnte man je als »heilig« bezeichnen. Jahwe hingegen wird in der Schrift wiederholt der »Heilige Israels« genannt. Allein schon Jesaja verwendet diese Bezeichnung dreißig Mal.

Durch seine Worte und sein Handeln macht Jahwe dem Volk Israel klar, dass er ein heiliger Gott ist, rechtschaffen in seinen Werken und gerecht in seinem Urteil.

Lesen Sie: 1. Petrus 2.

Praktische Schritte: Erzählen Sie heute einem Freund von den Segnungen, die Ihnen durch Ihre Gebetszeiten zuteil werden. Rufen Sie sich in Erinnerung, dass der heilige Gott bereit ist, sich dessen anzunehmen, »der zerschlagenen und gebeugten Geistes« ist. Das ist Gnade, die über das menschliche Vorstellungsvermögen hinausgeht! Schreiben Sie einige persönliche Geschenke auf, die Sie von Ihrem wunderbaren gütigen Herrn und Erlöser empfangen haben, oder definieren Sie schriftlich den Begriff »heilig«.

Die Schule des Gebets

Jesus sagt uns: »*Bittet, und es wird euch gegeben werden; sucht, und ihr werdet finden; klopft an, und es wird euch geöffnet werden! Denn jeder Bittende empfängt, und der Suchende findet, und dem Anklopfenden wird geöffnet werden*« (Matthäus 7,7-8).

Kein Christ steigt je höher als sein Gebet. Alles, was wir sind und für den Herrn tun, hängt von unserem Gebetsleben ab. Wir gehen oft lieber schnell an die Arbeit, anstatt zuerst dafür zu beten. Denken wir doch daran, dass unsere Arbeit ohne unser Gebet nutzlos ist. Welchen Unterschied würde es doch für unser persönliches Leben, unsere Familien, unsere Gemeinden und die ganze Welt ausmachen, wenn die Christen lernten, wie man betet, und es auch *tatsächlich tun würden*!

Wenn Sie den Herrn um eine bestimmte Segnung bitten dürften, würde Ihre Bitte dann lauten: »Lehre mich beten«? Einige würden wohl sagen: »Herr, lehre mich, wie man reich wird« oder »Herr, lehre mich predigen«. Aber »Lehre mich beten« ist die weiseste Bitte, denn jeder Segen im Leben eines Christen hängt auf die eine oder andere Weise von seiner Fähigkeit zum Gebet ab.

Der wichtigste Teil unseres Lebens ist der, den nur Gott sehen kann. Im verborgenen Gebet liegt das Geheimnis für ein siegreiches Leben. Die Schule des Gebets besteht aus vier Stufen. Bei jeder Stufe wird der Schwerpunkt auf einen bestimmten Aspekt des Betens gelegt. Zunächst lernen wir zu beten. Danach müssen wir lernen, nach dem Willen Gottes zu beten. Wir müssen lernen als Kinder zu beten, die zu ihrem Vater kommen. Und schließlich lernen wir, im Gebet um die größten Segnungen des Heiligen Geistes zu bitten.

Weitere Bibelstellen: Lukas 11,1-13; Philipper 4,6; 1. Thessalonicher 5,17-18.

Praktische Schritte: Wenn Sie in der Regel nur sehr kurz beten, so versuchen Sie, sich künftig etwas mehr Zeit für das Gebet zu nehmen. Beten Sie laut, wenn Sie ungestört sind.

Der Dienst für den Herrn

Vers des Tages: *»Daher, meine geliebten Brüder, seid fest, unerschütterlich, allezeit überreich in dem Werk des Herrn, da ihr wisst, dass eure Mühe im Herrn nicht vergeblich ist!«* (1. Korinther 15,58).

Wie würden Sie Ihren Dienst für Gott beschreiben? Es hängt von Ihrer Einstellung ab, wie Sie dem Herrn dienen. Wenn Sie Ihren Dienst für Christus nicht als ein wunderbares Vorrecht, sondern als Last oder gar als Strafe Gottes betrachten, dann sind Sie ein Fronarbeiter und tun nur, was von Ihnen unmittelbar verlangt wird.

Paulus war als Diener Jesu Christi überwältigt von der Gnade und Barmherzigkeit Gottes. Seine positive Einstellung zu seinem Dienst *bewahrte ihn davor aufzugeben.* Trotz seiner großen Begabung und umfangreichen Erfahrung war er vor menschlicher Schwachheit nicht gefeit. Aber wie hätte er je den Mut verlieren können, wo er doch an einem solch wundervollen Werk mitwirkte? Mit der Berufung schenkte Gott ihm auch die Befähigung zu dieser Aufgabe. Paulus wusste, dass Gott ihn tragen würde.

Ein entmutigter Methodistenpfarrer bat einmal den großen schottischen Prediger Alexander Whyte um Rat: Sollte er seinen Dienst aufgeben? »Kommen Sie niemals auf den Gedanken, mit dem Predigen aufzuhören«, schrieb ihm Whyte zurück, »die Engel um den Thron beneiden Sie um Ihr großes Werk!« Diese Antwort hätte Paulus auch gegeben. Denken wir über diese Worte nach, wenn wir das Gefühl haben, unsere Arbeit sei umsonst.

Lesen Sie auch: Psalm 31,24; Philipper 2,12-18; 2. Thessalonicher 2,13-17.

Praktische Schritte: Fühlen Sie sich als Zeuge Christi manchmal entmutigt? In welchen Situationen? Überlegen Sie, für welche Dinge Sie dankbar sein können, wenn Sie anderen von Ihrem Glauben erzählen; beispielsweise dafür, dass Sie Ihren Glauben frei ausüben dürfen und eine eigene Bibel besitzen. Wenn Sie das nächste Mal versucht sind, die Flinte ins Korn zu werfen, dann bitten Sie Gott, Sie Ihrer Berufung erneut zu versichern. Es spricht natürlich auch nichts dagegen, dies sofort zu tun!

Unsere Werke folgen uns nach

Vers des Tages: *»Nach der Gnade Gottes, die mir gegeben ist, habe ich als ein weiser Baumeister den Grund gelegt; ein anderer aber baut darauf; jeder aber sehe zu, wie er darauf baut«* (1. Korinther 3,10).

Vor dem Richterstuhl Christi werden die Werke eines jeden Christen durch den Herrn beurteilt. Das hat aber nichts mit unseren Sünden zu tun, denn Christus hat unsere Schuld bereits bezahlt und sie kann nicht mehr gegen uns vorgebracht werden.

Das griechische Wort für »Richterstuhl« ist *bema* und bezeichnet den Platz, an dem bei sportlichen Wettkämpfen die Kampfrichter standen. Wenn sie während der Spiele sahen, dass ein Sportler die Regeln nicht befolgte, wurde er sofort disqualifiziert. Am Ende des Wettkampfes vergaben die Kampfrichter die Preise.

Paulus liefert uns auch noch ein anderes Bild für den Richterstuhl Christi. Er vergleicht unseren Dienst mit dem Bau eines Tempels. Wenn wir mit billigen Materialien bauen, werden unsere Werke vom Feuer verbrannt. Wenn wir hingegen kostbare, beständige Baustoffe verwenden, währen unsere Werke bis in alle Ewigkeit und wir erhalten unseren Lohn. Wenn unsere Werke in Flammen aufgehen, verlieren wir zwar unseren Lohn, aber gerettet sind wir dennoch, »doch so wie durchs Feuer«.

Machen Sie sich auch Gedanken zu: 1. Korinther 3,11-15; 6,19-20; 9,24-27; 2. Korinther 9,6; Matthäus 16,27; 2. Johannes 8; Offenbarung 22,12.

Praktische Schritte: Haben Sie jemals an einem sportlichen Wettkampf teilgenommen, bei dem Sie feststellen mussten, dass Sie nicht ausreichend vorbereitet waren? Oder haben Sie jemals begonnen, etwas zu bauen oder zu basteln und dabei gemerkt, dass es Ihnen an den nötigen Fertigkeiten oder an geeigneten Materialen mangelt, um die Arbeit erfolgreich zu beenden? Wie haben Sie sich in dieser Situation gefühlt?

Vielleicht ist es Ihnen gelungen, Ihre Niederlage geheim zu halten. Aber wenn Christus wiederkehrt, ist das keinem von uns vergönnt, denn dann liegen die Bücher offen vor dem Herrn. Bitten Sie den Herrn darum, dass er Ihnen hilft, sich stets ehrlich Rechenschaft über Ihr Leben abzulegen, damit Sie vor dem Richterstuhl Christi nicht »disqualifiziert« werden.

Das Miteinander in der Ehe

Vers des Tages: *»Lasst uns aber die Wahrheit reden in Liebe und in allem hinwachsen zu ihm, der das Haupt ist, Christus«* (Epheser 4,15).

Es ist erstaunlich, dass zwei Menschen miteinander verheiratet sein und zusammenleben können, ohne einander wirklich zu kennen! Unwissenheit wirkt sich in jedem Bereich des Lebens nachteilig aus, aber ganz besonders gefährlich ist sie in der Ehe. Ein christlicher Ehemann muss die Stimmungen, Gefühle, Bedürfnisse, Ängste und Hoffnungen seiner Frau kennen. Er muss sie »mit dem Herzen verstehen« und das Gespräch mit ihr suchen. In einer christlichen Familie sollte eine schützende Atmosphäre der Liebe und Unterordnung herrschen, in der Eheleute einander widersprechen können, ohne dass ihr Glück dadurch gleich zerbricht.

Jemand sagte einmal sehr treffend, dass Liebe ohne Ehrlichkeit Heuchelei und Ehrlichkeit ohne Liebe Grausamkeit ist. Wir brauchen sowohl Ehrlichkeit als auch Liebe, wenn wir in unserem Verständnis füreinander wachsen wollen. Wie kann ein Ehemann rücksichtsvoll gegen seine Frau sein, wenn er ihre Bedürfnisse und Probleme nicht versteht? Die Worte: »Ich habe nicht gewusst, dass du dich so gefühlt hast« sind das Eingeständnis, dass einer der beiden Eheleute irgendwann innerlich die Schotten dicht gemacht hat. Wenn ein Ehepartner Angst hat, mit dem anderen offen und ehrlich über eine Sache zu sprechen, ist das ein Zeichen dafür, dass in dieser Ehe nicht Brücken, sondern Mauern gebaut werden.

Lesen Sie auch: 1. Petrus 3,7; Prediger 9,9; 1. Korinther 7,3; Kolosser 3,19.

Praktische Schritte: Listen Sie in der entsprechenden Reihenfolge die zehn Ihrer Meinung nach wichtigsten Dinge auf, die Eheleute tun sollten, um einander ihre Liebe zu zeigen. Wenn Sie verheiratet sind, so bitten Sie Gott, dass er Ihnen dabei hilft, Ihrem Mann bzw. Ihrer Frau gegenüber mehr Liebe zu zeigen. Wenn nicht, so beten Sie für eine Ihnen nahestehende Person, die ihrem Partner oder ihrer Partnerin mehr Liebe erweisen sollte.

Zeit, Gott zu loben!

Vers des Tages: *»Es ist gut, den HERRN zu preisen und deinen Namen, du Höchster, zu besingen; am Morgen zu verkünden deine Gnade, und deine Treue in den Nächten«* (Psalm 92,2-3).

Wären Sie in der Lage gewesen, Gott zu loben, wenn Sie zur Zeit des Dreißigjährigen Krieges gelebt hätten? Dieser Krieg dauerte von 1618 bis 1648 und war der letzte große europäische Glaubenskrieg. Er begann als Konflikt zwischen Katholiken und Protestanten, und breitete sich von Böhmen über fast ganz Europa aus, um sich schließlich in einen allgemeinen Kampf um Territorium und politische Macht zu verwandeln.

Während der Schrecken des Dreißigjährigen Krieges leistete der Pastor Martin Rinkart den Menschen im sächsischen Eilenburg einen treuen Dienst. Er führte täglich bis zu vierzig Beerdigungen durch. Im Laufe seiner Amtszeit waren es insgesamt über 4000. Und trotz seiner niederschmetternden Erfahrungen schrieb er seinen Kindern ein Tischgebet, das wir heute als Danklied singen:

> *Nun danket alle Gott*
> *mit Herzen, Mund und Händen,*
> *der große Dinge tut*
> *an uns und allen Enden.*

Der Apostel Paulus erfuhr, dass Lobpreis eine entscheidende Rolle beim Kampf um den Sieg spielt, wenn alles ringsum dunkel und die Zukunft ungewiss ist. Er lernte, dass Lobpreis Großes bewirken kann, so wie auch das Gebet alles verändert.

Loben Sie Gott, denn er ist der Vater unseres Herrn Jesus Christus! Loben Sie ihn, denn er ist der Vater der Barmherzigkeit! Loben Sie ihn, denn er ist der Gott allen Trostes!

Denken Sie nach über: 1. Korinther 15,57; 2. Korinther 1,3; Epheser 1,3; 1. Petrus 1,3.

Praktische Schritte: Schreiben Sie fünf große Segnungen in Ihrem Leben auf und danken Sie Gott dafür.

Ein reifer Zeuge Gottes

Vers des Tages: »*Denn du hast uns geprüft, Gott, du hast uns geläutert, wie man Silber läutert*« (Psalm 66,10).

Wir ermutigen andere sowohl durch das, was wir ihnen vorleben, als auch durch unsere Worte. Wir ermutigen sie auch durch die Art, wie wir durch unsere Prüfungen gehen. Ich mag die Worte in Psalm 71,20-21: »Der du uns viele und unheilvolle Nöte hast sehen lassen, du wirst uns wieder beleben und uns aus den Tiefen der Erde wieder heraufführen. Du wirst meine Größe mehren und dich wenden und mich trösten.«

Je länger wir schon unseren Weg mit Gott gehen, desto größeren Einblick bekommen wir in sein Wesen und desto mehr verstehen wir sein Herz. Ein gereifter Heiliger weiß, dass der Richter über die gesamte Erde immer das Richtige tut. Sein Plan ist ohne Fehler. Gott lenkt auch unsere Prüfungen und er wird uns wieder beleben, wo wir uns tot fühlen, uns wieder aufrichten, wo wir uns niedergedrückt fühlen, und uns geistlich erneuern.

Die Lösung ist einfach: Beschäftigen Sie sich mit dem Herrn, und er wird sich um Ihre Feinde kümmern. Füllen Sie Ihren Tag mit dem Lobpreis Gottes, und dieser Lobpreis wird Ihre Widersacher in die Knie zwingen. Beschränken Sie sich aber nicht auf Anbetung, sondern bitten Sie Gott auch um Hilfe und legen Sie vor Ihren Mitmenschen Zeugnis ab. So werden Sie unschlagbar! Sie beginnen jetzt schon zu werden, was Sie einst sein werden. Was Sie jetzt säen, werden Sie später ernten. Der Herr wird wiederkehren, deshalb müssen wir gut auf die Zukunft vorbereitet sein. Der beste Weg, sich für die Begegnung mit dem Herrn zu wappnen, besteht darin, täglich treu nach seinem Willen zu handeln. So sind Sie jederzeit bereit zu seiner Wiederkunft!

Lesen Sie auch: Johannes 16,33; Apostelgeschichte 14,22; Römer 5,3; 8,35; 12,12; 1. Thessalonicher 3,4-5; 1. Petrus 1,7; 4,12-13.

Praktische Schritte: Das Wort *Prüfung* hat in unseren Ohren einen negativen Klang. Aber bei Gott können Prüfungen einem sehr positiven Zweck dienen. Mit welcher Prüfung sind Sie heute konfrontiert? Bitten Sie Gott, in Ihnen das Vertrauen zu stärken, dass der Ausgang in seinem Sinne sein wird. Denken Sie über Ihr Zeugnis anderen gegenüber nach. Werden sie durch Ihre Haltung gegenüber dieser Prüfung in ihrem Glauben ermutigt? Wenn ja, dann danken Sie Gott dafür, dass Sie das Vorrecht genießen dürfen, ein Vorbild für andere zu sein.

Das Fleisch gewordene Wort

Bibelstelle des Tages: *»Was von Anfang an war, was wir gehört, was wir mit unseren Augen gesehen, was wir angeschaut und unsere Hände betastet haben vom Wort des Lebens – und das Leben ist geoffenbart worden, und wir haben gesehen und bezeugen und verkündigen euch das ewige Leben, das bei dem Vater war und uns geoffenbart worden ist«* (1. Johannes 1,1-2).

Jesus Christus ist das Fleisch gewordene Wort Gottes. Er war weder als Geist hier auf der Erde, noch war sein Körper eine bloße Illusion. Johannes und die anderen Jünger konnten sich persönlich davon überzeugen, dass der Körper Jesu echt war (1. Johannes 1,1-2). Wenn der Apostel Johannes in seinem Evangelium die Göttlichkeit Jesu Christi betont, so macht er gleichzeitig klar, dass der Sohn Gottes *als Mensch* auf die Erde kam und trotz seiner Sündlosigkeit verletzlich war, wie alle anderen Menschen auch.

In seinem Evangelium schildert Johannes, dass Jesus ermüdet (4,6) und durstig (4,7) war. Er »ergrimmte [...] im Geist« (11,33) und weinte öffentlich (11,35). Am Kreuz blutete (19,34) und starb er (19,30). Nach seiner Auferstehung bewies er Thomas und den anderen Jüngern, dass er immer noch einen echten Leib hatte (20,24-29), wenngleich dieser nun verklärt war.

Wie konnte das Wort Fleisch werden? Durch das Wunder der Jungfrauengeburt. Christus nahm – obwohl er ohne Sünde war – die Natur des Menschen an und identifizierte sich mit uns in jeder Situation des Lebens, von der Geburt an bis zum Tod. »Das Wort« war kein abstraktes philosophisches Konzept, sondern ein Mensch aus Fleisch und Blut, den man anschauen, anfassen und anhören konnte. Unser Glaube gründet auf Christus, und Christus ist Gott.

Lesen Sie zur Vertiefung auch: alle Bibelstellen, die im heutigen Andachtstext angegeben sind.

Praktische Schritte: Danken Sie Gott dafür, dass das Wort Fleisch geworden ist, so dass Sie vom Tod zum Leben gelangen und ein Mitglied in Gottes königlicher Familie werden konnten.

Vom Herrn getröstet

Jesaja verkündete: *»Und an jenem Tag wirst du sagen: Ich preise dich, HERR! Ja, du hast mir gezürnt. Möge dein Zorn sich wenden, dass du mich tröstest!«* (Jesaja 12,1).

Überall im Jesajabuch stellt uns der Prophet vor die Wahl, entweder dem Herrn zu vertrauen und zu leben oder sich gegen ihn aufzulehnen und zu sterben. Er verkündet die Gnade und Barmherzigkeit Gottes und seine Bereitschaft zur Vergebung. Er verkündet aber auch die Heiligkeit und den Zorn Gottes und warnt vor seinem Gericht. Er verheißt Herrlichkeit für diejenigen, die an den Herrn glauben, und Gericht für diejenigen, die ihn verachten. Er betont, wie töricht es ist, auf die Weisheit der Menschen und die Güter dieser Welt zu vertrauen.

Jesaja ruft die Menschen, die Gott bekennen, zu neuem geistlichen Leben auf. Er warnt vor Scheinheiligkeit und Gebeten, die nur aus leeren Worten bestehen. Er ruft sie auf zu Glaube, Gehorsam, Freude am Herrn und einem Leben, durch das Gott verherrlicht wird.

»Kein Friede den Gottlosen, spricht der HERR« (Jesaja 48,22; 57,21), denn um Frieden zu haben, muss man gerecht sein (Jesaja 32,17). Gerechtigkeit können wir aber nur durch Glauben an Jesus Christus erlangen (Römer 3,19-31).

Die Botschaft Jesajas lautet: »Lasst euch vom Herrn trösten!« (vgl. Jesaja 12,1; 40,1-2; 49,13; 51,3.19; 52,9; 54,11; 57,18; 61,2; 66,13). *Aber Gott kann keine Rebellen trösten!* Wenn wir gegen Gott sündigen, ohne dabei ein Unbehagen zu verspüren, dann läuft etwas grundfalsch bei uns. Falsche Behaglichkeit führt zu falscher Sicherheit, welche wiederum die Züchtigung durch den Herrn zur Folge hat.

»Sucht den HERRN, während er sich finden lässt!« (55,6).

»Wenn eure Sünden rot wie Karmesin sind, wie Schnee sollen sie weiß werden (1,18).

📖 **Lesen Sie:** Jesaja 12.

Praktische Schritte: Schlagen Sie alle Bibelstellen nach, die im heutigen Andachtstext genannt werden. Bitten Sie Gott, dass er Ihnen zeigt, ob und inwiefern Sie sich in Ihrem Herzen gegen ihn auflehnen. Fassen Sie den Entschluss, Gott von nun an bedingungslos Folge zu leisten.

Sündiger Zorn

Die Bibel sagt uns: *»Lass ab vom Zorn und lass den Grimm! Entrüste dich nicht! Es führt nur zum Bösen«* (Psalm 37,8).

Ich habe gelesen, dass in Chicago jeder fünfunddreißigste Todesfall auf Mord oder Totschlag zurückzuführen ist, und dass die meisten dieser Verbrechen »im Affekt«, aus Zorn auf Freunde oder Verwandte heraus verübt werden. Jesus sagte nicht nur, dass Zorn zu Mord führt, sondern dass Zorn bereits Mord *ist*.

Zwar gibt es einen heiligen Zorn auf die Sünde, aber Jesus bezog sich nicht darauf, sondern auf den unheiligen Zorn, der sich gegen Menschen richtet (Matthäus 5,21-26). Zorn ist etwas unermesslich Törichtes. Er zerstört, statt aufzubauen. Er bringt uns um unsere Freiheit und macht uns zu Gefangenen. Wenn wir jemanden hassen, begehen wir in unserem Herzen Mord.

Das heißt nicht, dass wir jemanden, den wir hassen, genauso gut auch gleich umbringen können, weil wir die Tat innerlich sowieso schon begangen haben. Sündige Gefühle sind kein Grund für sündige Taten. Sündiger Zorn bringt uns um die Gemeinschaft mit Gott und unseren Brüdern, aber wir wandern dadurch noch nicht als Mörder ins Gefängnis. Doch so mancher wurde schon zum Mörder, weil er seinen sündigen Zorn nicht unter Kontrolle hatte.

Sündiger Zorn muss ehrlich eingestanden und vor Gott als Sünde bekannt werden. Wir müssen zu unserem Bruder gehen und die Angelegenheit bereinigen, und zwar so schnell wie möglich. Je länger wir damit warten, desto mehr nimmt uns unser Zorn gefangen! Wenn wir die Versöhnung ablehnen, bereiten wir uns selbst ein fürchterliches Gefängnis. Jemand hat einmal sehr treffend gesagt, dass ein Mensch, der seinem Bruder nicht verzeihen will, genau die Brücke zerstört, über die er später gehen muss.

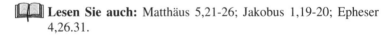 **Lesen Sie auch:** Matthäus 5,21-26; Jakobus 1,19-20; Epheser 4,26.31.

Praktische Schritte: Hegen Sie gegen jemanden einen sündigen Zorn? Denken Sie im Gebet über den Rat nach, der in Matthäus 18,15-20 gegeben wird, und bereinigen Sie die Angelegenheit.

Schuldner des Geistes

Merkvers: *»Wandelt im Geist, und ihr werdet die Begierde des Fleisches nicht erfüllen«* (Galater 5,16).

Es reicht nicht aus, über den Heiligen Geist zu verfügen, der Heilige Geist muss auch über uns verfügen können! Nur dann kann er uns an dem Leben der Fülle und des Sieges teilhaben lassen, das uns in Christus zusteht. Wir sind nicht mehr Schuldner des Fleisches, denn das Fleisch hat uns nur Schwierigkeiten bereitet. Wir sind vielmehr Schuldner des Heiligen Geistes, denn er hat uns überzeugt, uns Christus offenbart und uns die Gewissheit des ewigen Leben gegeben, als wir uns Jesus Christus anvertrauten. Da er der »Geist des Lebens« ist, kann er uns die Kraft schenken, Christus zu gehorchen, und uns dazu befähigen, Christus ähnlicher zu werden.

Aber er ist auch der Geist des Todes. Durch ihn können wir »die Werke des Leibes« töten. Wenn wir dem Heiligen Geist alle Glieder unseres Leibes unterstellen, vollzieht er an und in uns den Tod und die Auferstehung Christi. Er tötet die Werke des Fleisches und bringt die Früchte des Geistes hervor.

Kann der Heilige Geist über Sie verfügen?

Weitere Bibelstellen: Römer 6,12-17; 8,1-17; Epheser 1,12-14.

Praktische Schritte: Befehlen Sie sich dem Herrn an und bitten Sie ihn, dass sie vermehrt von Heiligem Geist erfüllt werden. Widmen Sie sich für eine längere Zeit des Gebets.

Unterordnung – ein Gebot Gottes

Denken Sie daran: *»Ebenso ihr Jüngeren, ordnet euch den Ältesten unter! Alle aber umkleidet euch mit Demut im Umgang miteinander! Denn ›Gott widersteht den Hochmütigen, den Demütigen aber gibt er Gnade‹«* (1. Petrus 5,5).

Jüngere Christen sollten sich älteren Christen unterordnen, und zwar nicht nur aus Respekt vor deren Alter, sondern vor ihrer geistlichen Reife. Das heißt aber nicht, dass die älteren Gemeindemitglieder allein die »Gemeinde führen« und niemals auf die jüngeren Mitglieder hören sollten! Zu oft gibt es in Gemeinden Generationenkonflikte, weil die Älteren sich gegen jegliche Veränderungen sträuben und die Jüngeren sich den Älteren widersetzen!

Hier haben wir einen zweifachen Lösungsansatz: Erstens sollen sich alle Gläubigen, sowohl Junge als auch Alte, einander unterordnen, und zweitens sollen sich alle Gott unterordnen. Die Lösung des Problems lautet: »Alle aber umkleidet euch mit Demut im Umgang miteinander!« (1. Petrus 5,5). So wie Jesus seine Oberkleider ablegte und sich mit einem leinenen Tuch umkleidete, um ein Diener zu werden, sollten auch wir einander in Demut dienen. Demut heißt nicht, sich zu erniedrigen oder sich selbst zu verachten, sondern eher überhaupt nicht an sich zu denken!

Es wird uns nicht gelingen einander unterzuordnen, wenn wir uns nicht zuvor dem Herrn unterordnen. Man braucht Gnade, um sich einem anderen Gläubigen unterordnen zu können, aber Gott kann uns diese Gnade schenken, wenn wir uns vor ihm demütigen.

Weitere Bibelstellen: Philipper 2,1-11; Epheser 5,21; Jakobus 4,6.

Praktische Schritte: Strengen Sie Ihre Phantasie an. Finden Sie mindestens zwei Möglichkeiten, durch die Sie sich einem anderen Christen unterordnen könnten, sei er nun älter oder jünger. Bitten Sie Gott um ein besseres Verständnis für das Prinzip der Unterordnung.

Selig sind die Ausdauernden!

Vers des Tages: *»Und er hat zu mir gesagt: Meine Gnade genügt dir, denn meine Kraft kommt in Schwachheit zur Vollendung. Sehr gerne will ich mich nun vielmehr meiner Schwachheiten rühmen, damit die Kraft Christi bei mir wohne«* (2. Korinther 12,9).

Wenn wir auf uns selbst vertrauen, werden wir straucheln und stürzen, wenn wir aber auf den Herrn harren, werden wir die nötige Kraft für unseren Weg empfangen. Das Wort »harren« bedeutet nicht, herumzusitzen und Däumchen zu drehen. Es bedeutet vielmehr zu »hoffen« und in Not und Bedrängnissen stets auf den Herrn zu schauen (Jesaja 26,3; 30,15). Dazu gehört auch, dass wir über Gottes Wesen und seine Verheißungen nachdenken, beten und danach trachten, ihn zu verherrlichen.

Das Wort »erneuern« bedeutet »tauschen«, so wie wir alte Kleider ausziehen und gegen neue tauschen. Erneuern heißt, unsere Schwachheit gegen die Kraft Gottes zu tauschen (2. Korinther 12,1-10). Wenn wir des Herrn harren, befähigt er uns dazu, in den normalen Anforderungen des Alltags treu unseren Weg zu gehen, in Zeiten großer Herausforderungen einen kraftvollen Lauf zu absolvieren und uns in Krisenzeiten in die Lüfte zu erheben. Unter dem üblichen Druck des Lebens beständig seinen Weg zu gehen, ist manchmal wesentlich schwieriger als sich in Krisenzeiten wie ein Adler in die Lüfte zu schwingen.

Auch ein Weg von tausend Meilen beginnt mit einem Schritt. Die größten Helden des Glaubens waren durchaus nicht alle Überflieger, sondern oft diejenigen, die mit Geduld und Ausdauer ihren Weg gingen. Wenn wir des Herrn harren, versetzt er uns nicht nur in die Lage, höher zu fliegen und schneller zu laufen, sondern er schenkt uns auch mehr Ausdauer. Selig sind die Ausdauernden, denn sie werden ihr Ziel erreichen!

Lesen Sie: Jesaja 40.

Praktische Schritte: Folgen Sie Gott nur zögerlich nach? Gehen Sie heute voller Glauben in den Tag und seien Sie ein gehorsamer Diener Christi. Schöpfen Sie Kraft aus einer Verheißung aus Gottes Wort, die Ihnen besonders viel bedeutet. Schreiben Sie diese Verheißung auf und halten Sie sich diese immer wieder vor Augen, wenn Sie in Ihrem Glauben zu schwanken beginnen. Denken Sie immer daran, dass Gott sich beständig um unser Wohlergehen sorgt und uns versprochen hat, uns niemals zu verlassen. Gott mag zwar entscheiden, was Ihr Tag heute bringt, aber Sie entscheiden, wie Sie den Tag meistern. Gott bereitet es große Freude, den Trauernden ein Ruhmesgewand anzulegen (Jesaja 61,3).

Im Glauben auf Jesus sehen

Merkvers: *»Aber ich schäme mich nicht, denn ich weiß, wem ich geglaubt habe, und bin überzeugt, dass er mächtig ist, mein anvertrautes Gut bis auf jenen Tag zu bewahren«* (2. Timotheus 1,12).

Wie wird ein Mensch von neuem geboren? Wie wird er vor der ewigen Verdammnis gerettet? Indem er an Jesus Christus glaubt und sich ihm im Glauben zuwendet.

Am 6. Januar 1850 wütete ein furchtbarer Schneesturm in der englischen Stadt Colchester, so dass ein halbwüchsiger Junge verhindert war, die Kirche aufzusuchen, in die er normalerweise ging. Deshalb machte er sich auf den Weg zur nahegelegenen Methodistenkirche, wo ein schlecht vorbereiteter Laie anstelle des abwesenden Predigers die Ansprache hielt. Der Predigttext war Jesaja 45,22: »Wendet euch zu mir und lasst euch retten, alle ihr Enden der Erde!« Der Junge war schon seit vielen Monaten unglücklich, denn ihn drückte seine Schuld und obwohl er praktisch in der Gemeinde großgeworden war (sowohl der Vater als auch der Großvater waren Prediger), hatte er keine Heilsgewissheit.

Der unvorbereitete Stellvertreter des Predigers hatte nicht viel zu sagen und wiederholte deshalb immer wieder den Predigttext! »Man muss nicht studieren, um sehen zu lernen!«, schrie er. »Jeder kann sehen, sogar ein Kind kann das!« An dieser Stelle bemerkte er den Besucher, der schräg vor ihm saß, zeigte auf ihn und rief: »Junger Mann, Sie sehen sehr unglücklich aus. Junger Mann, sehen Sie auf Jesus!«

Der junge Mann wendete seinen Blick tatsächlich im Glauben dem Herrn zu. So wurde der große Prediger Charles Haddon Spurgeon bekehrt.

Weitere Bibelstellen: Römer 1,16; Johannes 3,1-20; 1. Korinther 1,18; 1. Thessalonicher 5,9; 1. Timotheus 2,3-4; 2. Timotheus 1,9.

Praktische Schritte: Danken Sie Gott dafür, dass Sie die Gewissheit des ewigen Lebens haben können, und dass es nicht schwer ist, ein Mitglied in Gottes ewiger Familie zu werden.

Schau nicht nach vorn, sondern nach oben!

Vers des Tages: *»Und einer rief dem andern zu und sprach: Heilig, heilig, heilig ist der HERR der Heerscharen! Die ganze Erde ist erfüllt mit seiner Herrlichkeit!«* (Jesaja 6,3).

Für den jungen Jesaja war die Sicht nach vorn verdunkelt, der Ausblick nach oben aber war herrlich! Gott saß noch immer auf dem Thron und regierte als souveräner Herrscher das Universum! Aus der Perspektive des Himmels war »die ganze Erde [...] erfüllt mit seiner Herrlichkeit« (Jesaja 6,3; siehe 4. Mose 14,21-22; Psalm 72,18-19). Wenn die Welt für Sie einzustürzen scheint, dann ist es das Beste, die Situation einmal aus der Perspektive des Himmels zu betrachten.

Der Anblick des heiligen Gottes und der Klang des heiligen Gesangs der Anbetung brachte Jesaja dazu, seine Schuld zu erkennen. Er bekannte, dass er ein Sünder ist. Unreine Lippen sind bedingt durch ein unreines Herz (Matthäus 12,34-35). Jesaja verlangte danach, von innen her gereinigt zu werden (Psalm 51,9), und Gott erhörte ihn in seiner Not. Hätte sich diese Szene auf der Erde abgespielt, so wären die Kohlen von dem bronzenen Altar genommen worden, auf dem das Opferblut vergossen wurde, oder vielleicht auch aus der Pfanne, die der Hohepriester am Versöhnungstag benutzte (3. Mose 16,12). Jesajas Reinigung erfolgte durch Blut und Feuer und wurde durch die Worte des Herrn bestätigt (Jesaja 6,7).

Bevor wir anderen dienen können, müssen wir Gott gestatten, an uns etwas zu bewirken. Bevor wir anderen den Krieg erklären, müssen wir uns eingestehen, dass unser eigentlicher Feind unsere eigene Sünde ist. Jesaja erkannte seine Schuld, legte ein Sündenbekenntnis ab und konnte deshalb gereinigt werden (1. Johannes 1,9). Wie Jesaja erkannten auch viele große Helden des Glaubens ihre Sündhaftigkeit und demütigten sich vor Gott: Abraham (1. Mose 18,27), Jakob (1. Mose 32,10), Hiob (Hiob 40,1-5), David (2. Samuel 7,18), Paulus (1. Timotheus 1,15) und Petrus (Lukas 5,8-11).

Lesen Sie: Jesaja 6.

Praktische Schritte: Machen Sie das folgende Zitat zu Ihrem Leitspruch und hängen Sie es an einem Platz auf, wo Sie es oft sehen, z. B. an den Kühlschrank oder den Badezimmerspiegel: »Wenn du unglücklich sein willst, so schaue auf dich selbst; wenn du verwirrt sein willst, so schaue auf die anderen; wenn du aber glücklich sein willst, so schaue auf Jesus!«

Wenn alle Rechnungen beglichen werden

Aus Gottes Wort: *»Wer im Geringsten treu ist, ist auch in vielem treu«*
(Lukas 16,10).

Dr. W. A. Criswell erzählte einmal von einem gottesfürchtigen Missionarsehepaar, das auf dem selben Schiff zurück in die USA fuhr, welches auch den amerikanischen Präsidenten Theodore Roosevelt von einer Safari in Afrika zurück nach Hause brachte. Im Hafen warteten zahlreiche Reporter und Fotografen auf die Ankunft Roosevelts, um ihn zu sehen, zu interviewen und zu fotografieren. Aber kein einziger war gekommen, um die beiden alten Missionare daheim willkommen zu heißen, die ihr ganzes Leben in Afrika im Dienst für Christus verbracht hatten.

Abends ließen die beiden in ihrem bescheidenen Hotelzimmer ihre Ankunft in New York City noch einmal Revue passieren. Mit einem bitteren Unterton in der Stimme sagte der Mann zu seiner Frau:

»Das ist ungerecht. Roosevelt kommt von einem Jagdausflug zurück und das ganze Land ist auf den Beinen, um ihn in Empfang zu nehmen. Wir kommen nach Jahren des Dienstes nach Hause und keiner ist da, um uns zu begrüßen.«

Seine Frau wusste die richtige Antwort: »Liebling, wir sind doch noch gar nicht zu Hause.«

Auf meinen Reisen habe ich in einigen Gemeinden Zustände erleben müssen, die mir beinahe das Herz gebrochen hätten. Ich habe gesehen, wie wenig Anerkennung manche Gemeinden für ihren Pastor übrig hatten, obwohl dieser hart arbeitete und viele Opfer brachte, um das Wachstum der Gemeinde zu fördern. Oft waren diese Pastoren unterbezahlt und machten ständig Überstunden und dennoch brachte ihnen die Gemeinde keine Liebe entgegen. Ihre Nachfolger wurden dann manchmal wie Könige behandelt! Vielleicht werden auch Sie in Ihrem treuen Dienst für den Herrn übersehen. Aber Sie können getrost sein. Vor dem Richterstuhl Christi werden alle noch offenen Rechnungen beglichen.

Machen Sie sich Gedanken zu: Sprüche 28,20; Matthäus 24,45-47; Offenbarung 2,10.

Praktische Schritte: Singen Sie ein zum heutigen Thema passendes Lied. Danken Sie Gott, dass er Ihnen so treu ist. Bitten Sie ihn, dass er Ihnen hilft, ihm und Ihren Mitmenschen treu zu sein.

Wo ist Gott?

Vers des Tages: *»Gott ist uns Zuflucht und Stärke, als Beistand in Nöten reichlich gefunden«* (Psalm 46,2).

Für uns Menschen ist es natürlich, in schwierigen Zeiten zunächst erst einmal an uns selbst zu denken. Aber wir müssen uns immer wieder an unseren Glauben erinnern und dürfen Gott nicht aus den Augen verlieren. Schließlich liegt das ganze Universum in seiner Hand! »Des Tages wird der HERR seine Gnade aufbieten, und des Nachts wird sein Lied bei mir sein, ein Gebet zu dem Gott meines Lebens« (Psalm 42,8). Gott sitzt im Regiment! Wir können zu ihm beten, und er wird uns ein Lied ins Herz legen, auch wenn es Nacht ist. Der lebendige Gott ist der »Gott meines Lebens«, und deshalb müssen wir Tag für Tag auf ihn schauen.

Unsere erste Sorge in einer schwierigen Situation soll nicht sein, wie wir aus ihr *herausfinden*, sondern was wir aus ihr *lernen*. Wenn es uns nicht nur um Gottes Hilfe und Erlösung geht, sondern uns wirklich nach ihm selbst dürstet, dann wirft uns eine solche Situation nicht nieder, sondern macht uns vielmehr stärker. Anstatt uns zu beklagen, werden wir beten und Gott loben. Das Leben ist dann für uns nicht ein Spiegel, in dem wir nur uns selbst sehen, sondern ein Fenster, durch das wir Gott schauen.

Lesen Sie auch: Hiob 35,10; Psalm 27,5; 37,39; 42; 43.

Praktische Schritte: Denken Sie über Ihre Haltung in schwierigen Situationen nach. Können Sie verspüren, dass Gott alle Fäden in seiner Hand hat? Rufen Sie sich die bisher schwerste Prüfung in Ihrem Leben ins Gedächtnis. Sagen Sie Gott, dass Sie wissen, dass er alles in seiner Hand hat, und bitten Sie ihn, sich Ihnen auf eine neue, wunderbare Weise zu zeigen, auch wenn Ihre Probleme dadurch nicht sofort ein Ende nehmen. Lesen und verinnerlichen Sie die Verheißung in 1. Korinther 10,13.

Vergeben und Vergessen?

Gott verkündet: »*Denn ich werde gegenüber ihren Ungerechtigkeiten gnädig sein, und ihrer Sünden werde ich nie mehr gedenken*« (Hebräer 8,12).

Was bedeutet es, dass Gott unserer Sünden nicht mehr gedenkt? Heißt es, dass der allwissende Gott tatsächlich *vergisst*, was wir getan haben? Gott wäre nicht Gott, wenn er je etwas vergäße! Die Wendung »etwas nicht mehr gedenken« bedeutet vielmehr »jemandem etwas nicht mehr vorhalten«. Gott erinnert sich sehr wohl noch an das, was wir getan haben, aber er hält es uns nicht mehr vor. Er behandelt uns entsprechend seiner Gnade und Barmherzigkeit, nicht nach dem Gesetz oder nach dem, was wir eigentlich verdient hätten. Sobald er uns unsere Schuld vergeben hat, kann sie nicht mehr gegen uns vorgebracht werden. Die Sache ist ein für alle Mal erledigt.

In Seelsorgegesprächen höre ich immer wieder die Worte: »Ich kann zwar vergeben, aber nicht vergessen!«

»Natürlich können Sie nicht vergessen«, gebe ich dann meist zur Antwort. »Je mehr Sie versuchen, diese Sache aus Ihrem Gedächtnis zu streichen, desto mehr denken Sie daran. Aber das wird von Ihnen ja auch gar nicht verlangt.« Dann erkläre ich, dass »vergessen« bedeutet, »dem Menschen, der mir Unrecht getan hat, die Sache innerlich nicht mehr vorzuhalten«. Wir mögen uns daran erinnern, was uns andere angetan haben, aber wir behandeln sie so, *als hätten sie es nie getan*.

Wie soll das zugehen? Das Kreuz macht es möglich, denn dort hat Gott seinen Sohn behandelt, *als hätte er es getan!* Unsere eigene Erfahrung der Vergebung Gottes macht es uns möglich, anderen zu vergeben.

Lesen Sie auch: Hebräer 10,16-17; Psalm 103,12; Jesaja 1,18; 43,25; 56,6-7.

Praktische Schritte: Wenn Ihnen jemand Unrecht getan hat, und Sie diesem Menschen noch nicht vergeben haben, so schreiben Sie auf ein Stück Papier, was er Ihnen angetan hat. Gehen Sie ins Gebet und sprechen Sie mit Gott darüber. Zerreißen Sie dann den Zettel in kleine Stücke als Symbol dafür, dass Sie vergeben *und* vergessen haben.

Gott gefallen

Denken Sie daran: *»Legt nun ab alle Bosheit und allen Trug und Heuchelei und Neid und alles üble Nachreden, ... Ihr aber seid ein auserwähltes Geschlecht, ein königliches Priestertum, eine heilige Nation, ein Volk zum Besitztum, damit ihr die Tugenden dessen verkündigt, der euch aus der Finsternis zu seinem wunderbaren Licht berufen hat; ... Geliebte, ich ermahne euch ..., dass ihr euch der fleischlichen Begierden, die gegen die Seele streiten, enthaltet, und führt euren Wandel unter den Nationen gut, damit sie, ..., aus den guten Werken, die sie anschauen, Gott verherrlichen am Tage der Heimsuchung!«* (1. Petrus 2,1.9.11-12).

Jeder Mensch lebt dafür, jemandem zu gefallen. Viele Menschen wollen sich selbst gefallen. Für die Bedürfnisse anderer haben sie keinen Sinn. »Die Seele einer Reise«, schrieb William Hazlitt einmal, »ist die Freiheit, die vollkommene Freiheit, zu denken, zu fühlen und zu tun, was einem gefällt.« Das mag zwar ein ganz guter Rat für eine Urlaubsreise sein, aber auf das Alltagsleben lassen sich die Worte nicht anwenden. Ein Christ kann nicht durchs Leben gehen und nur darauf aus sein, sich selbst zu gefallen.

Gott gefallen heißt weit mehr, als nur nach Gottes Willen zu handeln. Es ist möglich, den Willen Gottes zu tun und Gott trotzdem nicht zu gefallen. Das beste Beispiel dafür ist Jona. Er gehorchte dem Herrn und tat, was ihm geboten war, aber er war nicht mit dem Herzen dabei. Gott segnete sein Wort, aber seinen Diener konnte er nicht segnen. So saß Jona außerhalb der Stadt Ninive und war zornig auf jeden, einschließlich des Herrn!

Wie können wir wissen, was Gott gefällt? Wie können wir wissen, was unserem irdischen Vater gefällt? Indem wir ihm zuhören und ihn in unser Leben einbeziehen. Indem wir das Wort lesen und in Anbetung und Dienst Gemeinschaft mit Gott haben, lernen wir sein Herz kennen und erfahren so, was sein Wille ist.

Lesen Sie in Ihrer Bibel: Römer 15,1; Galater 1,10; Johannes 3,20; Epheser 6,6; Hebräer 11,5.

Praktische Schritte: Suchen Sie aus Ihrem Liederbuch ein passendes Lied zur heutigen Andacht heraus und singen Sie es. Nehmen Sie sich vor, heute etwas ganz Besonderes zu tun, das Gott gefällt. Bitten Sie ihn, dass er Ihnen dabei hilft.

Eine wunderbare Beziehung

Vers des Tages: *»Er muss wachsen, ich aber abnehmen«* (Johannes 3,30).

Im 3. Kapitel seines Evangeliums geht der Apostel Johannes besonders auf die persönliche Beziehung zu Jesus Christus ein. Es ist eine *lebendige Beziehung*, die mit unserer Wiedergeburt, der Geburt von oben, beginnt. Wenn wir Jesus Christus in unser Leben aufnehmen, so haben wir an seinem Leben teil und werden Kinder in der Familie Gottes.

Es ist auch eine *liebevolle Beziehung*, denn er ist der Bräutigam und wir – die Gemeinde – seine Braut. Wie Johannes der Täufer wünschen wir uns auch, dass Jesus Christus in uns wächst und wir selbst abnehmen. Ihm gebührt alle Ehre und Verherrlichung.

Es ist außerdem eine *lehrreiche Beziehung*, denn Jesus ist ein treuer Zeuge, der uns Gottes Wahrheit mitteilt. Wie wunderbar ist es doch, sein Wort zu empfangen, darüber nachzudenken und es zum Teil unseres eigenen Lebens zu machen.

Aber wir dürfen niemals den Preis für diese Segnungen vergessen. Damit wir in die Familie Gottes hineingeboren werden konnten, musste Jesus sterben. Damit wir in die liebevolle Beziehung des Heils treten konnten, musste er den Hass und die Verachtung der Menschen ertragen. Er musste am Kreuz hängen, damit wir die Vergebung und das ewige Leben erlangen konnten.

Das sollte für uns niemals zu einer Selbstverständlichkeit werden!

 **Weitere Bibelstellen:** Johannes 3,17-18; 1. Johannes 1,1-7; Römer 8,1-4.11.13-16.23.26-27.

Praktische Schritte: Überlegen Sie, wie Sie heute Christus ehren können, und leben Sie entsprechend Johannes 3,30.

Fürchtet nur den Herrn

Die Bibel sagt uns: *»Fürchtet nur den HERRN und dient ihm in Wahrheit mit eurem ganzen Herzen! Denn seht, wie große Dinge er an euch getan hat!«* (1. Samuel 12,24).

Wer Gott fürchtet, braucht niemanden sonst zu fürchten, weder Einzelpersonen noch Menschengruppen. Gottesfurcht ist die Furcht, die alle andere Furcht auslöscht.

Gott sorgt für seine Kinder. Ein Spatz kostete damals auf dem Markt nicht viel und dennoch weiß der Vater ganz genau, wenn ein Spatz zu Boden fällt und *ist zur Stelle.* Wenn Gott sich in so rührender Weise um die Spatzen kümmert, wird er sich da nicht auch um seine Kinder kümmern, die ihm dienen? Mit Sicherheit! In den Augen Gottes sind wir viel mehr wert als viele Spatzen.

Gott ist besorgt um alle Einzelheiten in unserem Leben. Sogar die Haare auf unserem Kopf sind gezählt. Gott kennt nicht nur die Gesamtzahl unserer Haare, sondern jedes einzelne davon! Gott sieht, wenn ein Spatz zu Boden fällt und er sieht auch, wenn eines seiner Kinder ein Haar verliert. Er hält seine schützende Hand über seine Kinder, über jedes einzelne Haar. Bei dieser großartigen Fürsorge Gottes gibt es für uns keinen Grund, vor irgendetwas Angst zu haben.

Lesen Sie auch: Psalm 31,19; 34,7-11; 103;11-17.

Praktische Schritte: Nehmen Sie sich einige Augenblicke Zeit und denken Sie darüber nach, was Gott bisher Großes für Sie getan hat. Danken Sie ihm, dass er Ihnen dabei gezeigt hat, dass er wirklich ein Gott ist, den es zu fürchten gilt.

Seien Sie dankbar (17 andere waren es nicht)!

Bibelstelle des Tages: *»Und der Friede des Christus regiere in euren Herzen, ... Und seid dankbar! Das Wort des Christus wohne reichlich in euch; in aller Weisheit lehrt und ermahnt euch gegenseitig! Mit Psalmen, Lobliedern und geistlichen Liedern singt Gott in euren Herzen in Gnade!«* (Kolosser 3,15-16).

Nicht weit von meinem früheren Zuhause entfernt befindet sich die *Northwestern University* in Evanston, einer Stadt im Bundesstaat Illinois. Vor vielen Jahren gab es an dieser Universität eine Rettungsschwimmermannschaft, die in Notfällen den Passagieren auf den Schiffen des Michigan-Sees zu Hilfe kam. Am 8. September 1860 kam das Passagierschiff *Lady Elgin* in der Nähe von Evanston ins Schlingern. Der Theologiestudent Edward Spencer rettete siebzehn Menschen das Leben. Durch die Überanstrengung an jenem Tag wurde seine Gesundheit dauerhaft geschädigt, und er war außer Stande, seine Ausbildung fortzusetzen. Als er einige Jahre später starb, stellte sich heraus, dass keine dieser siebzehn Personen, die er gerettet hatte, ihm jemals dafür gedankt hatte.

Einige Menschen sind von Natur aus dankbar, andere nicht. Und diejenigen, die es nicht sind, bedürfen im besonderen Maße der Kraft Gottes, um Dankbarkeit zum Ausdruck bringen zu können. Wir sollten immer daran denken, dass jede gute Gabe von Gott kommt, und dass Gott »der Ursprung, die Kraft und das Ende aller Dinge« ist. Selbst die Luft, die wir atmen, ist ein Geschenk Gottes.

Dankbarkeit ist das Gegenteil von Selbstsucht. Der selbstsüchtige Mensch sagt: »Ich habe *verdient*, was ich bekomme! Es die *Pflicht* der anderen, mich glücklich zu machen!« Der reife Christ dagegen erkennt, dass das Leben ein Geschenk Gottes ist, und dass alle Segnungen aus der großzügigen Hand Gottes kommen.

Lesen Sie auch: Kolosser 1,3.12; 2,7; 4,2; Jakobus 1,17.

Praktische Schritte: Machen Sie die Bibelstelle des Tages zum Motto Ihres Lebens. Danken Sie Gott nicht nur zu besonderen Anlässen. Entwickeln Sie eine wahrhaft dankbare Gesinnung! Bitten Sie Gott, Ihnen dabei zu helfen.

Im Leiden Gemeinschaft mit Christus haben

Paulus schrieb: *»Um ihn und die Kraft seiner Auferstehung und die Gemeinschaft seiner Leiden zu erkennen, indem ich seinem Tod gleichgestaltet werde«* (Philipper 3,10).

Es ist unsere Ehre und unser Vorrecht, mit Christus zu leiden und von der Welt so behandelt zu werden, wie auch Christus von ihr behandelt wurde. Die »Gemeinschaft seiner Leiden« ist ein Geschenk von Gott. Nicht jeder Christ wächst in seinem Glauben so weit, dass Gott ihm diese Erfahrung zutrauen kann. Deshalb sollten wir uns freuen, wenn wir dieses Vorrecht genießen dürfen. »Sie nun [die Apostel] gingen aus dem Hohen Rat fort, voller Freude, dass sie gewürdigt worden waren, für den Namen Schmach zu leiden« (Apostelgeschichte 5,41).

Christus ist im Schmelzofen der Verfolgung bei uns. Als Hananja, Mischael und Asarja in den Feuerofen geworfen wurden, entdeckten sie, dass sie nicht allein waren. Der Herr war bei Paulus in allen seinen Nöten und er verspricht auch uns, »alle Tage bis zur Vollendung des Zeitalters« bei uns zu sein (Matthäus 28,20).

Lesen Sie auch: Philipper 1,29; Jesaja 41,10; Daniel 3,23.25; 2. Timotheus 4,9-18.

Praktische Schritte: Lernen Sie den heutigen Vers des Tages auswendig und sprechen Sie mit Gott über die Bedeutung, die er für Sie hat.

Segnungen sind Fenster

Denken Sie daran: *»Den Reichen in dem gegenwärtigen Zeitlauf gebiete, nicht hochmütig zu sein, noch auf die Ungewissheit des Reichtums Hoffnung zu setzen – sondern auf Gott, der uns alles reichlich darreicht zum Genuss«* (1. Timotheus 6,17).

Auch die irdischen Segnungen des Lebens kommen von Gott. Wer »in guten Zeiten« auf sich selbst schaut und Gott vergisst, bringt damit seinen unberechtigten Stolz zum Ausdruck. David reagierte auf die Segnungen Gottes mit den Worten: »Wer bin ich, Herr, HERR, und was ist mein Haus, dass du mich bis hierher gebracht hast?« (2. Samuel 7,18).

Die materiellen Segnungen des Lebens sind entweder ein *Spiegel*, in dem wir uns selbst sehen, oder ein *Fenster*, durch das wir Gott sehen. Ein stolzer, selbstsüchtiger Mensch glaubt, er hätte all diese Segnungen verdient. Jemand, der weiß, dass all diese Segnungen von Gott kommen, schaut von sich selbst weg und auf den Herrn, der uns so reich beschenkt. Wir können die Hand Gottes auch in einem Stück Brot oder einem Kornfeld sehen. Jesus sah die Güte seines Vaters sowohl in der bezaubernden Lilie als auch in den unscheinbaren Spatzen.

Das alles ist eine Frage des Herzens. Jesus sagte »Denn wo dein Schatz ist, da wird auch dein Herz sein« (Matthäus 6,21). Die Augen sehen das, was das Herz liebt. Wenn wir Gott lieben und seinen Willen in unserem Leben an die erste Stelle setzen, so werden uns alle materiellen Segnungen, die wir empfangen, nur näher zu Gott führen. Unser Vermögen wird nicht unser Herr, sondern unser Diener sein, und wir werden es in die Dinge investieren, die ewig währen.

Lesen Sie auch: 1. Mose 1,31; Johannes 1,16; 2. Korinther 3,5; Jakobus 1,17.

Praktische Schritte: Lesen oder singen Sie »Nun danket alle Gott« oder ein anderes Lied, in dem Gott für seine Güte gedankt wird. Zählen Sie einige Dinge auf, die Sie aus der Hand Gottes erhalten haben und danken Sie Gott von Herzen dafür.

Auf Christus vertrauen wir

Vers des Tages: *»Bei dir, HERR, habe ich mich geborgen. Lass mich niemals beschämt werden!«* (Psalm 71,1).

Wir müssen uns entscheiden, wo wir unsere Gerechtigkeit suchen. Verlassen wir uns auf gute Werke und einen guten Charakter, oder vertrauen wir in Bezug auf unsere Erlösung allein auf Christus? Gott rettet Menschen nicht aufgrund ihrer Herkunft oder ihres Verhaltens. Er rettet sie »aus Gnade [...] durch Glauben« (Epheser 2,8-9).

Es geht nicht um die Frage, ob wir zu Gottes Auserwählten gehören. Das ist ein Geheimnis, welches nur Gott kennt. Er bietet uns die Erlösung durch Glauben an. »Wer da will« (Offenbarung 22,17), kann dieses Angebot annehmen. Nachdem wir uns Christus anvertraut haben, erlangen wir Gewissheit darüber, dass wir zu den Auserwählten Gottes gehören. Aber zuerst müssen wir uns ihm anvertrauen und durch Glauben seine Gerechtigkeit empfangen, denn nur sie allein kann uns den Eingang in den Himmel garantieren.

Auf den amerikanischen Münzen sind die Worte »In God we trust – Auf Gott vertrauen wir« eingeprägt. Ich wünsche mir nicht nur, dass diese Worte auf den Münzen aller Völker stünden, sondern auch, dass sie für alle Völker und jeden Einzelnen wahr würden.

Lesen Sie auch: Epheser 1,4-14; 2,8-9; Offenbarung 22,17; 1. Thessalonicher 1; Psalm 56,4.

Praktische Schritte: Wir beurteilen Menschen oft nach ihrem Aussehen, ihrem Benehmen, ihrer Art zu reden oder ihrem kulturellen Hintergrund. Haben Sie Gott jemals dafür gedankt, dass er ganz anders vorgeht? Die Erlösung wird jedem gewährt, der sie empfangen möchte. Bitten Sie Gott, Ihnen zu helfen, dass Sie ihm mehr vertrauen und sich seiner Gnade und Annahmebereitschaft stärker bewusst werden.

Jesus ist ein »Abstinenzler«

Vers des Tages: »*Seht aber zu, dass nicht etwa diese eure Freiheit den Schwachen zum Anstoß werde! ... Darum, wenn eine Speise meinem Bruder Ärgernis gibt, so will ich nie und nimmermehr Fleisch essen, damit ich meinem Bruder kein Ärgernis gebe*« (1. Korinther 8,9.13).

Zur Zeit des Neuen Testaments war Wein für die Menschen ein übliches Getränk, aber wir dürfen deshalb das von Jesus vollbrachte Wunder der Verwandlung von Wasser in Wein nicht als Argument gebrauchen, um den Alkoholgenuss heute zu rechtfertigen. Ein Mann, der regelmäßig Alkohol trank, entschuldigte sich damit: »Schließlich hat sogar Jesus Wasser in Wein verwandelt!« Ich antwortete ihm darauf: »Wenn Sie Jesus für das Trinken als Vorbild nehmen, warum folgen Sie dann nicht auch auf allen anderen Gebieten seinem Beispiel?« Dann las ich ihm Lukas 22,18 vor. Aus diesem Vers geht klar hervor, dass Jesus heute im Himmel »Abstinenzler« ist!

Wem es heute als Christ mit seinem Glauben ernst ist, der sollte sich zunächst einmal eingehend mit einigen Bibelversen befassen (siehe unten), bevor er entscheidet, ob es heutzutage vernünftig ist, Alkohol zu trinken. Hier fällt mir die Geschichte eines stets betrunkenen Grubenarbeiters ein, der sich bekehrte und ein eifriger Verkünder Christi wurde. Einer seiner Freunde wollte ihm eine Falle stellen und fragte ihn: »Glaubst du, dass Jesus Wasser in Wein verwandelt hat?«

»Das glaube ich auf jeden Fall. Bei mir zu Hause hat er Wein in Möbel, ordentliche Kleider und Essen für meine Kinder verwandelt!«

Schließlich muss auch erwähnt werden, dass die Juden den Wein stets mit Wasser verdünnten, und zwar normalerweise in einem Verhältnis von drei Teilen Wasser und einem Teil Wein. Zwar gebietet die Bibel keine vollkommene Abstinenz, aber sie äußert sich darüber sehr positiv und warnt sehr entschieden vor der Trunkenheit.

📖 **Lesen Sie auch:** 1. Korinther 8; 10;23.31.

Praktische Schritte: Wenn Sie sich gegenwärtig in irgendeiner Form mit der Frage des Alkoholgenusses beschäftigen, so nehmen Sie sich jetzt Zeit, um einmal in aller Ruhe darüber nachzudenken. Bringen Sie die Frage vor Gott.

Lebendiges Manna

Bibelstelle zur Andacht: *»Jesus sprach zu ihnen: Ich bin das Brot des Lebens: Wer zu mir kommt, wird nicht hungern, und wer an mich glaubt, wird nie mehr dürsten«* (Johannes 6,35).

Wenn Jesus von sich als dem »lebendigen Brot« spricht, vergleicht er sich damit nicht einfach nur mit dem Manna in der Wüste. Er bedeutet für uns heute weit mehr, als das Manna damals für die Israeliten! Das Manna erhielt nur die Juden am Leben, Jesus schenkt der ganzen Welt Leben. Die Juden aßen täglich ihr Manna und mussten schließlich doch sterben, aber wer Jesus Christus empfängt, lebt ewig. Gott schenkte den Menschen das Manna als Gabe vom Himmel, Jesus gab sich selbst als Opfer. Es hat Gott nichts gekostet, jeden Tag das Manna vom Himmel fallen zu lassen, aber es hat ihn viel gekostet, seinen Sohn zu opfern. Die Juden mussten jeden Tag erneut Manna essen, aber wenn ein Sünder einmal Jesus Christus als seinen Erlöser angenommen hat, erhält er ewiges Leben.

Es ist unschwer zu erkennen, dass das Manna ein Bild für unseren Herrn Jesus Christus darstellt. Das Manna war für die Juden etwas Rätselhaftes, das Wort *manna* bedeutet sogar »Was ist das?«. Auch Jesus war denen, die ihn sahen, ein Rätsel. Das Manna fiel nachts vom Himmel herab, und auch Jesus kam auf die Erde, als die Sünder in einer geistlichen Finsternis lebten. Das Manna symbolisiert die Eigenschaften Jesu. Die Stücke waren klein – ein Symbol für Jesu Demut –, rund – ein Symbol für seine Unendlichkeit – und weiß – ein Symbol für seine Reinheit. Es schmeckte süß (vgl. Psalm 34,8) und gab den Menschen genau das, was sie brauchten.

Das Manna wurde einem rebellischen Volk gegeben, es war eine Gnadengabe Gottes. Alles, was die Menschen tun mussten, war sich zu bücken und es aufzulesen. Wenn sie versäumten, es aufzuheben, verdarb es. Der Herr ist niemals weit vom Sünder entfernt. Alles, was der Sünder tun muss, ist sich zu demütigen und das Geschenk anzunehmen, das Gott ihm darreicht.

Machen Sie sich auch Gedanken zu: 2. Mose 16; Johannes 6,25-59.

Praktische Schritte: Danken Sie Gott für das lebendige Brot und überlegen Sie, wie Sie dieses Brot einem Menschen reichen können, der geistlich hungert.

Dezember

Werdet erneuert:

»Jetzt aber, von der Sünde frei gemacht
und Gottes Sklaven geworden,
habt ihr eure Frucht zur Heiligkeit,
als das Ende aber ewiges Leben.«

Römer 6,22

Wahre Demut

Vers des Tages: *»Denn jeder, der sich selbst erhöht, wird erniedrigt werden, und wer sich selbst erniedrigt, wird erhöht werden«* (Lukas 14,11).

Unterordnung unter Gott und andere ist ein Akt des Glaubens. Wenn wir uns anderen unterordnen, gehen wir zwar das Risiko ein, dass sie uns ausnutzen, aber wir können Gott auch darin vertrauen. Seine mächtige Hand, die unser Leben lenkt, kann auch das Leben anderer lenken.

Gott erhöht niemanden, bevor er reif dazu ist. Erst das Kreuz und dann die Krone, erst das Leiden und dann die Herrlichkeit. Mose musste vierzig Jahre in der Wüste die Schafe hüten, bevor Gott ihn dazu berief, die Juden aus der ägyptischen Gefangenschaft zu befreien. Josef befand sich mindestens dreizehn Jahre in Erniedrigung, bevor Gott ihn auf den Thron hob. Stolz – der Wunsch, so zu sein wie Gott – stachelte Eva dazu an, die verbotene Frucht zu nehmen. Das einzige Mittel gegen den Stolz ist die Gnade Gottes, und diese Gnade empfangen wir, wenn wir uns Gott unterordnen. Als Folge der empfangenen Gnade ordnen wir uns auch einander unter.

Lesen Sie auch: Sprüche 6,16-17; 8,13; Philipper 2,1-11; 1. Petrus 5,5-6; 1. Johannes 2,16.

Praktische Schritte: Stolz kann sehr unterschwellig sein. Schließlich haben wir alle unsere Rechte, nicht wahr? Lehnen Sie sich mitunter gegen Gott auf? Achten Sie heute verstärkt darauf, ob an Ihrer Haltung Auflehnung gegen den Herrn zu erkennen ist. Legen Sie dann Ihren Stolz in die Hand Gottes. Schreiben Sie in einigen Stichpunkten auf, inwiefern Sie sich Gott nicht unterstellen wollen, damit Ihnen Ihr kleinlicher Stolz besser bewusst wird. Gott möchte Ihnen die Gnade geben, demütig zu werden und sich ihm und anderen unterzuordnen.

Dezember

Zeichen setzen

Vers des Tages: *»Jetzt aber, von der Sünde frei gemacht und Gottes Sklaven geworden, habt ihr eure Frucht zur Heiligkeit, als das Ende aber ewiges Leben«* (Römer 6,22).

Ein fruchtbringendes Leben ist ein glückliches Leben. Im Zusammenhang mit seinem Gebot, Frucht zu bringen, sagte Jesus zu seinen Jüngern: »Dies habe ich zu euch geredet, damit meine Freude in euch sei und eure Freude völlig werde« (Johannes 15,11). Welche geistlichen Früchte möchte der Herr in unserem Leben sehen? Für Christus gewonnene Menschen, Heiligkeit, großzügige Gaben für sein Werk, die »Frucht des Geistes« – ein gottgefälliges Wesen – und gute Werke. Selbst die Loblieder, die wir singen, sind Früchte zur Herrlichkeit Gottes.

Warum ist ein fruchtbringendes Leben glücklich? Weil ein Christ, der Frucht bringt, Gottes Kraft in seinem Leben erfährt und sein Potenzial voll ausschöpft. Er dient anderen, und dieser Dienst ist eine unerschöpfliche Quelle der Freude. Je mehr Frucht er für den Herrn bringt, desto mehr Segnungen und auch Prüfungen erfährt er. Das bereitet ihn dazu vor, noch größeres für den Herrn zu wirken.

Lesen Sie auch: Römer 1,13; 15,28; Galater 5,22-23; Kolosser 1,10; Hebräer 13,15.

Praktische Schritte: In Jesus Christus bedeutet Glück, Frucht zu bringen. Wenn Sie in Gottes Ernte kräftig mit anpacken, setzen Sie mit Ihrem Leben in dieser Welt ein Zeichen. Streben Sie danach, zur Herrlichkeit Gottes künftig mehr Frucht hervorzubringen. Erstellen Sie auf der Grundlage der heutigen Andacht eine Liste mit »neuen geistlichen Zielen«. Bringen Sie jedes dieser Ziele im Gebet vor Gott und folgen Sie der Führung des Heiligen Geistes bei der Umsetzung mindestens einer konkreten Absicht in die Tat. Besuchen Sie beispielsweise eine Familie, die neu in Ihrer Gemeinde oder Nachbarschaft ist. Legen Sie vor einem Arbeitskollegen Zeugnis von Ihrer Freude im Herrn ab. Beten Sie um Weisheit bei Ihrem Dienst an anderen.

Unser Gott der Vergebung

Gott spricht: *»Ich, ich bin es, der deine Verbrechen auslöscht um mei-netwillen, und deiner Sünden will ich nicht gedenken«* (Jesaja 43,25).

Wenn wir Jesaja lesen und Gottes Offenbarungen über seinen Plan mit den Völkern der Welt entdecken, muss uns auffallen, wie sehr Jesaja *Gottes Botschaft der Vergebung an den Einzelnen* betont. »Wenn eure Sünden rot wie Karmesin sind, wie Schnee sollen sie weiß werden. Wenn sie rot sind wie Purpur, wie Wolle sollen sie werden« (1,18). »Ich habe deine Verbrechen ausgelöscht wie einen Nebel und wie eine Wol-ke deine Sünden. Kehre um zu mir, denn ich habe dich erlöst!« (44,22). »Ich, ich bin es, der deine Verbrechen auslöscht um meinetwillen, und deiner Sünden will ich nicht gedenken« (43,25).

Wie kann der »Heilige Israels«, ein gerechter und rechtschaffener Gott, unsere Sünden vergeben und ihrer nicht mehr gedenken?

»Doch er [Jesus] war durchbohrt um unserer Vergehen willen, zer-schlagen um unserer Sünden willen. Die Strafe lag auf ihm zu unserm Frieden, und durch seine Striemen ist uns Heilung geworden« (53,5).

Auf diesem Grund verkündete Petrus: »Diesem geben alle Prophe-ten Zeugnis, dass jeder, der an ihn glaubt, Vergebung der Sünden emp-fängt durch seinen Namen« (Apostelgeschichte 10,43).

»Wer hat unserer Verkündigung geglaubt?« (Jesaja 53,1).

»Glaubt ihr nicht, dann bleibt ihr nicht!«, warnt Jesaja uns (7,9). Wenn Sie noch nicht zum Glauben an Jesus Christus gekommen sind und ihn noch nicht als Ihren Erlöser empfangen haben, so tun Sie dies jetzt. »Wendet euch zu mir und lasst euch retten, alle ihr Enden der Erde! Denn ich bin Gott und keiner sonst« (45,22).

»Und es ist in keinem anderen das Heil; denn auch kein anderer Name unter dem Himmel ist den Menschen gegeben, in dem wir geret-tet werden müssen« (Apostelgeschichte 4,12).

📖 **Lesen Sie:** Jesaja 53.

Praktische Schritte: Denken Sie über jene Zeit nach, in der Sie Christus als Ihren persönlichen Herrn und Heiland empfangen haben. Danken Sie ihm ganz besonders für einige der Segnun-gen, die Ihnen seitdem erwachsen sind. Singen Sie dem Herrn ein Lob-lied. Rufen Sie sich einige Bibelstellen ins Gedächtnis zurück, deren Gegenstand die Erlösung ist.

Dezember _____

»Mehr als Überwinder«

Bibelstelle zur Andacht: *»Aber in diesem allen sind wir mehr als Über-winder durch den, der uns geliebt hat. Denn ich bin überzeugt, das weder Tod noch Leben, ... noch Gewalten, weder Gegenwärtiges noch Zukünftiges, noch Mächte, weder Höhe noch Tiefe, noch irgendein anderes Geschöpf uns wird scheiden können von der Liebe Gottes, die in Christus Jesus ist, unserem Herrn«* (Römer 8,37-39).

Gott verschont uns deshalb nicht vor den Schwierigkeiten des Lebens, weil wir sie für unser geistliches Wachstum brauchen. In Römer 8,28 versichert uns Gott, dass uns die Widrigkeiten des Lebens nicht scha-den, sondern *helfen*. Gott lässt Prüfungen zu, damit wir sie zu unserem Besten und zu seiner Ehre nutzen. Wir erdulden Prüfungen in seinem Namen. Glauben Sie, dass er uns unter diesen Umständen je verlassen würde? Natürlich nicht! Er ist uns sogar noch viel näher, wenn wir schwere Zeiten durchmachen.

Gott gibt uns die Kraft, unsere Situation zu überwinden. In Jesus Christus sind wir »mehr als Überwinder«, wörtlich übersetzt: »Super-überwinder«! Jesus schenkt uns den Sieg, und immer wieder Sieg! Wir brauchen weder das Leben noch den Tod, weder die gegenwärtigen noch die zukünftigen Dinge zu fürchten, weil Jesus Christus uns liebt und uns den Sieg schenkt. Dies ist kein Versprechen, an das bestimmte Bedingungen geknüpft wären, nach dem Motto: »Wenn du dieses tust, dann tut Gott jenes.« Diese Sicherheit in Christus ist vielmehr eine unverrückbare Tatsache, die wir für uns in Anspruch nehmen, weil wir in Christus sind. Nichts kann uns von seiner Liebe trennen! Glauben Sie fest daran und frohlocken Sie darüber!

Lesen Sie auch: Römer 8,28-36; Hebräer 4,15-16.

Praktische Schritte: Danken Sie Gott für seine große Liebe und die ergreifende Tatsache, dass *nichts* Sie von seiner Liebe tren-nen kann. Bitten Sie ihn, dass er Sie dazu fähig macht, während des heutigen Tages »mehr als Überwinder« zu sein.

Dem Volk Israel verpflichtet

Paulus' größte Sorge: *»Brüder! Das Wohlgefallen meines Herzens und mein Flehen für sie zu Gott ist, dass sie errettet werden«* (Römer 10,1).

Paulus warnte die Heiden, dass sie dem Volk Israel verpflichtet sind und sich daher ihrer neuen geistlichen Stellung nicht zu rühmen brauchten. Die Heiden sind durch Glauben in den Plan Gottes aufgenommen, nicht wegen irgendwelcher guten Werke. Dabei sprach Paulus nicht von den persönlichen Erfahrungen einzelner Gläubiger, sondern von den Heiden allgemein.

Wir dürfen nicht vergessen, dass die abtrünnige Gemeinde von Gott »herausgeschnitten« werden wird. In 1. Timotheus 4 und 2. Timotheus 3 wird ebenso wie in 2. Thessalonicher 2 darauf hingewiesen, dass sich viele, die sich Christen nennen, in den letzten Tagen vom Glauben abkehren werden. *Es gibt keine Hoffnung für die abtrünnige Gemeinde, aber es gibt sehr wohl Hoffnung für das abtrünnige Volk Israel!* Warum? Weil es die Wurzel des Ölbaums ist. Gott wird seine Versprechen halten, die er den Stammvätern gegeben hat, aber Heiden wird er wegen ihres Unglaubens aus dem Stamm des Ölbaums herausbrechen.

Wie weit sich Israel auch von der Wahrheit Gottes entfernen mag, die Wurzeln sind immer noch unversehrt. Gott ist noch immer »der Gott Abrahams, der Gott Isaaks und der Gott Jakobs«. Er wird seine Verheißungen gegenüber diesen Stammvätern erfüllen. Das bedeutet, dass der Ölbaum wieder blühen wird, wenn Jesus Christus zurückkehrt, um auf der Erde sein Königreich zu errichten!

📖 **Weitere Bibelstellen:** Römer 9,1-5; 11.

Praktische Schritte: Informieren Sie sich über die Bedeutung des jüdischen Versöhnungstags, Jom Kippur, der zehn Tage nach dem jüdischen Neujahrsfest, Rosch ha-Schanah (i.d.R. im September), gefeiert wird. Beten Sie für das Volk Israel und für jeden einzelnen Juden, den Sie kennen.

Kommt Ihre Anbetung von Herzen?

Vers des Tages: *»Samuel aber sprach: Hat der HERR so viel Lust an Brandopfern und Schlachtopfern wie daran, dass man der Stimme des HERRN gehorcht? Siehe, Gehorchen ist besser als Schlachtopfer, Aufmerken besser als das Fett der Widder«* (1. Samuel 15,22).

Das rebellische Volk zu Jesajas Zeiten war zugleich auch ein religiöses Volk. Die Menschen nahmen am Gottesdienst teil und brachten dem Herrn eine Vielzahl von Opfern dar, aber in ihrem Herzen waren sie weit von Gott entfernt. Opfer allein können Gott niemals gefallen, denn neben einer äußeren Einhaltung der Gebote verlangt Gott auch inneren Gehorsam (1. Samuel 15,22), ein zerbrochenes Herz (Psalm 51,19) und einen gottgefälligen Lebenswandel (Micha 6,6-8). Die Art und Weise, wie der Stamm Juda den Herrn anbetete, war nicht fromm, sondern schändlich, und der Herr hatte genug davon! Anstatt im Gebet »heilige Hände« (1. Timotheus 2,8) zu erheben, waren ihre Hände aufgrund ihrer vielen Sünden mit Blut befleckt (Jesaja 59,3; Hesekiel 7,23; Apostelgeschichte 20,26).

Doch bevor wir ein Urteil über die Anbetung der Juden in längst vergangenen Zeiten fällen, sollten wir lieber die Sünden der »anbetenden Gemeinde« heute bekennen. Laut dem Wissenschaftler George Barna verfügen 93% der Haushalte in den USA über eine Bibel, und 60% der befragten Amerikaner bezeichneten sich selbst als religiös. Der Verhaltensweise dieser Menschen nach zu urteilen, würden wir dieses Ergebnis allerdings nicht vermuten. In den USA gibt es eine christliche Gemeinde pro 550 Einwohner im Erwachsenenalter. Aber bewirkt all diese »Religiosität« in der sündhaften Gesellschaft etwas? Mehr als 62% der von Barna befragten Menschen vertraten die Meinung, dass die Kirche nicht mehr zeitgemäß ist. Könnte es sein, dass wir wie damals die Juden im Tempel bei unserer Anbetung nur »so tun, als ob«?

Lesen Sie: Jesaja 1.

Praktische Schritte: Formulieren Sie Ihre eigene Definition für »Anbetung«. Denken Sie im Gebet darüber nach. Der Psalmist fordert dazu auf, Gott Lobpreis und Dank auf einem zehnsaitigen Instrument darzubringen (Psalm 92,4). Könnten damit nicht die beiden Augen, Ohren, und Hände sowie der Mund und das Herz des Gläubigen gemeint sein? Die Bibel enthält zahlreiche Verse, in denen es um diese Glieder des Leibes geht. Wie gut spielen Sie heute bei der Anbetung auf Ihrem Instrument?

Die einzig »wirkliche Welt«

Aus Gottes Wort: *»Der Glaube aber ist eine Verwirklichung dessen, was man hofft, ein Überführtsein von Dingen, die man nicht sieht«* (Hebräer 11,1).

Dr. A. W. Tozer erinnerte immer wieder daran, dass die in der Bibel beschriebene unsichtbare Welt die einzig »wirkliche Welt« ist. Wenn wir die sichtbare Welt so sehen würden, wie es Gottes Wille ist, dann würden wir uns von nichts je wieder angezogen fühlen, was sie uns zu bieten hat. Was die großen Männer und Frauen des Glaubens in Hebräer 11 geleistet haben, erreichten sie, weil sie das »Unsichtbare anschauten«.

Die Dinge dieser Welt erscheinen uns so real, weil wir sie sehen und anfassen können, aber sie bestehen nur für eine kurze Zeit und werden unweigerlich vergehen. Nur die ewigen Dinge des geistlichen Lebens werden Bestand haben. Dabei dürfen wir aber keine Schwarzweißmalerei betreiben und denken, dass das »Materielle« dem »Geistlichen« entgegensteht. Wenn wir das Materielle in Gottes Sinne gebrauchen, verwandelt der Herr es ins Geistliche, und es wird Teil unseres Schatzes im Himmel. Das Materielle ist für uns nicht an sich wertvoll, sondern dadurch, dass wir es gebrauchen können, um das Geistliche zu fördern.

Wie können wir Dinge anschauen, die doch unsichtbar sind? Durch den Glauben beim Lesen in Gottes Wort. Weder Christus noch den Himmel haben wir je gesehen, aber wir glauben fest, dass beides existiert, weil Gottes Wort uns davon erzählt.

Zur Vertiefung: 1. Johannes 2,15-17; Hebräer 11,6.10.13-14.27; 2. Korinther 4,18.

Praktische Schritte: Überlegen Sie, welche drei Dinge, von denen die Bibel erzählt, Sie nur durch den Glauben sehen können. Danken Sie Gott dafür, dass die unsichtbare Welt Wirklichkeit ist.

Machet zu Jüngern

Vers des Tages: *»Wir alle aber schauen mit aufgedecktem Angesicht die Herrlichkeit des Herrn an und werden so verwandelt in dasselbe Bild von Herrlichkeit zu Herrlichkeit, wie es vom Herrn, dem Geist, geschieht«* (2. Korinther 3,18).

Epaphras ist ein Beispiel für eine Person aus dem Neuen Testament, die nicht nur Menschen für Christus gewann, sondern diese auch das Wort lehrte und ihnen half, im Glauben zu wachsen. Zudem betete er dafür, dass sie in Christus zur Reife gelangen möchten. Als sich die Mitglieder der Gemeinde in Gefahr befanden, ging er nach Rom, um Paulus um Rat zu fragen. Er liebte die Seinen und wollte sie vor Irrlehren beschützen, welche die Gemeinschaft zunichte gemacht und die Menschen in ihrer geistlichen Entwicklung behindert hätten.

Wenn wir andere zu Jüngern machen, müssen wir aufpassen, dass wir ihnen nicht im Wege stehen. Wir sollen sie nicht zu *unseren* Jüngern, sondern zu Jüngern Jesu Christi machen. Wir müssen diesen Menschen zu einer Beziehung zu Jesus Christus verhelfen, damit sie ihn lieben und ihm gehorchen. Epaphras lehrte die Seinen im treuen Dienst für den Herrn und brachte ihnen Christus nahe, aber die falschen Gesetzeslehrer kamen und versuchten, die »Jünger wegzulocken«. Unsere menschliche Natur neigt dazu, lieber Menschen zu folgen als Gott, lieber »etwas Neues« haben zu wollen als die ewigwährenden Grundwahrheiten des Evangeliums.

Lesen Sie auch: Kolosser 1,1-13; 4,12-13; Apostelgeschichte 20,28-30.

Praktische Schritte: Schreiben Sie die Eigenschaften auf, die Epaphras Ihrer Meinung nach zu dem Menschen machten, der er war. Bitten Sie Gott, dass Sie auch so werden wie Epaphras. Beginnen Sie damit, ein gutes Buch zu lesen, aus dem Sie lernen, wie Sie andere Menschen zu Jüngern Jesu Christi machen können.

Durch Leiden Gott verherrlichen

Können Sie dies bestätigen: »*Ich halte auch alles für Verlust um der unübertrefflichen Größe der Erkenntnis Christi Jesu, meines Herrn, willen, ... um ihn und die Kraft seiner Auferstehung und die Gemeinschaft seiner Leiden zu erkennen, indem ich seinem Tod gleichgestaltet werde*« (Philipper 3,8.10)?

Gottes Prinzip für unser Leben lautet, dass vor der Verherrlichung Leid kommen muss. Das galt für unseren Erlöser (Lukas 24,26; 1. Petrus 1,11) und gilt auch für sein Volk (1. Petrus 4,13; 5,10). Wenn wir nach dem Willen Gottes leiden und von seiner Gnade abhängig sind, dann führt Leid in unserem Leben zu Reinigung und Reifung. Leider gibt es heute zu viele Leiter, die stolz ihre Trophäen präsentieren, aber keine einzige Narbe vorzuweisen haben. Die Wunden, die unserem Herrn auf Golgatha zugefügt wurden, werden nun im Himmel verherrlicht und erinnern in Ewigkeit daran, dass Leiden und Verherrlichung im Plan Gottes zusammengehören.

Leid an sich macht die Menschen nicht besser. Es macht sie im Gegenteil mitunter sogar bitter. Aber wenn unser Leid vom Glauben und der Gnade Gottes durchdrungen ist, dann wird es zu einem wunderbaren Werkzeug zur Stärkung unseres Charakters (2. Korinther 12,1-10). Wenn die Menschen durch Leid allein Weisheit und Charakter erlangen könnten, dann wäre die Welt ein weitaus besserer Ort, denn jeder leidet auf die eine oder andere Weise. Wenn wir unser Leid als ein Geschenk Gottes annehmen und es zu seiner Ehre gebrauchen, dann kann es in und für uns wirken, damit Gottes Wille geschehen kann.

Lesen Sie: 2. Korinther 12,1-10.

Praktische Schritte: Bereiten Sie sich rechtzeitig auf Zeiten der Not vor, indem Sie einige ganz besondere Verheißungen Gottes lesen, wie z. B. 1. Könige 8,56, Psalm 73,26, Klagelieder 3,6 und 3,26, Psalm 18,28-29 und 73,26.28 sowie 1. Petrus 5,7. Jemand hat einmal gesagt: »Ich kann wild um mich schlagen und meine Lage dadurch nur verschlimmern oder aber ich kann auf Gottes Führung warten.« Fassen Sie den Entschluss, in Notzeiten stets auf die Führung Gottes zu warten.

Anweisung zur Reinheit

Ein guter Rat: »*Niemand, der Kriegsdienste leistet, verwickelt sich in die Beschäftigungen des Lebens, damit er dem gefalle, der ihn angeworben hat*« (2. Timotheus 2,4).

Paulus gab den Christen in Thessalonich die für jeden Einzelnen verbindlichen Weisungen Gottes zur Reinheit. Das griechische Wort *parangelia*, das im Deutschen mit »Weisung« wiedergegeben wurde, bezeichnet eine Anweisung, die normalerweise von einem Höherstehenden empfangen und an andere weitergegeben wird. Wir haben uns als Soldaten für Gottes Armee anwerben lassen und müssen seine Anweisungen und Befehle genau befolgen. Paulus erinnerte die im Glauben neuen Christen daran, dass Gott an sexueller Unmoral keinen Gefallen findet. Gott selbst hat die Sexualität erschaffen und hat damit das Recht, über ihr Ausübung zu bestimmen. Von Anfang an hat Gott die Ehe als eine heilige Verbindung zwischen *einem* Mann und *einer* Frau gedacht. Gott erschuf die Sexualität sowohl zur Erhaltung der Menschheit als auch zum Vergnügen für die Ehepartner. Gottes Anweisungen zum Ausleben der Sexualität zielen nicht darauf ab, die Menschen um die Freude daran zu bringen, sondern wollen sie vielmehr schützen, damit sie die Freude am Sex nicht verlieren. Mit seinem Gebot »Du sollst nicht ehebrechen« (2. Mose 20,14) umgibt Gott die Ehe mit einer Mauer, welche sie nicht zum Gefängnis, sondern vielmehr zu einem sicheren und wundervollen Garten macht.

Wir müssen uns nicht mehr die Frage stellen, was in sexueller Hinsicht der Wille Gottes ist, denn Gott hat sie uns bereits klar beantwortet. »Haltet euch von der Unzucht fern«, lautet seine Anweisung, und keine noch so starke Verbreitung liberaler Theologie und moderner Philosophie kann etwas daran ändern. Gottes Ziel ist *unsere Heiligung*. Er möchte, dass wir uns von der Welt absondern und ein Leben in geistiger und körperlicher Reinheit führen.

Zur Vertiefung: 1. Korinther 6,9-10; Galater 5,19-21; 1. Thessalonicher 4,3; Hebräer 13,4.

Praktische Schritte: Geben Sie schriftlich mit eigenen Worten wieder, was Sie in den Augen Gottes tun müssen, um ein Leben in Reinheit zu führen. Sprechen Sie mit Gott über die Versuchungen, denen Sie eventuell bereits ausgesetzt waren, und teilen Sie ihm mit, wie Sie leben möchten.

Die richtige innere Haltung

Bibelstelle des Tages: *»Ihr seid das Licht der Welt; eine Stadt, die oben auf einem Berg liegt, kann nicht verborgen sein. So soll euer Licht leuchten vor den Menschen, damit sie eure guten Werke sehen und euren Vater, der in den Himmeln ist, verherrlichen«* (Matthäus 5,14.16).

Die Seligpreisungen in Matthäus 5 lassen uns wissen, welche innere Haltung wir täglich einnehmen sollten. Vier Aspekte dieser inneren Haltung werden in diesem Abschnitt beschrieben.

Unsere Haltung gegenüber uns selbst (5,3). Arm im Geist zu sein, bedeutet demütig zu sein. Das Gegenteil dazu ist die Selbstverherrlichung dieser Welt.

Unsere Haltung gegenüber unseren Sünden (5,4-6). Wir sollten nicht nur unsere Sünden beklagen und sie verachten, sondern uns auch demütig in die Hand Gottes geben.

Unsere Haltung gegenüber dem Herrn (5,7-9). Wenn wir uns Christus anvertrauen, erfahren wir Gottes Barmherzigkeit. Er schenkt uns ein reines Herz und inneren Frieden. Wenn wir seine Barmherzigkeit empfangen haben, *geben wir sie an andere weiter*. Wir werden zu Friedensstiftern in einer von Sorge und Unruhe geplagten Welt.

Unsere Haltung gegenüber der Welt (5,10-16). Es ist nicht leicht, ein engagierter Christ zu sein. Unsere Gesellschaft ist Gott und den Seinen nicht freundlich gesinnt. Ob es uns nun gefällt oder nicht: Es besteht ein *Konflikt* zwischen der Welt und uns. Warum? Weil wir uns von der Welt unterscheiden und eine andere Wertevorstellung vertreten.

Die Seligpreisungen repräsentieren eine Haltung, die sich von der weltlichen radikal unterscheidet. Die Welt schätzt nicht Demut, sondern Stolz. Die Welt reagiert auf Sünde mit Beifall, vor allem dann, wenn es einem gelingt, damit »davonzukommen«. Die Welt führt Krieg gegen Gott, während Gott versucht, seine Feinde zu versöhnen und sie zu seinen Kindern zu machen. Wir müssen damit rechnen, dass wir verfolgt werden, *wenn* wir so leben, wie Gott es möchte.

 **Lesen Sie auch:** Matthäus 5,1-16.

Praktische Schritte: Nehmen Sie ein Blatt Papier zur Hand und schreiben Sie vier Sätze nach dem folgenden Muster auf: »Meine Haltung mir selbst (meinen Sünden / Gott / der Welt) gegenüber sollte ... sein.« Bitten Sie Gott darum, dass er Ihnen zu einer solchen Haltung verhilft.

Ich *will* nach deinem Willen handeln!

Vers des Tages: *»Wer aber in das vollkommene Gesetz der Freiheit hineingeschaut hat und dabei geblieben ist, indem er nicht ein vergesslicher Hörer, sondern ein Täter des Werkes ist, der wird in seinem Tun glückselig sein«* (Jakobus 1,25).

Ein Leben im Sinne Christi zu führen, ist nicht eine Sache unserer jeweiligen Verfassung, sondern vielmehr unserer bewussten Willensentscheidung. Oft höre ich, wie Christen sagen: »Mir ist heute nicht nach Bibellesen zumute.« Oder: »Mir ist heute nicht danach, am Gebetstreffen teilzunehmen.« Kinder handeln aus ihrer inneren Lust und Laune heraus, Erwachsene hingegen entscheiden bewusst. Sie handeln so und nicht anders, weil es so richtig ist. Ihre augenblickliche Stimmung spielt dabei keine Rolle. Das erklärt auch, warum unreife Christen so leicht in Versuchung geraten: Sie lassen sich bei ihren Entscheidungen von ihrer momentanen Stimmung leiten. Je mehr Sie Ihren Willen gebrauchen, um der Versuchung ein klares *Nein* entgegenzusetzen, desto mehr wird Ihr Leben von Gott gelenkt.

Ungehorsam bringt nicht Leben, sondern Tod. Es mag Jahre dauern, bis Sie die Rechnung für Ihre Sünde erhalten, aber wenn es so weit ist, dann müssen Sie mit dem Tod bezahlen. Wenn wir fest an Gottes Wort glauben und die Konsequenzen des Ungehorsams klar vor Augen haben, schenkt uns das die Kraft, der Versuchung zu widerstehen. Diesen Schutzraum hat Gott eingerichtet, weil er uns liebt.

Lesen Sie auch: Philipper 2,13; Hesekiel 18,23; Jakobus 1,13-15; Römer 7,24-25; Matthäus 26,39.42.

Praktische Schritte: Wenn Christus gesagt hätte: »Mir ist heute nicht danach zumute, am Kreuz zu sterben«, dann wären wir immer noch verloren. Er entschied sich jedoch dafür, nach dem Willen seines Vaters zu handeln. Sie können seinem Beispiel folgen und Gott ebenfalls gehorchen. Versuchen Sie, die Bereiche Ihres Lebens herauszufinden, in denen Sie sich allein von Ihrer Lust und Laune leiten lassen. Tragen Sie diese Bereiche in einer Liste zusammen und seien Sie wachsam. Beten Sie dann aus tiefstem Herzen dafür, dass der Wille Gottes auch Ihr Wille werden möge.

Ein fester Anker

Merkvers: *»Diese haben wir als einen sicheren und festen Anker der Seele, der in das Innere des Vorhangs hineinreicht, wohin Jesus als Vorläufer für uns hineingegangen ist, der nach der Ordnung Melchisedeks Hoherpriester in Ewigkeit geworden ist«* (Hebräer 6,19-20).

Die Hoffnung auf den Himmel ist für uns eine Ermutigung in Zeiten des Leids. Als Christen haben wir unser Anteil am Leid, aber inmitten aller Prüfungen können wir »mit unaussprechlicher und verherrlichter Freude« jubeln (1. Petrus 1,8). Wenn Nichtchristen leiden, dann verlieren sie den Mut und möchten am liebsten aufgeben. Wenn hingegen Christen leiden, kann ihr Glaube tiefer und ihre Liebe größer werden, denn ihre Hoffnung wird dadurch gestärkt.

Woher wissen wir aber, dass wir diese Hoffnung haben dürfen? Es wird uns »im Wort der Wahrheit des Evangeliums« (Kolosser 1,5) versprochen. Wir Christen brauchen in unserem Herzen nicht künstlich ein Gefühl der Hoffnung zu schüren. Gottes unveränderliches Wort verspricht uns, dass unsere Hoffnung in Christus sicher ist. Sie wird im Hebräerbrief sogar mit einem Anker verglichen, der niemals zerbrechen oder abdriften kann.

Denken Sie auch nach über: Epheser 3,12; 2. Timotheus 1,12; Hebräer 6,11.

Praktische Schritte: Singen oder lesen Sie ein passendes Lied zur Andacht dieses Tages. Gehen Sie heute in dem Glauben in den Tag, dass Sie in Christus, Ihrem Anker, einen festen und sicheren Halt haben, wie sehr die Stürme des Lebens auch toben mögen.

Eine neue Natur

Aus Gottes Wort: »*Unser Brief seid ihr, eingeschrieben in unsere Herzen, erkannt und gelesen von allen Menschen; von euch ist offenbar geworden, dass ihr ein Brief Christi seid, ausgefertigt von uns im Dienst, geschrieben nicht mit Tinte, sondern mit dem Geist des lebendigen Gottes, nicht auf steinerne Tafeln, sondern auf Tafeln, die fleischerne Herzen sind*« (2. Korinther 3,2-3).

Der Neue Bund basiert *gänzlich* auf der Gnade Gottes. Kein Sünder kann diesem Neuen Bund ohne den Glauben an Jesus Christus angehören. Gnade und Glauben gehören zusammen, so wie Gesetz und Werke zusammengehören. Das Gesetz sagt: »Wer diese Dinge getan hat, wird durch sie leben« (Galater 3,12). Die Gnade hingegen sagt: »Das Werk ist getan, glaube daran und lebe!«

Das mosaische Gesetz konnte zwar die heiligen *Maßstäbe Gottes darlegen*, aber es konnte nicht die *Kraft verleihen*, sie zu erfüllen. Sündige Menschen bedürfen eines neuen Herzens und einer neuen Gesinnung. Und genau das bekommen sie durch den Neuen Bund.

Das Gesetz war etwas Äußerliches. Gottes Gebote wurden auf Steintafeln geschrieben. Der Neue Bund hingegen macht es möglich, dass Gottes Wort in die Herzen und den Sinn der Menschen geschrieben wird. Gottes Gnade ermöglicht eine innere Verwandlung, die einen Nachfolger Jesu seinem Herrn immer ähnlicher werden lässt.

Machen Sie sich auch Gedanken zu: Hebräer 8,7-13; Hesekiel 36,26-27.

Praktische Schritte: Schreiben Sie auf ein Blatt Papier die Charaktermerkmale eines noch nicht geretteten Menschen. Schreiben Sie anschließend die Eigenschaften auf, die Gott einem Christen verleiht. Danken Sie Gott für die neue Natur, zu der er uns verhilft.

Ein heiliger Wandel

Ihre Berufung: *»Sondern wie der, welcher euch berufen hat, heilig ist, seid auch ihr im ganzen Wandel heilig!«* (1. Petrus 1,15).

Eine Frau kritisierte einmal einen Pastor, weil dieser in seiner Predigt vor Sünde im Leben eines Christen gewarnt hatte. »Schließlich«, meinte sie, »ist Sünde im Leben eines Christen etwas ganz anderes als Sünde im Leben eines Nichtchristen.«

»Ja, das stimmt«, antwortete der Pastor. *»Sie ist schlimmer.«*

Zwar stimmt es, dass ein Christ nicht unter der Verdammnis steht, aber er ist nicht vor dem Leid gefeit, dass er erntet, wenn er Samen des Fleisches sät. Nachdem König David Ehebruch begangen hatte, versuchte er seine Sünde zu verdecken, aber Gott züchtigte ihn hart. Als David seine Sünden bekannte, vergab Gott ihm zwar, *aber die Konsequenzen seiner Taten musste David tragen.* Er erntete, was er gesät hatte. Das war eine sehr schmerzhafte Erfahrung für ihn.

»Aber ich bin doch einer von Gottes Auserwählten!«, könnte ein Christ einwenden. »Ich gehöre zu ihm, und er kann mich niemals verstoßen.« Auserwählung ist kein Freibrief für Sünde, sondern vielmehr ein Aufruf zur Heiligkeit. Das Privileg der Auserwählung bringt auch die Verantwortung zum Gehorsam mit sich.

Ein heiliger Wandel erfordert eine intakte Beziehung zu Gott, dem Vater (der uns berufen hat), Gott, dem Sohn (der für uns gestorben ist) und Gott, dem Heiligen Geist (der in uns wohnt). Dadurch, dass der Heilige Geist in uns wohnt, wird unser Leib zum Tempel Gottes. Durch den Wandel im Heiligen Geist besiegen Sie die Lust des Fleisches. Wenn wir die Gebote Gottes gering schätzen, beschwören wir den Zorn Gottes herauf und bekümmern den Heiligen Geist.

Zur Vertiefung: Kolosser 3,23-25; Johannes 5,24; Römer 8,1; Galater 6,7-8; 1. Thessalonicher 4,7; 1. Korinther 6,19-20; Galater 5,16-25.

Praktische Schritte: Lesen Sie Psalm 51 und schreiben Sie auf, was David als Folge seiner Sünde verloren hatte und wonach er sich zurücksehnte. Sprechen Sie dann mit Gott über alle Sünden, die er in Ihrem Leben sieht.

Sich in Geduld üben

Vers des Tages: *»Nur auf Gott vertraue still meine Seele, denn von ihm kommt meine Hoffnung. Nur er ist mein Fels und meine Hilfe, meine Festung; ich werde nicht wanken«* (Psalm 62,6-7).

Innerlich ruhig zu bleiben und auf den Herrn zu vertrauen ist eine der größten Herausforderungen in unserem Leben als Christ. Unsere alte Natur ist unruhig. Die Welt um uns herum befindet sich in ständiger Hast und Eile. Und selbst einige unserer christlichen Freunde lassen vielleicht durchblicken, dass wir im Glauben »nachgelassen« haben, weil wir nicht zu jedem Seminar rennen, uns nicht jeden Gastprediger anhören und nicht an jeder christlichen Veranstaltung teilnehmen. Vor Jahren gab Dr. A. W. Tozer einmal zu bedenken, dass die Gemeinde möglicherweise eine Erweckung erfahren würde, wenn wir alle unsere Veranstaltungen abblasen und uns nur noch zum Gottesdienst und zum Gebet treffen würden.

Gott kann uns helfen, unsere Ängste zu bezwingen, wenn wir lernen zu beten, im Glauben zu wandeln und zu vertrauen. Das schwierigste davon ist das Vertrauen. Ein unruhiges Herz führt meist zu einem unbesonnenen Leben. Nicht alle christlichen Veranstaltungen fördern uns zwangsläufig in unserem Glauben. Anstatt uns voranzubringen, können sie uns durchaus auch Schaden zufügen.

Lesen Sie auch: Jeremia 14,22; Psalm 25,5; 27,14; 39,7-8; 104,27-28; 145,15-16; Habakuk 2,3; Apostelgeschichte 1,4; Galater 5,5.

Praktische Schritte: Das Geheimnis der Geduld liegt in unserem Herzen. Ein erfolgreicher General plant seine Vorgehensweise in aller Ruhe und weiß genau, wann er angreifen muss. Wenn Sie den Herrn anbeten, auf ihn vertrauen und täglich mit ihm gehen, legt er Stärke und Kraft in Ihr Herz. Führen Sie ein Notizbuch und halten Sie darin fest, wie Sie vorgehen wollen, um »auf den Herrn zu warten«.

»Tut uns leid, aber wir sind gestorben«

Bibelstelle des Tages: *»Sinnt auf das, was droben ist, nicht auf das, was auf der Erde ist! Denn ihr seid gestorben, und euer Leben ist verborgen mit dem Christus in Gott«* (Kolosser 3,23).

Vor Jahren hörte ich einmal die Geschichte von zwei Schwestern, denen es großen Spaß machte, an Tanzveranstaltungen und wilden Partys teilzunehmen. Dann bekehrten sie sich und fanden ein neues Leben in Christus. Als sie erneut eine Einladung zu einer Party erhielten, antworteten sie darauf: »Wir bedauern, nicht erscheinen zu können, weil wir kürzlich verstorben sind.«

Die ausführlichste Erklärung zu dieser wunderbaren Tatsache finden wir in Römer 6-8. Christus ist nicht nur *für uns* gestorben, sondern wir sind auch *mit ihm* gestorben. Das bedeutet, dass wir unsere alte, sündige Natur bezwingen können, welche die Oberhand über uns haben will. »Wir, die wir der Sünde gestorben sind, wie werden wir noch in ihr leben?« (Römer 6,2).

Christus ist unser Leben. Das ewige Leben ist nicht irgendein himmlisches Gut, das Gott uns vermacht, wenn wir als Sünder den Erlöser aufnehmen. Das ewige Leben ist Jesus Christus selbst. »Wer den Sohn hat, hat das Leben; wer den Sohn Gottes nicht hat, hat das Leben nicht« (1. Johannes 5,12). Wir sind gleichzeitig tot und lebendig. Wir sind der Sünde gestorben und leben nun für Christus.

Jemand hat einmal gesagt: »Leben ist das, wofür wir leben.« Das Leben eines Kindes mag in Fußballspielen und Sandburgen bestehen. Im Leben eines Teenagers mag sich alles um Verabredungen und schnelle Autos drehen. Aber Paulus schrieb: »Denn das Leben ist für mich Christus« (Philipper 1,21). Paulus' Leben bestand in Christus, und er lebte für alles, was mit Christus verbunden war. Wenn das doch das Motto eines jeden Christen wäre!

📖 **Lesen Sie auch:** Römer 6-8.

Praktische Schritte: Nehmen Sie sich Zeit, um Ihr Leben – und Ihren Lebensstil – zu überprüfen. Schreiben Sie die Dinge auf, zu denen Sie sagen sollten: »Tut mir leid, ich kann nicht. Ich bin gestorben.« Bitten Sie Gott, dass er Sie befähigt, heute entsprechend Kolosser 3,1-3 zu leben.

»Täter« sein

Bibelstelle des Tages: *»Seid aber Täter des Wortes und nicht allein Hörer, die sich selbst betrügen!«* (Jakobus 1,22).

Unser Gehorsam gegenüber dem Willen Gottes zeigt, ob wir echten Glauben an Jesus Christus haben. Wir bestehen die Prüfung nicht, indem wir »Herr, Herr« sagen, wenn wir letzten Endes aber doch gegen die Gebote Gottes verstoßen. Wie einfach ist es doch, sich fromme Redensarten zuzulegen, Bibelstellen und christliche Lieder auswendig zu lernen, und dennoch nicht dem Willen Gottes zu gehorchen. Wenn ein Mensch wirklich wiedergeboren ist, dann wohnt der Geist Gottes in ihm und befähigt ihn dazu, den Willen des Vaters zu erkennen und danach zu handeln. Die Liebe Gottes in seinem Herzen motiviert ihn dazu, Gott zu gehorchen und anderen zu dienen.

Worte sind kein Ersatz für Gehorsam, und gute Werke sind es ebenso wenig. Predigen, das Austreiben von Dämonen und das Vollbringen von Wundern können von Gott geschenkt sein, aber sie sind kein Garant für die Erlösung. Wahrscheinlich war Judas an einigen dieser Handlungen beteiligt, aber dennoch glaubte er nicht wirklich. In den letzten Tagen wird Satan »Wunder der Lüge« gebrauchen, um die Menschen zu verführen.

Wir sollen das Wort Gottes sowohl *hören* als auch danach *handeln*. Es reicht nicht, sein Wort nur zu hören oder zu lesen, wir müssen auch zur Tat schreiten.

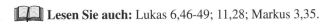 **Lesen Sie auch:** Lukas 6,46-49; 11,28; Markus 3,35.

Praktische Schritte: Achten Sie heute besonders darauf, ein »Täter« zu sein. Leben Sie so, dass Sie stets das Wort Gottes in die Tat umsetzen. Führen Sie in Gedanken einige Dinge an, die Gott gefallen, und die Sie heute tun möchten.

Eine packende Botschaft

Gottes Wort sagt uns: »*Gott aber sei Dank, dass ihr Sklaven der Sünde wart, aber von Herzen gehorsam geworden seid dem Bild der Lehre, dem ihr übergeben worden seid! Frei gemacht aber von der Sünde, seid ihr Sklaven der Gerechtigkeit geworden*« (Römer 6,17-18).

Noch immer kann Paulus' Brief an die Römer Menschen verwandeln, so wie er auch Martin Luther und John Wesley verwandelt hat. Die Bibelstelle, die Martin Luther von toter Religiosität zu einer tiefen Freude über die Erlösung aus Gnade führte, war Römer 1,17: »Der Gerechte aber wird aus Glauben leben.« Die Reformation und die methodistische Erweckungsbewegung waren Früchte dieses wundervollen Briefes, den Paulus um das Jahr 56 von Korinth aus schrieb, und der den Christen in Rom durch eine Dienerin der Gemeinde in Kenchräa, Schwester Phöbe, überbracht wurde (Römer 16,1).

Stellen Sie sich das einmal vor: Sie und ich können den selben inspirierenden Brief lesen, der Luther und Wesley Leben und Kraft geschenkt hat! Und derselbe Heilige Geist, der sie lehrte, kann auch uns lehren! Sie und ich können in unseren Herzen, Familien und Gemeinden eine Erweckung erleben, wenn uns dieser Brief genauso packt, wie er diese Männer des Glaubens in vergangenen Jahrhunderten gepackt hat.

Lesen Sie: Römer 1-5; 6,4-11; 9.

Praktische Schritte: Denken Sie über den heutigen Vers des Tages nach. Finden Sie dann sechs Veränderungen, die Sie seit Ihrer Bekehrung durch Christus in Ihrem Leben erfahren haben.

Dezember _ _ _ _ _ _ _ _ _ _ _ _

Eine hohe Berufung

Vers des Tages: *»Lasst euch auch selbst als lebendige Steine aufbauen, als ein geistliches Haus, ein heiliges Priestertum, um geistliche Schlachtopfer darzubringen, Gott wohlannehmbar durch Jesus Christus!«* (1. Petrus 2,5).

Paulus betrachtete sich selbst als Priester vor dem Altar, der Gott die Heiden als Opfer darbrachte, die er für Christus gewonnen hatte. Sie waren ein »geistliches Opfer« zur Herrlichkeit Gottes. Selbst seine Verkündigung des Evangeliums war ein »priesterlicher Dienst«. Diese Sichtweise sollte uns klar machen, welche Würde und Verantwortung mit unserem Dienst für Christus verbunden ist. Es war wichtig, dass die Priester Gott nur das Beste opferten.

Paulus war ein Diener Jesu Christi. Er predigte »das Evangelium Gottes« in der Kraft des Heiligen Geistes, welcher seinen Dienst heiligte. Welch ein Vorrecht ist es doch, ein Diener des dreieinigen Gottes zu sein, und Menschen für Jesus Christus zu gewinnen! Aber es bringt auch eine große Verantwortung mit sich!

Menschen zu Christus zu führen ist ein priesterlicher Dienst, eine heilige Verpflichtung. Daher müssen wir dem Herrn wie damals die Priester im Tempel mit Eifer und Hingabe dienen.

Lesen Sie: 1.Petrus 2,9; Maleachi 1,6-14; Jakobus 5,20; Sprüche 11,30.

Praktische Schritte: Als Christ haben Sie das Vorrecht, so wie damals die Hohepriester Israels direkt vor Gott treten zu dürfen. Haben Sie Gott jemals dafür gedankt? Haben Sie bereits erkannt, dass mit diesem Vorrecht auch die Verantwortung einhergeht, die Heilsbotschaft an andere weiterzugeben? Wenn nicht, was hält Sie dann davon ab, es zu tun? Nehmen Sie sich jetzt Zeit und bitten Sie Gott darum, dass er es Ihnen wirklich ans Herz legt, Menschen für Christus zu gewinnen.

Wie Gott durch uns wirken kann

Vers des Tages: *»Denn wir sind sein Gebilde, in Christus Jesus geschaffen zu guten Werken, die Gott vorher bereitet hat, damit wir in ihnen wandeln sollen«* (Epheser 2,10).

Die Kraft der Auferstehung, die Sie gerettet und aus dem Totenreich der Sünde befreit hat, kann Ihnen auch Tag für Tag dabei helfen, für Christus zu leben und ihm Ehre zu machen. Gott zahlte einen hohen Preis, um für uns am Kreuz die Erlösung bewirken zu können. Auf dieser Grundlage wirkt Gott heute in uns, um uns Christus gleichförmig zu machen. Gott kann erst dann *in* uns wirken, wenn er zuvor *für* uns gewirkt hat und wir zum Glauben an seinen Sohn gefunden haben. Ebenso kann er nur *durch* uns wirken, wenn er auch *in* uns wirkt. Genau aus diesem Grund ist es so wichtig, täglich Zeit mit dem Lesen der Bibel und im Gebet zu verbringen, und sich in Zeiten des Leids Christus zu unterstellen. Denn durch sein Wort, das Gebet und unsere Leiden wirkt Gott in uns.

Dafür finden wir in der Bibel viele Beispiele. Während vierzig langer Jahre in der Wüste erfuhr Mose das Wirken Gottes in seinem Leben, ein Wirken, das ihn auf vierzig weitere Jahre eines großartigen Dienstes vorbereitete. Josef litt dreizehn Jahre lang, bevor Gott ihn als zweithöchsten Mann nach dem Pharao auf den ägyptischen Thron setzte. David wurde bereits als Junge zum König gesalbt, konnte den Thron aber erst nach vielen Jahren der Entbehrungen im Exil besteigen. Selbst der Apostel Paulus verbrachte nach seiner Bekehrung zunächst drei Jahre in Arabien, wo Gott zweifellos weiter in ihm wirkte und ihn auf seinen Dienst vorbereitete. Es ist Gottes Prinzip, zuerst *in* uns zu wirken, bevor er *durch* uns wirkt.

Lesen Sie auch: 2. Korinther 5,17-21; Römer 8,29; Philipper 2,13; Hebräer 13,20-21; 1. Thessalonicher 2,13; Epheser 3,20-21.

Praktische Schritte: Fassen Sie vor Gott den Entschluss, sich Zeit zu nehmen, um das Wort Gottes zu lesen und sich darüber Gedanken zu machen. Lassen Sie sich von Gottes Wort reinigen und nähren. Danken Sie Gott dafür, dass Sie zu ihm gehören und sagen Sie ihm, wie Sie ein Menschen werden wollen, durch den er wirken kann.

Unser treuer Schöpfer

Aus Gottes Wort: *»Daher sollen auch die, welche nach dem Willen Gottes leiden, einem treuen Schöpfer ihre Seelen anbefehlen im Gutestun«* (1. Petrus 4,19).

Warum bezeichnet Petrus den Herrn ausgerechnet als »treuen Schöpfer« (1. Petrus 4,19), warum nicht als »treuen Richter« oder auch als »treuen Erlöser«? Weil Gott, der Schöpfer sich um die Bedürfnisse seiner Geschöpfe kümmert. Der Schöpfer versorgt seine Kinder mit Nahrung und Kleidung und beschützt sie in Zeiten der Gefahr. Als die verfolgten Christen der Urgemeinde sich zum Gebet versammelten, redeten sie Gott mit den Worten an: »Herrscher, du, der du den Himmel und die Erde und das Meer gemacht hast und alles, was in ihnen ist« (Apostelgeschichte 4,24). Sie beteten zum Schöpfer!

Unser himmlischer Vater ist der »Herr des Himmels und der Erde« (Matthäus 11,25). Bei einem solchen Vater brauchen wir uns keine Sorgen zu machen! Er ist der treue Schöpfer, und seine Treue währt ewig.

Bevor Gott seinen Zorn über diese böse Welt ausgießt, wird ein »Feuer der Verfolgung zur Prüfung« über Gottes Gemeinde kommen, damit die Gemeinde geeinigt und gereinigt wird und ein starkes Zeugnis für die Verlorenen sein kann. Wenn wir nach dem Willen Gottes leiden, haben wir nichts zu fürchten. Unser treuer Vater und Schöpfer wird uns siegreich hindurchtragen!

Weitere Bibelstellen: Jeremia 32,17; Klagelieder 3,22-23; Amos 4,13; 5,8; Apostelgeschichte 17,24-26; Matthäus 6,24-34.

Praktische Schritte: Zählen Sie zehn Dinge auf, die Gott geschaffen hat. Denken Sie dann über seine Macht und über seine Fürsorge für Sie nach. Befehlen Sie sich Gott als »einem treuen Schöpfer« an.

Den Wettlauf gewinnen

Bibelstelle des Tages: *»Deshalb lasst nun auch uns ... jede Bürde und die uns so leicht umstrickende Sünde ablegen und mit Ausdauer laufen den vor uns liegenden Wettlauf, indem wir hinschauen auf Jesus«* (Hebräer 12,1-2).

Das griechische Wort, das in 1. Korinther 9,27 mit *verwerflich* wiedergegeben wird, ist ein Fachausdruck aus der Sprache des Sports und war allen vertraut, die die Olympischen Spiele Griechenlands kannten. Paulus verwendete dieses Wort, um zum Ausdruck zu bringen, dass er als Diener Gottes nicht »ausscheiden« oder »disqualifiziert« werden wollte. Bei den Olympischen Spielen verkündete ein Bote die Regeln des Wettkampfes, die Namen der Teilnehmer und die Namen der Sieger sowie die Städte, aus denen sie stammten. Außerdem gab er die Namen aller Teilnehmer bekannt, die disqualifiziert worden waren.

Paulus sah sich selbst wie als »Bote«, so auch als »Läufer«. Seine Sorge war, dass er so sehr damit beschäftigt sein könnte, anderen beim Wettlauf zu helfen, dass er sich selbst dabei vergessen und disqualifiziert werden könnte. Seine Befürchtung war nicht, dass er sein persönliches Heil verlieren könnte. (Ein disqualifizierter griechischer Sportler verlor nicht sein Bürgerrecht, sondern lediglich die Aussicht auf einen Preis.) Es geht hier einzig und allein um die *Belohnung,* und Paulus wollte seinen Lohn nicht verlieren.

Bei den Spielen konnte immer nur ein Läufer den Siegeskranz erringen, aber vor dem Richterstuhl Christi kann jeder Christ die unvergängliche Krone gewinnen. Sie wird jedem gegeben, der sich selbst diszipliniert, um Christus zu dienen und für ihn verlorene Menschen gewinnen zu können. Solche Menschen haben ihren Körper stets unter Kontrolle und halten die Augen fest auf das Ziel gerichtet.

Wer vom Heiligen Geist geleitet wird, der führt ein diszipliniertes und ausgeglichenes Leben. Vielleicht klopfen wir uns auf die Schulter, weil wir nicht rauchen oder keinen Alkohol trinken. Aber wie sieht es mit unseren Essgewohnheiten und unserem Übergewicht aus? Teilen wir uns den Tag so ein, dass wir ausreichend Zeit mit Gott verbringen?

Paulus hatte *ein* großes Ziel im Leben: Er wollte dem Herrn Ehre machen, indem er Verlorene zum Glauben führte und die Heiligen in ihrem Glauben voranbrachte. Er opferte vergänglichen Gewinn für die ewigen Belohnungen und momentanes Vergnügen für die ewigen Freuden des Himmels.

Weitere Bibelstellen: 1. Korinther 9,24-27; Hebräer 10,35-36.

Praktische Schritte: Denken Sie darüber nach, wie Sie momentan im Wettlauf vorankommen. Benötigen Sie auf einem bestimmten Gebiet mehr Selbstdisziplin? Sprechen Sie mit Gott darüber.

Ein wohlgefälliger Diener

Aus Gottes Wort: *»Übrigens nun, Brüder, bitten und ermahnen wir euch in dem Herrn Jesus, da ihr ja von uns Weisung empfangen habt, wie ihr wandeln und Gott gefallen sollt, wie ihr auch wandelt, dass ihr darin noch reichlicher zunehmt«* (1. Thessalonicher 4,1).

Als Verdi in Florenz seine erste Oper aufführte, stellte er sich selbst etwas abseits und hielt seinen Blick auf das Gesicht eines bestimmten Mannes im Publikum gerichtet – auf den großen Komponisten Rossini. Es war Verdi gleich, ob ihm die Menschen im Saal zujubelten oder ihn auspfiffen. Alles, worauf es ihm ankam, war ein wohlwollendes Lächeln von diesem Meister der Musik. Genauso war es bei Paulus. Er wusste, was es heißt, für das Evangelium zu leiden, aber Zustimmung oder Ablehnung der Menschen bedeutete ihm nichts. »Deshalb setzen wir auch unsere Ehre darein, [...] ihm wohlgefällig zu sein« (2. Korinther 5,9). Paulus strebte danach, Christus zu gefallen.

Ein Diener Gottes ist ständig in Versuchung, Kompromisse einzugehen, um das Interesse und den Gefallen der Menschen zu erwecken. Als D. L. Moody einmal in England predigte, kam ein Arbeiter vor zu ihm aufs Rednerpodest und teilte ihm mit, dass soeben ein sehr bedeutender Adliger den Saal betreten habe. »Möge die Zusammenkunft ein Segen für ihn sein«, gab Moody zur Antwort und predigte dann weiter wie zuvor, ohne irgendjemanden beeindrucken zu wollen.

Lesen Sie auch: Kolosser 1,10; Johannes 8,28-29; 1. Johannes 3,18-22.

Praktische Schritte: Vielleicht ist es für Sie einmal an der Zeit, sich Rechenschaft abzulegen. Schreiben Sie einige Dinge auf, die Sie tun, und von denen Sie glauben, dass sie dem Herrn gefallen. Schreiben Sie dann alles auf, von dem Sie glauben, dass der Herr keinen Gefallen daran hat. Bitten Sie Gott darum, dass er Ihnen hilft, Ihr Augenmerk nur auf die Dinge zu richten, die ihm gefallen, und alles aus Ihrem Leben zu streichen, was ihm missfällt.

An Weihnachten offenbart sich Gott

Jesus sprach: »*Wer mich gesehen hat, hat den Vater gesehen*« (Johannes 14,9).

Wenn Sie Gott wären, wie würden *Sie* dann vorgehen, um sich den Menschen auf der Erde zu offenbaren? Wie würden Sie ihnen die Botschaft von dem Leben der Freude mitteilen, das Sie ihnen gern schenken möchten?

Gott hat sich uns in seiner Schöpfung offenbart, aber die Schöpfung allein könnte uns niemals die Geschichte von Gottes aufopfernder Liebe erzählen. Deshalb offenbart sich Gott auch in seinem Wort, der Bibel. Aber die endgültige und vollständige Offenbarung Gottes haben wir in seinem Mensch gewordenen Sohn Jesus Christus. Er ist das große Geschenk, das wir zu Weihnachten empfangen. Weil Gott in ihm offenbart wird, hat er einen ganz besonderen Namen: »das Wort des Lebens« (1. Johannes 1,1).

Warum hat Jesus Christus diesen Namen? Weil er für uns das ist, was unsere Worte für andere sind. Unsere Worte offenbaren unseren Mitmenschen was wir denken und fühlen. Christus offenbart uns die Gedanken und das Herz Gottes. Er ist das lebendige Medium der Kommunikation zwischen Gott und den Menschen. Jesus Christus zu kennen, heißt Gott zu kennen.

Lesen Sie auch: Johannes 1,1-14; 7,28-29; 1. Timotheus 2,5.

Praktische Schritte: Bitten Sie Gott darum, dass Sie die Gegenwart Christi in Ihrem Leben verspüren können. Stellen Sie sich vor, wie Christus Sie heute auf allen Ihren Wegen begleitet und rufen Sie sich dabei seine Heiligkeit ins Bewusstsein. Lassen Sie Ihr Leben von Christus verwandeln.

Zeit für eine Terminvereinbarung!

Gott verkündet: *»Denn jeder, der den Namen des Herrn anrufen wird, wird errettet werden«* (Römer 10,13).

Vielen Christen geht es hier auf der Erde so gut, dass sie kaum an den Himmel oder die Begegnung mit Christus denken. Sie vergessen immer wieder, dass sie eines Tages vor dem Richterstuhl Christi stehen werden. Doch es hilft uns sicher, im Glauben standhaft zu bleiben und voranzukommen, wenn wir uns regelmäßig bewusst machen, dass Jesus wiederkommen wird.

Wenn Sie nicht an Christus glauben, dann erwartet Sie in der Zukunft sein Gericht. Sie können sich nicht damit entschuldigen, nicht über Christus Bescheid gewusst zu haben, denn in Gottes Wort erfahren Sie die Wahrheit. Es muss auch nicht sein, dass Sie am Tag des Gerichts unvorbereitet dastehen, denn Sie können sich heute in die Hand Christi begeben und wiedergeboren werden. Warum sollten Sie für die billigen, sündigen Erfahrungen dieser Welt leben, wenn Sie in Christus die Reichtümer der Erlösung genießen können?

Wenn Sie nicht gerettet sind, dann haben Sie einen Termin beim Gericht. Und dieser Zeitpunkt mag schneller heranrücken, als Sie denken, denn es ist jedem Menschen bestimmt, »einmal zu sterben, danach aber das Gericht« (Hebräer 9,27). Warum vereinbaren Sie nicht einen »Termin« mit Christus, lernen ihn persönlich kennen und lassen sich von ihm erretten?

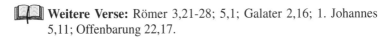 **Weitere Verse:** Römer 3,21-28; 5,1; Galater 2,16; 1. Johannes 5,11; Offenbarung 22,17.

Praktische Schritte: Wenn Sie noch nicht gerettet sind, dann vertrauen Sie sich jetzt Christus an. Wenn Sie Christus bereits als Ihren Herrn und Erlöser angenommen haben, dann lernen Sie die heute angegebenen Bibelstellen auswendig und geben Sie sie an einen noch nicht geretteten Freund weiter.

Versuchungen widerstehen

Bibelstelle des Tages: »*Denn worin er selbst gelitten hat, als er versucht worden ist, kann er denen helfen, die versucht werden*« (Hebräer 2,18).

Die Erfahrungen, die unser Herr machte, als er versucht wurde, bereiteten ihn darauf vor, uns ein mitfühlender Hohepriester zu sein. Es ist für uns wichtig zu wissen, dass Jesus nicht als der Sohn Gottes, sondern *als Mensch* mit dem Feind konfrontierte wurde. Das ergibt sich auch aus seinen Worten: »Nicht von Brot allein soll der Mensch leben« (Matthäus 4,4). Wir dürfen nicht denken, dass Jesus den Feind mittels seiner göttlichen Kraft bezwang, denn genau dazu wollte der Feind ihn ja bringen! Jesus nutzte dieselben geistlichen Mittel, die auch uns heute zur Verfügung stehen: die Kraft des Heiligen Geistes und die Kraft des Wortes Gottes. Obwohl nichts im Wesen Jesu dem Feind eine Angriffsfläche bieten konnte, erlebte Jesus dennoch die Versuchung als eine echte Konfrontation mit dem Bösen. In jeder Versuchung kommt es auf *unsere Willensentscheidung* an, und Jesus handelte nach dem Willen seines Vaters.

Nachdem Jesus den Satan geschlagen hatte, war er dafür gewappnet, mit seiner Aufgabe auf Erden zu beginnen. Kein Mensch hat das Recht, von anderen Gehorsam zu fordern, wenn er nicht selbst gehorsam ist. Unser Herr erwies sich als der vollkommene König, dessen Souveränität unseres Respekts und Gehorsams würdig ist.

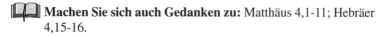 **Machen Sie sich auch Gedanken zu:** Matthäus 4,1-11; Hebräer 4,15-16.

Praktische Schritte: Bitten Sie Gott, Ihnen einen Bereich in Ihrem Leben zu zeigen, in dem Sie oft in Sünde verfallen. Bitten Sie ihn dann um Kraft, der Sünde zu widerstehen und sprechen Sie mit Jesus, dem Mittler, und machen Sie für sich den Sieg über die Versuchung geltend.

Gott hat Israel nicht vergessen

Gott spricht: *»Verstockung ist Israel zum Teil widerfahren, bis die Vollzahl der Nationen hineingekommen sein wird; und so wird ganz Israel errettet werden, wie geschrieben steht: ›Es wird aus Zion der Erretter kommen, er wird die Gottlosigkeiten von Jakob abwenden; und dies ist für sie der Bund von mir, wenn ich ihre Sünden wegnehmen werde‹«* (Römer 11,25-27).

Hat Gott seinen Plan, Israel zum Königreich zu machen, aufgegeben? Natürlich nicht! Israel wurde lediglich zur Seite gestellt, bis die Zeit gekommen ist, in der Gott seine Absichten mit Israel zur Vollendung bringt.

Heute reizen die geretteten Heiden das Volk Israel wegen ihrer geistlichen Reichtümer, die sie in Christus haben, »zur Eifersucht«. Israel ist gegenwärtig geistlich bankrott, wohingegen die Christen in Jesus mit »jeder geistlichen Segnung« der Himmelswelt gesegnet sind. (Aber würde es einen noch nicht geretteten Juden tatsächlich *zur Eifersucht* reizen, wenn er an einem durchschnittlichen christlichen Gottesdienst teilnehmen würde? Würde er sich wünschen, dass zu haben, was wir auch haben?)

Es gibt eine Zukunft für Israel. Israel ist zwar geistlich gefallen, aber wenn Christus zurückkehrt, wird es sich wieder erheben. Gegenwärtig ist es von Gott entfernt, aber eines Tages, wenn Christus sein Königreich auf Erden errichtet, wird Israel wieder angenommen. Gott wird niemals den Bund mit seinem Volk brechen und er hat versprochen, Israel wieder herzustellen.

Weitere Bibelstellen: Jeremia 31,31-34; Römer 10.

Praktische Schritte: Bitten Sie Gott um ein klares Verständnis seines Handelns mit dem Volk Israel und um die Gelegenheit, einem Juden von Christus, dem Messias, erzählen zu können.

Die Segnungen der Sohnschaft

Vers des Tages: *»Denn ihr habt nicht einen Geist der Knechtschaft empfangen, wieder zur Furcht, sondern einen Geist der Sohnschaft habt ihr empfangen, in dem wir rufen: Abba, Vater!«* (Römer 8,15).

Der Heilige Geist wird auch der »Geist der Sohnschaft« genannt. Das im Neuen Testament verwendete Wort *Sohnschaft* hat die Bedeutung »Aufnahme als Sohn«. Wir müssen wiedergeboren werden, um in Gottes Familie hineinzukommen. In dem Moment, wenn wir in die Familie Gottes hineingeboren werden, nimmt uns Gott als sein Kind an, und wir erhalten den Status eines Sohnes. Ein Baby kann nicht laufen, sprechen, Entscheidungen treffen oder über das Vermögen der Familie verfügen, ein Christ dagegen kann dies alles vom Augenblick seiner Wiedergeburt an.

Er kann laufen und vom Geist Gottes »geleitet werden«. Das griechische Verb, das hier mit *leiten* übersetzt wird, hat die Bedeutung »sanft und ohne Gewalt führen«. Wir unterstellen uns dem Geist, der uns Tag für Tag durch sein Wort leitet. Wir stehen nicht unter der Knechtschaft des Gesetzes und lassen uns nicht aus Angst führen. Vielmehr haben wir den Geist der Freiheit und können frei entscheiden, ob wir Christus nachfolgen möchten. Ein Christ kann rufen: »Abba, Vater!« (Römer 8,15). Wären nicht alle erstaunt, wenn ein neugeborenes Baby zu seinem Vater aufschauen und ihn begrüßen würde? Zuerst gibt der Geist in unser Herz die Worte: »Abba, Vater!« (Galater 4,6), dann wenden wir uns mit diesen Worten an Gott. Das Wort *Abba* bedeutet eigentlich »Papa«, es handelt sich dabei also um einen Kosenamen.

Lesen Sie auch: Römer 8,14-17; Galater 4,6; Hebräer 2,10-15.

Praktische Schritte: Nehmen Sie ein Blatt Papier zur Hand und schreiben Sie auf, was es für Sie bedeutet, in Gottes Familie aufgenommen zu sein. Gehen Sie dann alle Stichpunkte noch einmal durch und danken Sie Gott für diese Segnungen.

Dezember ‗ ‗ ‗ ‗ ‗ ‗ ‗ ‗ ‗ ‗ ‗

Warum muss ich leiden?

Aus der Bibel: *»Denn niemand von euch leide als Mörder oder Dieb oder Übeltäter oder als einer, der sich in fremde Sachen mischt; wenn er aber als Christ leidet, schäme er sich nicht, sondern verherrliche Gott in diesem Namen!*« (1. Petrus 4,15-16).

Nicht jedes Leid ist ein »Feuer der Verfolgung zur Prüfung«, das uns der Herr geschickt hat. Wenn ein bekennender Christ das Wort Gottes missachtet und deshalb in Schwierigkeiten gerät oder sich ins Leben anderer Menschen einmischt, dann ist es nur *recht*, dass er leidet! Die Tatsache, dass wir Christen sind, ist keine Garantie dafür, dass wir den zwangsläufigen Folgen unserer Missetaten entfliehen können. Wir mögen nicht des Mordes schuldig sein (wobei auch Zorn im Herzen vor Gott schon als Mord gilt), aber können wir von uns sagen, dass wir noch nie gestohlen oder irgendwie ins Leben anderer Menschen hineingegriffen haben?

Als Abraham, David, Petrus und andere »große Männer« der Bibel Gott den Gehorsam verweigerten, mussten sie deshalb leiden. Wer sind wir dann, dass wir diesem entkommen könnten? Wir sollten dafür Sorge tragen, dass wir allein deshalb leiden, weil wir Christen sind, nicht weil wir gegen Gottes Willen handeln.

Zur Vertiefung: Römer 8,17-26; 2. Korinther 4,11-18.

Praktische Schritte: Singen oder lesen Sie ein Lied Ihrer Wahl, in dem Freude zum Ausdruck gebracht wird. Wenn Sie augenblicklich leiden müssen, so bitten Sie Gott, dass er Ihnen zeigt warum.

Glaube schaut in die Zukunft

Die Bibel sagt uns: *»Ohne Glauben aber ist es unmöglich, ihm wohlzugefallen«* (Hebräer 11,6).

Glaube schaut in die Zukunft, denn dort winken ihm die größten Belohnungen. Die in Hebräer 11 genannten Menschen glaubten fest daran, dass sie eines Tages belohnt werden würden, weil Gott es ihnen bezeugt hatte. Eines Tages werden alle, die an Jesus Christus glauben, Anteil an der himmlischen Stadt haben, auf die sich wahre Heilige bereits jetzt im Glauben freuen.

Wir sollten diesen Heiligen von einst unseren Dank zum Ausdruck bringen. Sie waren es, die in schweren Zeiten treu waren, und *wir* erhielten die Segnungen dafür. Sie sahen einige dieser Segnungen von ferne, aber wir dürfen uns heute durch Jesus Christus daran freuen. Wenn jene Glaubensväter und -mütter nicht auf Gott vertraut und ihm gehorcht hätten, dann wäre das Volk Israel möglicherweise untergegangen und der Messias nicht geboren worden. Jeder Gläubige kann in jeder Situation glauben. Der Glaube wächst in uns, wenn wir das Wort Gottes hören und in Gebet und Andacht Gemeinschaft mit anderen Christen haben.

Zum Nachschlagen: Hebräer 11,13; Johannes 8,56; Römer 10,17.

Praktische Schritte: Nehmen Sie sich heute ganz bewusst viel Zeit, um Gottes Wort zu hören und Gemeinschaft mit anderen Christen zu haben, damit Sie im Glauben wachsen.